U0165083

天喜文化

从声音到文字，分享人类智慧

《帝王道统万年图册》之十八宋孝宗

明，仇英，绢本设色，台北故宫博物院藏

在南宋诸帝中，孝宗被认为是最有为的一位，《宋史》编纂者称赞其“卓然为南渡诸帝之称首”。他在位的时代政治清明，人才济济，被誉为“乾淳之治”。但也是在孝宗时期，南宋政坛首次出现“太上皇 – 今上”权力格局，导致皇权开始分裂。

《赐岳飞批剳卷》之一

南宋，赵构，纸本，台北故宫博物院藏

此札作于绍兴十一年（1141）四月，宋高宗赵构促岳飞（1103—1142）出师，与其他将领合作擒拿金帅兀术（？—1148）。除了历史文献价值，此札还有一定的艺术价值，宋高宗书法受黄庭坚影响，上溯二王，自成一格，在严整的行气与章法中，显现精湛的功力与潇洒的风韵。

得卿九日奏已擇定十一日起發往
蘄黃舒州界聞卿見苦寒嗽乃
能勉為朕行國爾忘身誰如卿
者覽奏再三嘉歎無斁以卿素
志殄虜常苦諸軍難合今兀朮與
諸頭領盡在廬州接連南侵張俊
楊沂中劉錡等共力攻破其營退
卻百里之外韓世忠已至濠上出銳
師要其歸路劉光世悉其兵力委
李顯忠吳錫張琦等奪回老小孳
畜若得卿出自舒州與韓世忠張
俊等相應可望如卿素志惟貴神
速恐彼已為遁計一失機會徒有後
時之悔江西漕臣至江州與王良存應
副錢糧已如所請委趙伯牛以伯牛舊
嘗守官湖外與卿一軍相諳妥也春
深寒暄不常卿宜慎疾以濟國事
付此親札卿須體悉十九日二更

付岳飛

《西园雅集卷》（局部）

南宋，刘松年，绢本设色，台北故宫博物院藏

本卷所绘为宋代雅士高僧苏轼、黄庭坚、米芾、圆通大师等盛会于王诜西园。王诜、蔡肇和李之仪围观苏轼写书法，秦观听陈景元弹阮，王钦臣观米芾题石，苏辙、黄庭坚、晁补之、张耒、郑靖老观李公麟画《陶潜归去来图》，刘泾与圆通大师谈无生论。史称“西园雅集”，众人认为可与晋代王羲之“兰亭集会”相比。当时京中文人多围绕在苏轼周围，拥戴他为文坛盟主。

米元章
王仲至

《雪夜访普图》

明，刘俊，绢本设色，北京故宫博物院藏

这是一幅基于宋初史实所绘的画作。史书记载，在隆冬时节的一个晚上，大雪纷飞，宋太祖至赵普宅第，围坐火炉商讨统一方略。宋太祖先假意声称先攻打北汉，赵普纵论时局大势予以反驳，认为应该“先南后北”。太祖听后大笑，说：“吾意正尔，姑试卿耳。”这就是后世所说的“雪夜定策”的故事，颇具戏剧性。

《文姬归汉图》

南宋，陈居中（？），绢本设色，台北故宫博物院藏

这幅《文姬归汉图》并没有作者的签名或印记，旧传是南宋宁宗时代的宫廷画家陈居中所绘。此一题材在南宋初年颇为流行，原因是靖康之变中，徽宗、钦宗和一干后妃均被金人掳掠北上，此种情状与文姬当年的际遇相仿。描绘文姬归汉的故事，正好符合了南宋臣民期盼皇帝归来的心情。

《迎銮图》

南宋，佚名，绢本设色，上海博物馆藏

此画描绘的是南宋抗金战争中的一件重要历史事件——韦后南归。绍兴十二年（1142），宋朝使臣曹勋从金国接回高宗母亲韦太后，以及徽宗赵佶的棺椁。韦后之弟平乐郡王韦渊在淮河南岸奉迎銮驾。画面上，除了绘有归宋的太后銮驾、迎銮的宋朝官员，还有夹道驻足观看的宋朝百姓。

《临萧照中兴瑞应图卷》之脱袍见梦

明，仇英，绢本设色，北京故宫博物院藏

《中兴瑞应图卷》为南宋萧照所作，取宋高宗赵构即位前的种种瑞应传说为内容，根据曹勋辑“瑞应诸事”所写赞文描绘而成，是一幅歌颂赵构重建王朝的作品。原作共 12 段，《脱袍见梦》是《中兴瑞应图卷》中的一幅。宋高宗南渡即位之时，徽、钦二宗仍健在，有人依然期盼“迎回二圣”。画家描绘时为兵马大元帅的赵构梦见兄长钦宗将御衣加在自己身上的场景，显然是为了坐实宋高宗在皇统和帝位上的合法性。

问宋

赵宋王朝内政外交的得与失

游彪 著

天地出版社 | TIANDI PRESS

序言

史学工作者探索的是过往的世界，因而必然存在很大的局限性，毕竟，他们并不生活在过去的时代，根本无从亲身经历此前出现过的事物。退一步说，即便是当代人看待眼下发生的事情，也还是见仁见智，每个人的想法是不太可能完全一致的。进而言之，中国古代有着数千年的历史，其中有精华，也有糟粕，后人对前代的认知除了依据现存的史料，从某种程度上说更如同猜谜一般。在这种情形下，任何人想彻底复原历史都是不可能的，毕竟，现代人能够见到的都是过去的点滴，甚至仅仅只是碎片而已，要以这些散乱而零碎的部件重新构建历史的大厦，其难度之大可想而知。尽管如此，历朝历代的历史无论如何是需要尽可能地弄清楚的，这也是史学工作者所面临的艰巨任务。

历史的进程是异常复杂的，如果简单地以某种模式加以归纳或是总结，是无助于找寻事实真相的。更为重要的是，随着时代的变迁，人类文明的内涵是不断变化的。因此，研究历史是不能放过任何细节的，只有尽力弄清历史发展的每个环节，才有可能再现过去的种种面相，也才更能接近历史的真实状态。以中国古代史为例，不同时期无疑都有其独特的发展历程，也有与其时代相应的风貌，这些都有别于其他时代的人和事。正因如此，仅仅凭借个人之力是很难弄清如此长时段内所出现的各种历史现象的，毕竟人的精力是有限的，不可能读完浩如烟海的史籍，于是史学界才有了断代史、专门史之类的学科分类。在这种情况下，后世学者对历史的认知大体上只能是局部的，而非全面的。因此，当史学工作者从事某个时代或某一领域的具体研究时，往往是带有浓厚的情感色彩的，明显的例子就是学者大凡都会对自己研究的对象抱持美好的愿望，如研究汉代、唐代或是其他时代的学者多是肯定该时代在中国历史上占有如何如何的位置，也就是说，正面评价从某种程度上说是其主流，反而忽略了某些所谓非主流的历史现象。显而易见，这种情形对于史学研究而言并不是十分有利的。

也许是愚钝的缘故，笔者对断代史的理解无疑是粗浅的，尽管从事宋代研究已经多年，但自我感觉似乎仍然是门外汉，尤其是在与学生一起逐字逐句地解读有关宋代的典籍之时，很多史料读过多次，每次都会碰到不解的字词，好多看似理解的文献，却有些似懂非懂，要做出精准的判断应该说是相当困难的。其原因在于，古人在记录历史或是书写其他文献时有其特定的环境和立场，更为重要的是，古人需要为尊者、长者甚至是死者讳，因而在他们看来没有歧义或者说很容易理解的文字，却极有可能给后人留下完全不同的看法。举例而言，宋朝在选拔管理佛教和道教事务的僧官、道官之时，宋真宗专门颁布诏令，要求其前提条件是“行业优长者”[1]。毫无疑问，宋人应该是完全能了解其中含意的，否则他们将无法按照皇帝的旨意进行实际操作，毕竟这是当时最高统治者的意图，其属下臣僚必须无条件地加以遵从。然而，就是这看似简单的五个字，对于现代学者而言，其解读却是相当困难的。关于“行”与“业”，前者自然是指德行，后者应该是其在佛教、道教方面的造诣。实际上，要是细致地考究起来，两者都存在巨大的模糊空间，即以何种标准或是从

1［清］徐松辑：《宋会要辑稿》道释一之十一。

哪些方面来判断其所谓的“优长”，虽然能够意会其字面意思，但却是个让人无法确定的问题。应该说，从具体选拔的过程来看，宋人大体上不会出现疑虑和困惑，反而是后世之人由于不能身临其境而难解其确切含义。由此可知，解读历史语言是必须要考量其语境的，即后来人需要尽可能地接近历史上当事人的立场，方才有可能领悟史料及其周遭的状况。

近年来，学术创新已然成为中国未来发展的大趋势，要达成这一目标，并非只是口头上说说就能实现的，而是要通过脚踏实地的努力方能取得实实在在的成效，史学界自然也不例外。毫无疑问，历史研究几十年来取得了可喜的成就，但应该看到，很多史实是有待进一步厘清的，也有很多领域是需要不断开拓的。就宋代研究而言，虽然有众多典籍流传至今，足以应付相关专题的探讨，但以前似乎更多关注史料本身的含意，而忽略了对史料背后及其周边情形的解析和追究，这种状况的出现很大程度上是因为对史料的解读还远远不够精细，因而很难梳理其潜在的重要价值。平心而论，相对于宋代研究，无论是隋唐史，还是明清史，学界都非常重视正史之外的史料，如金石文字等。长此以往，若不能充分挖掘此前关注不够的史料，那么，这对于拓展宋代研究的新领域是极为不利的。

在中国古代，两宋时期无疑是有其重要地位的，虽然其武功远远不及汉唐以及后来的元明清各朝，但其文治却是众所周知的高度发达。大体上可以说，宋代奠定了此后中华民族文化发展的基础，甚至一直延伸到了中国的近现代。一方面，宋代确定下来的很多制度被后代所沿用，如科举考试的各种规范实际上都是在宋朝完善起来的，这些体制化的设计既是宋代社会发展的重要保障，无疑也是宋人对人类文明的重大贡献。另一方面，宋学是影响至为深远的理论系统，并渐渐渗透到中国人的灵魂深处，尤其是宋儒所阐发之“微言大义”，很大程度上变成了中国人待人接物的重要标尺。更重要的是，宋人的文明程度和普通百姓的生活状况在当时的世界上是最值得称道的，甚至可以说，宋代的中国无论是物质文明还是精神文明都是首屈一指的，取得了令全世界羡慕的巨大成就。有鉴于此，不断推进宋代之研究对于中华民族未来的发展是有积极意义的。

当然，两宋社会也不全然都是辉煌的，其中也存在诸多难以克服的弊端，宋人及此后各代的学者对此进行了必要的总结。众所周知的是，宋代武功之不振，在面对周边各少数民族政权时，宋人似乎缺少防范和抵御的能力，每每处于下风。同少数民族之间的和与战一直是贯穿两宋历史的主线之一。通常而言，国力之强盛往往意味着军力之强大，而宋朝恰恰打破了这种观念，姑且不管出现这种状况的缘由，但无论如何这在中国古代历史上都是十分罕见的。由此可知，宋代无论内政还是外交一定存在很多问题，这些都是有待进一步探寻的。

拉杂写了这些，姑且算作是序言吧。

游彪

2020年3月21日

于北师大茹退居

目录

第一章

防弊之策：宋初政局之走向与祖宗家法之确立

从五代到宋初，文臣群体的地位有了显著提升，他们也在磨砺中有所成长，在国家事务中争取着更大的发言权。至太宗即位，时局的稳定太平使他有条件进一步“兴文教、抑武事”，大量通过科举出身的文臣士大夫进入仕途，取代了此前的五代人才，完成了一代人才的转换。至北宋中叶，几乎各个方面的重要职务都由文官担任，终于完全形成文臣治国的局面，成就了宋朝“与士大夫治天下”的特质。

纵观中国历史，像宋太祖赵匡胤这样，靠一次“陈桥兵变”便黄袍加身的例子并不多见。即便是在五代这样纷乱的时期，赵匡胤夺得天下的过程也显得过于容易。五代时安重荣曾说：“天子，兵强马壮者当为之，宁有种耶！”[1]兵变前，赵匡胤不过是一名禁军将领，连兵强马壮的藩镇都算不上。整个兵变过程，只杀了一个韩通，这样的顺利也着实少见。得天下容易并不意味着坐天下也容易，相反，因为之前太顺利了，在当皇帝后反而更加于心不安。一是得天下容易意味着失去也容易，所以宋太祖登基之后想的第一件事就是“收兵权”。二是做皇帝前自身的地位、声望都不足，面对之前的同僚和上司，心中难免会感到侥幸，因而皇帝也做得战战兢兢。王夫之在《宋论》中就说：“夫宋祖受非常之命，而终以一统天下，底于大定，垂及百年，世称盛治者，何也？唯其惧也。”[2]正是这样的心态，使得宋初的帝王们殚精竭虑地治理天下，避免了宋朝成为“五代”之后的“第六代”，开创了之后的长治久安。而宋初几代帝王的做法也被其后来者奉为“祖宗家法”，视为立国的根本。需要指出的是，所谓“祖宗家法”，并不是一套明确的制度，而是由一系列原则和做法组成的相对模糊的概念，这一概念随着时间的流逝还在不断被改造和重新阐释。“祖宗家法”确立的过程实际上就是所谓“宋制”形成的过程。一个王朝的建立，并不意味着制度会立刻发生翻天覆地的变化，在宋初尤其如此。新的制度并不是一蹴而就的，而是在应对政局变化的过程中逐渐总结、改变而成。

1［宋］薛居正等：《旧五代史》卷九八《安重荣传》。

2［清］王夫之：《宋论》卷一《太祖一》。

“先南后北”，底定帝国

“先南后北”的策略

宋太祖受禅登基后，面临的是一个四分五裂的割据局面，宋朝能实际控制的领土非常有限，只有以汴京（今河南省开封市）为中心的大部中原地区，南部有南平、武平、后蜀、南汉、南唐、吴越等政权伺机而动，北面则有北汉和辽虎视眈眈。

有关宋朝统一策略的制定，史书中的记载非常有戏剧性。隆冬时节的一个晚上，大雪纷飞，宋太祖和弟弟赵光义相约至赵普宅第，围坐火炉商讨统一方略。宋太祖假意声称先攻打北汉，赵普反对说：“太原当西、北二边，使一举而下，则边患我独当之。何不姑留，以俟削平诸国。彼弹丸黑子之地，将何所逃？”[1] 太祖听后大笑，说：“吾意正尔，姑试卿耳。”[2]

这就是后世所说的“雪夜定策”，宋朝就此确定了“先南后北”的统一战略。事实上，事关千秋大业的重大国策，不可能像上面说的那样谈笑之间就可以仓促决定，必然要经过长时间的反复论证。宋太祖本人对

1［宋］李焘：《续资治通鉴长编》卷九，太祖开宝元年七月丙午。

2 同上。

"先南后北"的策略解释说：中原自五代以来，兵连祸结，帑藏空虚。一定要先攻下巴蜀，次及广南、江南。这些地区比较富庶，攻下它们可保国用富饶。北汉与契丹接境，若取之，则契丹之患将由宋朝独自承担，姑且留下它以为屏障，等到国家富强再取未晚。这一策略把南方作为战略突破点，取得南方雄厚的人力、物力资源后，再集中力量对付北面的强敌。

财政方面的考虑，显然是太祖确定"先南后北"策略的重要依据。五代宋初，经济重心南移的趋势开始显现，但还并不明显，并非每一个人都可以感受到这样的变化并加以利用。以南唐为例，其地跨江淮，是南方头号大国。南唐烈祖李昪和中宗李璟时期，正值国力鼎盛，而北方则经历着政权更迭的动荡，形势对南唐极为有利。但南唐国主仍把关中、河洛看作"风气聚会"之所，恪守汉高祖刘邦和唐高祖李渊率先占据关中进而夺取天下的经验，不合时宜地把"西取关中""直趋河洛"作为事业的开端，反对"游兵江南"，结果一事无成。一代英主后周世宗曾三征南唐，夺取了淮南十六州的"财富之区"，但却未能乘势而下，反而很快转头北上。作为五代时期的杰出政治家，柴荣、李昪等人都没有觉察到世易时移的微妙变化，没有意识到江南地区的重要战略意义。而宋太祖则不然，他的"先南后北"策略因应了"经济重心南移"这一客观趋势，因而得以事半功倍，最终完成统一大业。从这个角度来说，宋太祖的战略眼光远远超越了与他同时代的其他政治精英。

统一的进程

赵宋王朝的统一战争从荆湖地区的武平和南平政权开始。乾德元年（963）正月，宋军在慕容延钊、李处耘的率领下出征，南平国主高继冲投降，武平政权也很快灭亡。宋军初战告捷，极大地提振了士气。荆湖地区

"南通长沙，东距建康，西迫巴蜀"[1]，具有重要的战略地位。宋朝吞并荆湖后，将势力扩展到长江以南，占领了长江中游战略要地，切断了后蜀和南唐之间的联系。从此，宋朝可以左顾南唐，右瞰后蜀，南通南汉，为以后攻灭这些地区奠定了良好的基础。

宋军占领荆湖，后蜀东、北两面均处在宋朝威胁下。乾德二年（964）十一月，宋太祖下令攻蜀，仅用时六十六天，后蜀孟昶就奉表请降，后蜀所辖四十五州、一百九十八县归入宋朝版图。宋朝继而以四川、湖南为基地，形成进攻南汉的有利形势。南汉辖区包括今广东全省及广西东部，国主刘鋹在诸割据政权中最为昏庸残暴。开宝二年（969）九月，宋太祖命潘美、尹崇珂、王继勋等率军进攻南汉。刘鋹走投无路，身着素服到宋军阵前投降，南汉灭亡。

随着南汉的灭亡，宋朝不仅拥有长江上游、中游和下游江北地区，又占领了珠江下游，对立国于金陵（今江苏省南京市）的南唐形成三面包围之势。开宝七年（974）九月，大将曹彬统兵讨伐江南。临行前宋太祖告诫曹彬："切勿暴掠生民，务广威信，使自归顺，不烦急击也。"[2]宋军一路攻城拔寨，于开宝八年（975）二月陈兵金陵城下。南唐国主李煜派学士承旨徐铉至汴京，请求宋太祖缓兵。宋太祖按剑斥责："不须多言，江南亦有何罪，但天下一家，卧榻之侧，岂容他人鼾睡乎！"[3]当年年底，宋军攻破南唐都城，李煜率群臣投降，南唐灭亡。

经过十余年的征讨，宋太祖依次削平荆湖、后蜀、南汉、南唐等割据政权，只有北汉、吴越和割据漳、泉的陈洪进尚未纳款。开宝九年（976），太祖壮年而逝，接下来的统一大任，便有待继位的太宗来完成。太平兴国

1［宋］李焘：《续资治通鉴长编》卷四，太祖乾德元年正月庚申。

2［明］陈邦瞻编：《宋史纪事本末》卷六《平江南》。

3［宋］李焘：《续资治通鉴长编》卷一六，太祖开宝八年十一月辛未。

二年（977）和三年（978），宋太宗先后将割据漳、泉的陈洪进和吴越国主钱俶召至汴京，二人上表献土，福建漳、泉二州和吴越十三州并入宋朝版图。宋太宗不费一兵一卒，剪灭吴越国和陈洪进政权，紧接着将目光投向北汉。

政权的巩固："杯酒释兵权"

宋王朝之建国立制，最重要的一个出发点就是革除前代的弊病，如何避免成为像前代一样的短命王朝，是制度建设的首要任务。五代皇权政治有两大威胁：一是所谓"腹心之患"的禁军，一是"肢体之患"的藩镇。赵匡胤能当上皇帝依靠的是前者，后者则是唐代中期以来的政治痼疾。在武人政治的五代，兵强马壮是夺取政权的关键，要改变这样的游戏规则，最重要的就是"收兵权"，也就是改变统兵体制，从制度上着手解决这一大患。

"杯酒释兵权"常被后人用来形容赵匡胤收夺兵权时所采取手段的巧妙，另一方面也常被用来赞颂赵匡胤没有诛杀功臣的仁慈。事实上，"杯酒释兵权"只是宋太祖收夺兵权的措施之一，针对的是"腹心之患"的禁军，实际的情况要复杂得多。我们先来看"杯酒释兵权"的故事。关于这段故事，司马光在《涑水记闻》卷一中有绘声绘色的描述。故事的梗概如下：

宋太祖赵匡胤一天下朝后与故人石守信、王审琦等饮酒。石、王都是禁军主要将领，在后周时期就与赵匡胤共同掌管禁军，也是所谓"义社十兄弟"的成员，这十兄弟是赵匡胤的铁哥们，是他能够当上皇帝的主要助力。当喝到酒酣耳热的时候，赵匡胤屏退左右，说："我非尔曹之力不得至此，念尔之德无有穷已。然为天子亦大艰难，殊不若为节度使之乐，吾今终夕未尝敢安枕而卧也。”赵匡胤的这几句话讲得十分巧妙，先是承认石、王等人的功劳，暗示自己不会忘记他们的付出，又说做天子不如做地方的节度使，做天子总是睡不好觉。石、王等人自然要问为什么，赵匡胤的回答一语道破天机：“居此位者，谁不欲为之？”皇帝谁不想做呢，这可是真正的大实话。石守信等人连忙起身跪下，连声否认。赵匡胤接着又说：“汝曹虽无心，其如汝麾下之人欲富贵者何？一旦以黄袍加汝之身，汝虽欲不为，不可得也。”这可真是诛心之言，石守信等人能做的只是不断叩首，祈求皇帝指示一条出路。赵匡胤这才明确表示自己的想法：“人生如白驹之过隙，所谓好富贵者，不过欲多积金银、厚自娱乐，使子孙无贫乏耳。汝曹何不释去兵权，择便好田宅市之，为子孙立永久之业。多置歌儿舞女，日饮酒相欢，以终其天年。君臣之间，两无猜嫌，上下相安，不亦善乎！”赵匡胤的策略十分明确，就是用厚禄换取诸大将交出兵权。

这样生动的场景可以和司马迁所描写的“鸿门宴”相比，但需要指出的是，这样的故事其实更多的是一种象征。事实上，这种收取禁军大将兵权的做法经历了较长的时间，分了好几个步骤，进行了好多次，并非一蹴而就。而这一做法的实质是以金银、田宅、官爵、婚姻为代价，采取利益交换的方式，和平转移大将兵权，这也成为后来赵宋王朝对待战功卓著的宿将的主要做法，南宋初年宋高宗对韩世忠等大将也是如此，只有岳飞是个例外。

“杯酒释兵权”实际上只是第一步，更重要的是防止禁军中继续出现能威胁皇权的人物，主要措施有以下几点：第一，分禁军两司为三衙，不再设置最高军职。禁军作为皇帝的亲兵，在后周时分为殿前司和侍卫亲军司，其最高长官分别为殿前都点检和侍卫亲军都指挥使，前者即是赵匡胤在陈桥兵变之前的军职。入宋后，侍卫亲军司被分为侍卫亲军马军司和侍卫亲军步军司，与殿前司合称“三衙”，兵权被分散开来，以相互牵制。三衙名义上的最高长官开始是阙而不授，由职位较低、资望较浅的武将负责实际事务，直至该职位取消。第二，将发兵权与握兵权相分离。枢密院有发兵之权，天下的兵籍、武官任命与升降等政令全部由枢密院来发布，但枢密院手下并无军队。三衙平时负责训练和管理禁军，却无发兵之权。需要部队出征时，由皇帝临时委派将领，避免军队成为将领私人的武装。这种做法为后代所承袭，有力地巩固了皇权。

相比于禁军这一“腹心之患”，收藩镇之权则是一个更大的命题。自唐代设立节度使以来，藩镇问题成为中央集权的最大威胁，藩镇之祸绵延百余年。对此，宋初君臣采取的措施是：“稍夺其权，制其钱谷，收其精兵。”[1]实际上，唐代藩镇问题核心有二：一是军事权与行政权合一，有了行政权，藩镇就把持了地方的土地、人民、赋税，有充足的财富养兵；二是地方握有重兵而中央却没有一支能威慑全局的武装。因此，收藩镇之权的重点是要多管齐下，收夺兵权的同时还应收其财权。具体措施如下：第一，整顿军队，以收地方精兵。后周时就曾要求地方藩镇筛选精兵增补到中央禁军。宋初继承了这一做法，对军队实行拣选制度，挑选精壮的士兵留在禁军，将老弱病残的禁军送到地方组成厢军，再将地方上强壮的厢军选到禁军，补充缺额。宋代厢军原本是州郡地方兵，后来逐渐演变成杂役兵，不再参加战斗，只负责看守仓库、运送官物、修筑河道等任务，基本失去了战斗力。第二，在兵力部署上实行内外相制。宋太祖时期在京城养兵十余万，地方养兵十余万，“使京师之兵足以制诸道，则无外乱；合诸道之兵足以当京师，则无内变。内外相制，无偏重之患”[2]。唐代“安史之乱”爆发的一个重要诱因就是内外兵力不平衡。宋人吕祖谦在《历代制度详说》卷十中认为，宋代兵力部署策略是“守内虚外”，即兵力集中于内。此说值得商

1［宋］李焘：《续资治通鉴长编》卷二，太祖建隆二年七月戊辰。

2［宋］彭百川：《太平治迹统类》卷三〇。

権，虽然宋代京师驻军保持了相当的数量，但与此同时，为了应付边患，宋朝也在边境保持了相当的兵力。在宋初，为了统一天下，军队会持续调往边境；到宋太宗后期，契丹军队不断南下，北宋不得不将重兵驻扎于宋辽边境；宋仁宗时期，北宋与西夏连年征战，重兵长年部署于西北边境；南宋时，赵宋偏安一隅，前有金朝威胁，后有蒙古不断南侵，更不可能实行“虚外”政策。因此，有宋一代，大致还是沿袭内外相制的策略。第三，收夺地方财权。唐代形成藩镇割据局面的一个重要原因，便是地方财权掌握在节度使手中。收财权的第一步就是中央任命官员收夺由藩镇把持的地方财权。宋代地方分路、州、县三级。宋初在诸路设置转运使，负责将地方财赋收入运往中央；在州设置通判，负责监察地方财务账目，以牵制地方长官。收财权的第二步就是将天下财赋的支配权集中于中央，没有中央规定，地方不得擅自支配。天下州军的财赋收入，须由中央规定其可以支用的项目与数额，除中央规定运用的各项经费之外，其他一切财赋，地方均不得动用。第四，派遣文官到地方做知州、知县，逐渐剥夺节度使对地方的控制权。宋代的知州，全称“知军州事”，《文献通考》卷六十三中有一段简要的叙述：“宋太祖开基，革五季之患，召诸镇会于京师，赐第以留之，分命朝臣出守列郡，号‘权知军州事’，军谓兵，州谓民政焉。其后，文武官参为知州军事。”这段话简述了宋太祖利用朝臣出任知州来削夺藩镇权力的过程：赵匡胤一方面将诸镇节度使集中到京师，予以高官厚禄；另一方面派遣朝臣（主要是文臣）到各州，掌管军政和民政。宋人将知州的设立视作赵匡胤的一大发明，但实际上知州制度的形成，在历史上经历了一个漫长曲折的过程。五代时就已有“知州”之名，但一般是临时状况，并未制度化。宋初统一战争持续了不短的时间，一次性解除节度使的兵权也是不现实的，实际状况只能是逐步进行。宋太祖起初先是命令新夺取的各州直属朝廷，不再归属藩镇，然后利用各种机会向已有藩镇派遣文臣“权知州事”，这个过程在太宗朝也一直持续。直至宋真宗时期，知州制度才全面确定下来，此后，节度使通常不再到本镇任职，最终成为代表崇高级别、优厚待遇的荣誉职衔。

宋初收夺兵权的过程也是藩镇割据局面结束的过程，相比于军事上的统一战争，制度建设更加重要，改变五代以来的游戏规则，才是避免宋朝成为“第六代”的关键。这一过程也非一蹴而就，而是经历了半个世纪左右的努力才基本完成。本质上是军阀出身的赵氏兄弟，依靠自身掌握的军事实力，通过兵变上台，这是五代时期司空见惯的事情。他们对于五代时期政权频繁更迭的教训心有余悸，在夺取政权后依然保持了清醒的头脑，吸取了历史的经验，采取了有效的措施防止新的动乱出现。这些措施虽然以武力作为后盾，但实施过程中却很少兵戎相见。赵氏兄弟出身卑微，重视优容武将，对元老勋臣除给予优厚的经济待遇外，还与其联姻，以保持其家族的政治地位，维持了政治局势的稳定。

收夺兵权只是事情的一方面，设计一套制度以防止新威胁的出现才是重中之重，这就是赵氏兄弟和他们的臣子一起完善的所谓“二府”体制。“二府”是指中书门下和枢密院，两者共同构成政权中枢机构的核心。二府对举的局面在五代其实已露端倪，宋初则加以完善。中书门下简称中书，是正副宰相集体处理政事的最高行政机构，其办公场所被称作“政事堂”。北宋前期官衔中带有“同中书门下平章事”的就是宰相，太祖乾德年间又设置了参知政事作为副宰相，一方面辅佐宰相，另一方面也起着牵制宰相的作用。枢密院在唐代本是宦官机构，随着宦官的权力扩大而地位日渐上升，掌握了兵权；五代时枢密院长官一般是皇帝的亲信，其权力之大超过了宰相。北宋枢密院负责统理军务机要，是国家的最高军政机构，长官称作枢密使或知枢密院事，副长官是枢密副使或同知枢密院事。这一体制的核心就是“平衡”，这种平衡不仅体现在行政权与军事权的平衡，具体到二府内部有正副长官的权力平衡，枢密院和三衙还有调兵和管军的平衡。鉴于前代的教训，宋初还是以防止兵权旁落为主，由此，在枢密院长官的人选方面就特别重视，不论文武都必须是皇帝信任的人。由于国内尚未统一，因此武将中依然有不少人出任枢密院长官，统一战争结束后，枢密院长官开始倾向于专用文臣。文臣掌兵，也是一种平衡，当这一做法制度化后，武将专权的可能性就大大降低了。仁宗朝时，狄青因功升任枢密副使，文臣群起而攻之，原因不在于狄青个人，而在于破坏了原先制度设计的平衡，当然这种平衡是以效率降低为代价的，一旦战争爆发，这种互相牵制的制度设计便会延误战机，造成军队战斗力的下降。

“宰相须用读书人”

《续资治通鉴长编》卷七记录了这样一个故事，宋太祖的第二个年号是“乾德”，定年号时赵匡胤就要求宰相们找一个前代没有使用过的。乾德三年（965）宋灭后蜀，后蜀宫女被充实到赵匡胤的后宫，一次偶然的机会，赵匡胤发现一个宫女的镜子背后有“乾德四年铸”的字样，于是大惊，问遍了几位宰相都得不到解答，后来还是翰林学士窦仪解开了这个谜底。原来前蜀王衍的年号也叫“乾德”，镜子是那时铸造的。宋太祖因此感叹：“宰相须用读书人！”

这个故事受到宋代士大夫的竭力宣扬，被奉为“祖宗家法”的重要内容，事实上这个故事本身颇有可疑之处，但采用文臣治国的确是宋初为了走出五代纷乱局面的重要一步。宋代被认为重文轻武，宋代的士大夫们在提到“本朝”读书人地位的超然时，不约而同地将根源追溯到宋太祖，南宋大儒魏了翁说：“艺祖造宋，首崇经术，加重儒生，列圣相承，后先一揆，感召之至，七八十年之间，豪杰并出。”[1] 在宋人笔下，似乎宋朝自诞生之日起便一扫前代重武轻文之弊，确立起崇文抑武之风，常被他们引以为据的，

1［宋］魏了翁：《成都府府学三先生祠堂记》，《全宋文》（第三百一十册）卷七〇九四《魏了翁四二》。

便是宋太祖“宰相须用读书人”与“欲武臣尽读书”两句名言。

建隆三年（962）二月，宋太祖对近臣说：“今之武臣，欲尽令读书，贵知为治之道。”[1] 结果“近臣皆莫对”[2]。大臣不知如何回答的尴尬，显示出太祖问话的突兀，说明这一话题与当时的政治氛围格格不入。朝堂上话题的转换，令人觉察到时代变迁的迹象，太祖“欲武臣尽读书”究竟意味着什么，每个人有不同的理解。宋人程大昌认为，宋初诸将大多出身低微，“率奋自草野，出身戎行，虽盗贼无赖，亦厕其间”，与“屠狗贩缯者”无异，因此太祖的目的是提高武将素质。[3]

但从更深层次看，太祖的用意显然不只于此。读书的关键在于“知为治之道”，而所谓“为治之道”，并不是治国理政之术，而是明悉君臣大义。《宋史》记载：“太祖事汉、周，同时将校多联事兵间；及分藩立朝，位或相亚。宋国建，皆折其猛悍不可屈之气，俯首改事，且为尽力焉。”[4] 五代时期君臣之道的沦丧已如前所述，太祖提倡武将读书，正是希望消磨他们的猛悍之气，将这些出身戎行的武夫悍将，改造成明尊卑名分、自觉维护君臣秩序的将佐官僚。换句话说，宋初重文的主要目的还是使文武官员各司其职，逐渐将武将手中的行政权和财权交到文臣手中，恢复正常的统治秩序，毕竟历代都是“马上得天下”，但没有“马上治天下”的道理。

宋太祖不但说“宰相须用读书人”，多次表示“欲武臣尽读书”，自己也勤于读书，尤其喜欢阅读历代史书，经常读书至深夜，称读书能增广见闻。这一系列行动的目的其实是要树立一个提倡读书的导向，更重要的是借此来重建君臣秩序。五代时期，各路豪强凭借强大的武力争斗不已，胜

1 ［宋］李焘：《续资治通鉴长编》卷三，太祖建隆三年二月壬寅年。

2 同上。

3 参见［元］脱脱等：《宋史》卷二七五《刘谦传》。

4 ［元］脱脱等：《宋史》卷二六一《王晖传》。

者为王，君不君，臣不臣，社会秩序一片混乱。要改变这一状况，宋初君臣给出的解决方案就是实行文治，倡导武臣读书和选择读书人做宰相都是这一计划的第一步。

皇帝提倡读书，在武将心中的导向作用不可低估，史书中还记载了这样一个故事。骁将党进本来一字不识，朝廷派他去高阳防秋，临行前照例应准备辞章向皇帝辞行。当值文吏将言辞写到笏上，并教党进背诵熟练，可党进拜见太祖时却忘得一干二净。正在大家都感到不知所措的时候，党进忽然抬头盯着太祖，厉声说道："臣闻上古其风朴略，愿官家好将息。"[1]旁边的仪仗卫士掩口而笑，几乎失仪。党进下殿后，有人问他："太尉何故忽念此二句？"[2]党进回答："我尝见措大们（指读书人）爱掉书袋，我亦掉一两句，要官家（宋代对皇帝的称呼）知道我读书来。"[3]党进的举止令人忍俊不禁，可是仔细想来，这也正表明太祖"欲武臣尽读书"的口号影响之大。"上古其风朴略"语出儒家十三经之一的《孝经》，党进竟能脱口而出，反映出太祖提倡武臣读书的努力取得了一定的效果。

应该指出的是，文治的目的并非单纯地为了提高文臣地位，而更多的是在于重建统治秩序，扭转五代时期失衡的文武关系，端正尊卑名分、君臣之道，以巩固赵宋江山。一个典型的例子就是所谓"坐论之礼"的废除。所谓"坐论之礼"，就是前代宰相觐见天子商议政事时，天子一般会赐座、赐茶，一方面是对宰相的尊重，另一方面也说明宰相可以从容地在天子面前表达意见。北宋建国后，三位宰相范质、王溥、魏仁浦都是后周旧臣，地位原先都在赵匡胤之上，他们在皇帝面前难免战战兢兢，每次奏事都是事先写好札子，面见皇帝时既不敢坐，也不敢随便发表意见，久而久之，

1 丁传靖辑：《宋人轶事汇编》卷四《党进》。

2 同上。

3 同上。

皇帝就不再赐座给宰相，“一人之下，万人之上”的宰相从此在皇帝面前也只能站着了。

要实行文治，需要大批人才，扩大科举取士就成为一个重要途径。唐宋两代虽然都实行科举制，但录取人数的多少相差悬殊。据研究，唐代科举包括常举和制举在内，每举录取人数很少超过百名。以进士为例，最多的时候，一次不过七八十人，少的时候只有几人，甚至还有全部落榜的例子。对于科举出身者所授的官职也不高，即使考中进士高科，也只能授从九品的县尉。这种情况经过五代到宋太祖时期都没有改变。然而，宋太宗即位后，科举录取人数有了一个爆炸式增长，所授官职也比以前优厚得多。太平兴国二年（977），太宗即位后举行了第一次科举，录取进士、诸科人数达五百名之多，相当于太祖朝每年取士人数的二十五倍，前几名会授予从八品的将作监丞、正九品的大理评事等官职。科举取士的扩大，使得科举出身的官僚在官员总数中所占的比例迅速扩大，宋代虽然因此背上了“冗官”之名，但毕竟是给了更多人以机会，不但有利于人才的选拔，也极大地促进了政权的稳定，对于宋代文化的发展也起到了巨大的推动作用。

从另一方面讲，在社会层面上，科举制的发展具有里程碑式的意义。唐代政治尚有门阀政治的影子，科举制本身便是要不拘一格选用人才，但唐代门阀势力依然颇有影响，科举经常充塞着权豪子弟。唐人胡曾在《下第》诗中就抱怨道：“上林新桂年年发，不许平人折一枝。”[1]当时士大夫讲求流品，看重家世，这种情况到唐末发展到极致，朝堂上高官被所谓“衣冠士族”所把持，这些人热衷于文学，自诩清流，却没有多少实际才干。黄巢起义时“天街踏尽公卿骨”，沉重打击了世家大族。到唐末时，更有“白马之祸”，朱温将朝中七位士族大臣赐死于白马驿，因此受到牵连而被赐

1［唐］胡曾：《下第》，《全唐诗》卷六四七。

死者多达百人，朝廷为之一空。朱温亲信李振在唐末曾经多次参加科举考试，屡试不中，心中满怀怨恨，建议说："此辈自谓清流，宜投于黄河，永为浊流。"[1] 文人地位在此时下降到了最低点，但同时文人也开始转型，一些出身小吏的实干型人才成为五代文人的主流。到宋初，赵匡胤亲信幕僚中的文人也多是这一类。比如开国功臣赵普，出身于小吏世家，早年教过私塾，进入赵匡胤的幕府后成为其重要的谋士，而且与赵匡胤一家关系密切，赵匡胤的母亲杜太后一直称呼他作"赵书记"，这是赵普在赵匡胤幕府时的官职"归德军节度掌书记"的简称，即便后来赵普位居宰相，杜太后还是如此称呼他。赵普是典型的实干型人才，宋初的许多制度设计都出自他手，削弱藩镇的"稍夺其权，制其钱谷，收其精兵"的战略就是他提出的。作为五代以来"文吏"型大臣的典型，赵普其实读书不多，后世称他"半部《论语》治天下"，最初可能是写实，而没有褒贬之意。后来者评论此语，从称颂儒家经典的角度说，自是《论语》博大精深；在饱学之士眼中，赵普不学无术。在"宰相须用读书人"的故事中，在赵匡胤看来，赵普显然不是读书人。在皇帝心中，或许那些饱读诗书、严守儒家礼法、懂得君臣尊卑的士人，才能称得上"读书人"。科举考试要选拔的也是这样的人才，而世家大族此时已被扫荡一空，通过科举考试的多是平民子弟，没有家世背景的科举官僚更不容易结党，也更容易控制。唐宋科举制度的这一变化，与之密切联系的是政权组成官僚的类型变化，也是日本学者内藤湖南所说的贵族政治向君主独裁的转变。

提高文臣地位，起初是为了抑制武将权力的膨胀，但随着文治局面的展开，士大夫的地位也得到了极大提高。相比于其他朝代，宋代士大夫的境遇是令人羡慕的，最有名的就是所谓的《太祖誓碑》。据南宋陆游《避暑

1［宋］薛居正等：《旧五代史》卷一八《李振传》。

漫抄》记载：赵匡胤登基后在太庙寝殿的夹室立了一块碑，谓之《誓碑》，十分机密，平时总是大门紧闭。每当新皇帝即位时，都要到太庙参拜，正式的仪式结束后都会去到立碑的夹室里，陪同的只有一个不识字的小太监，新皇帝便在碑前参拜，默诵碑上的文字立誓，然后离开。碑上的内容十分保密，皇帝身边的亲信也没人知道。直到北宋末年靖康之变后，门被打开，世人这才发现碑上刻有三行字，第二行为“不得杀士大夫及上书言事人”，最后一行则算得上是一个毒誓，说子孙后代有违背这个誓言的，必定会受到上天惩罚。这个记载颇多疑问，是否存在这样一块“誓碑”也有很多争议，但宋代的确很少杀士大夫，尤其和常在朝堂上杖毙大臣的明代相比，宋代的士大夫要幸福得多，一般情况下，大臣犯错最严重也就是被贬到岭南。但也有人就此认为，正因为他们没有了死亡的威胁，所以宋代才出现了官员贪污盛行的现象。

宋代的文治是宋初君主为了矫正唐末五代政治之失，引导臣下明君臣之义、尊卑之分，重建儒家道德伦理，通过文臣驾驭武将，以保证国家长治久安，科举制的改革也是为了塑造符合君主要求的文臣。虽然宋代文治是在君主体制下文人掌权的政治，但相对宽松的政策环境造就了宋代士大夫的主体性意识，他们提出了要帝王“与士大夫共治天下”的要求，也具有“先天下之忧而忧，后天下之乐而乐”的责任感和“人生自古谁无死，留取丹心照汗青”的牺牲精神。

防弊之政：“事为之防，曲为之制”

“事为之防，曲为之制”堪称宋代“祖宗家法”的核心原则，也是宋代政治体制重要的设计准则。这句话是宋太宗在其即位诏书中提出来的，用来描述宋太祖治国的核心原则。这八个字不仅概括了太祖一朝的政治原则，也反映出新的统治者所要努力的方向。所谓“事为之防，曲为之制”，也可以称作“事为之制，曲为之防”，长期以来被认为是周代“礼经三百，威仪三千”所体现的治国之法，简单来说就是“事事防范”的制度设计原则，在宋代便是重在防范内患的“防弊之政”。这一政治原则之确定其实是宋太宗在错综复杂的时局中做出的自然选择。当时，一方面，太宗继位存在争议；另一方面，北汉、辽依然威胁着新生的宋朝。

宋太祖死于开宝九年（976）十月二十日，其弟赵光义即位为太宗。有关太祖的死因和赵光义继位是否合法，是宋代一大公案，在当时就有不少人心存疑虑，今天依然议论纷纷。

关于宋太祖之死，正史记载其为暴卒，他的死属于死因不明的突然死亡。皇位传弟而不传子的特殊状况使得太祖的死因疑窦丛生。有人根据太祖体形过胖、嗜酒等特点推测其可能死于心血管疾病，这有一定道理，但无法确证。野史则长期流传“烛影斧声”的说法，绘声绘色地描述了太宗杀兄篡位的举动，这样的说法符合民间猎奇的口味，但同样无法证实。

其实，宋太祖之死引发怀疑，主要原因还是太宗继位存在不少非正常因素，不得不引人疑虑。父死子继早已是中国皇位继承的主流，况且太祖死时，两个儿子都已成年，德昭二十六岁，德芳十八岁。史书中用“金匮之盟”来解释为什么传弟不传子。所谓“金匮之盟”，是说太祖与太宗之母杜太后在临终前将太祖叫到跟前，问他是否知道自己为什么能得天下，太祖归功于祖宗功德，杜太后此时说了一大实话，正是周世宗死后孤儿寡母掌握天下才使赵匡胤有机可乘。因此，杜太后提出要太祖将来把皇位传给弟弟，避免因继位皇帝年幼而造成的政局不稳，太祖同意了。这段话由当时在一旁的赵普负责记录下来，赵普在最后署上“臣普记”字样，然后太祖将这份记录藏在一个金匮之中，命人严加保管。这份“金匮之盟”同样问题多多，首先，杜太后死时，太祖三十五岁，太宗二十三岁，德昭十一岁，虽然当时德昭年幼，但太祖也正值壮年，杜太后如此说无疑是在诅咒自己的儿子，觉得他活不长，事实上太祖活了五十岁，死时德昭也已成年，不存在继承人年幼的问题。退一步说，假设杜太后当时只是担心太祖或者德昭、德芳可能会意外早亡，出于防患于未然，才这样说，那么她担心的情况并没有出现，太宗仅凭“金匮之盟”继位依然存在问题。其次，这份“金匮之盟”的公布时间存在问题。太祖死后，皇后宋氏命令宦官去通知德芳进宫，但这名宦官却没有去通知德芳，而是直接去通知了赵光义，由此，太宗得以抢先进宫控制了局势。木已成舟，宋皇后也只有接受这个结果，如果当时已有“金匮之盟”，赵光义为什么不拿出来证明自己继位的合法性呢？“金匮之盟”的公布是六年后，罢相多年的赵普受到太宗接见，提到这一文件，太宗才在宫内找到。如果“金匮之盟”十分秘密，宋皇后和太宗都不知道，那赵普作为知情人为什么不在太祖死后就提出来，这可是邀功的好机会，拖了这么久，很可能是赵普为了恢复相位，揣摩太宗心思编造出来的。

太宗继位疑点还有他此后的许多行为，如尚未等到第二年就急于改年号，这在古代是对前任皇帝的极不尊重。侄子德昭和弟弟廷美的死都可以看出太宗因得位不正而产生的猜忌之心。太平兴国四年（979），太宗在消灭北汉后下令攻辽，企图一鼓作气解决问题。在随后的高梁河战役中，太宗中箭受伤，落荒而逃。军中的一些将领在太宗行踪不明的情况下，提议拥立正在军中的德昭，但未成功。太宗在安全归来后，听闻这一消息，可以想象他心中的疑忌。回京后，德昭向太宗建议封赏先前攻灭北汉的功臣，太宗大怒，说出了“等你当了皇帝再封赏也不晚”的话。德昭这才意识到问题的严重性，也许是为了避免株连亲族，他选择了自刎。几年后，德芳也病死了。太宗又开始猜疑弟弟秦王廷美，指使亲信告发廷美企图谋反，将他贬为涪陵县公，后来廷美也忧悸而死。这样，太宗便扫除了帝位的威胁，为自己的儿子继位铺平了道路。太宗继位名不正、言不顺，在宋代就受人诟病，作为太宗子孙的南宋高宗赵构无子，在选择后继者时，就接受臣子建议，选择了太祖的后人作为自己的继承人。看来，赵构也觉得自己先祖继位的方式不太光彩。

从种种情况来推测，太宗的继位应该存在问题，但限于史料，目前无法搞清具体细节。从这一点来看，太宗对内患的担心超过外患自然可以理解。太宗虽然灭了北汉，但在高梁河、岐沟关两次大败给辽军，他在伐辽连续受挫的情况下将精力转向国内，不难看出两者在他心中位置的高下。太宗认为外患是可以预防的，身边的威胁则很难察觉，因此从制度设计上强调各部门要互相牵制，不可使某一方独大。太祖时期的种种设计大部分是着眼于大局，并未形成完备的系统，太宗竭力完善了太祖开创的这一套“家法”，但在很多方面走得更远。例如收兵权虽然自太祖开始，但对军队的战斗力影响并不大，这与赵匡胤是个较为纯粹的武将有关。太宗则十分缺乏军事才能，在军中缺乏威望，他即位后不但排斥太祖的亲信将领，而且推行“将从中御”的政策。其具体内容为：主将在行军和指挥作战时，必须按照内廷所制定的方略或阵图办事，否则即属于违抗圣旨，即使打了胜仗也要受到处罚。在信息传递较为困难的古代战场上，这无疑是绑住了己方军队的手脚，贻害无穷。也许是自身能力的缺陷，太宗对于政事十分用心，他称自己即位后每天鸡鸣即起，处理政事没有一天放松，许多琐碎的事务他也亲自了解，生怕被臣下蒙蔽。太宗“武功”不行，但对文治的渴求却超过太祖，他改革科举，扩大取士，兴建三馆等藏书机构，编纂、校勘书籍，补足了太祖在这方面的一些缺陷。

“事为之防，曲为之制”的原则要求以预防内患为主，尤其是威胁皇权的因素。前代宦官、外戚都曾造成大乱，宋初君主对此保持了高度警惕，太宗因为自身的原因对宗室的防范也十分严格，许多措施都是在太祖时开始、在太宗时完善的，这些措施的核心是给予宗室厚禄而不予其实权，取得了很好的效果。对于官员的监察控制在历代都是大问题，在宋代，由于官员数量的膨胀，显得更加重要。宋代在中央设立御史台和谏院，合称“台谏”。御史台主要负责监察百官，最高长官御史大夫虚而不设，这样，副职御史中丞就成为实际的负责人。御史台下辖三院，即台院、殿院和察院。台院长官是侍御史，殿院长官则称殿中侍御史，察院长官是监察御史。谏院在唐代负责规劝讽喻君主，宋代也是如此，但重点已放在对百官的监察上，其长官按规定为左、右谏议大夫，但实际上多以其他官员执掌谏院，一般称作知谏院。御史台和谏院的职能在宋代已经接近，因此台谏常常并称。台谏官在宋代享有许多特权：一是允许“风闻言事”，就是说台谏奏事，不要求他们讲出消息的来源，即使说错了也不会因此受罚；二是宰相等高官遭到台谏官弹劾时，情况严重者应该辞职。有宋一代，台谏言事之风很盛，台谏官经常攻击大臣，这一方面震慑了不法者，另一方面，一旦台谏被权臣控制，也会成为排斥异己的有力工具。

除了利用台谏官监督百官以外，宋初还有两个很重要的措施来控制官员：一是严防朋党。唐代牛李党争的教训为赵宋君主所吸取，凡是大臣牵涉结党问题的，大多不是罢官，就是被赶出朝廷，台谏官也把监察臣僚是否结党当作主要职责。再加上宋代殿试在科举制中地位的确立，皇帝亲自掌握了取士的大权，也抑制了朋党的产生。二是实施“异论相搅”，也就是说大臣中不能只有一种声音，而是要适当扶植对立面，使得大臣们互相监督，互相牵制。这一政策是为了避免皇帝被蒙蔽而设计的，也使得皇帝可以听到更多的意见。这两项措施的实施其实维持了一个精巧的平衡，一方面要朝廷上有对立，另一方面又要防止大臣结党。这个平衡需要非常高明的政治手腕。

天书封禅与真宗朝政局

将太祖、太宗时期所实行的政策及其精神加以总结，并称之为“祖宗典故”“祖宗法度”，始于宋真宗时期。与太祖、太宗起自行伍，洞察民间疾苦相比，宋真宗长于深宫妇人之手，虽然处事谨慎，但能力却有不足，此时宰相的作用就对政局有了举足轻重的影响。真宗前期政局稳定，遵循太祖、太宗旧制是当时朝野的共识。当时的宰相吕端，是太宗委以执行遗诏的顾命大臣，在真宗即位时成功挫败了宦官王继恩谋立楚王元佐的阴谋。对这样一位元老重臣，真宗自然是尊重有加。吕端信奉黄老之术，是有名的小事糊涂、大事明白。真宗前期的其他几位宰相也多以清静无为为己任，因此，朝廷上下以不生事为原则，整个制度进入了稳定期。

真宗朝被称作“圣相”的李沆也力主清静，他会见宾客时都很少讲话，人称“无口匏”。李沆曾任真宗的太子宾客，在真宗身边多年，深得信任。李沆成为宰相后，经常上奏各地的水旱灾害、盗贼之事，目的是使真宗了解民间疾苦，有所畏惧。同时李沆对企图改变已有规程的建议都予以否决，他认为当时的制度已经很完善，随意改动会破坏安定的局面。这种稳重的处事作风，有利于使太祖、太宗创设的制度规范化。李沆虽然寡言少语，但行事却十分果决。真宗曾下手诏封刘氏为贵妃，派内侍交给李沆，李沆看完就当着内侍的面将手诏焚毁，真宗也只好收回成命。

宋辽澶渊之盟后，北宋迎来了难得的和平时期，宋真宗此时也已继位数年，有了一定的政治自信，而李沆死后，能够阻止皇帝“生事”的人也不多了。知枢密院事王钦若鼓动真宗开创“大功业”，也就是封禅。封禅是封泰山而禅梁父的简称，即在泰山筑土为坛来祭天，在泰山附近的梁父上辟基祭地。《白虎通义》言：“王者易姓而起，必升封泰山何？教告之义也。始受命之时，改制应天，天下太平功成，封禅以告太平也。”[1]封禅象征着皇帝受命于天，举行封禅大典意味着天下太平的大功告成，堪称是“大功业”。历代帝王大凡一统天下者都想通过封禅泰山来炫耀功德，历史上封禅泰山的皇帝只有秦始皇、汉武帝、东汉光武帝、唐高宗、唐玄宗寥寥数人，宋真宗则是最后一个。因为宋太宗也曾想封禅泰山，但最终放弃了，完成一件父亲没有完成的功业，对于生活在父亲阴影中的真宗来说具有无比的吸引力。

此时的宰相王旦颇有“贤相”之名，真宗害怕他反对，预先征求他的意见。王旦认为封禅之礼旷废已久，委婉地表示反对。真宗不死心，一方面派王钦若去游说王旦，另一方面又在一次宴饮之后赐给王旦一瓶酒，让他带回家与妻子共饮。王旦回家打开酒瓶一看，原来里面都是珍珠。接受了皇帝贿赂的王旦，从此对封禅之事，再也不发一言。

按照传统，封禅需要天降祥瑞来表示上天的许可，真宗依靠王钦若等人的精心策划，首先制造了“天书”下凡的闹剧。景德五年（1008）正月初七，皇城司报告说在承天门南端的屋顶上挂着两丈多长的黄帛，上面有个类似书卷的东西，真宗说这就是先前梦中神人所言的天书《大中祥符》，帛上有“赵受命，兴于宋，付于恒。居其器，守于正。世七百，九九定”[2]，

1［汉］班固：《白虎通义》卷五《封禅》。
2［元］脱脱等：《宋史》卷一四〇《朝谒太清宫》。

这样明显的许可封禅的暗示也是历史上罕见的。真宗当即下令改元“大中祥符”，以示重视。同年四月，又有天书降于大内之功德阁，六月，又有天书降于泰山。有了天书的示范，全国各地的州郡长官纷纷上报有芝草、嘉禾、瑞木等祥瑞出现。有了天书、祥瑞，封禅泰山的理由找到了，百官、蕃夷、僧道、父老纷纷上言请求封禅。真宗见时机成熟，在当年十月初四，率百官、僧道三万余人从京城出发，前往泰山封禅。整个过程历时四十七天，耗费钱财八百三十余万缗。同时，为了供奉天书和提倡道教，真宗还下诏在全国各地普遍建设道观。其中，建于京城的玉清昭应宫规模最为宏大，共二千六百二十楹，前后历时七年方才完工。真宗终于建立了他的“大功业”。

宋真宗热衷于封禅这样劳民伤财的活动，背后还是有其特殊的政治考虑的。首先，这与宋真宗对当时宋辽关系的认知有关，澶渊之盟签订后，宋朝虽然付出了一定的经济代价，但其他方面双方都还算平等，而且换来了较长的和平时期，当时朝野上下都还是予以肯定的。但是盟约中，宋、辽君主互称皇帝，在“天无二日，民无二主”的传统中，这才是最让宋真宗感到屈辱的。此时，宋、辽双方处于均势，谁也不愿轻启战端，宋真宗只有寻找其他方式挽回颜面。王钦若投其所好，为宋真宗谋划了天书封禅事件，目的是展示赵宋才是天命所归，向宋朝臣民强调赵宋政权的合法性。同时，宋人认为契丹的习俗十分崇拜天，策划这样的活动，通过封禅强调天意在赵宋一方，也是为了从精神上压倒辽朝。其次，真宗着迷于此类活动，与他接受了王钦若对“圣人以神道设教”的解释有关。这句话出自《周易》，一般的理解是圣人效法自然来潜移默化地教化百姓，王钦若却解释为圣人创造“神道”来教化百姓，也就是说，祥瑞是可以为了某些目的而人为制造的。宋真宗起初对此颇有疑虑，他召来龙图阁直学士杜镐隐晦地询问是否确有“河图洛书”之事。杜镐不了解宋真宗的目的，随口答道：“此圣人以神道设教耳。”[1]听在宋真宗耳中，就被理解为“河图洛书”其实是圣人编造出来的。找到了理论依据的宋真宗于是下定决心制造天书下凡的骗局。从此，宋真宗迷上了“神道设教”，大中祥符四年（1011）他到山西汾阴祭祀后土，大中祥符七年（1014）又到安徽亳州谒太清宫祭祀老子，真是乐此不疲。

对于这场事后看来是闹剧的演出，《宋史》的评价是“一国君臣如病狂然”[2]，卷入这一事件的可不只是真宗等数人而已。对于君主，这是证明其皇权合法性、权威性的途径；就朝廷而言，这是示范天下的重大仪式，是强化既有政治秩序的有效方式；对臣僚而言，参与盛典，是身份与地位的反映。连寇准这样的名臣也被卷入其中，寇准因为在澶州之战前力主真宗亲征，澶渊之盟的签订他居功至伟，后来他因被王钦若构陷而罢相。寇准本来是坚决反对所谓“天书”的，也许是被冷落得太久，为了恢复权位，他在天禧三年（1019）上书报告“天书”降于乾祐山，这其实是当地巡检朱能为了邀功而伪造的。寇准的投机获得了成功，他随即被召回朝廷，二次拜相。

东封泰山之后，宋真宗似乎厌倦了繁杂的日常政务，一反以前谨慎小心、事必躬亲的作风，把大权交给王旦，很多小事王旦不需汇报即可处理。王旦内心并不赞成封禅，但却不能脱身事外，面对轰轰烈烈的典礼，他经常回忆起当年李沆的种种作为，感叹道：“李文靖真圣人也。”[3]“文靖”是李沆的谥号。对李沆的回忆恰恰说明，王旦没有李沆式的勇气来反对封禅。在举国痴狂的造神运动中，王旦还是力所能及地做了许多事。一是不断举荐他所认定的“正人”，如吕夷简、王曾等人，以对抗得宠的“五鬼”。“五鬼”

1［宋］李焘：《续资治通鉴长编》卷六七，真宗景德四年十一月庚辰。

2［元］脱脱等：《宋史》卷八《真宗本纪》。

3［元］脱脱等：《宋史》卷二八二《李沆传》。

即宋真宗时期以王钦若为首的五位宠臣，包括丁谓、林特、陈彭年、刘承规。二是尽量遵守“祖宗典故”，维护太祖、太宗时的制度，这种做法其实是当初吕端、李沆等人策略的延续。当然，这些“典故”都是经过他有意识筛选的。王旦意识到要对皇帝的行为有所约束，必须依靠“祖宗”的权威来进行。一次，宋真宗打算任命刘承规为节度使，王旦认为，刘承规身为宦官，不应授予如此高的地位，引用太祖、太宗时的例子来反对，并且义正词严地对宋真宗说：“陛下所守者祖宗典故，典故所无，不可听也。”[1]宋真宗想要任命王钦若做宰相，王旦表示反对，其理由是“祖宗朝未尝使南方人当国”[2]。

王旦的选择无疑是考虑了当时的背景，身为臣下无法完全限制君主的行动，要对君主有所制约，无非是天意和祖宗，信奉“神道设教”的宋真宗利用了天命作为武器，与之对抗的就只有祖宗的权威了。因此，一套冠以“祖宗”名义的制度规范才可能使君主有所顾忌。这样的做法一方面保持了制度的连续性，另一方面也减少了君主个人的某些逾矩行为的危害性。以王旦等为代表的赵宋士大夫，忠于皇权，但又不单纯是皇帝的应声虫。他们熟悉官僚制度的运转方式，有自己的信念，清楚地知道自己的责任。他们处世庄重，行为缜密，尊重制度规范，不敢轻言变革。他们其实是通过维护制度来同时达到忠于皇权和保证天下长治久安的双重目的。这就是宋代士大夫的典型形象。

真宗朝是宋代许多制度的定型期，太祖、太宗依靠君主个人的影响开创了许多制度，真宗属于守成的帝王，处理政事多援引祖宗故事，君主个人的影响逐渐减低，士大夫的作用越来越突出。这样一种以祖宗家法为处理政事的最高原则的行为模式，为士大夫们所接受，士大夫每每上言都多引用祖宗时的例子为依据，也经常以祖宗家法来规劝皇帝，使得祖宗家法

1［宋］李焘：《续资治通鉴长编》卷八一，真宗大中祥符六年七月丙申。

2［宋］李焘：《续资治通鉴长编》卷九〇，真宗天禧元年八月庚午。

成为一套君臣共同维护的行为模式。自真宗后期至仁宗朝，士大夫阶层日渐成长，国家的典章制度和故事在处理政事上的作用逐渐加强，“祖宗之法”的正式提出正是在此过程中发生的。此后“祖宗之法”便处于被尊崇与被利用的状态中，需要指出的是，尊崇并不意味着完全遵行，即使到了王安石变法时期，争论也是围绕政策法规层面展开的，而“防弊”的核心原则却依然发挥着作用。

结语

五代时期，“五季为国，不四三传辄易姓”[1]，君纲不振、名分隳坠；赵宋王朝则享国三百余年，其声教文明、典章制度、道德仁义之风，于汉、唐之盛世“盖无让焉”，文质彬彬，成就中国古代又一文化高峰。前后相沿的两个历史时期，却呈现出如此巨大的反差，其转折的关键，便在于宋太祖、宋太宗两朝。

宋太祖、宋太宗都生长于五代，在乱世中汲取经验和教训，他们是五代培育出来的最后一代精英，其思维方式、行事作为不可避免地带有五代的印记。回到五代的历史背景，二人获得帝位的方式其实都是乱世形成的政治传统的延续。五代为国，兴亡以兵，唯力是上的功利主义的盛行与“君权神授”观念的转淡，催生出“无人不思为天子”的社会心理，“纷纷禅代事何轻”“将帅权倾皆易姓”，“陈桥兵变”不过是为这一传统又增添了一个注脚而已。客观环境的逼迫，使得五代时期的皇位传递观念发生改变，“国家多事，议立长君”[2]成为时人的共识，最高统治者往往能够突破血缘关系的限制，更多考虑继任者的经验和阅历、才干和功业。太宗之继统出于篡

1［元］脱脱等：《宋史》卷二六二《程羽传》。
2［宋］欧阳修：《新五代史》卷十七《重睿传》。

位似已无疑，但不可否认的是，由太宗来继承太祖创立的基业，是被当事人所认可的一种选择。之所以这一过程引起众多争议，恰恰是因为它发生于历史长河从动乱走向承平的又一拐点，人们观察的立场不同而导致。

宋太宗以后，宋朝的皇位传递回归“父死子继”的正常轨道，这样的转折如何发生，是一个值得深究的问题。传统史家对宋太宗盖棺定论时不乏微词，武功郡王德昭之自杀、涪陵县公廷美之贬死是他被人们指摘的两大失德之处。但在道德批判的同时，人们往往忽略了这两个举措背后的必要性。“国家多事，议立长君”是五代乱世留给人们的经验，君位易置的变幻无常、强敌环伺的险恶环境，使在位君主不得不扶植一个兼具经验阅历和资历威望的“长君”，以备不虞之时延续国祚。然而当国家已经步入长治久安的轨道之后，这样一个实力雄厚的“长君”时刻在旁虎视眈眈，就已经不再是国家之福，而很可能转化为动乱之源。北伐期间发生的拥立德昭事件，廷美倒台后牵涉出来众多大臣，都在昭示着这一道理。无论是源远流长的家天下的政治传统，还是现实的政治环境，都在要求皇位传递从五代的“异常”回归“正常”，从这个角度来说，太宗在新的历史关口，推动了历史的转折。

自“安史之乱”起，中央政府对地方的控制力就开始下降，藩镇势力逐渐上升，终于演变为五代十国的乱世，经过宋太祖、宋太宗数十年的征讨，才再次实现中原地区的统一。宋朝能够再造一统，是顺应历史发展趋势的结果。长时期的兵连祸结，造成严重的社会动荡，饱受战争之害的百姓渴求社会安定。忙碌于杀伐混战的诸割据政权也气势日颓，与赵宋政权的蒸蒸日上形成鲜明的反差，使赵宋王朝成为一时人心之所寄。统一局面的形成，离不开太祖个人超凡的政治军事才能，“先南后北”战略方针的确定，取得了事半功倍的效果，战略战术的变化多端，更使统一战争势如破竹。相比之下，太宗的功业则要逊色得多。统一大业虽由太宗最后完成，但更多是延续太祖确立的势头而已，少有开创之举。两次大规模的北伐俱以惨败收场，伤动宋朝元气，使宋朝开拓进取的势头自此戛然而止，士气一蹶不振。宋朝在对外战争中的颓势，肇端于宋太宗时期。

宋人遇事喜言“祖宗”，尽管已有学者指出，所谓的“祖宗之法”，其实是一个不断层垒的过程，并不单指宋太祖、宋太宗所确立的法度，但二人对于宋朝特质的形成，无疑有着后世诸君无法比拟的重要作用。“以防弊之政，作立国之法”，是宋朝“祖宗家法”的核心原则，这一原则凝聚着宋初二帝于五代乱世吸取的教训与经验。五代之乱，究其原因大致有二：禁军为腹心之患，藩镇为肢体之疾。以“杯酒释兵权”为代表的禁军系统人事调整，在人事和制度两个方面，一举扭转了武人干政、兴亡以兵之势，消除了困扰中原王朝近百年的重大隐患，开启了偃武兴文之机。“稍夺其权、制其钱谷、收其精兵”则从根本上割断了藩镇赖以称雄的政治、经济和军事命脉，摧毁了地方的离心倾向，彻底终结了唐末以来的分裂割据局面，建立了一个空前集权的中央政权。经过宋初的一番整顿，延至明、清两代，地方再也没有能力与中央对抗，这样一种趋势，是从宋初就开始奠定的。

五代乱世的形成，根源在于文武关系的失衡，武夫悍将左右政局，文教大衰。宋太祖欲求拨乱反正，遂倡导武臣读书，感叹“宰相须用读书人”，其用意虽然更多地在于引导人们明尊卑之分、谨君臣大义，调整失序的文武关系，但终究树立起“文治”的政策导向，使读书人在五代的黑暗之后看到一丝希望。从五代到宋初，文臣群体的地位有了显著提升，他们也在磨砺中有所成长，在国家事务中争取着更大的发言权。至太宗即位，时局的稳定太平使他有条件进一步“兴文教、抑武事”，大量通过科举出身的文臣士大夫进入仕途，取代了此前的五代人才，完成了一代人才的转换。至北宋中叶，几乎各个方面的重要职务都由文官担任，终于完全形成文臣治国的局面，成就了宋朝“与士大夫治天下”的特质。

陈寅恪先生曾论："华夏民族之文化，历数千载之演进，造极于赵宋之世。"[1] 赵宋王朝承五代之乱世，终于免于成为第六个短命王朝，扫除了动乱的根源，建立起一个延续三百余年的大帝国。而作为一个以军人为首脑建立起来的国家，又偏偏在军事上无所作为，而在文化上达到中国古代的巅峰。历史的发展如何从动乱走向承平，武夫悍将的猛悍之气如何被消弭殆尽而臻于文化高峰，都要从太祖、太宗、真宗之世寻找端倪。

1 陈寅恪：《邓广铭〈宋史职官志考正〉序》，《金明馆丛稿二编》，上海：上海古籍出版社，1980 年，245 页。

第二章

宋代士大夫的先驱：时代转折中的寇准

从太宗晚年到真宗末年这一宋朝历史上重要的转折时期，几次重大的历史转折关口，都有寇准置身其间，他的才能甚至缺点都深刻地影响到历史的走向，使个人与国家的命运紧密地联系在一起。从他身上，可以透视出时代发展的脉络。

在宋代历史上，真宗朝是一个具有特殊意义的时代，这主要表现在两个方面。首先，它是宋朝由创立期向承平期过渡的阶段，经过太祖、太宗两位创业之主的拨乱反正，各项制度走向完备和定型，宋朝自己培养出来的士大夫阶层取代五代精英，成为政治舞台的主角，具有宋代特色的新型士大夫政治揭开了序幕。其次，贯穿于宋朝政治的一个突出特点，即内政始终处于外交的压力之下，这在真宗朝表现得尤为突出和典型，澶渊之盟的达成，在当时和后来都给宋朝内政带来了巨大和深远的影响。在这样一个历史的转折期，出现了一位具有传奇色彩的大臣——寇准，其政治活动跨越了太宗、真宗两朝，参与了诸多重大的政治事件，对宋朝君臣关系的定型，乃至宋朝国运的走向，都发挥了关键作用。通过考察他的活动，我们可以明晰新旧交替时期历史发展的脉络。

年少成名：得君之专的前半生

少年登科，得君眷顾

寇准于宋太宗太平兴国五年（980）登进士第，这一榜中，寇准、李沆、向敏中、苏易简、宋湜、王旦等相继位列宰辅，此外还有张咏、晁迥等众多名臣，因此被称为“龙虎榜”。寇准中进士时刚刚十九岁，他后来写诗自矜，“十九中高第，弱冠司国章”。如此年轻便高中进士，在有宋一代都不多见，同榜的李沆此时已经三十三岁，张咏三十四岁，相比之下，寇准可谓年少成名，的确有理由骄傲。

寇准的仕宦生涯从基层起步，他及第后就被派往归州巴东县任知县，五年后又被调任大名府成安知县。寇准在两处知县任内颇有政绩，不久升迁郓州通判，在此期间得到宋太宗召见，开始了与宋太宗的君臣际会。宋太宗召见寇准，事关一个重大的政治难题。宋太宗苦于“东宫”行为不端，颇有僭越之举，想要废掉他，又担心太子府中亦有甲兵，因此询问寇准如何妥善地解决，不致引发动乱。寇准回答道：“请某月日令东宫于某处摄行礼，其左右侍卫皆令从之。陛下搜其宫中，果有不法之器，俟还而示之，隔下左右勿令入而废之，一黄门力尔。”[1]

1［宋］李焘：《续资治通鉴长编》卷三三，太宗淳化三年十一月丙辰。

宋太宗时期，立储是一个敏感的问题，各方势力明争暗斗。宋太宗为何以如此重大私密的问题向名不见经传的寇准咨询，原因已很难确言，但寇准的回答显然令宋太宗非常满意，自此以后，宋太宗对寇准始终有着一种异乎寻常的信任与眷顾。这次召见以后，寇准进入仕宦生涯的快车道，“给札试禁中，授右正言”[1]，既而充三司度支推官，不久转盐铁斸司判官公事。恰逢朝廷下诏令百官上书言边事，寇准论述与契丹关系的利弊，再次得到宋太宗的器重。

通过这两次交往，宋太宗对寇准极为赏识，他问宰相：“朕欲擢用准，当授何官？”[2] 宰相建议任命寇准为开封府推官。开封府推官隶属于开封府，以开封地区的狱讼刑罚、户口租赋为职掌，位置虽然不低，却是一个职事繁剧的办事官，与当时文人看重的“清要”官职有很大差距。这一官职显然与宋太宗对寇准的期许不相符合，宋太宗因此很不高兴，反问道：“此官岂所以待准者耶？”[3] 宰相于是复请任用寇准为枢密直学士。枢密直学士隶属于枢密院，是皇帝的顾问官员，班位仅次于翰林学士，为诸阁直学士之冠，属于职事轻简、地位尊贵的“清贵”侍从官职，是宰执的晋升之阶。宋太宗沉思良久，勉强答道：“且使为此官可也。”[4] 从宋太宗的表现来看，他对这一任命还是不太满意，只是考虑到寇准此时资历尚浅，不便任命他担任更高的官职。

任性凌人，难处同僚

寇准在此时就已经表现出性格中偏执、使气的特点。一次殿中奏事，

1 ［宋］孙抃：《寇忠愍公准旌忠之碑》，《全宋文》（第二十二册）卷四七五《孙抃三》。

2 ［宋］李焘：《续资治通鉴长编》卷三〇，太宗端拱二年七月己卯。

3 同上。

4 同上。

寇准与宋太宗意见不合，宋太宗愤然起身欲走，寇准竟然动手拉住宋太宗的衣服，强迫宋太宗再次坐下来听从自己的意见，“事决乃退”。犯颜直谏，在中国古代历史上屡见不鲜，但真正到了动手拉皇帝衣服的程度，却并不多见，特别是对象还是手段强硬的宋太宗。宋太宗对寇准的行为居然也未生气，反而赞叹寇准“真宰相也”，又对左右说，“朕得寇准，犹唐太宗之得魏郑公（魏徵）也”[1]。或许正是宋太宗对寇准的“纵容”，鼓励了寇准性格中任性凌人的一面，为他此后的仕宦生涯埋下了隐患。

有了宋太宗的欣赏，寇准的仕途一帆风顺。淳化二年（991），是宋太宗后期政争最激烈的一年。宰相吕蒙正的妻舅宋沆上书请立元僖为太子，引起宋太宗对吕蒙正的猜疑；寇准揭发同年王淮盗用财物，借以打击王淮兄长、当时专权任事的参政王沔；王沔又与刚刚升任参政的同年张齐贤、陈恕互相攻击。结果，宰相吕蒙正、参政王沔、陈恕等人分别被罢职，寇准则成为政争的最大胜利者，于当年四月升任枢密副使，成为同榜进士中首位进入中央领导集体的人，此时他还不到三十岁。

年少成名，又得到皇帝的赏识，使寇准不免有些骄矜之气，与自己的上司、知枢密院事张逊发生了矛盾，屡次于宋太宗面前争论。一天退朝后，寇准与同为枢密副使的温仲舒一起骑马回家，途中一个狂人突然拦住马首，高呼万岁。这对敏感的宋太宗而言是极忌讳的事，张逊于是唆使街使王宾上奏。寇准与张逊在宋太宗面前各执一词，甚至互相揭发隐私，惹得宋太宗大怒，将两人分别罢职，寇准以左谏议大夫出知青州（今山东省青州市）。

寇准走后，宋太宗时常想起他，郁郁不乐。他问左右侍从：“寇准在青州乐否？”[2]左右回答：“准得善藩，当以为乐也。”[3]过了几天，宋太宗又问，

1［宋］李焘：《续资治通鉴长编》卷三八，太宗至道元年八月壬辰。

2［宋］李焘：《续资治通鉴长编》卷三四，太宗淳化四年十月壬申。

3 同上。

左右仍回答如初。几次以后，有人揣测宋太宗准备再次召用寇准，于是说："陛下思准不少忘，闻准日置酒纵饮，未知亦念陛下否？"[1]宋太宗听后默然不语。尽管如此，宋太宗也没有改变对寇准的赏识，出守地方不到一年，寇准就被召回，担任参知政事，再次进入执政集团。宋太宗特地对宰相解释："寇准临事明敏，今再擢用，想益尽心。朕尝谕之以协心同德，事皆从长而行，则上下鲜不济矣。"[2]

未终其事的定策之功

宋太宗这次召回寇准，是有一件大事要借寇准之力来决断。宋太宗早年征辽时身被箭创，此时复发，不得不考虑皇位继承人的问题。而宋太宗对寇准始终信任有加，立储之事，其他人提起会引起宋太宗的猜疑，但宋太宗却心甘情愿与寇准商议。寇准自青州回到京城后，入见宋太宗。宋太宗解衣给寇准看他的箭疮，并问寇准："卿来何缓耶？"[3]寇准答以"非召不得至京师"[4]。宋太宗又问："朕诸子孰可以付神器者？"[5]寇准回答："陛下为天下择君，谋及妇人、中官，不可也；谋及近臣，不可也。唯陛下择所以副天下望者。"[6]宋太宗思索良久，屏退左右问："襄王可乎？[7]"寇准回答："知子莫若父，圣虑既以为可，愿即决定。"[8]宋太宗遂以襄王为开封尹，改封寿王，确立其储君的地位。此处史料的记载颇为委婉，另有证据表明，襄王元侃被立为太子，实系出于寇准的直接提名。寇准对宋太宗说："臣观诸皇子，

---

1 ［宋］李焘：《续资治通鉴长编》卷三四，太宗淳化四年十月壬申。

2 ［宋］李焘：《续资治通鉴长编》卷三六，太宗淳化五年九月乙亥。

3 ［元］脱脱等：《宋史》卷二八一《寇准传》。

4 同上。

5 同上。

6 同上。

7 同上。

8 同上。

惟寿王得人心。”[1]宋太宗才下定决心。

太宗晚年，围绕立储一事，朝廷内外结成了多股势力集团。后宫李皇后是开国功臣李处耘的女儿，她外倚掌管侍卫马军司的长兄李继隆，内恃执掌皇城司、控制皇城保安的宦官王继恩，同时交结朝中胡旦等大臣，一意要复立被废的长子元佐；而寇准和参政吕端则是拥立元侃的旗手，两派的明争暗斗异常激烈。寇准在回答宋太宗问询时提到的“妇人”、“中官”和“近臣”，其实并非泛指，而是影射李皇后、王继恩和胡旦等人。对于宋太宗来说，虽然李皇后等人为元佐说了很多好话，但由于元佐此前的表现，他优先考虑的还是三子元侃，寇准的回答更坚定了他的决心。

寇准官拜参知政事后，得君之专，信任之隆，众所瞩目。宋太宗下诏，命参知政事与宰相分日知印、押班，赋予寇准等同于宰相的权力。这一制度完全是为寇准而设，目的就是让寇准合法地当权，寇准下台后，宋太宗立刻取消了这一制度。到宋神宗时期，为了让同样为参知政事的王安石名正言顺地实行变法，神宗才又援引了寇准的例子。

有了寇准的支持，元侃储君的位置不易动摇，李皇后等人想要拥立元佐上位，首先要除掉寇准。率先发难的是胡旦同榜进士冯拯，但最终坏事的还是寇准偏执的性格。至道二年（996），行郊祀大礼，百官依例要加官进秩。寇准刻意压制冯拯，冯拯乘机弹劾寇准弄权。宋太宗本想压下此事，但寇准却觉得受到冤枉而不依不饶，宋太宗气极而叹曰：“雀鼠尚知人意，况人乎？”[2]次日，寇准抱了一堆中书档案到宋太宗面前，非要辩个是非曲直。此时，参知政事张洎忽然揭发寇准私下曾多次诽谤宋太宗，结果宋太宗“大恶准”，遂罢免了寇准的职务。

寇准倒台后，继任参知政事的温仲舒和王化基只求自保，并不像寇准

1［宋］朱熹：《五朝名臣言行录》卷四《丞相莱国寇忠愍公》。

2［宋］李焘：《续资治通鉴长编》卷四〇，太宗至道二年七月丙寅。

那样维护元侃，吕端则年迈力衰，看起来“糊涂”怕事。李皇后等人遂明里暗地攻击元侃，谋立元佐。宋太宗至此似乎也有所动摇，甚至一度想要罢免维护元侃的吕端，只是因病重而没有实施。不过元佐本人早已看破功名，始终都没有介入李皇后要扶立他的活动中，宋太宗也在改变主意之前，于至道三年（997）三月病逝。

太宗病笃时，李皇后和王继恩联合参知政事李昌龄、殿前都指挥使李继勋、知制诰胡旦等人欲有所图谋。吕端预先警惕，先将前来传信的王继恩监禁起来，方才入宫。没有了王继恩的宫廷武力支持，李皇后对吕端无可奈何；李皇后束手，外廷的李昌龄、胡旦等人也就无计可施。真宗既立，垂帘见群臣，被宋太宗誉为“大事不糊涂”的吕端此时异常谨慎，犹且立而不拜，命人将帘子卷起，上殿看清楚确是元侃后，才率领群臣拜呼万岁。在吕端的尽心扶助下，元侃得以顺利继位。

另一方面，寇准在被罢免参知政事后，出为邓州（今河南省邓州市）知州，不到一年，太宗便去世了，此次罢政也就成了寇准与太宗的永诀。宋太宗对于寇准，始终存有一种异乎寻常的眷顾，即便是对他人讳莫如深的立储之事，也愿意听从寇准的意见。以太宗后期围绕立储问题的复杂政治斗争和李皇后一派强大的势力而言，如果没有寇准的支持，真宗能否被立为太子，又能否顺利继位，都将是一个疑问。从这个角度来看，一定程度上是寇准“引导”了赵宋王朝历史的走向。

寇准在太宗朝达到了个人政治生涯的第一次巅峰，也第一次经历了从巅峰跌落的痛苦，此时他也才刚刚三十六岁。这一过程中，寇准性格中的缺点和作为政治家的不成熟已经充分暴露。与寇准同榜的北宋名臣张咏对寇准曾有过评价，“寇准真宰相也”，“人千言而不尽者，准一言而尽。然仕太早，用太速，不及学耳”[1]。年少成名又遽得擢用，致身通显又得君之专，

1［宋］张咏：《张乖崖集》附集卷五《忠定公遗事》。

使得寇准个性中偏狭、任性、使气的特点无限扩大，也使他失去了学习政治经验、提升自身修养、磨炼自身性格的时机和动力。这种性格中的锐气推动他领袖群伦，也容易使他成为他人攻击的对象，寇准一生的际遇，在太宗朝其实已经注定了。

左右天子为大忠：澶州建功

宋太宗晚年，外有契丹虎视眈眈，内部也矛盾重重。他逼死侄子德芳、德昭和弟弟廷美，拒绝按皇后礼仪为太祖宋皇后发丧，引发皇室成员和太祖旧臣的不满；他任用亲信，架空政府，侵夺中书事权，也致使一般士大夫颇有异议；兼之水旱蝗灾接踵而至，连岁民饥，"群盗"蜂起。因此，宋太宗晚年的局势十分危险。宋真宗继位后的数年间，统治集团都以化解内外矛盾、稳定人心为要。经过七八年的休养生息，国家呈现稳定状态，民力渐苏。

"北敌跳梁未服，若准者，正宜用也"

在这样一个以"守静"为要旨的大环境中，任性使气的寇准显得格格不入，宋真宗对他的性格心知肚明，并未急于把他召回中枢。但宋真宗没有忘记寇准，从他继位后寇准的仕履来看，"真宗继位，迁尚书工部侍郎。咸平初，徙河阳，改同州。三年，朝京师，行次阌乡，又徙凤翔府。帝幸大名，诏赴行在所，迁刑部，权知开封府。六年，迁兵部，为三司使"[1]。三

1［元］脱脱等：《宋史》卷二八一《寇准传》。

司使在宋代号称“计相”，掌管财政大权，寇准正一步步地返回权力中枢。

寇准重返权力核心，有赖于时代的推动，契机就是北部契丹的威胁。宋真宗继位后，整军经武，宋朝军队展现出焕然一新的面貌。这一变化给边境对面的契丹带来巨大压力，据当时从契丹投奔宋朝的人说，“国中（契丹）畏陛下（宋真宗）神武，本朝雄富，常惧一旦举兵复幽州，故深入为寇”[1]。契丹方面担心宋朝再次举兵进攻幽云地区，因此计划先发制人，掌握主动。宋真宗咸平六年（1003），宋朝北部边境的形势已经是“山雨欲来风满楼”，辽军即将大举南下的消息不断传来，宋朝也加紧战备御敌。当此多事之秋，宰相李沆偏偏又于景德元年（1004）七月病逝。外有强敌，内无宰相，宋真宗面对日益紧急的边奏，甚至连吃饭的时间都没有，在这种情况下，他想起“临事明敏”的寇准。

宋真宗对寇准刚强任性的性格心存疑虑，因此在任用寇准之前，他首先任命翰林侍读学士、兵部侍郎毕士安为参知政事。毕士安是宋真宗的潜邸旧臣，为人宽厚，深得宋真宗信任，任命他为执政，意在对寇准进行一定的制衡，以毕士安的宽厚化解寇准的偏执。毕士安得到任命后入谢，宋真宗对他说，不久就将任命你为宰相，紧跟着又问：“谁可与卿同进者？”[2]毕士安当然明白宋真宗的用意，马上推荐了寇准：“准天资忠义，能断大事，臣所不如。”[3]宋真宗把他的顾虑和盘托出：“闻准刚，使气，奈何？”[4]毕士安开解宋真宗说：“准忘身徇国，秉道嫉邪，故不为流俗所喜。今天下之民，虽蒙休德，涵养安佚，而北敌跳梁未服，若准者，正宜用也。”[5]毕士安的话打消了宋真宗的顾虑，不久，毕士安与寇准同时拜相，寇准在时隔八年之

1［宋］李焘：《续资治通鉴长编》卷五七，真宗景德元年闰九月乙亥。

2［宋］李焘：《续资治通鉴长编》卷五六，真宗景德元年七月庚寅。

3 同上。

4 同上。

5 同上。

后，再次登上权力巅峰。

左右天子，有澶州之幸

寇准拜相后，宋真宗的压力终于得到缓解，每得边奏，必令先送中书。寇准也积极备战，他的同年好友张咏、向敏中、马亮、边肃、张秉等人，分别扼守成都、长安、金陵、邢州和澶州等要地，做好了应对契丹入侵的准备。

北宋景德元年（1004）九月，契丹纠集兵马，大举南下，绕过河北边境诸城，长驱深入，“围瀛州，直犯贝、魏，中外震骇”[1]。面对来势汹汹的契丹军队，北宋朝堂议论纷纷。胆小怕事的参知政事王钦若和签书枢密院事陈尧叟主张迁都，王钦若是江南人，倡议迁都金陵；陈尧叟是四川人，主张迁都成都。宋真宗以此询问寇准，王钦若、陈尧叟也都在场，寇准明知是这二人的建议，但装作不知，回答说：“谁为陛下画此策者，罪可斩也！今天子神武，而将帅协和。若车驾亲征，彼自当遁去。不然，则出奇以挠其谋，坚守以老其众。劳逸之势，我得胜算矣。奈何欲委弃宗社，远之楚、蜀耶？”[2]

有寇准的力主和毕士安的支持，宋真宗于当年十一月御驾亲征。南征途中，边情日急，而宋朝调动的大军久久不至，宋真宗再度动摇。宋真宗身边的宦官劝他速还京师，宋真宗召来寇准问道：“南巡何如？”[3]寇准坚定地说：“群臣怯懦无知，不异于乡老妇人之言。今寇已迫近，四方危心。陛下惟可进尺，不可退寸。河北诸军，日夜望銮舆至，士气当百倍。若回辇数步，则万众瓦解。敌乘其势，金陵亦不可得而至矣。”[4]

1［元］脱脱等：《宋史》卷二八一《寇准传》。

2［宋］李焘：《续资治通鉴长编》卷五七，真宗景德元年闰九月乙亥。

3［宋］李焘：《续资治通鉴长编》卷五八，真宗景德元年十一月甲戌。

4 同上。

虽有寇准鼓励，但宋真宗意犹未决。寇准又找到殿前都指挥使高琼一同面见宋真宗，对宋真宗说："陛下不以臣言为然，盍试问琼等？"[1] 高琼支持寇准，说道："随驾军士父母妻子尽在京师，必不肯弃而南行，中道即亡去耳。愿陛下亟幸澶州，臣等效死，敌不难破。"寇准又上言："机会不可失，宜趋驾。"[2] 宋真宗内心仍未能决断，扭头看向侍立于侧的带御器械王应昌，王应昌遂说："陛下奉将天讨，所向必克。若逗留不进，恐敌势益张。或且驻跸河南，发诏督王超等进军，寇当自退矣。"[3] 宋真宗这才下定决心进军澶州。

澶州地跨黄河两岸，分南北两部分。契丹陈兵北城之下，所以宋真宗到达南城后，不愿过河到北城去。当时宋朝驻守军队都在北城，真宗如果不到北城去，士兵见不到他，也就失去了亲征的意义，寇准再次找来高琼帮忙。寇准说："今渡河，则河北不劳力而定，不渡则虏日益炽，人心不敢自固。虽有智者，不能善其后矣。"[4] 高琼在旁大呼："陛下听寇准语，准所言是也。"[5] 又说："陛下若不幸北城，百姓如丧考妣。"[6] 侍立于侧的签书枢密院事冯拯附和真宗，开口斥责高琼无礼，高琼当即反驳："君以文章致位两府，今敌骑充斥如此，犹责琼无礼，君何不赋一诗咏退敌骑耶？"[7]

在寇准和高琼的推动下，宋真宗渡河来到北城，登上城楼检阅诸军。宋朝将士望到真宗的黄罗伞盖，群情振奋，"皆呼万岁，声震原野，勇气百倍"[8]。此后，宋真宗把所有事都推给了寇准，这也正符合寇准独断专权的

1［宋］李焘：《续资治通鉴长编》卷五八，真宗景德元年十一月甲戌。

2 同上。

3 同上。

4［宋］朱熹：《五朝名臣言行录》卷四《丞相莱国寇忠愍公》。

5 同上。

6 ［宋］李焘：《续资治通鉴长编》卷五八，真宗景德元年十月壬午。

7 同上。

8［宋］朱熹：《五朝名臣言行录》卷四《丞相莱国寇忠愍公》。

作风，他临阵掌兵，“号令明肃，士卒喜悦”[1]。可宋真宗终究还是放心不下，常派人窥探寇准的动静，寇准每日饮酒谈笑，就寝则鼾声如雷，宋真宗得知以后也放松下来。

定盟澶渊，开百年太平

随着战争的进行，势头逐渐倒向宋军。宋军以逸待劳，兵精粮足，宋真宗御驾亲征，使军队士气大振；而辽军长途跋涉，沿途并未取得什么战果，甚至可以说是到处碰壁，已成疲惫之师。宋真宗抵达澶州后不久，辽军统军萧挞凛外出督战，被宋军用床子弩发射箭矢，击中额头，伤重不治。辽军临阵折将，士气大落，于是与宋朝商议求和。寇准本想乘此时机，逼迫辽朝归还幽云地区，长久地解决北部边境的防御问题，但消极的宋真宗只想早日结束战事，又有人诬陷寇准拥兵自重，无奈之下，寇准只得同意讲和。

辽朝虽然在战场上不占优势，却提出了非常苛刻的议和条件，要求宋朝割让战略意义重大的关南之地[2]。而可以给钱但不可割地是宋真宗坚守的原则。几番往复之后，辽朝不再坚持索要关南，宋真宗对议和使者曹利用交代了岁币的底线：“百万以下，皆可许也。”[3]曹利用出使前，寇准把他叫去说：“虽有敕旨，汝往，所许毋得过三十万。过三十万，勿来见准，准将斩汝。”[4]曹利用至辽营后，果然以银十万两、绢二十万匹达成和议，即历史上著名的“澶渊之盟”。

从北宋历史的发展来看，澶渊之盟是一个非常关键的节点。经过太祖、

1［宋］朱熹：《五朝名臣言行录》卷四《丞相莱国寇忠愍公》。

2 北宋时指瓦桥、益津、淤口三关以南的地区，约相当于今河北省白洋淀以东的大清河流域以南至河间市一带。后周显德六年（959），周世宗从契丹手中收复该地区。

3［宋］司马光：《涑水记闻》卷六。

4 同上。

太宗两位创业之主的南征北战，宋朝基本恢复了唐朝中原地区的版图，唯有幽云地区孤悬契丹；辽朝方面，同样对后周时期丢掉的关南地区耿耿于怀。由于这些领土争端的存在，宋、辽两国一直征伐不断。澶渊之盟规定了宋、辽的边界，两国约为兄弟之国，宋朝不再提收复幽云，辽朝也不再索要关南之地。它结束了两国之间长期的征战，使宋朝可以无后顾之忧地进入王朝的承平期，是一个具有标志性意义的大事。正因如此，宋真宗才在盟约达成之后，将两国誓书诏谕各地百姓，同时举行一系列祭天、祭祖典礼，告慰祖先。

盟约的达成，自然不是轻而易举的，寇准继协助宋太宗"定策"后，再一次在历史转折的关键节点发挥了关键作用。寇准的后辈范仲淹赞叹说："寇莱公当国，真宗有澶渊之幸，而能左右天子，如山不动，却戎狄，保宗社，天下谓之大忠。"[1]王安石也写诗叹曰，"欢盟从此至今日，丞相莱公功第一"[2]。寇准临危受命，不负"中外以太平责焉"的期望，写下了从政生涯中最辉煌的一页，也为大宋王朝开创了一百多年的和平局面。将近一百年后，北宋官员陈瓘评价："当时若无寇准，天下分为南北矣。"[3]

1［宋］范仲淹：《杨文公写真赞》，《全宋文》（第十九册）卷三八七《范仲淹二一》。

2［宋］王安石：《和吴御史汴渠》，《临川集》卷五。

3［宋］李焘：《续资治通鉴长编》卷五八，真宗景德元年十二月戊戌。

专制自矜，宦海浮沉

历史人物在历史演进过程中的作用，与他作为“当事人”在现实生活中的表现，往往存在偏差。澶渊之役使寇准的权力与威望达到了巅峰，不但寇准本人颇以其功自矜，宋真宗也因此而“待准极厚”。可在表面上的荣耀背后，回到冰冷的政治生活中，寇准性格上的缺点再次显露无遗。

“过求虚誉，无大臣体，罢其重柄，庶保终吉也”

寇准为人专制自矜，危难时刻固然可以力挽狂澜，承平时期则易授人口实。他做宰相时大权独揽，本来不应由宰相插手的御史的任用，他也要过问。“准在中书，喜用寒畯，每御史阙，辄取敢言之士。”[1] 他以“进贤退不肖”为己任，不愿遵守惯例论资排辈，对吏人送上的例簿不屑一顾。寇准本人认为这是不拘一格为国家选用贤才，可在其他人看来，却难免有擅权之嫌。

导致寇准再次从权力巅峰跌落的，是与寇准屡有龃龉的王钦若。王钦若在宋真宗为太子时，帮助他澄清了宋太宗的猜疑，是宋真宗极为信任的

1［宋］李焘：《续资治通鉴长编》卷六二，真宗景德三年二月戊戌。

宠臣。史书中说，“钦若善迎人主意，上望见辄喜。每拜一官，中谢日辄问曰，除此官且可意否？其宠遇如此”[1]。寇准向来不喜欢王钦若，澶渊之役中把他调到形势凶险的前线天雄军（今河北省大名县）。王钦若到任后，只见契丹军兵漫山遍野，无以为计，只好屯塞四门，终日危坐，心中把寇准恨到极致。后来兵罢还朝，王钦若识时务地自请辞去参知政事的职务。寇准却还要羞辱一下王钦若，宋真宗特意为王钦若设置了资政殿学士一职，但职务的高低要由宰执们商定，寇准“定其班在翰林学士之下”[2]。王钦若此前以翰林学士升任参知政事，解职后却被排班在以前的官职之下，等于受到了降级，他心中备感羞耻，与寇准的矛盾又加深一层。

借助与宋真宗超乎常人的密切关系，王钦若开始诋毁寇准在宋真宗心目中的形象。一天朝会，寇准先行告退，宋真宗目送他离开。王钦若趁机问道：“陛下敬畏寇准，为其有社稷功耶？”[3]宋真宗点头称是，王钦若接着说：“臣不意陛下出此言。澶渊之役，陛下不以为耻，而谓准有社稷功，何也？”[4]宋真宗愕然，忙问其故。王钦若答道：“城下之盟，虽春秋时小国犹耻之。今以万乘之贵，而为澶渊之举，是盟于城下也，其何耻如之！”[5]宋真宗于是愀然不悦。寇准危难之时“左右天子”之举，被世人视为“大忠”，却被王钦若攻击为“无爱君之心”，他说：“陛下闻博乎？博者输钱欲尽，乃罄所有出之，谓之孤注。陛下，寇准之孤注也。斯亦危矣。”[6]

王钦若的话句句像针一样刺到宋真宗心上，从根本上瓦解了寇准倚以为傲的政治资本，破坏了宋真宗对寇准的印象。寇准平素专权自任的做派，

1 ［宋］《续资治通鉴长编》卷六一，真宗景德二年十二月辛巳。

2 ［宋］《续资治通鉴长编》卷五九，真宗景德二年四月壬寅。

3 ［宋］《续资治通鉴长编》卷六二，真宗景德三年二月戊戌。

4 同上。

5 同上。

6 同上。

已经使“同列忌之”，又失去了宋真宗的信任，他的罢相已近在眼前。景德三年（1006）二月，寇准罢相，随后出知陕州。宋真宗对继任的王旦说：“寇准以国家爵赏过求虚誉，无大臣体，罢其重柄，庶保终吉也。”[1]半年之后，宋真宗还对人说及寇准的种种不是，“寇准之居相位，多致人言”[2]。曾被寇准压制的冯拯落井下石，附和道：“吕蒙正尝云，准轻脱，好取声誉，不可不察。”[3]

率性而行，到处树敌

寇准在陕西，不理政事，终日宴游。这一方面是沿袭下来的传统，“旧相出镇者，多不以吏事为意”[4]，另一方面也与寇准政治失意后的精神状态有关。他在《醉题》诗中写道：“榴花满瓮拨寒醅，痛饮能令百恨开。大抵天真有高趣，腾腾须入醉乡来。”仕宦生涯的挫折使他深受打击，只能以醉酒来排遣。他的内心应该是矛盾的：一方面似乎有看破名利、退居山林之心，“自古名高众毁归，又应身退是知机”[5]；另一方面却又不甘就此老于山林，“魂梦不知关塞外，有时犹得到金銮”[6]。

寇准蛰伏陕西，庙堂之上并没有就此安静下来，反而纷纷然掀起了“天书封祀”的闹剧。宋朝政治的一大特点，就是内政始终处于外交的压力之下，这一点在真宗朝表现得极为明显，“天书封祀”的直接诱因就是“澶渊之盟”。王钦若以“城下之盟”来诋毁寇准，也连带毁掉了宋真宗建立不世之功的美梦，宋真宗因此怏怏不乐。王钦若倡导只有至泰山行

1［宋］李焘：《续资治通鉴长编》卷六二，真宗景德三年二月戊戌。

2［宋］李焘：《续资治通鉴长编》卷六四，真宗景德三年十一月己未。

3 同上。

4［宋］李焘：《续资治通鉴长编》卷六五，真宗景德四年六月辛酉。

5［宋］寇准：《秋》，《全宋诗》卷一四七。

6［宋］寇准：《初到长安书怀》，《全宋诗》卷一四七。

封禅大典，才能“镇服四海，夸示戎狄”[1]。自古只有真命天子才能到泰山封禅，在宋真宗看来，这一举动足以证明自己是上承天命的正统。因此数年之间，陆续上演了“天书降神”“东封泰山”“建玉清昭应宫”“西祀汾阴”等一幕幕闹剧，举朝上下皆知是自欺欺人，却又不能自已，“一国君臣如病狂然”[2]。

寇准并不相信所谓“天书”之类的把戏，可他却利用庆典的机会，提醒着人们他的存在。宋真宗东封泰山、西祀汾阴，寇准都上表请求同行，目的就是借机接近皇帝，探听朝中虚实。果然，中央政府内部日益激烈的政争，给寇准重返中央提供了机会。大中祥符五年（1012），宰相王旦与王钦若之间的斗争走向白热化，王旦想方设法阻止王钦若拜相，王钦若则凭借宋真宗的信任中伤王旦。王旦健康欠佳，身边又乏人相助，想起了同年寇准。大中祥符六年（1013）十二月，宋真宗出幸亳州，寇准受命为权东京留守，回到天子脚下。次年六月，王旦借王钦若与枢密副使马知节的争执，一举打垮王钦若。宋真宗将枢密院三位长官王钦若、陈尧叟、马知节尽行罢免，在王旦的力荐下，寇准被任命为枢密使、同平章事。寇准成为与宰相分庭抗礼的“枢相”，再次返回中央政坛。

寇准与王旦既有同年之谊，又有引荐之义，本应同心协力，可寇准却率性而行，给王旦平添了许多麻烦。一次，中书送往枢密院的文件不合规矩，寇准得知以后，立即到宋真宗处告了一状。宋真宗把王旦召来责问：“中书行事如此，施之四方，奚所取则？”[3] 王旦只得谢罪：“此实臣等过也。”[4] 看到一件小事引起如此严重的后果，枢密院吏人非常惶恐，对寇准说：“中书、

1［宋］李焘：《续资治通鉴长编》卷六七，真宗景德四年十一月庚辰。

2［元］脱脱等：《宋史》卷八《真宗本纪》。

3［宋］李焘：《续资治通鉴长编》卷八四，真宗大中祥符八年四月壬戌。

4 同上。

枢密院日有相干，旧例止令诸房改易，不期奏白，而使宰相谢罪。”[1]不久，枢密院送往中书的文件也违反了体例，中书吏人高兴地把文书呈递给王旦，希望王旦以其人之道还治其人之身。王旦却令吏人直接将文书退还枢密院改写，没有奏报宋真宗。寇准惭愧不已，次日见到王旦后谢罪道：“王同年大度如此耶！”[2]

寇准不甘居于人下，可能也有取代王旦的想法，他屡次在宋真宗面前说王旦的坏话，而王旦则一味地称赞他。宋真宗对王旦说：“卿虽谈其美，彼专道卿恶。”[3]王旦回答：“理固当然。臣在相理固当然。臣在相位久，政事阙失必多。准对陛下无所隐，益见其忠直，此臣所以重准也。”[4]在才华和魄力上，王旦或许不如寇准，但说到胸怀和气度，寇准却远远比不上王旦。

与王旦的摩擦毕竟是小事，与王钦若一伙的斗争才是真正的敌我之争。王钦若虽已被罢免，其党羽却仍遍布朝内，三司使林特便是其中之一。寇准数次与林特发生争执，因为河北纳绢之事而弹劾林特。林特正得宠于宋真宗，碍于寇准面子，宋真宗勉强同意了寇准的弹劾，但随即便赦免了林特。寇准见状，又以三司未能及时发放军士置装费用而再次发难。宋真宗大怒，对王旦说：“准年高，屡更事，朕意其必能改前非，今观所为，似更甚于畴昔。”[5]事已至此，王旦也保不住他的老同年，只得安抚宋真宗：“准好人怀惠，又欲人畏威，皆大臣所当避。而准乃以为己任，此其所短也。非至仁之主，孰能全之？”[6]

寇准本人得知将被罢任，希望能成为地位较高的使相，便托人把这个

1［宋］李焘：《续资治通鉴长编》卷八四，真宗大中祥符八年四月壬戌。
2 同上。
3 同上。
4 同上。
5 同上。
6 同上。

意思转达给王旦。王旦拒绝说，使相怎么可以自己要求呢，并表示不接受私下请托。寇准得到回信后，“深恨之”[1]。虽然回绝了寇准，可当宋真宗问起应该授予寇准何官时，王旦却说：“准未三十，已蒙先帝擢置二府，且有才望，若与使相，令处方面，其风采亦足为朝廷之光也。”[2]寇准得偿所愿，入谢时痛哭流涕：“非陛下知臣，何以至是！”[3]宋真宗告诉他，都是因为王旦的举荐。寇准既惭愧又感叹，对人说：“王同年器识，非准所可测也。”[4]寇准这次重返中枢，只坚持了不到一年。

1 ［宋］李焘：《续资治通鉴长编》卷八四，真宗大中祥符八年四月壬戌。
2 同上。
3 同上。
4 同上。

危身奉上，佐国遭忧

寇准被罢免的同时，王钦若又被召回，再任枢密使。王旦倾尽余生的力量，阻止王钦若势力的进一步膨胀。以王钦若的资历，本来早已可以拜相，宋真宗也有此意，可由于王旦的反对而迟迟未能实现。不过，到了天禧元年（1017），王旦已经心力交瘁，当年八月，王钦若终于登上相位，九月，王旦病逝。

迎难而上，再回中枢

王旦病重时，宋真宗问以后事："卿今疾亟，万一有不讳，使朕以天下事付之谁乎？"[1] 王旦并未贸然举荐，答以"知臣莫如君"[2]。宋真宗一一列举大臣的名字，但王旦都没有表态。宋真宗最后说："试以意言之。"[3] 王旦这才坦言："以臣之愚，莫若寇准。"[4] 宋真宗对寇准仍心怀芥蒂："准性刚褊，卿更思其次。"[5] 王旦固执地坚持："他人，臣所不知也。"[6] 王旦对寇准的节操和

1［宋］李焘：《续资治通鉴长编》卷八四，真宗大中祥符八年四月壬戌。
2 同上。
3 同上。
4 同上。
5 同上。
6 同上。

能力应该是真心推许的，他或许希望寇准能够在他之后继续与王钦若一伙斗争，可是身后的政局，已经不是他能预料和掌控的了，寇准也只能继续“终年深隐养天机”[1]，等待机会。

天禧三年（1019），寇准所在的永兴军（治所在今陕西省西安市）内有个叫朱能的巡检，与内侍周怀政暗中联系，诈称发现了天书。寇准的女婿王曙与周怀政相善，多次劝寇准向宋真宗上奏。寇准既不甘寂寞，也有点清除“朝中奸佞”的使命感，于是依言而行。此前的天书封禅劳民伤财，人心已倦，所以这次天书一降，“中外咸识其诈”[2]，可唯独宋真宗对天书事件深信不疑。当年四月，宋真宗迎导天书入禁中，寇准随后也回到京城。

寇准靠伪造天书而还朝，被后人视为其政治生涯的一个污点，欧阳修就讥讽他“老不知退”。但从种种迹象来看，寇准此次还朝，很可能是由宋真宗一手策划的。整个天书事件过程中，有着诸多疑点。此前的天书或降于京城，或降于泰山，为什么此次“恰好”在寇准所在的永兴军出现？朱能只是一个地位卑微的地方巡检，如何能攀附上远在京城且“权任尤盛”的入内副都知周怀政？天书事件没有给周怀政带来任何好处，他为什么要参与其中？大中祥符年间，宋真宗已明知天书实为“人道设教”，此次天书人人都明知为骗局，为什么“上独不疑”？他的目的是什么？这诸多疑问，都指向同一个解释，即此次“天书事件”是由宋真宗背后主持、周怀政居中联络实施的，事件的最终目的就是把寇准调回朝廷。

宋真宗之所以如此大费周章，是由于当时政治局势复杂，他已经不能再随心所欲地行使手中的皇权。王旦去世后，宋真宗的身体健康也每况愈下，后宫刘皇后越来越多地参与前朝政事，联络大臣，培植安排势力。甚

---

1 ［宋］寇准：《和赵监丞赠隐士》，《全宋诗》卷一四七。

2 ［宋］李焘：《续资治通鉴长编》卷九三，真宗天禧三年三月乙酉。

至宋真宗素所倚信的王钦若，也与刘皇后勾结。宋真宗仅有一子，尚未成年，他一方面眼看着皇权逐渐旁落，日益不满且心有不甘；另一方面也忧虑自己百年之后，幼子能否顺利继位，为患唐室的“武韦之祸”会否再度上演。寇准为人虽偏狭，但忠心公亮、明敏善断却是众所公认的，因此宋真宗想把寇准召回朝廷，阻止刘皇后专权，辅佐儿子顺利继位。可是刘氏出身寒微，当年被册封为后时，寇准等一干大臣坚决反对，刘皇后对寇准心存忌恨，王钦若也与寇准有宿怨，二人当然不愿让寇准再回中央。由于二人的阻挠，宋真宗才绕了如此大的一个圈子。

鉴于朝中复杂的政治斗争，寇准此次还朝，其前路之凶险可想而知。寇准启程赴京前，已有门生劝他不要去蹚浑水，给他设计了上、中、下三策：上策是在途中称病，不要进京，请求外放为地方官，远离朝中是非；中策是入朝以后，主动承认天书为诈妄之事，犹可保全一生名节；下策才是入朝为相。可是寇准已预知此行的政治使命，当然不会半途而废。

行事粗疏，功亏一篑

寇准五月抵达京城，六月王钦若就因贪赃而被罢免，寇准取而代之成为宰相。与寇准拜相同一天，丁谓被任命为参知政事，后转任枢密使。丁谓早年颇得寇准赏识，寇准还专门向时为宰相的李沆推荐他，可后来丁谓投向王钦若，大造天书，寇准即与丁谓决裂。丁谓为人阴险，表面上刻意讨好寇准，甚至在一次聚会时替寇准拂拭被菜羹弄脏的胡须，可寇准却当众奚落他说：“参政，国之大臣，乃为官长拂须耶？”[1]丁谓于是彻底倒向刘皇后一方，一意对付寇准。

这样，朝中权力结构渐趋明朗，一方以寇准为首、以宋真宗为后盾，

1［宋］李焘：《续资治通鉴长编》卷九三，真宗天禧三年六月戊戌。

包括同为宰相的向敏中、参知政事李迪、同知枢密院事周起、签书枢密院事曹玮和翰林学士杨亿；另一方则是以丁谓为首、以刘皇后为倚靠的后党，包括枢密使曹利用、同知枢密院事任中正和翰林学士钱惟演。以实力对比而言，尽管刘皇后权势增大，但寇准、向敏中二人占据相位，力量上亦足以抗衡。不幸的是，向敏中于天禧四年（1020）三月病逝，寇准一方实力大损，一些大臣见风使舵，倒向丁谓阵营，胜利的天平开始向丁谓一方倾斜。

天禧四年（1020）仲春，宋真宗病势加重，寇准单独面奏，请求让太子监国。寇准的计划是，让太子监国，则必定由他和身兼太子宾客的李迪辅政，他就可以借助太子的名义来制衡刘皇后一党。在得到宋真宗首肯之后，寇准令杨亿起草诏命。可这样一件隐秘之事，却由于寇准的大意而功亏一篑。寇准酒后忘情，失言泄露了机密，被丁谓的党羽听到，丁谓慌慌忙忙地半夜乘牛车前往曹利用家中商量对策。此后，丁谓等人入见宋真宗，揭发寇准密谋政变，力请罢免寇准。史书中称宋真宗"病昏"，不记得曾与寇准有过约定，因此答应了丁谓等人的要求。所谓"病昏"，恐怕只是史家为宋真宗找的借口。宋真宗以病重之躯，独处深宫，面对着刘皇后、丁谓一伙的包围，身边无人相助，实已无力抵抗。

丁谓当场召来钱惟演，撰写罢免寇准的诏书。宋真宗尽管已无力回天，还是尽可能地维护寇准，把他留在了朝廷。钱惟演提出，寇准罢任后中书只有李迪一人，应该再任命一位宰相，想要乘机将丁谓推上相位，可是宋真宗并没有同意。宋真宗的态度模棱两可，寇准又在旁伺机而动，这些都令丁谓集团不安，他们加强了对寇准的攻势。然而宋真宗虽被迫任命丁谓为首相，曹利用为枢相，但始终"待寇准者犹如故"[1]，不同意将

1［宋］李焘：《续资治通鉴长编》卷九六，真宗天禧四年八月壬寅。

寇准外放。

最终导致寇准被远贬的是周怀政。寇准被罢相后，周怀政忧惧不已，竟然策划了一个政变的阴谋。他计划刺杀丁谓等人，复以寇准为相，奉宋真宗为太上皇，传位太子，并废掉刘皇后。这样复杂的一项计划，显然并不是一个内臣所能实施的，他只能和几个宦官商量，并找客省使杨崇勋相助。结果，杨崇勋向丁谓告发了周怀政的阴谋。周怀政被杀，寇准虽然并不知情，也不免受到牵连，终于被贬出朝廷，降授太常卿、知相州（今河南省安阳市与河北省临漳县一带）。寇准一派的周起、曹玮等人也相继被罢政。

寇准的垮台，使刘皇后为首的后党占据了优势，朝中虽仍有人不依附于他们，但已很难动摇刘皇后的地位。乾兴元年（1022）二月十九日，久病的宋真宗驾崩于延庆殿。他的儿子，年仅十三岁的赵祯继承了皇位，是为宋仁宗。只不过赵祯虽然继承了皇位，但皇权仍然掌握在垂帘听政的刘太后手中。史书记载，宋仁宗的一举一动，都由刘太后亲自调护。即便只是暂时离开左右，刘太后也必遣人询问宋仁宗的状况。宋仁宗身边的服侍之人，都由刘太后精心挑选，日夜教导仁宗恭恪之道。这既可以说是关爱，但也未尝不是控制。

作为失败者的寇准，被贬到相州后，又徙往安州，再贬道州司马。寇准的这些遭遇，都非宋真宗本意。相传，寇准被贬岁余，宋真宗忽然问左右："吾目中久不见寇准，何也？"[1]左右皆不知如何应对。宋真宗去世后，寇准又被贬为远在岭南烟瘴之地的雷州司户。第二年，寇准在雷州溘然长逝，享年六十三岁。

随着宋仁宗逐渐长大，他对贪恋权位、不思归政的刘太后的不满情绪

1［宋］李焘：《续资治通鉴长编》卷九六，真宗天禧四年八月壬寅。

也日渐增加。刘太后终于在明道二年（1033）去世，宋仁宗继位十一年以后才得以真正掌握皇权。他没有忘记寇准当年推动自己亲政的努力，为寇准赐谥号为“忠愍”，又亲笔为寇准墓碑撰写了“旌忠”二字。根据宋朝谥法，“危身奉上曰忠”，“佐国遭忧曰愍”。寇准的功绩和冤屈，终于得到认可和洗雪。

结语

中国古代史书中的人物，往往让人感觉千篇一律，或为正襟危坐、行为世范的谦谦君子，或为蝇营狗苟、寡廉鲜耻的小人，缺乏个性和生气。可是在这些脸谱化的人物之中，寇准却是一个敢言敢做、有血有肉、个性鲜明的异类。寇准是一个长处与缺点同样明显、不加掩饰的率真之人，在每个人都努力用各种各样的面具将自己的真面目遮掩起来的名利场，这样的个性尤其让人觉得珍稀。

寇准异于常人的才能是得到时人认可的，他十九岁登进士第，不到三十岁便置身二府，是很多同时代的人不敢想象的。寇准的才能表现在“临事”方面，无论多么错综复杂的乱象，他都能迅速厘清头绪，同榜的张咏称赞他说，“人千言而不尽者，准一言而尽”；宋太宗夸奖他“临事明敏”；毕士安也推许他“能断大事”。正因如此，每当面对重大难题，人们都会想起寇准，寇准也总不会让人失望。对他来说，最理想的角色，就是如同在澶渊之役中一样，坐镇帐中，指挥若定。

可现实总是比理想要复杂得多，个中原因就在于人的复杂性，偏偏寇准最大的短处就在于“临人”。寇准的性格中有一种锐气，做事时这种锐气驱使他全力以赴，临人时则使他率性自肆，忽视他人感受，招致了很多麻烦。宋代庙论主于安静，同时有鉴于唐代士人的浮薄、奔竞之风，对官员的品格更是以温和、持重相尚。寇准的同年李沆和王旦，都是这方面的典范，李沆被宋人称为“圣相”，王旦是“平世之良相”。相比之下，寇准充满棱角的性格更显得他与环境格格不入，使其在政坛屡遭挫折。

抛却寇准的个人际遇，他的政治活动跨越太宗、真宗两朝，太宗为创业之主，真宗是守成之君，实际上是两个不同的时代。寇准作为宋朝培养起来的第一代士大夫的代表，其行为为后世提供了一个准则。他敢于拉住宋太宗的衣角，强令其复坐，也敢于挑战皇权，“左右天子”。其过激的行为固然可以争议，但其中蕴含的担当意识，却是为当时乃至其后的士大夫们所公认的。毕士安赞他“天资忠义”，“忘身殉国，秉道嫉邪”[1]；张咏赞叹“面折廷争，素有风采，无如寇公”[2]。寇准给后人树立了一个典范，在他以后，包拯与宋仁宗因用人而发生争执，“音吐愤激，唾溅帝面”[3]，仁宗也只得忍让；王安石与宋神宗论事“辞色皆厉”，一定要神宗服弱才罢休，神宗“辄改容为之欣纳”[4]。正因为有类似寇准这样的榜样为先驱，后代士大夫才能够理直气壮地说出“为皇帝与士大夫共天下”的豪言，也才能够产生“以天下为己任”的担当。从这个角度来说，寇准的行为，对宋代独具特色的士大夫政治的形成产生了极大影响。

寇准突出的政治才能，总能够使帝王们在遇到难题时想起他。因为寇准的坚持和维护，宋真宗才得以顺利地继承皇位。宋真宗时期，在刚刚稳定的国家因为契丹的入侵而面临生死存亡时，又是寇准指挥若定，使国家渡过了难关，推动宋朝平安地渡过历史的拐点。试想如果没有寇准，宋真

1［宋］李焘：《续资治通鉴长编》卷五六，真宗景德元年七月庚寅。

2［宋］张咏：《张乖崖集》附集卷五《忠定公遗事》。

3 丁传靖辑：《宋人轶事汇编》卷一《郭后·曹后·张后》。

4［宋］陆佃：《神宗皇帝实录叙论》，《全宋文》（第一百〇一册）卷二二〇七《陆佃六》。

宗在王钦若、陈尧叟等人的劝说下南逃，宋朝的命运，乃至整个中国历史的发展，可能都不是现在看到的样子。到宋真宗末年，面临着“武韦之祸”的潜在威胁，宋真宗又想起寇准曾经对自己的保佑之功，利用又一次“天书事件”，他成功地把寇准召回朝廷，却没想到也把寇准推向了万劫不复的深渊。寇准此前的仕宦生涯已经清楚地表明，错综复杂的人际关系，周密慎重的政治规划，正是行事粗疏的寇准最不擅长的。宋太宗末年他就因此而被人设计排挤出朝廷，未及看到宋真宗亲政；澶渊之盟后也很快就挥霍掉巨大的政治资本，出守外藩。这次也不例外，寇准很快败下阵来，身后留下宋朝第一次女主临朝的政治格局。如果寇准的行事再缜密一些，真宗末、仁宗初年的政局恐怕就会完全不同，幼主继位、强臣秉政的局面恐怕会再次出现，只是它对于宋朝历史的发展究竟是福是祸，已不是今天能够想象的了。从太宗晚年到真宗末年这一宋朝历史上重要的转折时期，几次重大的历史转折关口，都有寇准置身其间，他的才能甚至缺点都深刻地影响到历史的走向，使个人与国家的命运紧密地联系在一起。从他身上，可以透视出时代发展的脉络。

第三章

兴文抑武体制的殉葬品：狄青

狄青一生的际遇，折射出武人在崇尚文治的宋代的生存空间和生存状态，也反映出宋朝立国体制的某些深层次弊端。经过宋初几代帝王“兴文抑武”的努力，社会的价值评判标准发生了根本性的转变，军功战绩不再是衡量人才高下、功业、声望的准绳，取而代之的是文学成就。

宋太祖建国后，对唐末五代以后失衡的文武关系进行调整，奠定了“文治”的政策导向，至太宗继位，“兴文教、抑武事”，终于形成文臣治国的局面。后人谈及宋朝，往往把它作为读书人的天堂，但矫枉过正的兴文抑武策略，也的确给国家带来了诸多不利影响，武功不竞的根源之一也就在于此。仁宗朝是兴文抑武方针落于实处的重要时期，透过名将狄青的境遇，我们尝试观察在一个由文臣主导的社会中，武将的生存空间和生存状况究竟如何。

建功西夏与无辜受责

投身西北，声名鹊起

狄青，字汉臣，宋真宗大中祥符元年（1008）出生于汾州西河（今山西省汾阳市）。当地民风犷悍，狄青自幼就崇侠尚武，王珪说他“生而风骨奇伟，善骑射，少好将帅之节，里闾侠少多从之”[1]。宋人笔记中记载狄青从军的事迹颇具传奇色彩，狄青十六岁时，兄长狄素与里中恶霸打斗，将之推入水中淹死。狄青挺身而出，代兄顶罪，被逮捕黥面。宋朝军队常从罪犯中招募军士，狄青便通过这一渠道入伍从军，并因为武艺出众被抽调至中央禁军。

宋仁宗宝元元年（1038），西夏元昊称帝建国，入侵宋朝西北边境，由此爆发了大规模的宋夏战争。宋廷为应付战事，选拔人才出征，狄青以低级军官的身份来到西北战场。这次战争给狄青提供了施展军事才能的机会，他在战场身先士卒，英勇杀敌，焚烧西夏积聚数万，庐舍数千，俘虏丁壮五千余人，又在战略要地修筑招安、丰林、新砦、大郎等堡寨。《宋史》记载，狄青与西夏军前后大小共二十五战，八次被流矢射中。他出征前总是

1［宋］王珪：《狄武襄公神道碑铭》，《全宋文》（第五十三册）卷一一五四《王珪三五》。

在脸上戴一副铜面具，出入敌阵所向披靡，骁勇善战之名威震边塞，西夏军称之为“狄天使”。

狄青为人缜密慎重，武勇却不鲁莽。宋人沈括《梦溪笔谈》记载，狄青在泾原与西夏军作战，乘胜追击数里，西夏军忽然壅遏不前，宋军推测前方必是天险，正要奋起直击，狄青却忽然鸣钲收兵。事后宋军前去查验，果然发现前面是一个深涧。将佐们都后悔没有把握机会，狄青却道，敌军逃亡途中突然掉头与我军对抗，怎知不是他们的阴谋呢？我军已经大胜，区区残兵不足为利，得之无所加重，万一中了敌人计谋，则我军存亡不可预料。沈括评价说：“青之用兵，主胜而已。不求奇功，故未尝大败。计功最多，卒为名将。……临利而能戒，乃青之过人处也。”[1]

狄青的优异表现得到了被称为“河南先生”尹洙的欣赏，尹洙将他推荐给了经略使韩琦、范仲淹。韩、范二人“一见奇之，待遇甚厚”[2]，范仲淹还送给狄青一部《左氏春秋》，勉励他要文武兼备、博古通今。狄青由于屡立战功，累迁西上閤门副使、秦州刺史、泾原路副都部署、经略招讨副使，加官捧日天武四厢都指挥使、惠州团练使等。庆历二年（1042），宋仁宗听闻狄青之名，想要亲自召见他，一睹风采，但因战事紧张，只好命人给狄青画像送到京城，由此狄青声名更盛。

殃及池鱼：水洛城事件

狄青声名鹊起，得益于文臣群体如尹洙、韩琦、范仲淹等人的推荐，但也恰恰是在西北期间，他第一次与文臣群体发生了摩擦。庆历三年（1043），德顺军（今宁夏回族自治区固原市隆德县）生户王氏家族献水洛城，陕西四路经略安抚招讨使郑戬上奏，请求在当地筑城，集聚蕃兵捍御

1［宋］沈括：《梦溪笔谈》卷一三《权智》。

2［宋］李焘：《续资治通鉴长编》卷一二，九仁宗康定元年十一月丁卯。

西夏，朝廷从之。郑戬令刘沪兴工，又派著作佐郎董士廉带兵相助。然而时任陕西宣抚使的韩琦却上书要求罢修水洛城，也得到朝廷的认可。这样，围绕是否修城就存在相互矛盾的两道旨令，郑戬和韩琦之间也产生了意见分歧。庆历四年（1044）初，韩琦还朝为枢密副使，改郑戬知永兴军，就是为了将之调离。但郑戬坚持己见，仍令刘沪、董士廉二人督役如故。知渭州尹洙和泾原路副都部署狄青都站在韩琦一边，认为修城有害无利。尹洙数次召刘沪、董士廉还城，都被二人拒绝，尹洙大怒，命狄青带兵收捕二人送至德顺军监狱，欲以违抗军令的罪名斩之。已经投靠宋朝的蕃部受到惊扰，烧积聚、杀吏民作乱。朝廷派盐铁副使鱼周询前来调查，鱼周询了解情况后，支持郑戬修城的主张，朝廷于是下诏释放刘沪和董士廉，迁尹洙知庆州，水洛城继续修筑。

在此期间，朝中大臣议论纷纷，但争论的焦点却不是是否应该修城，也不是针锋相对的韩、郑等人，而是奉命行事的狄青。参知政事范仲淹认为，刘沪在边境多有战功，董士廉是京官，不能任由狄青斩杀，批评狄青是粗人，不知朝廷事理。大臣孙抗弹劾狄青不应当阻止刘沪修水洛城。谏官余靖也抨击狄青公报私仇，囚禁大臣，如果刘、董二人因冒犯大将而受罚，朝廷又不能保全，则今后边臣谁肯效力？他建议朝廷诫敕狄青，如果狄、刘两人中必须调离一人，则宁可调离狄青，不可调离刘沪。

事件发展到最后，已经完全偏离了最初引发争议的主题，韩琦、郑戬、尹洙等人毫发无伤，罪责完全被推到奉命而行的狄青身上。究其原因，还是因为狄青与其他诸人身份不同，韩、郑、尹都属文臣集团，虽有过错，也只能由狄青这个“粗人”来承担，这在一定程度上昭示了文官集团对武将的排斥。尽管如此，由于朝廷确实有停止修城的命令，狄青也只是奉命而行，加之刘、董二人确有抗命之实，因此并未继续深究狄青的责任。

“奖用太过，群心未服”：以文驭武统兵体制的反弹与弊端

水洛城事件只是一个突发事件，且狄青只是被殃及，接下来围绕狄青知渭州所产生的争议，才真正触及深层的体制问题。庆历四年（1044）六月，宋廷任命狄青为渭州知州，引起朝中文臣的群起反对。时任右正言的余靖连上四章，述及泾原一路在整个陕西边防中的重要性，必须选才望卓著之人守御，而狄青拔自行伍，是一个粗率武人，性格“率暴鄙吝”，令其与统领西北军政的庞籍等人为伍，等于是对庞籍等人的侮辱。余靖甚至否定狄青此前的战功，公然称狄青“名为拳勇，从未逢大敌，未立奇功，朝廷奖用太过，群心未服”[1]，“必致败事”[2]，乃至以“匹夫”称之。

余靖与狄青此前从未谋面，也不存在利益冲突，他对狄青的攻击并不是出于私人恩怨，纯粹是为了维护刚刚确立下来的“以文驭武”的统兵制度。宋太祖、宋太宗时期，一般由武臣承担统军征战或驻守地方的职责，都部署、部署、都钤辖、钤辖等统军官职由各级武将出任，文臣对驻军和军事行动无干预权，在军事行动中只能扮演辅助性角色，如供应粮饷、安抚百姓等。在“以文驭武”国策的背景下，真宗朝开始出现文臣参与指挥军队的端倪。宋真宗咸平二年（999），一些文官对高级武官以都部署之职统领大军的旧制提出异议，孙何建议由文臣取代武臣统军，表明武将的军队指挥权受到执掌国政的文臣集团抵制。“澶渊之盟”以后，随着战事的平息，武将都部署的职权开始下降，文臣以地方长吏身份兼任都部署而管辖本地驻军的现象增加，但总体来看，高级将领仍在各地统军系统中居主导地位，尤其是在河北、河东和陕西缘边地区。到仁宗朝，特别是对西夏大规模作战后，北宋地方统兵体制发生根本性变化，确定了以文臣为经略安抚使、兼都部署，以武将为副职的基本原则，文臣控制了前线军队的绝对

1［宋］李焘：《续资治通鉴长编》卷一五〇，仁宗庆历四年六月癸卯。

2 同上。

指挥权，武将则沦为文臣主帅的部将。宋仁宗庆历二年（1042），以韩琦、王沿、范仲淹、庞籍四人分领陕西四路都部署、经略安抚使，主持对西夏战事，狄青投身西北战线时就处于这种体制之下。

新的地方统兵体制以确保文臣对军队的绝对控制权为核心，这也是狄青出任渭州知州的任命遭到文臣群体抵制的原因，事件背后反映出狄青个人官职的提升与国家体制之间爆发的冲突。宋仁宗时代出任方面统帅的文臣，绝大多数是科举出身，既没有沙场经历，也不熟悉兵法。宋夏战争开始前夕，通晓兵略的武将王德用主动请战，却被排挤出朝廷，正是由于文臣对他的猜忌：王德用长相酷似宋太祖，"状貌雄毅，面黑而颈以下白皙，人皆异之"[1]；同时王氏宅第位于皇宫北角外的泰宁坊，正枕在都城乾纲线上，显然是对皇权的潜在威胁。"以文驭武"的统兵体制，将不知兵机的文臣推上军队统帅的位置，而富于战争经验的武将们却只能听命行事。文官王素知渭州兼本路经略安抚使时，武将蒋偕因遭西夏军攻击前来请罪，王素"责偕使毕力自效"[2]。部署狄青认为不妥，王素冷言回答："偕败则总管（部署）行。总管败，素即行矣。"[3]狄青遂"不敢复言"[4]。

代替武将出征的文臣们大多表现无能，导致宋军在战争中处于被动。夏竦作为最初对西夏用兵的宋方主帅，畏缩自守，"但阅簿书、行文移而已"[5]。宋人范雍守延州（今陕西省延安市），被西夏元昊用计玩弄于股掌之上，盲目调动军队疲于奔命，结果宋军在三川口遭西夏军埋伏，全军覆没。受命统辖陕西四路的韩琦、范仲淹等"儒帅"，也"久而未有成功"[6]。韩琦

1［宋］李焘：《续资治通鉴长编》卷一二三，仁宗宝元二年壬子。

2［元］脱脱等：《宋史》卷三二〇《王素传》。

3 同上。

4 同上。

5［宋］韩琦：《乞陕西仍分四路各依旧职奏》，《全宋文》（第三十九册）卷八四四《韩琦一三》。

6［宋］田况：《儒林公议》卷上《范仲淹帅环庆抗章》。

自称“素昧兵机，不经边任”[1]，“既不能亲冒矢石，应机制变，而但激励将卒，申明赏罚，以昼继夜，实忘寝食”[2]。所谓“激励将卒，申明赏罚”，究竟有何作为呢？宋人笔记载，狄青调任定州路总管时，旧部焦用押兵路过，狄青留其叙旧。焦用手下的士兵借机向韩琦状告焦用“请给不整”，韩琦便下令斩杀焦用。狄青为焦用求情道：“焦用有军功，好儿。”[3]韩琦嗤之以鼻，答道：“东华门外以状元唱出者乃好儿，此岂得为好儿耶？”[4]当着狄青的面杀了焦用。只凭一名士卒越级上告，就不经核实、不顾军情武断地斩杀立有军功的大将，名义上是“申明赏罚”，却给军队带来长久的不利影响。宋仁宗康定二年（1041）宋夏好水川之战，正是由于韩琦指挥失误，倡言“大凡用兵，当置胜败于度外”[5]，导致宋军大败。面对“亡卒父兄妻子，号于马首者几千人”[6]，范仲淹叹道：“当是时，难置胜负于度外也。”[7]

在这些“儒将”的指挥下，西夏元昊“叛扰累年”[8]而宋军频频失败，“一战不及一战”[9]。徒知高论的士大夫们，既不能直面现实中的无能与失败，又不能正视体制的弊端而有所救补，只能编造谎言自我吹嘘、自我麻痹。范仲淹继范雍守延州后，传言西夏军不敢再侵犯延州，因为“今小范老子（范仲淹）腹中自有数万兵甲，不比大范老子（范雍）可欺也”[10]。宋人流传“军中有一韩，西贼闻之心骨寒；军中有一范，西贼闻之惊破胆。元昊大惧，遂

1［宋］韩琦：《周历边塞陈利害奏》，《全宋文》（第三十九册）卷八四二《韩琦一一》。

2［宋］韩琦：《鄜庆渭三路添兵将奏》，《全宋文》（第三十九册）卷八四二《韩琦一一》。

3 丁传靖辑：《宋人轶事汇编》卷七《狄青》。

4 同上。

5［明］陈邦瞻编：《宋史纪事本末》卷三〇《夏元昊拒命》。

6 丁传靖辑：《宋人轶事汇编》卷八《范仲淹》。

7 同上。

8［宋］田况：《儒林公议》卷下《与夏国和议》。

9 同上。

10［宋］李焘：《续资治通鉴长编》卷一二八，仁宗康定元年八月庚戌。

称臣”[1]。而事实上，西夏人在好水川之战后作诗讽唱：“夏竦何曾耸，韩琦未是奇。满川龙虎举，犹自说兵机。”[2]对宋军的轻蔑溢于言表。

体制上的弊端长久得不到救治，致使积弊越来越深。宋神宗熙宁三年（1070），西夏在边境修筑堡垒，庆州知州、文臣李复圭授予本路钤辖李信及刘甫、种咏等武将“阵图、方略”，命令出征。李信等根据李复圭的指示与西夏军作战，大败而归。李复圭急忙收回此前交付的阵图、方略，将李信等逮捕。最终，李信、刘甫以“违节制”之罪被杀，种咏死于狱中。北宋末年，文臣张孝纯以主帅身份守卫太原（今山西省太原市），面对金军手足无措，试图投降，守城职责只能由将官王禀承担。增援太原的军事行动中，坐镇京师的知枢密院事许翰既不了解前线军情，又随意督战，“数遣使督（种）师中出战，且责以逗挠”[3]。大将种师中被逼无奈，贸然出战，结果被金人袭击，兵败战死。文质彬彬的宋朝，在盲目自信的士大夫们的指挥下节节败退，终于在“靖康之难”中轰然倒塌。

1［宋］孔平仲：《孔氏谈苑》卷四《军中有范西贼破胆》。

2［宋］周辉：《清波杂志》卷二《韩魏公遇刺》。

3［元］脱脱等：《宋史》卷三三五《种师中传》。

名将的陨落：兴文抑武国策下狄青的命运

“虽古之名将何以加此”：平定依智高之战

“庆历和议”后，宋夏战事告一段落。宋仁宗皇祐四年（1052），狄青被任命为枢密副使。北宋中前期，枢密院与中书门下并称“二府”，执掌文、武大政。枢密院长官原本文臣、武将参用，但从宋太宗开始采用更多措施打压武将后，武将在枢密院中的地位和作用逐渐下降，至仁宗朝，武职出身者在枢密院完全处于被压制的局面，其人数和任职时间都远远低于文臣，行使职权时更是碌碌无为。狄青被任命为枢密副使，再次招致文臣集团的反对，御史中丞王举正言狄青出身兵伍，恐怕引起四方对朝廷的轻视。左司谏贾黯甚至提出“五不可”：如此，四裔将有轻中国之心；小人闻风倾动，翕然向之，撼摇人心；朝廷大臣耻与为伍；不守祖宗成规，而自比五季衰乱之政；狄青未闻有破敌功，失驾御之术、乖劝赏之法。但宋仁宗已对只知夸夸其谈、在宋夏战争中表现拙劣的文臣们失望至极，仍坚持己见。宋仁宗召见狄青，准许狄青用药除去脸上黥文，狄青回答：“陛下擢臣以功，不问门地阀阅。臣所以有今日，由涅尔，愿留此以劝军中，不敢奉诏。”[1]然而

1［宋］李焘：《续资治通鉴长编》卷一七二，仁宗皇祐四年六月丁亥。

狄青没有想到的是，他越是这样坚持自己的出身与身份，越是为文臣士大夫所不容。

皇祐四年（1052）五月，广南西路广源少数民族首领侬智高反宋，建立大南国，攻城略地，连破横、贵、浔、龚、藤、梧、封、康、端诸州，又兵围广州，两广几乎为其所有。宋朝命广西经略安抚使余靖和广南安抚使孙沔率军阻击，但二人不懂军事，宋军战事不利，侬智高势力日益坐大。宋仁宗向宰臣征询意见，庞籍推荐狄青，狄青也上表请行："臣起行伍，非战伐无以报国。愿得蕃落骑数百，益以禁兵，羁贼首致阙下。"[1]文臣刘敞不甘心让狄青单独统兵，建议派文臣从军监督。庞籍进言："向者王师所以屡败，由大将不足以统一，裨将人人自用，故遇敌辄北。刘平以来，败军覆将，莫不由此。青勇敢有智略，善用兵，必能办贼。"[2]"青起于行伍，若以侍从之臣副之，彼视青无如也，青之号令复不可得行，是循覆车之轨也。"[3]宋仁宗听从庞籍的规劝，命狄青为宣徽南院使、荆湖南北路宣抚使、提举广南经制贼盗事，岭南诸军皆由狄青节制。

狄青统军奔赴广南，行军途中就清楚地显出与文臣的不同。他并没有驱策军队倍道而行，而是规定每天行军不超过一驿，每到一州就休息一日。立军纪、明约束，行止皆成行列，挑运粮草、设岗守备都分工明确，有专人负责。住宿不准大声喧哗，行军不得交谈打闹。每到一地，四面派兵戒备，每门皆设司使二人，不许随便出入。狄青所居四周更是陈兵数重，所将精锐列布左右。

皇祐五年（1053）正月，狄青会合孙沔和余靖，到达宾州（今广西壮族自治区宾阳县）。狄青在行军途中听到前线宋军失利的消息，下令诸将不

1［元］脱脱等：《宋史》卷二九〇《狄青传》。

2［宋］王辟之：《渑水燕谈录》卷二《名臣》。

3［宋］司马光：《太子太保庞公墓志铭》，《全宋文》（第五十六册）卷一二二六《司马光五五》。

得擅自出战。广西钤辖陈曙受余靖驱使，在狄青到达前率军与侬智高战于昆仑关，结果殿直袁用等三十二人临阵脱逃，军士伤亡惨重。狄青到宾州后第三天早晨，召集诸将到帅府，命陈曙等立于庭下，历数其违抗号令招致失败之罪，将陈曙与袁用等三十二名将校皆推出军门斩首。孙沔、余靖大惊失色，不敢仰视。余靖离席下拜道："曙失律，亦靖节制之罪。"[1]狄青回答："舍人文臣，军旅之责，非所任也。"[2]其余诸将皆股栗，提刑祖无择回到住所后"便溺俱下"[3]。从此以后，军中纪律明肃，再无人敢违抗狄青军令。

侬智高反宋后，交趾王李德政几次表示愿出兵入宋，联合宋军讨伐侬智高。余靖信以为真，以为交趾是善意，请求接受李德政的提议。宋廷于是下诏给缗钱两万助兵费，等侬智高平定后再赏三万，余靖也备好了粮草。然而狄青深谋远虑，看出李德政目的并不单纯，上奏道："李德政声言将步兵五万，骑一千赴援，此非情实；且假兵于外以除内寇，非我利也。以一智高横蹂二广，力不能讨，乃假蛮人兵。蛮人贪得忘义，因而启乱，何以御之！愿罢交趾兵勿用，且檄靖无通交趾使。"[4]事实上，正如狄青所言，交趾出兵的真实意图并不是帮助宋朝平叛，而是"欲因此乘势以邀利"[5]，既可除掉侬智高，又可乘势掠夺宋朝领土。如果依余靖之言准许交趾军入宋，等于引狼入室。

狄青在广南再次展现出超人的军事才能，他到达前线后并未急于与侬智高交战，而是施展缓兵之计。这时已近正月十五元宵节，狄青令军营中大张灯烛，设宴款待从军将士。第一天欢饮至天明，第二天到夜里二鼓时，狄青忽然称身体不适返回营寝，令手下代其劝酒。可是一直到天色放亮，

1［宋］李焘:《续资治通鉴长编》卷一七四，仁宗皇祐五年正月己酉。

2 同上。

3 丁传靖辑:《宋人轶事汇编》卷九《祖无择》。

4［宋］李焘:《续资治通鉴长编》卷一七三，仁宗皇祐四年十二月戊子。

5［越南］潘清简:《钦定越史通鉴纲目》卷三。

狄青都没有出来，正当众人疑惑的时候，忽然有人传报：是夜三鼓，狄青已率军夺下天险昆仑关。

夺下昆仑关后，狄青军直取邕州城东北的归仁铺，与侬智高的“标牌军”正面对峙。早在出军之前，狄青就已经对前线军情了如指掌，制订了完备的作战计划。曾公亮曾问狄青，侬智高的标牌军勇不可当，应如何应对。狄青回答，标牌军是步兵，以骑兵来冲击，其标牌的威力就难以施展。为此，他特意调遣陕西缘边精锐骑兵五千人，一同赴广南作战。归仁铺地势平坦，正好为骑兵往来冲突提供了条件。布阵时，狄青令步兵居前，将骑兵藏匿于后；而引诱侬智高将骁勇的标牌军置于前阵，羸弱者殿后。双方交战，狄青手执五色旗站在高处，指挥骑兵从左右两翼冲击，来回奔突，标牌军阵脚大乱。同时，宋军先锋张玉、左将贾逵、后军孙沔、余靖也率军围攻，侬智高军大败。狄青令骑兵乘胜追击，生擒五百余人，死者以万计，一举歼灭了侬智高的主力，收复了邕州城。宋军入城后，发现城内有尸体身着金龙衣，众人都以为是侬智高，要上报朝廷。狄青阻止道：“安知非诈耶？宁失智高，不敢诬朝廷以贪功也。”[1]事后果然传来消息，侬智高乘乱逃到了云南，后为南诏所杀。

广南之战中，狄青将其卓越的军事才能发挥得淋漓尽致。曾巩后来称赞他说：“青先为（曾）公亮言立军制，明赏罚，贼不可得见，标牌不能当骑兵，皆如其所料。青坐堂户上，以论数千里之处，辞约而虑明，虽古之名将何以加此，岂特一时武人崛起者乎？”[2]这次胜利从头到尾由狄青全权指挥，作为一个案例，它清楚地反衬出“以文驭武”统兵制度的荒谬，宋代史家王称评论：“为将之道有三，曰智、曰威、曰权。”[3]“盖有智矣，必俟

1［元］脱脱等：《宋史》卷二九〇《狄青传》。
2［宋］曾巩：《杂识二》，《全宋文》（第五十八册）卷一二六四《曾巩三四》。
3［宋］王称：《东都事略》卷六二《狄青传》。

乎权可以施其智；有威矣，亦必俟乎权可以奋其威。观狄青之讨智高也，可谓能施其智而奋其威，以取胜于当世者矣。然青之所以能若是者，由仁宗专任而责成之也。”[1]正如王称所言，没有了不通兵机的文臣牵制，狄青才得以自由地发挥其军事天才，取得最后的大胜。作为文臣代表的余靖，近距离观察到狄青表现出来的职业将领的素质与才略，真切地感受到文人纸上谈兵与优秀的职业军人之间的巨大差距，感慨地说：“智高之谋，十余年间招纳亡叛，共图举事。十余月间连破十二郡，所向无前。夫岂自知，破碎奔走在于顷刻之间。乃知名将攻取，真自有体哉！”[2]战争结束后，余靖撰《大宋平蛮碑》，为狄青歌功颂德，狄青去世后，又应其子狄谘请求撰写墓志铭，对狄青倍加推崇。

“朝廷疑尔”：狄青的罢任

平定侬智高之战，将狄青的功业推到顶点，也使他与兴文抑武的传统国策以及由此引发的价值观之间的冲突愈发激烈。狄青获胜的消息传至京城，宋仁宗对宰相说：“速议赏，缓则不足以劝。”[3]狄青出征前已经官至枢密副使，宋仁宗想要再擢升他为枢密使，这又招致了文官群体的集体反对。庞籍提出，太祖时大将慕容延钊、曹彬立下大功，但都没有得到枢密使的官位，狄青的功劳不及二人，若用为枢密使，则“名位极矣”，万一今后更立大功，“欲何官赏之”[4]？他同时指出，狄青出身行伍，任命其为枢密副使已经招来很多人议论纷纷，现在狄青立了大功，刚刚平息了众人的非议，如果再提升为枢密使，又会招致人言，不如破格提拔狄青诸子作为补偿。

1 ［宋］王称：《东都事略》卷六二《狄青传》。
2 ［宋］余靖：《大宋平蛮碑》，《全宋文》（第二十七册）卷五七三《余靖一九》。
3 ［宋］李焘：《续资治通鉴长编》卷一七四，仁宗皇祐五年二月丙子。
4 同上。

宋仁宗对庞籍的建议赞赏有加，称其“深合事宜，可为深远矣”[1]。然而不久，参知政事梁适为了排挤政敌枢密使高若讷，向仁宗密奏狄青功高赏薄，“无以劝后”[2]，又暗结内侍制造舆论，抱怨南征将帅奖赏太薄。宋仁宗听闻这些传言，不能无动于衷，于是又召庞籍说，“平南之功，前者赏之太薄”[3]，仍要以狄青为枢密使，乃至“声色俱厉”[4]。庞籍提出要“退至中书商议”[5]，宋仁宗道：“勿往中书，只于殿门閤内议之，朕坐于此以俟。”[6]最终，在众议纷纷的舆论环境下，狄青被擢升为枢密使。

狄青在枢密使的位置上前后共四年时间，但史书中几乎没有留下其任何活动，一些迹象表明，在普遍的“兴文抑武”背景下，狄青也只能碌碌无为、平淡度日。嘉祐元年（1056），宰执集团讨论为宋仁宗立储之事，却没有与枢密院长官王德用和狄青商议，王德用听说后，合掌加额曰：“置此一尊菩萨何地？”[7]有人告诉翰林学士欧阳修，欧阳修鄙视地说：“老衙官何所知？”[8]诸如王德用、狄青这样的武将，虽然备位国家二府，看似地位尊崇，但实际上却不得不忍受来自文官集团的轻蔑乃至侮辱。狄青最初担任枢密副使时，京城鄙人蔑称军人为“赤老”，时人因此戏称狄青为“赤枢”。一次，狄青宴请韩琦，一个名叫刘易的低级文臣也在座。酒宴中有伎人以儒者为戏，刘易大怒，指着狄青骂道“黥卒竟敢如此”[9]，把酒杯摔在地上不辞而去。而狄青“笑语益温”[10]，第二天亲自登门向刘易赔罪。史书称赞狄青有容人之

1［宋］李焘：《续资治通鉴长编》卷一七四，仁宗皇祐五年二月丙子。
2 同上。
3［宋］李焘：《续资治通鉴长编》卷一七四，仁宗皇祐五年五月乙巳。
4 同上。
5 同上。
6 同上。
7［宋］李焘：《续资治通鉴长编》卷一八三，仁宗嘉祐元年七月丙戌。
8 同上。
9 丁传靖辑：《宋人轶事汇编》卷七《狄青》。
10 同上。

量，但其背后也未必不是无可奈何的隐忍。

尽管要忍受来自文官集团的鄙视，但狄青在广大士兵和普通百姓中却有着极高的声望。士兵把狄青视为英雄，百姓也为其勇武所折服，每次狄青出门，总能吸引大批人观望，以至道路壅塞。狄青的战功和他受到的拥戴刺激了文臣集团脆弱的自尊，如果武人的军功业绩成为世人崇拜的对象，无疑会威胁到宋初以来辛苦营造的“重文轻武”的社会风尚，也会触及文人辛苦获得的独尊地位和附着于其上的利益，因此关于狄青的种种流言很快在社会上风传起来。有人称看见狄青家的狗长出角来；知制诰刘敞说狄青宅第到夜晚常发出奇光，与当年梁太祖朱温称帝前情景类似；又有人称看见狄青在相国寺身穿黄袍起居行止。一时间讹言四起，朝野哗然，刘敞和殿中侍御史吕景初不断上奏，要求将狄青逐出京城。北宋名臣范镇在其《东斋记事》中也记载，有人为了陷害狄青，夜间高唱：“汉似胡儿胡似汉，改头换面总一般，只在汾河川子畔。”[1] 因为狄青姓狄而为汉人，面有刺字不肯除去，他的故乡又在汾河，所以此歌被用来影射狄青心怀异志。

在狄青被罢免的过程中出力最大的是翰林学士欧阳修。欧阳修早年曾对狄青评价颇高，称“伏见国家兵兴以来五六年，所得边将惟狄青、种世衡二人而已，其忠勇材武，不可与张亢、滕宗谅一例待之”[2]。但到了至和三年（1056），欧阳修连上三道奏章，要求宋仁宗罢免狄青。第一篇《上仁宗乞罢狄青枢密之任》堪称宋代文臣论奏武将的代表作，欧阳修在文中危言耸听，把狄青视为对北宋政权的现实威胁，刻意夸大捕风捉影之谈，对狄青进行诬陷，要求宋仁宗“戒前世祸乱之迹”，“销患于未萌，转祸而为福”。欧阳修在文中对狄青极尽贬损之能事，称狄青“出自行伍，号为武勇”，虽“比其辈流又粗有见识”，但“尚未得古之名将一二”；又言狄青本武人出身，

1［宋］范镇：《东斋记事》卷三。

2［宋］李焘：《续资治通鉴长编》卷一四四，仁宗庆历三年十月甲子。

"不知进退"。[1]此封奏疏没有得到宋仁宗的许可，随后，欧阳修又以当时水灾为名，套用"天人感应"之说，连上两道奏章劝说宋仁宗罢免狄青。

欧阳修的奏疏体现并进一步强化了文臣集团对武将的轻蔑意识，他的说法成为文臣集团的主导意见，宰相文彦博劝说宋仁宗将狄青以两镇节度使出知外藩。狄青闻讯面见宋仁宗，诉说"无功而受两镇节旄，无罪而出典外藩"[2]的委屈，宋仁宗亦以为然。宋仁宗将狄青的话转告文彦博，并且称赞"狄青忠臣"。文彦博回答："太祖岂非周世宗忠臣？但得军情，所以有陈桥之变。"[3]这与当年赵普劝宋太祖罢免石守信、王审琦等人兵权的话如出一辙，宋仁宗听后默然。狄青还未得知宋仁宗与文彦博的此次面谈，他亲自去见文彦博自辩，文彦博直视狄青道："无他，朝廷疑尔。"[4]狄青听到这一露骨的回答，大惊失色，"却行数步"[5]。嘉祐元年（1056）八月，狄青被罢免枢密使之职，出判陈州（今河南省周口市淮阳区），他在离行前悲楚地对人说："青此行必死。"[6]尽管被贬离开封，但在文彦博等人看来，心腹大患仍未完全去除。文彦博派宦官每月两次至陈州"抚问"，不停地对狄青实施心理打击和精神迫害，狄青每次听说朝廷使臣到来就"惊疑终日"[7]，不过半年便抑郁而终。

1 参见［宋］欧阳修：《论狄青札子》，《全宋文》（第三十二册）卷六八七《欧阳修二五》。

2［宋］王楙：《野客丛书》附录《野老记闻》。

3 同上。

4 同上。

5 同上。

6 丁传靖辑：《宋人轶事汇编》卷七《狄青》。

7 同上。

结语

狄青一生的际遇，折射出武人在崇尚文治的宋代的生存空间和生存状态，也反映出宋朝立国体制的某些深层次弊端。经过宋初几代帝王“兴文抑武”的努力，社会的价值评判标准发生了根本性的转变，军功战绩不再是衡量人才高下、功业、声望的准绳，取而代之的是文学成就。韩琦面对狄青为焦用求情，轻蔑地脱口而出：“东华门外以状元唱出者乃好儿，此岂得为好儿耶？”尹洙也曾说：“状元登第，虽将兵数十万恢复幽蓟，逐强虏于穷漠，凯歌劳还，献捷太庙，其荣亦不可及也。”[1]终于从唐末五代“动触罗网，不知何以全生”[2]的窘迫境况中脱身而出的文化精英们，不断地强化着文学至上的理念，巩固他们得来不易的国家治理中的主导地位。

在这种局面下，五代时期颐指气使的“武夫悍将”们不复其猛悍之气，不得不在文臣的轻蔑甚至侮辱下退缩避让，小心翼翼地仰人鼻息。宋初功业过人的大将曹彬，“位兼将相，不以等威自异”[3]，甚至在街市上与官阶较低的士大夫相遇时，也主动做出退避让路的姿态，其为人所称道的居然是

1［宋］田况:《儒林公议》卷上《太宗临轩发榜》。

2［清］赵翼:《廿二史札记校证》卷二二《五代幕僚之祸》。

3［元］脱脱等:《宋史》卷二五八《曹彬传》。

“仁敬和厚，在朝廷未尝忤旨，亦未尝言人过失”[1]。宋真宗时期在西陲和河北边境颇有战功的名将马知节，任职枢密院期间与文臣王钦若、陈尧叟议事不和，王旦之子王素追忆，他入朝时见王钦若正“喧哗不已”，马知节则在旁“涕泣”。久而久之，武将的心态发生了变化，处处表现出谦恭无能的姿态，“以仁厚清廉、雍容退让，释天子之猜疑，消相臣之倾妒”[2]。极端情况下，他们甚至宁愿有过，但求无功，以免有“功高震主”之嫌。武将为了躲避擅权的嫌疑而与士卒保持距离，大将知道“败可无咎，胜乃自危”[3]，不惜牺牲士卒生命来保全自己，这无疑是一个病态的政治氛围。因此，狄青的遭遇不过是当时武人所面临的困境的一个缩影，随着文官集团地位的稳固，武将的生存状态愈发压抑。

看尽了五代时期武将们凭借兵强马壮而易置天下的闹剧，文官集团希望永久性地消弭军权对政权的威胁，继宋初实现统兵权与调兵权分离、兵将分离之后，他们继续在制度上进行探索，至北宋中期形成以文臣为主帅、武将为部将的统兵体制。狄青至西北参加宋夏战争时，就身处这样的体制下。大量不知兵机的文臣掌握了作战指挥权，武将的命运已经不由自己掌握，如果遇到范雍这样的无能之辈，覆军杀将就是等待他们的必然结局。类似李复圭之流的文官，尚且敢于充满自信地授予武将阵图、方略，失利之后又不惮于推诿塞责，无怪乎宋军对外作战屡遭挫折。饱含自尊的士大夫们面对着军事上的不断失利，又不甘心放弃已经到手的地位与特权，只能以自我吹嘘的方式自欺欺人，幻想着战场上的敌人在自己的智谋韬略下望风而降，但幻想终究难以弥补现实的残酷，体制上的积弊也一天天地丧失了救治的良机。

---

1 [元] 脱脱等:《宋史》卷二五八《曹彬传》。

2 [清] 王夫之:《宋论》卷二《太宗四》。

3 [清] 王夫之:《宋论》卷二《太宗五》。

狄青的经历显示，远在前线的武将们想要获得升迁，必须有文臣统帅的提携。然而与其说这是文臣对武将的认可，毋宁说是一种充满优越感的居高临下的施舍。施舍永远是有限的，文臣已经为武将的活动范围划定了清晰的界限，在文臣掌控的界限之内，甘心居于从属的武将可以加官晋爵；而一旦他们超越界限，与文臣分庭抗礼，立刻会招致文臣群起而攻。这种界限经由国家制度的强化上升为国家意志，文官群体仍然在不断地收紧缰绳，武将的生存空间愈发逼仄。从枢密院的人选来看，经过宋太宗、真宗两朝，文臣逐渐掌握了枢密院的支配权，武官被弱化为陪位的角色，宋仁宗时期，武职出身者在枢密院已完全处于被压倒的局面。西夏元昊自立，宋仁宗召枢密院长官询问边备，诸人竟然都无言以对，宋仁宗愤而将枢密院长官四人尽皆罢免。或许是出于对其他大臣的失望，宋仁宗对狄青的信任是发自内心的，但即便是他，也难以扭转整个文官集团的意志，如狄青这样的良将，仍然难免沦为摆设。从仁宗嘉祐元年（1056）罢去狄青、王德用枢密使之任后，一直到北宋覆灭，枢密院几乎成为清一色的文臣衙门，在七十余年的时间里，只有郭逵和种师道两位武将在其中任职。郭逵在宋英宗治平时任同签书枢密院事一年多，大部分时间以陕西四路沿边宣抚使的身份出镇在外；种师道在金军大举攻宋时，被授予同知枢密院事的官职，率军解围，显然也是挂名虚衔。也就是说，在相当长的时间内，作为国家最高军事机构的枢密院，居然完全没有富于军事经验的武将参与其中。

狄青在其仕宦生涯中，大体上与文官集团维持了比较融洽的关系，最初在陕西得到尹洙的推荐，韩琦、范仲淹的赏识，其后又有余靖为其撰写《平蛮碑》。从狄青生前和身后士大夫集团对他的评价来看，文官集团对他的功业整体而言是认可的。因此，包括余靖、欧阳修等人对他的污蔑乃至谩骂，并非源自私人恩怨，而是出于维护文官集团对国家领导权的独占的需要，是维系兴文抑武的国家体制的必需。狄青的功业越盛，官职地位越高，对文官集团的威胁就越大，与国家体制之间的冲突就越激烈，正如欧阳修所说："武臣掌国机密而得军情，岂是国家之利？"[1]狄青存在的意义，已经超出了其个体的范畴；罢免狄青的意义，也不限于个人得失。正因如此，我们看到，在士大夫集体攻击狄青时，尹洙、余靖等与他关系密切的文官们并没有为他发声。站在整个文官集团、国家体制的对立面，狄青的悲剧性结局无法避免，他的遭遇反衬出体制的冰冷和身处其中的人们的冷酷。

然而就长远的历史发展趋势而言，狄青并不是唯一的失败者，文臣对从中枢决策机关至地方统兵体系的独占，最终给宋王朝带来恶劣的影响，王夫之评论说："中枢之地，无一策之可筹。仅一王德用之拥虚名，而以'貌类艺祖，宅枕乾冈'之邪说摇动之，而不安于位。狄青初起，抑弗能乘其朝气，任以专征，不得已而委之文臣。匪特夏竦、范雍之不足有为也，韩、范二公，忧国有情，谋国有志，而韬钤之说未娴，将士之情未浃，纵之而弛，操之而烦，慎则失时，勇则失算。"[2]当面对金人的虎狼之师时，不知兵机的文臣统兵者们犹如待宰之羔羊，相对于个人而言无可撼动的体制，终究无法抵挡历史的车轮。

1［宋］欧阳修：《论水灾疏》，《全宋文》（第三十二册）卷六八七《欧阳修二五》。

2［清］王夫之：《宋论》卷四《仁宗八》。

第四章

『扫俗学之凡陋，振弊法之因循』：王安石及其时代

熙宁变法究竟如何改变了宋代历史的进程，又给宋代以降的中国历史发展带来了哪些影响，直到今天仍然是值得深思的问题，通过追溯变法总设计师王安石的一生，我们尝试走进那个风起云涌的时代。

宋代理学家程颐曾总结出“本朝有超越古今者五事”，其中之一是“四圣百年”，也就是宋朝开国以后，太祖、太宗、真宗、仁宗四位皇帝在位的时间加起来，就超过了一百年，以此说明宋初统治的安定。然而仁宗在位期间，安定的表象背后已经累积了比较大的危机，宋初确立起来的各项政策和制度不再适应时代的发展，显露出很多弊端，给宋代社会发展带来的负面影响愈加严重。因此，士大夫中滋生出了要求变革的思潮，范仲淹主持下的“庆历新政”应时而起。然而，事与愿违，“庆历新政”草草收场，而北宋的社会危机却依然存在并持续发酵，于是在二十多年后的神宗时期，又有声势更大的“熙宁变法”继之而起。在宋代乃至整个中国古代历史上，“熙宁变法”都是一个重大的政治事件。严复先生曾在20世纪初说：“以余观之，吾国史书之中，其最宜为学者所深思审问，必得其实而求其所以然者，殆无如熙宁变法之一事。商君、王莽之所当，其致力之难，得效之不期，不如是之甚矣。”[1]熙宁变法究竟如何改变了宋代历史的进程，又给宋代以降的中国历史发展带来了哪些影响，直到今天仍然是值得深思的问题，通过追溯变法总设计师王安石的一生，我们尝试走进那个风起云涌的时代。

1 严复：《严复集》（第四册）《王荆公诗评语》。

富国强兵：熙宁变法的开端和主要内容

“相业之权舆”：鄞县施政与《上仁宗皇帝言事书》

提起王安石，几乎无人不知。九百余年来，就中国传统士大夫所应具备的个人才华和文学造诣等诸多方面的成就而言，王安石一直为世人所推重和认可。然而，他的政治地位却是跌宕起伏，自“靖康之难”发生后，很多人便将北宋亡国与王安石变法联系起来，以为王安石变乱宋朝的“祖宗法度”，乃是“靖康之耻”的始作俑者，甚至是罪魁祸首。时至今日，这种见解仍有相当强的影响力。

王安石生活简朴，不修边幅，从政务实，淡泊名利。步入官场之初，他就展现出其特立独行的一面。宋仁宗庆历二年（1042），王安石进京参加科举考试。考官原本评定王安石的成绩为第一名，也就是状元。但王安石的文章中有一处用到《尚书》中的典故“孺子其朋”，宋仁宗认为王安石是借用周公告诫周成王的口吻，居高临下地批评自己，于是下令将王安石与第四名杨寘互换。应该说，王安石对自己的期许并不是谋求一个待遇优厚的职位，而是“因吏事之力，少施其所学”[1]，利泽一方。因此及第之后，他

1［宋］王安石：《上执政书》，《全宋文》（第六十四册）卷一三八九《王安石二七》。

没有遵循惯例，参加馆职考试进入中央机关工作，而是长期担任地方亲民官，此后数年，他还多次放弃了在中央政府任官的机会。

从庆历七年（1047）到皇祐二年（1050），王安石任鄞县（今浙江省宁波市鄞州区）知县，他把自己有关治国安民的想法尽数付诸实践，摸索和形成了一套自成体系的施政理念。他在鄞县兴修水利，浚治境内的河渠；在灾荒时节将官府仓库中的粮食借贷给百姓，待收成时归还；兴修学校，造就人才；推行“保伍”之制，搞兵农结合。王安石对鄞县的治理非常成功，给当地百姓带来极大便利，民间长期传颂着他的事迹。鄞县施政是王安石日后推行变法的先声，“熙宁初为执政，所行之法皆本于此”[1]，举凡青苗法、保甲法、农田水利法等新法措施，均可从鄞县施政中找到其雏形。

嘉祐四年（1059），王安石被召还朝廷担任三司度支判官。从庆历二年（1042）登第至此，他已有十余年的地方官仕宦经历，对于民间疾苦乃至国家的种种问题，都有比较深刻的认识，形成了自己特有的治国理念。回朝以后，他写了一篇洋洋洒洒的《上仁宗皇帝言事书》，明确提出了改革的主张。他认为问题的根源在于这时的法度多不符合“先王之政”，这个“先王”指的是尧、舜、禹等上古时期的先王圣贤。由此他主张改弦更张，效先王之法，行先王之政。

王安石提出，增加财政收入不应该仅仅将重点放在节流上，更重要的是开源，“因天下之力以生天下之财”[2]，然后“取天下之财以供天下之费”。[3]他把社会财富视为一个变量，通过扩大生产和经济流通，就可以增加社会财富总量，因为财富的基础厚实了，政府不用扩大税率，总的收入还是会

1［宋］邵伯温：《邵氏闻见录》卷一一。

2［宋］李焘：《续资治通鉴长编》卷一八八，仁宗嘉祐三年十月甲子。

3 同上。

有所提高，这就是“民不加赋而国用饶足”[1]。王安石的经济思想是超前于时代的，在同时代的大多数人看来，社会财富是一个恒量，国家收入大幅度增加，就一定意味着百姓的收入减少。就像司马光说的：“天地所生货财百物，止有此数，不在民间则在公家。”[2]因此，20 世纪末，美籍华裔学者黄仁宇在他的《中国大历史》中评价，王安石在思想上与现代人更为接近，远远超越了与他同时代的政治人物。

《上仁宗皇帝言事书》的内容表明，经过长期的基层历练和思考，王安石的政治思想已经成熟，清代袁枚评价说，“荆公《上仁宗书》，通识治体，几乎王佐之才”[3]。文中表达的改革思想，是熙宁变法的思想先导。然而，此时宋仁宗已步入晚年，宰相富弼和韩琦也不赞同激进的改革主张，因此王安石的奏疏如石沉大海，并未引起高层统治者的重视。王安石想要致君行道，还要再耐心等待数年。

“以择术为先”：熙宁初变法“国是”的议定

治平四年（1067）正月，在位仅四年的宋英宗去世，由其长子赵顼继位，即宋神宗。宋神宗继位时刚刚二十岁，年轻而富有理想。他跟前面几位皇帝有一个显著的不同，就是不像真宗、仁宗那样把“守成”作为执政的标准，而是希望奋发有为，他不仅想要改革宋朝开国以来的各种积弊，更有着重整河山、恢复汉唐帝国风采的宏伟抱负。

神宗刚登上皇位，右正言孙觉便建议及早确定“国是”。所谓“国是”，就是指国家的“最高国策”“核心路线”。熙宁元年（1068）四月，宋神宗

1 [元] 脱脱等：《宋史》卷一八六《食货下八》。

2 [宋] 司马光：《八月十一日迩英对问河北灾变》，《全宋文》（第五十六册）卷一二二三《司马光五二》。

3 [清] 袁枚：《书王荆公文集后》，《皇朝经世文编》卷一一《治体五》。

召见元老派大臣富弼，询问其富国强兵之道。结果，这位三朝元老做了这样的回答：陛下继位之始，应当广布恩德，与民休息，希望您能二十年口不言兵！这样劝导似的话语让宋神宗结结实实地碰了一个软钉子，使他大失所望。这时，在官僚集团中卓尔不群的王安石逐渐进入了宋神宗的视野。

在神宗还是太子时，王安石的好友韩维长期担任其记室，经常向宋神宗称道王安石的学问和为人，这使得少年时期的宋神宗对王安石有了深刻的印象。宋神宗继位之后，立刻起用王安石任江宁（今江苏省南京市）知府，同年九月又任命他为翰林学士，把他从地方调回了京城开封，使之成为神宗皇帝的核心幕僚之一。

神宗在富弼处没有得到想要的答案，三天后召王安石入对。宋神宗问王安石，今日治国之道，当以何事为先？王安石回答“以择术为始”，即以选择治国理念为第一要务，并进而提出陛下应当事事“以尧、舜为法”。宋人常以超越汉唐、比肩三代为追求，王安石也正是此意，但他还有另一层含意，就是对所谓“祖宗之法”的不满。“祖宗之法”是宋太祖、太宗建国以后，因应唐末五代以来的弊端而创设的法制，后人把“祖宗之法”抬到一个至高无上的地位，反对任何形式的变革，它实际上已经成为因循守成的挡箭牌。王安石并不赞成一切都遵循“祖宗之法”，他在给宋仁宗的上书中就提出效法“先王之政”的口号。所谓的“先王之政”“尧舜之法”，在一定程度上是和“祖宗之法”相矛盾的，本质上是一种托古改制的方略。

宋神宗对王安石“以尧舜为法”的真实意图了然于胸，他对王安石说，“卿可悉意辅朕，庶几同济此道”[1]，清楚地表明了依靠王安石共同实行变革的想法。尽管如此，宋神宗仍对更改“祖宗法制”心存疑虑，他接着问：“祖

1［宋］詹大和、［清］顾栋高、［清］蔡上翔：《熙丰知遇录一卷》，《王安石年谱三种》。

宗守天下，能百年无大变，粗致太平，以何道也？”[1]这个问题是很尖锐的，祖宗法制已经施行百年，而且似乎卓然有效，为什么要改变它？王安石于是撰写了著名的《本朝百年无事札子》，全面而深入地剖析宋朝开国以来各方面政策的利弊。王安石在奏章中指出，百年无事不是“祖宗之法”的功劳，太平的景象下已经萌生出了种种乱象，进行必要的改革势在必行。宋神宗看到奏章后大受触动，第二天又召王安石入见，他说：“昨阅卿所奏书至数遍，可谓精画，计治道无以出此。所条众失，卿必已一一经画，试为朕详见设施之方。”[2]王安石于是详细为宋神宗讲解改革之法。宋神宗听后大喜：“此皆朕所未尝闻，他人所学，固不及此。”[3]实际上是充分肯定了王安石的政治见解比同时代的其他人要高明得多。

南宋大儒朱熹评价说，神宗聪明绝顶，大臣往往不能领会他的意图，一经与王安石交谈，便有“于吾言无所不说”之意，所以君臣相得甚欢。宋神宗下定决心，将王安石的变法纲领确立为“国是”。熙宁二年（1069）二月，宋神宗擢升王安石为参知政事，即副宰相，开始推行变法。然而变法“国是”并没有成为统治集团内部的共识，反而引起大批官员的强烈反对。熙宁三年（1070）四月，宋神宗与司马光对话，神宗曰：“今天下汹汹者，孙叔敖所谓‘国之有是，众之所恶’也。”[4]司马光答道：“然。陛下当察其是非，然后守之。今条例司所为，独安石、韩绛、吕惠卿以为是，天下皆以为非也。陛下岂能独与三人共为天下耶？”[5]对“国是”的争议，造成了统治集团内部的分裂，为日后的党争纷扰埋下了隐患。

1［宋］詹大和、［清］顾栋高、［清］蔡上翔：《熙丰知遇录一卷》，《王安石年谱三种》。

2 同上。

3 同上。

4［宋］李焘：《续资治通鉴长编》卷二〇〇，神宗熙宁三年四月甲申。

5 同上。

“于百姓何所不便？”：新法的推行

王安石主持的变法以“富国强兵”为直接目标。自宋太宗以来，宋军屡次受挫于辽，宋神宗志切复仇，而想要用兵，就需要有充足的军费。因此王安石变法的思路非常清晰：内政与边事二者之间，先修内政，后图边事；内政之中，首在理财，缓解财用的不足；理财之方，以农业为急，抑制兼并之家，将利益收归国家。由此可以看出王安石变法与庆历新政的不同，范仲淹是从整顿吏治入手，王安石则是从解决财政问题入手，切入点是农业、农村和农民。

从内容来看，新法大致可以分为三类。第一类是富国方面的，主要有均输法、青苗法、农田水利法、免役法、方田均税法、市易法。

均输法要求发运使必须清楚东南六路的生产情况和北宋宫廷的需求情况，依照“徙贵就贱，用近易远”[1]的原则，必须在路程较近的生产地采购，节省货款和转运费。政府根据需要和产地的物价状况购买物品，以节省费用，同时也可以在一定程度上减轻农民的负担。这要求负责的官员能够及时了解各地情况，及时做出决策。同时，还要求官员具有一定的商业知识，在习惯因循的官僚机构中，均输法的执行难度是很大的。均输法贯彻了王安石改革的“先急”之务是“理财”的观念。最初均输法的执行由江淮发运使薛向负责，薛向是北宋一代少有的财经人才，因此均输法取得了一定成功，但这种成功很大程度上依赖于人而非制度。中国历史上出现过不少善于理财的大臣，如汉代桑弘羊、唐代刘晏，但其成果却往往随着时间的推移而演变成政府盘剥百姓的依据，问题的核心还是在于社会观念的转变十分困难。

青苗法开始于熙宁二年（1069）九月。北宋政权建立以后，仿效前代

1［元］脱脱等：《宋史》卷三二七《王安石传》。

的办法，在各地设立了常平仓，规定在粮食丰收年份，由各地政府适当提高谷物的价格，大量收购，以防粮食价格过低，导致农民的利益受到损失。在灾荒之年，政府则要以低价卖出官府仓库中储存的粮食，以救济灾民。这一规定显然是非常合理的，这不仅可以保证民众的利益，同时也可使政府多少有利可图。但是，宋朝的官僚管理和行政体制明显存在很多问题，往往是中央出台好的政策到了基层就变了味道，或者很难执行下去。有的地方官员把调节粮价的有限本金大部分挪作私用；有的官员则根本不重视这一政策，认为粮食既要收购还要卖出，非常麻烦，对这一规定置若罔闻，不理不睬；更有官员阳奉阴违，与豪商及囤积居奇的大户人家相互勾结，借调节粮价的机会，从中牟取私利。至北宋中期，常平仓基本上已经名存实亡了。

应该说，常平仓法难以推行并不是因为法令本身出了问题，宋朝官僚制度的巨大缺陷才是造成这一现象的关键因素。王安石的青苗法正是针对这一情况而出台的。青苗法最基本的内容是，政府在春季青黄不接之时提供贷款给农民，秋收时农民再还贷款，借期大体上是六个月。还贷时交纳一定比例的利息，利息依照当时的乡村标准而言并不算高。早在宋仁宗庆历七年（1047），王安石在鄞县任知县时，就曾试行过在青黄不接时将谷物借贷给农民，农民待收获后连带利息再一并偿还。由于王安石亲自主持和监督这一政策的推行，所以当时在鄞县的成效颇为可观。

但是，小范围的成功并不意味着能在全国取得良好的效果，王安石和宋神宗也考虑到了这个问题，因此，青苗法最初只是在京东、淮南和河北三路试行。朝廷准备在局部范围内取得一些实际成果和经验后，再向全国推广，显然这是较为稳妥的做法。但实际情况却并非如此，上有好之者，下必有乐之者，青苗法在上述三路试行并没有多久，还未取得多少实效和经验，其他诸路就争先恐后地开始实施。这样，青苗法在全国范围内迅速推行开来。

青苗法的确抓住了当时宋朝社会的一个重大弊病，从法令的内容和推行的目的来看：一方面，限制和夺取了豪强之家出放高利贷的部分利益；另一方面，也充分保障了农民顺利获得必需的生产资本，可谓是利国利民的“良法美意”。但是，如同常平仓法一样，青苗法在整个国家范围内具体实施和操作的效果却还要牵涉很多因素，尤其是官员的素质和管理在其中起着至关重要的作用。

熙宁三年（1070）二月初一，时任河北四路安抚使的韩琦上书宋神宗，指出了青苗法操作过程中的诸多问题。当时，韩琦固然是一位坚定反对新法的官员，其对青苗法的指责很可能有夸大之嫌，但由于他在地方任职，应该说，他的意见多少还是能反映青苗法在实际实施过程中存在的一些问题。其中包括，由于各地都有出贷青苗钱的配额，主管推行青苗事宜的提举常平司便要求本路的地方官员，必须把不愿请领青苗钱的人户名录上报，而后提举常平司派出人员前往劝说，如果劝说后有人愿意请领青苗钱，知县和相关官员就要受到处分。地方官员因为害怕承担责任，青苗钱立刻由自愿申请变成了强制发放。不管民众是否需要，都必须贷青苗钱并交纳利息。这样，青苗法在实施中逐渐脱离其立法本意，甚至有现代学者据此评论，其无异于给民众额外增加了一项赋税。

应该说，青苗法在某种意义上取得了一些效果，在某些地区有很好的社会效应。然而，整个宋朝的地方官员并不能都如在鄞县知县任上的王安石那样，真正尽职尽责地进行推行，因而他不得不采取带有强制意味的管理方式，而很多基层官员只知道上行下效，逃避责任，根本不考虑青苗法的最初宗旨。事实上，常平仓法难以推行已经暴露了宋朝当时官僚管理体制的诸多问题，在青苗法的推行过程中，官员管理的简单化并没有改变这些弊端，反而使问题变得更加复杂和难以解决，而王安石和宋神宗的“良法美意”也因此完全变了味道。归根结底，宋王朝官僚制度和政府管理方式的弊病是导致青苗法难以取得预期成效的重要原因。

农田水利法，其方式是奖励各地兴修水利工程，所需工料由当地居民按照户等高下分派。单靠民力无法兴修者，其不足部分可向政府借贷。农田水利法的推行，对于当时农业生产的发展确实起到了一定的推动作用，但由于费用主要由百姓承担，其实施过程加重了百姓负担。

此外还有免役法。宋代原本实行的是差役法，其弊端如下：一是负担太重，也妨碍农时；二是单丁、女户、寺观、品官之家，可以免除或部分免除差役，于是有些主户可能通过诡名挟户来避役；三是宋代州县役人并无俸禄收入，往往依靠贪赃枉法为生。他们欺压良善百姓，巧取豪夺，使吏治更加腐败。免役法废除了按户等轮流充当州县差役的办法，改由州县政府出钱招募人代役。募役的费用由所属州县当役者依据户等高下分担，称“免役钱”。城镇坊郭户、单丁、女户、寺观、品官等原先不需要负担差役而资产达到应役条件的，按等第减半出钱，称“助役钱”。此外，还要加收十分之二的役钱，以备灾荒，称“免役宽剩钱”。免役法解决了差役妨碍农时的问题，也在一定程度上平均了政府摊派的差役负担。但是，免役法因为损害了官僚集团的利益而遭到了激烈的反对，而且各地情况不同，生硬地推行免役法也带来了新的问题。例如南方相对富裕，民户多愿意纳钱代役；北方比较贫困的地区，出免役钱成为他们一项沉重的负担。

市易法针对的是商人囤积居奇、抬高物价的行为，因此设立市易司，选择通晓贸易的官员主持，物价低时加价买入，物价高时低价卖出，主要目的是通过市场手段平抑物价。这种由官府直接经营买卖商品的状况，有些类似于官办贸易公司。但市易司也有盈利的任务，由于宋朝政府深陷财政危机，所以市易司官员为了追求政绩，一味追求高额的利润，造成了不少商家破产。

方田均税法，就是重新丈量土地，按照民户实际拥有土地的数量来征收赋税。宋代一直被称作“田制不立”的时代，土地兼并状况十分严重。宋朝开国以来一直试图解决这一问题，方田均税的尝试曾经有过几次，但都因为阻力重重而半途而废。宋神宗时期的方田均税虽然最终也没有彻底执行，但经过变法派的强力推行，到元丰八年（1085）停止时，经过方田均税的土地达到二百四十八万四千三百四十九顷，占当时全国田亩总数的一半以上，其成果远超前代。

变法的第二类内容是所谓的“强兵之法”，具体措施有保甲法、将兵法、保马法和设置军器监等。

保甲法，其主要内容是乡村住户，不论主户还是客户，每十家（后改为五家）组成一保，五保为一大保，十大保为一都保。凡家有两丁以上的出一人为保丁，以住户中最有财力和才能的人担任保长、大保长和都保长，同保之内的民户互相监督。农闲时集中训练武艺，夜间轮差巡查维持治安。保甲法的设计是王安石“寓兵于农”的改革兵制思路的体现：一方面这样可以加强政府对乡村的控制，更好地维护社会秩序；另一方面是要做到募兵和民兵相结合，以节省养兵费用，减少募兵的弊端。

此外还有将兵法。作为强兵的措施：王安石一方面精简军队，裁汰老弱，合并军营；另一方面实行将兵法。自熙宁七年（1074）开始，北方各路陆续分设一百多将，每将置正副将各一人，选派有武艺又有战斗经验的军官担任，专门负责本单位军队的训练。凡是实行将兵法的地方，州县政府不得干预军政。将兵法的实行，使兵知其将，将练其兵，提高了军队的战斗素质。将兵法的核心是要避免以前“将不知兵，兵不知将”的弊端。宋初出于防范武将的考虑，多在出兵前临时派遣指挥官，严重影响军队的战斗力。将兵法则固定了每将的指挥官，在一定程度上改善了之前宋军在战场上指挥混乱的状况。

保马法规定百姓可自愿申请养马，每户一匹，富户两匹，由政府拨给官马或给钱自购。养马户可减免部分赋税，马病死则要赔偿。辽和西夏的兴起，使得北宋失去了汉唐时代优良的牧地。面对辽、西夏骑兵的冲击，北宋一直处于军事劣势。宋代的马匹在保马法实行之前以官养为主，由于管理不善，效率极低。保马法的目的是想通过民户养马来避免官养的弊端，但唯上是从的官僚系统在执行时很容易把它当成压榨民户的新手段。

还有一类变法措施属于“取士之法”。王安石非常关注人才的选拔、培养和任用，原因是他认为人才是变法的根本。主要内容有改革科举制度、兴建学校、整顿太学。熙宁四年(1071)，朝廷颁布改革科举制度的法令，废除以空洞无物、华而不实的诗赋辞章取士的旧制，恢复以《春秋》三传为主要考试内容的明经取士，即要求考生联系当前实际参加经义策论的考试。这就把科举的立足点放在选拔具有经世之志和真才实学之人的天平上，从而扩大了考选名额，使一大批新进之士取代反对改革的旧官。另一方面，在王安石的提议下，从京师到地方纷纷创办学校，掀起了兴学的高潮。同时，朝廷又实行按上、中、下三班不同程度进行教学的太学三舍法制度，目的是用学校教育选拔的方式最终取代科举作为选拔人才的机制，这样可以更多培养符合当政者要求的人才。

熙宁二年（1069）起，年年都有新法推出，仅熙宁二年一年就颁布了四项新法。或许在王安石看来，各项新法是相互配套的措施，缺哪一项都会影响最后的效果。但新法推出过快，也给地方上带来很大压力，有人抱怨“数十百事，交举并作”[1]，这条新法还没弄明白，下一条又已颁布。所以变法在基层遇到很大阻力，这种情况与密集的推出方式不无关系。

很多新法措施意在解决农民疾苦。比如募役法，本来是针对差役法的

1［宋］刘挚：《忠肃集》卷三《论助役法分析疏・分析第二疏》。

弊端而寻求改革的新法，改过去轮流充役为官府募人代役，其实质是把差役负担从人头转移到资产上，将过去按口征、按丁征、按户征的征派原则，转变为按田亩、按资产征派，这样的原则更加公平，也符合中国历史的发展趋势。它对于占全国人口绝大多数的农民来说是一大解放，农民只要出钱，就可以保障农业生产不受影响。

然而在募役法下，官员、坊郭户等原来享有免役特权的人不免蒙受经济损失，因此它遭到了士大夫、商人等上层社会的反对。熙宁四年（1071），围绕募役法，神宗与反对变法的大臣进行了一番争论。冯京批评募役法使各地百姓极为痛苦，神宗反驳道："询访邻近百姓，亦皆以免役为喜。盖虽令出钱，而复其身役，无追呼刑责之虞，人自情愿故也。"[1] 文彦博支援冯京说："祖宗法制具在，不须更张以失人心。"[2] 神宗反问："更张法制，于士大夫诚多不说（悦），然于百姓何所不便？"[3] 文彦博脱口而出："为与士大夫治天下，非与百姓治天下也。"[4] 后人多援引文彦博的话来论证宋代士大夫执政主体意识的提高，可从文彦博的本意来看，可能他并没有想得那么长远，其出发点只是为了维护一己私利而已。

新法虽意在惠民，但执行过程中确实存在一些问题，致使很多法令事与愿违。比如地方官员在推行青苗法时就发现，在基层，真正穷困、需要借贷粮食的百姓最后可能无力归还，有能力归还的富户又不想借贷。地方官都希望仓库中的粮食越来越多，因此他们会强迫富户来借贷，真正穷困的百姓来借时又不愿意给。身在庙堂的王安石发现，情况并不像他在鄞县为官时那么简单。

---

1 ［元］马端临：《文献通考》卷一二《职役考一·历代乡党版籍职役》。

2 同上。

3 同上。

4 同上。

负责推行新法的官员的素质和操守，对于改革的效果和成败也有很大影响。王安石任用的官僚们，多半不关心王安石的理想，只汲汲于追求势力与特权。他最得力的助手吕惠卿，几乎参与了全部新法的规划与实施，却密令江南富裕之地秀州华亭县知县，以四千贯的低价购买同县富民的田地，同时役使县官为其管理庄园。南宋初，刘才邵称这种凭借官僚公权力背景致富的方式为“倚法营私”，真是十分适切的。王安石改革的目的本来是富国强兵，却为一些官员一举打开了借法致富的门路。

“宋几振矣”：新法的成效

王安石倡导的新法究竟是成功还是失败，很难简单地用“是”或“非”来回答。就富国强兵的预期来说，新法部分地达到了目标。新法扭转了国库空虚的局面，从中央到地方的府库都非常充盈。元丰元年（1078），宋神宗将山海坑冶、榷贷和常平、免役等项获利都收归中央，建了三十二座仓库储存。元丰五年（1082），又将青苗、免役法所获之利直隶朝廷，又有二十库。地方财政也得到极大充实，时人毕仲游估计，单是诸路常平、免役、坊场、河渡、户绝庄产所得的钱粮积于州县，就有数百万贯之多，如果留作地方经费，可以供二十年之用。

军事上，王安石采取了很多措施来增强军队战斗力。虽然宋朝与西夏之间的战事在局部也遭受了一些挫折，但就整体而言，宋朝在宋夏边境建立了米脂、义合、浮图、葭芦等军事要塞，控制了战略地位十分关键的河、湟等地。这些地区“实为控扼西人咽喉之地，我得之则足以制贼，彼得之则足以困我”[1]，对于防范来自西夏的战略威胁非常重要。宋哲宗元祐年间，长期镇守西北边境的范育说，神宗皇帝开置熙、河数郡，“积累于今，二十

1［宋］李焘：《续资治通鉴长编》卷四五二，哲宗元祐五年十二月壬辰。

余年，其郡邑既已雄盛，人民既已富庶，法令既已整备，边势既已盛强”[1]，“其规模之宏远，可以保万世之安矣”[2]。

清代思想家颜元评价新法说：“用薛向、张商英等治国用，用王韶、熊本等治兵，西灭吐蕃，南平洞蛮，夺夏人五十二砦，高丽来朝，宋几振矣。”[3]新法在富国强兵方面所取得的成效，在宋哲宗时期清楚地显现出来。宋哲宗亲政后，重拾神宗时的战略方针，继续在宋夏边境进筑堡寨，最终基本上掌握了横山一线的控制权。横山一线地势险要，它的易手使西夏不仅丧失了驱兵进犯宋朝的地利，甚至其自身亦有存亡之忧。自此，宋夏之间的战略态势发生了根本性的改变，西夏一再上表请罪，愿向北宋俯首称臣，而宋朝则一举结束了屈辱、被动的状态。宋哲宗对此兴奋异常，连呼“西人未尝如此逊顺”[4]。

西夏俯首，是宋朝三百余年历史上对少数民族政权最为辉煌的战果之一。可是战争的本质，从来就是综合国力的较量，宋哲宗时期所取得的胜利，其实来源于宋神宗时期奠定的基础。宋人安焘曾经提到：“熙宁、元丰之间，中外府库无不充衍，小邑所积钱米，亦不减二十万。绍圣以还，倾竭以供边费，使军无见粮，吏无月俸，公私虚耗，未有甚于此时。”[5]言谈中清楚表明，宋哲宗对西夏作战的军费来自熙宁、元丰时期的积累，这也从侧面证明了变法在富国强兵方面的效果。

1［宋］李焘：《续资治通鉴长编》卷四六〇，哲宗元祐六年六月丙午。

2 同上。

3［清］颜元：《宋史评佚文》，《颜元集》。

4［宋］李焘：《续资治通鉴长编》卷五一五，哲宗元符二年九月丁未。

5［元］脱脱等：《宋史》卷三二八《安焘传》。

“非常相权”：王安石的权力和去位

大权独揽：王安石的“非常相权”与宋代权相政治

1. “中书之外又有一中书”：制置三司条例司及其废罢

王安石任参知政事后，首创了一个新机构来推动变法，即制置三司条例司。设立制置三司条例司的目的非常明确，就是总揽事权。宋自建国以来，中枢权力结构形成了比较完善的制约机制和制度运作的相应程序。中央政府机构为二府三司的行政体制，中书门下、枢密院、三司分掌行政、军政、财政大权，互相独立、互相牵制，各自向皇帝负责。凡遇军国大事，首先由全体宰执班子讨论议定，再面奏皇帝。皇帝批准后，才能交给尚书省执行。这样纵横交织的网络，共同达成权力的制衡。

王安石虽任参知政事，但仅仅是五位宰执中的一员，其上还有左、右宰相。当时的五位宰执，时人根据他们的特点，给每人都做了一字评价，合起来就是“生老病死苦”：“生”指王安石，生气勃勃，锐意求变；“老”指右相曾公亮，他因年迈而屡请致仕；“病”指左相富弼，他不满新法而称病不出；“死”指参知政事唐介，他反对变法，每日忧心忡忡，变法刚开始就病死了；“苦”指参知政事赵抃，他不赞成变法，但又无力阻止，整日叫苦不迭。王安石虽生龙活虎，但孤立无助，“自宰执同列无一人议论稍合，而台谏章疏攻击者无虚日”，变法主张在宰执议定这一环节就可能受阻搁浅。为了绕过宰执议定的环节，王安石才倡言设置三司条例司：“令分为一司，则事易商议，早见事功。若归中书，则待四人无异议，然后草具文字；文字成，须遍历四人看详，然后出。至于白事之人，亦须待四人皆许，则事积而难集。”[1]也就是说，条例司集中行使权力，无疑是可以大大提高行政效率的，至少能够缩短讨论政务的时间。显而易见，新机构的设立及相关的人事安排因为政策的匆忙实施，很难避免考虑不周全的弊端。

制置三司条例司成立后，成为主持变法的总枢纽，新法中争议最大的青苗、免役二法都是由它发布的。借助三司条例司，王安石可以轻而易举地绕过某些既定程序。苏辙曾提到，一次王安石召苏辙、吕惠卿、张端于私第聚会，王安石拿出一个册子说：“此青苗法也，君三人阅之，有疑以告。得详议之，无为他人所称也。”[2]类似青苗法这样重大的改革法案，只由王安石与条例司几位官员私下商量，中枢机构甚至一无所知，这显然有违典制，反映出三司条例司职权的泛滥。王安石掌控着三司条例司，其权柄之重也臻于前所未有的程度。

三司条例司的设置，等于在原有的二府三司之外，又另设了一个中枢机构，引起很多官员的非议。三朝老臣韩琦的批评一针见血：“自来未有定夺之司，事不关中书、枢密院，不奉圣旨，直可施行者。如是，则中书之外又有一中书也。中书行事，亦须进呈，或候画可，未尝直处分。惟陛下察其专也。”[3]御史中丞吕公著则意味深长地提醒宋神宗：“宰相不任其责，则坐观成败，尤非制世御下之术。”[4]由此可知，条例司的设置彻底改变了宋朝一直以

1［清］黄以周等辑注：《续资治通鉴长编拾补》卷六，神宗熙宁二年十一月乙丑。

2［宋］苏辙：《龙川略志》卷三《与王介甫论青苗盐法铸钱利害》。

3［明］黄淮、杨士奇等编：《历代名臣奏议》卷二六五《理财》。

4［宋］吕公著：《乞罢制置三司条例司奏一》，《全宋文》（第五十册）卷一〇九三《吕公著二》。

来形成的州县政府—路级监司—中央各部门—宰执—皇帝的一整套行政决策机制，而改由条例司出台政策，并推行到地方基层。更为严重的是，这一机构从某种程度上说削弱了皇帝独断专行的权力，也就是吕公著所谓的“御下之术”的缺失。毫无疑问，这种警告言语对宋神宗的影响是至为深刻的。

宋神宗与王安石虽志同道合，但在权力世界，却分处君权和相权的中心，周围各自形成了不同的权力集团。正如有人提醒王安石必须加强相权一样，宋神宗身边也有人要他注意君权不可旁落，“陛下大权一去，不可复收还”[1]。面对众人对三司条例司的抨击，宋神宗开始“不欲亟罢，恐伤王安石意故也”[2]，但众口铄金，宋神宗的信心不免发生动摇。熙宁三年（1070）五月，宋神宗在事先没有通知王安石的情况下降诏令，将三司条例司罢归中书。

三司条例司废罢后，司农寺、中书条例司、检正中书五房公事共同分担了推动变法的职责。这些机构仍然掌握在王安石手中，王安石的相权只不过换了一个平台延续。司农寺有所建议，中书往往不经奏禀神宗就施行。宋神宗觉察到相权对君权的侵夺，于熙宁七年（1074）下旨，“臣僚起请，必须奏禀，方得施行”[3]。次年十月，又诏：“中书有置局取索文字，烦扰官司，无补事实者，宜并罢之。”[4]将中书条例司和司农寺条例司一并撤罢。在宋神宗与王安石合作的后期，双方的权力意识都已出现。

三司条例司等机构权力的扩张，使宋神宗意识到其中隐含的深层次问题，于是尝试在制度上对相权予以制约。元丰年间，宋神宗推行官制改革，业已罢相的王安石“见之大惊”：“上平日许多事，无不商量来。只有此一大事，却不曾商量。”[5]王安石大惊的是什么呢？程颐曾有过这样一段议论：

---

1 [宋] 李焘：《续资治通鉴长编》卷二四二，神宗熙宁六年二月丁丑。

2 [宋] 李焘：《续资治通鉴长编》卷二一一，神宗熙宁三年五月甲辰。

3 [宋] 魏泰：《东轩笔录》卷六。

4 [宋] 李焘：《续资治通鉴长编》卷二六九，神宗熙宁八年十月庚戌。

5 [宋] 黎靖德编：《朱子语类》卷一二八《本朝二·法制》。

“枢密院乃虚设，大事三省同议，其他乃有司之事，兵部尚书之职。然艺祖用此以分宰相之权。神宗改官制，亦循此意。”[1]宋神宗亲定元丰官制，其中寓有削减相权之意，这显然是针对王安石的，他事先当然不会与王安石商量，这是王安石相权扩张引起的一种自然反应。

2.“非常相权”的延续：宋代的权相政治

王安石“非常相权”的取得，在宋代政治史上具有划时代的意义，它标志着士大夫与皇帝共治天下的权力得到了皇帝的正式承认，也意味着宋代士大夫政治的定型。对王安石来说，权力只是实现“治天下”理想的手段，而不是满足个人野心和私利的工具，因此他绝无“权相”的嫌疑，有宋一代人们也从未批评他弄权。可是王安石扩张相权的种种策略，却为以后的权相开启了方便之门。宋徽宗时期，蔡京拜相当月，徽宗就令“如熙宁条例司故事，都省置讲议司”[2]，由蔡京提举。讲议司在绍述熙丰法度的旗号下，成为蔡京扩展相权的机构。南宋李心传指出，讲议司正是踵循熙宁时期条例司的“故事”：“自王荆公秉政，始创制置三司条例司，以行新法。其后蔡儋州当国，踵其故置讲议司。”[3]至南宋初的绍兴二年（1132）五月，左相吕颐浩督军在外，右相秦桧欲夺其权，于是设“修政局”，“如讲议司故事”[4]。检讨官曾统不解其中奥秘，问秦桧道：“宰相事无不统，何以局为？”[5]秦桧避而不答。溯其源头，仍是借用王安石条例司的办法。

再以台谏官的任用来看。台谏官负有监督政府的职责，须由皇帝亲自任免，宰相不得插手其间。宋真宗时，寇准不避嫌疑，推荐台谏官的人选，便被批评为擅权。但熙宁时期，为了减少推行新法的阻力，宋神宗将择任

1［宋］程颢、程颐：《二程集》外书卷一二《传闻杂记·吕氏家塾记》。

2［元］脱脱等：《宋史》卷一六一《尚书省》。

3［宋］李心传：《建炎以来朝野杂记》甲集卷五《朝事一·修政局》。

4［元］脱脱等：《宋史》卷一六二《职官二》。

5［宋］李心传：《建炎以来系年要录》卷五四。

台谏的权柄交给王安石。司马光气愤地说："至于台谏之官，天子耳目，所以规朝政之阙失，纠大臣之专恣。此陛下所当自择，而亦使执政择之。彼专用其所亲爱之人，或小有违忤，即加贬逐，以惩后来。必得佞谀之尤者，然后为之。"[1]台谏官成为听命于宰相的僚属。

王安石任免台谏的权力，被后来的权臣们因袭。宋高宗时期，胡铨上书乞斩秦桧，中书舍人勾龙如渊为秦桧献计："胡不择台官击去之"[2]。秦桧于是推荐勾龙如渊为御史中丞，强势弹劾胡铨。以后，台谏官沦为秦桧的爪牙，每当秦桧有事要上奏或要排挤某人，便会向台谏官授意，台谏们甚至主动派人在秦桧身边伺察动向，一有消息就闻风而动。宋宁宗时期，韩侂胄在与赵汝愚的政争中，也是通过控制台谏官员，达到了陷害赵汝愚的目的，成为宋代历史上一位外戚权相。南宋时期，"一相去，台谏以党去；一相拜，台谏以党进"[3]，北宋前期台谏官的独立精神消失殆尽，取而代之的是"台谏不敢违中书之诮"[4]，成为权臣当政的工具甚至鹰犬。

王安石以后，章惇、蔡京等手握大权的宰相相继出现，南宋时期更有秦桧、韩侂胄、史弥远、贾似道接踵而出，权相政治成为一个突出的政治现象。权相政治的出现不应归罪于王安石，但从权力关系和运作方式来看，南宋的权相在某种程度上借鉴了王安石的"非常相权"，是值得注意的一点。

"陛下已不能无惑矣"：王安石的去位

随着变法的不断推进，新政触犯了许多官员的切身利益，因而招致反对的呼声日益激烈，甚至有人将日食、山崩地裂等自然现象说成是上天对

1［宋］司马光：《应诏言朝政阙失事状》，《全宋文》（第五十五册）卷一二〇〇《司马光二九》。

2［元］脱脱等：《宋史》卷四七三《秦桧传》。

3［宋］张端义：《贵耳集》卷下。

4［元］脱脱等：《宋史》卷四〇八《陈宓传》。

变法和人世间的警告。反变法派官员的纷纷攘攘无疑给王安石制造了很多麻烦，但最令他伤脑筋的还是宋神宗的动摇。“变法”虽被确定为国是，但只是一个大方向，如何变、变什么、由谁主导、各方权力如何分配等，诸多问题都需要在实际操作中予以明确。对于一些新法措施，宋神宗与王安石之间存在不少分歧，特别是那些明显有违宋朝“祖宗家法”的变法内容，神宗更是表现出深切的疑虑。熙宁三年（1070），韩琦上书言青苗法给民间带来了很大不便，神宗不知有心还是无意，拿着韩琦的奏疏对王安石等人说，“琦真忠臣，虽在外，不忘王室”[1]，一度要停止青苗法。熙宁五年（1072），宋神宗又想要废罢市易法，经王安石苦苦劝说才最终作罢。宋神宗的犹豫动摇，使王安石感觉到人言纷纷之下，“陛下已不能无惑矣”[2]，他因此多次提出辞职，但都经神宗极力挽留而留任。

新法推行的过程中，宋神宗与王安石的关系不断经受着考验。司马光《涑水记闻》中记载了这样一件事，一次，神宗向王安石询问一件外廷发生的事，王安石问他从何处得知，神宗不愿回答。王安石道：“陛下与他人为密，而独隐于臣，岂君臣推心之道乎？”[3]神宗这才说：“得之李评。”[4]王安石由此嫌恶李评，不久将他外放任职。另一天，王安石向神宗询问一件隐秘之事，神宗也问他从何处得知，王安石不肯说，神宗道：“朕无隐于卿，卿独隐于朕乎？”[5]王安石不得已答道：“朱明之为臣言之。”[6]神宗由此嫌恶朱明之。透过文字，我们明显可以感觉到，神宗与王安石之间已经出现了某种猜疑和嫌隙。

1［元］脱脱等：《宋史》卷三一二《韩琦传》。

2［宋］詹大和、［清］顾栋高、［清］蔡上翔：《熙丰知遇录一卷》，《王安石年谱三种》。

3［宋］司马光：《涑水记闻》卷一六。

4 同上。

5 同上。

6 同上。

激烈的政治斗争以及神宗的动摇，使王安石陷入去与留的矛盾之中。与此同时，外部环境也愈发困难。熙宁六年（1073）秋到次年春，久旱不雨。在古代中国，根据天人感应的说法，灾异的发生往往与朝政阙失联系起来，被用作政治斗争的工具，此次也不例外。光州司法参军郑侠向神宗献上了《流民图》。他描述了各地百姓因旱灾而流离失所的景象，并把灾害归罪于王安石领导的变法。据说疏奏既上，神宗夜不能寐，反复观图，长吁短叹。第二天，神宗下诏罢方田、保甲等法，凡十八事。因吕惠卿、邓绾等人力争，最后只废除了方田均税法。

外廷议论纷纷，宫中的太皇太后和皇太后也向神宗哭诉"王安石变乱天下"，使神宗对新法愈发怀疑，于是他不得不命令王安石裁减新法条目。王安石再次提出辞职，于熙宁七年（1074）四月出知江宁府，这是他第一次罢相。在王安石的举荐下，宋神宗任命吕惠卿为参知政事。韩绛、吕惠卿继续主持新法及其相关事务，时人将韩绛称为"传法沙门"，将吕惠卿称为"护法善神"。

王安石离开后，朝中形势发生了急遽变化。吕惠卿意图大权独揽，与韩绛和另一位变法派大臣曾布多次发生龃龉，为了防止神宗复用王安石，吕惠卿还对王安石百般诋毁。韩绛向神宗建议召回王安石，熙宁八年（1075）二月，王安石再次拜相。王安石回到京城后，惊讶地发现已经物是人非，除了要面对反变法派一如既往的非议与抨击，还要面对变法派内部的分裂。王安石复相，断绝了吕惠卿升迁的可能，吕惠卿因此采取不合作的态度。在用人和措置新法等诸多问题上，吕惠卿故意制造事端，甚至以辞职相要挟，在神宗面前巧言攻击王安石。一次，他竟对神宗说了这样一番话："此次王安石复相，长期托疾，无所事事，与以前大不相同。当年王安石尽心竭力为陛下谋划治国之术，今日反而成了这个样子，必定是心里有不如意的事情，所以不能安于相位。大概是因为微臣在朝中担任要职，才惹得王安石不高兴，使他不能像以往那样尽心竭力地分担陛下的辛劳。朝廷可以没有吕惠卿，但不能没有王安石，这就是我要向您辞职的原因。”吕惠卿这番话的确很巧妙，他在看似不经意间便向宋神宗透露了王安石此次复出为相，没有尽心效命的信息，而且还隐晦地指出，之所以出现这种情形，是因为王安石嫉妒自己的才干和能力。他自己则做出了高姿态，以大局为重，先行辞职，来挽留王安石继续辅佐神宗进行新政。显然，吕惠卿的这种伎俩是以退为进，蓄意在神宗面前丑化王安石的形象，进而达到固宠保位的目的。后来，在诸多方面，吕惠卿无不与王安石严重对立，并继续恣意离间神宗与王安石，节外生枝，制造矛盾。总之，吕惠卿已经完全与王安石离心离德，反目成仇，这直接导致了变法阵营内部分裂，进而带来了一系列严重后果。

王安石复相后，宋神宗对他比从前疏远得多。经过多年的历练，宋神宗已积累起足够丰富的政治经验，为了维护皇权，他基本上是自作主张、自行其是了。时人吕本中曾有这样的说法：王安石再次为相，神宗对其多少有些厌烦，处理政事，多不听从他的建言。王安石也对身边的人感叹：“陛下对我的信任，哪怕只有从前的一半也就足够了。”由此可见，王安石对政事更加心灰意冷。熙宁九年（1076）六月，王安石的儿子王雱去世，年仅三十三岁。王雱自幼聪慧过人，深得王安石的钟爱，他的去世使王安石再受重大打击。种种因素累加起来，使王安石精神上倍感疲惫，也坚定了他的退隐之心。王安石屡次乞解机务，甚至请好友王珪代为陈情，最终在熙宁九年（1076）十月，以镇南军节度使、同平章事判江宁府，第二次罢相。

这次罢相后，王安石一直赋闲江宁，在此地度过了他略显凄凉的晚年。他彻底摆脱了政治的种种困扰，读书著述，寄情于山水之间。王安石在江宁城外营建了宅舍，取名“半山园”，虽然简陋，但他却非常满意。半山园北面是谢公墩，相传是东晋名臣谢安的故宅；南面有定林寺，王安石常在寺庙中读书；附近还有孙权墓、宝公塔等古迹。这些都是王安石常去游览的地方。早年间因为变法而与王安石争吵不断的苏轼，后来特意去看望王安石。两人一起谈论文学、研读佛经，非常投机。苏轼给友人写信说："某到此，时见荆公，甚喜。"[1]他甚至也想在江宁买地建宅，以便接近王安石。作为同时代出类拔萃的文人代表，放下政见分歧，他们很容易在精神上找到契合点。

元丰八年（1085）三月，宋神宗去世，王安石撰写挽词，满怀感情地回顾了与神宗的过往："城阙宫车转，山林隧路归。苍梧云未远，姑射露先晞。玉暗蛟龙蛰，金寒雁鹜飞。老臣他日泪，湖海想遗衣。"次年四月，王安石也于江宁病逝。自王安石罢相，昔日门生故吏大多弃他而去，因此葬礼冷冷清清。张舜民为王安石撰诗哀吊，讽刺地写道："门前无爵罢张罗，玄酒生刍亦不多。恸哭一声唯有弟，故时宾客合如何？"又道："去来夫子本无情，奇字新经志不成。今日江湖从学者，人人讳道是门生！"这两首诗形象地刻画出了曾经胸怀大志的王安石去世之时形单影只的悲凉景象，同时也表达了诗作者对死者的无限怜悯之情，更道出了宋代仕宦之人的冷暖人生际遇。

---

1 ［宋］詹大和、［清］顾栋高、［清］蔡上翔：《王荆公年谱考略》卷二三《元丰七年》，《王安石年谱三种》。

结语

在宋代历史上，恐怕很难再找到一个人物像王安石一样引起当时以及后世如此巨大的争议。在提出变法主张之前，他与周围的士大夫们保持着融洽的关系，在士林享有极高的声誉，包括欧阳修、文彦博、司马光等知名文人都对他极为看重，曾公亮甚至推许他为“时之全德”，评价之高是不言而喻的。他被视为未来的政治翘楚、文坛领袖，乃至公议以他不为宰相为屈。然而变法开始后，平素交游甚厚的朋友转眼成为水火不容的政敌。用王安石自己的话说，“吾昔好交游甚多，皆以国事相绝”[1]。王安石也迅速由“天下之人素尊”的“一世之伟人”变成“大奸似忠、大诈似信”的伪君子。降至南宋，宋高宗君臣更把北宋亡国归罪于王安石，指责王安石任用奸人，变乱“祖宗法度”，最终招致“靖康之祸”。这种看法在此后成为很多史家的共同认知，明清时期的士人学者大多承袭此说，对王安石及其新法全盘否定。清人蔡上翔感慨道：“世人积毁荆公，几同于詈骂，不啻千万人矣。”[2]在他看来，无论是宋人，还是后代之人，他们都在不间断地诋

1 丁传靖辑：《宋人轶事汇编》卷一〇《王安石》。

2［宋］詹大和、［清］顾栋高、［清］蔡上翔：《王荆公年谱考略》卷首之一《序言总论》，《王安石年谱三种》。

毁王安石，用的均为谩骂之词。这无疑是有失公允的，于是他决心著书立说，为一代伟人王荆公翻案。

一直到近代，在清末民初“数千年未有之大变局”中，在西方近代经济学、社会学理论的启示下，在变法图强的社会思潮中，先进的知识分子们才能够以一种全新的视角和思维来重新审视王安石及其变法的价值和意义。站在时代潮头的梁启超由衷地赞叹道：

> 宋太傅荆国王文公安石，其德量汪然若千顷之陂，其气节岳然若万仞之壁，其学术集九流之粹，其文章起八代之衰，其所设施之事功，适应于时代之要求而救其弊，其良法美意，往往传诸今日莫之能废，其见废者，又大率皆有合于政治之原理，至今东西诸国行之而有效者也。呜呼，皋夔伊周，遐哉邈乎，其详不可得闻，若乃于三代下求完人，惟公庶足以当之矣。悠悠千祀，间生伟人，此国史之光，而国民所当买丝以绣，铸金以祀也。[1]

个人的际遇、毁誉固然让人唏嘘，但就长时段而言，个人对于社会历史进程的影响，更加值得关注。王安石虽然早早就退出了政治舞台，但其影响却没有因此消减丝毫，反而愈加强烈。一直到北宋灭亡的这段时期，庙堂之上的人们都以王安石为目标：一方高举王安石的大旗呼唤变法，尽管他们的主张和动机已经与王安石全然不同；另一方视王安石为罪魁祸首，一心要“除奸惩恶”。这种争斗发展到后来，已经与治国利民毫无干系，而是演变为攫取私人利益的政治手段，最终导致宋朝政治步入歧途，数十年间并没有任何实质有效的治国之政付诸实施，宋朝积弊越发深重，终于酿

1 梁启超：《饮冰室合集》专集第七册，《王荆公》第一章《绪论》。

成“靖康之难”。

围绕王安石变法的争论究竟给后代留下了什么样的政治遗产，又在何种程度上影响了宋代以后中国历史的进程，这在今天仍然是值得继续深入挖掘的课题。反变法派虽在北宋中后期的政争中暂时失利，但在长远而言的意识形态领域，却占据了无可争议的上风。南宋以降，王安石的理论被唾弃，司马光的看法得到了绝大多数统治者的认同，受反变法派舆论的影响，王安石和司马光各自成为“误国小人”与“救世君子”的代名词。对王安石的詈骂与对司马光的赞颂背后，凝聚的是对变革与守成的价值评判和道德固化，变革与变乱、祸国、小人画上了等号，守成则是极大的政治美德，代表着稳定、持重、得体。这种价值判断对中国此后的历史进程产生了深远影响，颜元说：“一人是非何足辨，所恨诬此一人，而遂普忘君父之仇也；而天下后世，遂群以苟安颓靡为君子，而建功立业、欲揩柱乾坤者为小人也；岂独荆公之不幸，宋之不幸也哉！”[1]其实又岂止是宋之不幸而已，明清两朝，也无不潜移默化地受此影响。直至清末，面对着西方列强的坚船利炮，体验到西方政治体制、意识形态的极大冲击后，知识分子们才真切地感受到因循守成给国家带来的伤害。严复于1895年在《原强》一文中反思：“王介甫之变法，如青苗，如保马，如雇役，皆非其法之不良、其意之不美也，……而昧者见其敝而訾其法，故其心不服，因而党论纷骰，至于亡国而后已。而后世遂鳃鳃然，举以变法为戒，其亦不达于理矣。”变革图强被引以为戒，保守因循被视为正途，终于导致中国近代以后远远落后于世界，这既是围绕王安石变法的争论给后世带来的深远影响，也是人们应该引以为鉴的历史教训。

1［清］颜元：《颜习斋先生年谱》卷下，《颜元集》。

第五章

除旧布新：北宋中后期政争的得与失

北宋中后期的历史，神宗、哲宗、徽宗、钦宗可以合并视为一个阶段，而串联起这个阶段的主线，无疑就是纷纷攘攘的朋党之争。王安石变法导致统治集团分裂为变法派（新党）与反变法派（旧党）两个阵营，随着两派之间争论愈演愈烈，围绕新法展开的政见之争逐渐演变为党同伐异的党派之争，此后的哲宗、徽宗两朝政治也充斥着异常激烈的党争。

北宋中后期的历史，神宗、哲宗、徽宗、钦宗可以合并视为一个阶段，而串联起这个阶段的主线，无疑就是纷纷攘攘的朋党之争。王安石变法导致统治集团分裂为变法派（新党）与反变法派（旧党）两个阵营，随着两派之间争论愈演愈烈，围绕新法展开的政见之争逐渐演变为党同伐异的党派之争，此后的哲宗、徽宗两朝政治也充斥着异常激烈的党争。从这个角度来说，王安石变法加剧了北宋中后期的历史进程，朋党之争成为这一时期政治的主旋律。

“异论相搅”的祖训与朋党之争的兴起

从某种意义上说，宋神宗应当为朋党之争的愈益炽烈承担很大的责任。宋人形容神宗与王安石之间的关系说：“盖自三代而后，君相相知，义兼师友，言听计从，了无形迹，未有若兹之盛也。”[1]然而，神宗虽大力支持王安石的改革，但也没有忘记“异论相搅”的祖训，也就是放任不同立场的官员相互辩难，使朝野内外的各方力量相互牵制，以达到权力平衡的目的。这一点从王安石开始执政时的人事安排就有所反映，为保证新法的推行，神宗不得不罢免了一些反对变法的旧党臣僚，但同时也利用旧党对变法派进行掣肘。除了前面所提到的，王安石在熙宁二年（1069）的执政班子中相对孤立，富弼之婿冯京的政治倾向明显保守，他在王安石担任参知政事一年多后，便被委任为枢密副使。坚决反对变法的文彦博在神宗继位时就担任枢密使，直至熙宁六年（1073）四月才被罢政，此时新法已推行了四年。

对反对变法最坚决的司马光，神宗更是眷顾有加。王安石就任参知政事时，神宗打算任用司马光为枢密副使，尽管王安石认为这是“为异论之人立赤帜”，神宗仍坚持己见。南宋初年，侍读朱胜非对宋高宗说：

1［宋］陆佃：《神宗皇帝实录叙论》，《全宋文》（第一百〇一册）卷二二〇七《陆佃六》。

> 陛下亦知光之所以得名者乎？盖神宗皇帝有以成就之也。熙宁间，王安石创行新法，光每事以为非是，神宗独优容，乃更迁擢。其居西洛也，岁时劳问不绝。书成，除资政殿学士，于是四方称美，遂以司马相公呼之。至元祐中，但举行当时之言耳。若方其争论新法之际，便行窜黜，谓之立异好胜，谓之沽誉买直，谓之非上所建立，谓之不能体国，谓之不遵禀处分，言章交攻，命令切责，亦不能成其美矣。[1]

正是宋神宗对反变法派官员的优容，使得他们肆无忌惮地攻击新法。

自熙宁初年，新法开始施行，朝堂上反对的呼声就不曾断绝。反变法派的大多数官员治国乏术，目光短浅又不思进取，对于内忧外患的时局缺乏实事求是的认识。在他们看来，“祖宗家法”已经尽善尽美，只要谨守就可以媲美于三代，所谓变法完全是庸人自扰。他们从一开始就不是平心静气地对新法展开心平气和的讨论，而是武断地一概加以反对，毫无协商余地，并且对以王安石为首的变法派进行人身攻击。御史中丞吕诲上《论王安石奸诈十事状》，斥责王安石“大奸似忠，大诈似信”“外示朴野，中藏巧诈，骄蹇慢上，阴贼害物”“误天下苍生，必斯人也”。[2]将政治层面的分歧上升为道德层面的谩骂，以“爱国忧君”自我正义化，这是反变法派的一大特点。

反变法派的攻击常常是盲目而非理性的，他们拿不出任何方案来解决宋代业已存在的严重社会问题，甚至对新法的初衷和具体内容都没弄明白，只是一味地攻讦不已。宋神宗曾气愤地说：“朝廷每更一事，举朝士大夫汹汹，皆以为不可，又不能指名其不便者，果何事也？”[3]对于反变法派的务虚，

1［宋］李心传：《建炎以来系年要录》卷一四，建炎二年三月甲午。

2 参见［宋］吕诲：《论王安石奸诈十事状》，《全宋文》（第四十八册）卷一〇三九《吕诲六》。

3 汪圣铎点校：《宋史全文》卷一一《宋神宗一》。

南宋一些士大夫有清楚的认识。叶适评价苏轼说："轼谓'有始有卒，自可徐徐。十年之后，何事不立'。终不言十年后当立何事。若神宗罢安石而听轼，非安于不为而止者，亦未知轼以何道致其君，此不可不素讲也。"[1]在叶适看来，苏轼认为朝廷的事务可以慢慢处理，经过多年以后，政事就会确立起来。然而，苏轼最终未能明确说明十年之后"当立何事"。因此，如果宋神宗听从苏轼的意见而罢黜王安石，在政治上是甘于无所作为的君主。这种看法应该是颇具见地的，也是较为客观公允的。

随着新法的开展，朝中越来越多的官员反对新法，即使是王安石曾经的挚友，也有很多人对新政不满，其中即有身为御史中丞的吕公著。吕公著给宋神宗上了一道反对青苗法的奏疏，直截了当地批评青苗法：自古有作为的君王，没有一个能失却了天下人心，还可以励精图治；也没有一个能够通过威胁或者强迫的手段来赢得天下人心。昔日所谓的贤人，如今都认为青苗法于国家、于宗庙社稷有百害而无一利，难道这些君子转眼之间竟都成了不肖之臣？可见，吕公著的态度非常明确，他认为推行青苗法一定会失去天下人心，故而请求神宗三思而后行，考虑朝中其他元老重臣的意见。结果，不久后吕公著被罢去了御史中丞之职，黜知颍州（今安徽省阜阳市）。

王安石素来鄙薄那些因循苟且、不思进取的平庸之辈，他讽刺富弼只能迎合流俗以博取声名，"其智略无以过人"[2]。熙宁四年（1071）六月，御史中丞杨绘列举出一批离开中央政府的反变法派人物，以说明变法不得人心。王安石针锋相对地反驳道："诚如此。然要须基能承础，础能承梁，梁能承栋，乃成室。以粪壤为基，烂石为础，朽木为柱与梁，则室坏矣！"[3]

1［宋］叶适：《习学记言序目》卷四九《皇朝文鉴三·奏疏》。

2［宋］徐自明：《宋宰辅编年录校补》卷七《神宗皇帝上·熙宁二年》。

3［宋］李焘：《续资治通鉴长编》卷二二四，神宗熙宁四年六月甲子。

对那些以栋梁自居的庸碌之辈给予辛辣的讽刺。尽管言辞上非常苛刻，但宋神宗在位期间，变法派对政敌的打击在多数情况下都仅限于将对方从朝廷的要害位置排斥出去。王安石借用祠禄制度，让那些不支持变法的人去主持、提举宫观，等于是给他们一份优厚的俸禄，让他们赋闲休养。王安石对神宗解释说，这样国家财政固然会多一份支出，但好处是可以把州郡长官的职位空出来给那些支持变法的官员。清代史学家赵翼说，宋代的祠禄之官名义上是"佚老优贤"，实际上"于优厚之中寓限制之意"，是一种比较宽容的政策。[1]

为了打破朝廷的保守风气，推进新法，王安石在排挤众多政敌的同时，着力提拔赞成新法的年轻官员。在罢免了吕公著之后，宋神宗任命李定为监察御史里行。李定是扬州人，少年时曾受学于王安石。熙宁元年（1068），李定任秀州（今浙江省嘉兴市）军事判官，受孙觉的推荐来到京城，首先拜见了监察官员李常。李常问他，既是从南方而来的，当地民众如何看待青苗法。李定答道，当地民众都认为青苗法很好，人人无不拍手称快。李常便告诫他，现在朝野上下都在争论这一法令的是非，千万不要再把这些话口无遮拦地说出来。不久，李定又前往拜见王安石，留下了一句深得王安石欢心的话："我只知道据实而言，并不知道在京城不能谈论新法的好处这件事。"可见，李定是新法的积极拥护者，但同时也掺杂了一些政治投机的私心杂念。于是王安石立刻将李定推荐给宋神宗，让他给宋神宗谈谈青苗法的好处。

最初，宋神宗和王安石准备任命李定为知谏院，但是按照宋朝繁杂而又等级森严的官制，李定暂时没有这个资格。宋朝的文官可分为选人、京官、朝官三大类。科举考试及第的士子最先得到的是选人身份，其最关心的事

1 参见［清］赵翼著，王树民校证：《廿二史札记校证》卷二五《宋祠禄之制》。

情就是此后能否升入京官和朝官，只有做上京官才能被人看作真正的文官官僚，才能在士大夫社会里昂首阔步，才能真正有资格担任更重要的官职。当时李定仍是选人的身份，还没有通过相应的“改官”程序，由选人升入京官行列。于是，这一任命当即遭到宰相曾公亮、陈升之的否决，称此前并无选人直接擢升为谏官的先例，更何况是谏院的负责人。在这种情况下，王安石遂利用自己的权力，直接提升了李定的官阶，使其成为朝官，并改命他为监察御史里行，“里行”是较低官阶的官员担任御史时的称呼。

然而，即便如此，知制诰宋敏求、苏颂、李大临仍然认为李定由选人直接升为朝官，没有经过有关部门必要的考核程序，且是委以监察官员的重要职务，显然不符合宋朝官员管理制度的规定和惯例。虽然朝廷急于用人，事出有因，但这样做严重破坏了“祖宗法度”，其弊远远大于利。因而，他们拒不起草任命李定的诏书。有鉴于此，王安石不顾曾公亮的反对，撤销了宋敏求等三人的职务，时人称之为“熙宁三舍人”。其实，宋敏求等人这样做是在正常地行使职权，应该说是完全正当的，并无过错可言。王安石为一名低级官员的任命而不惜与宰相曾公亮发生冲突，目的就是要控制台谏，为正在进行的变法减少阻力。

不久，李定便被监察御史陈荐等人参劾，称其是一个不服母丧的名教罪人，宰相曾公亮以前就极力反对任用李定，这时也进言表示支持陈荐。在这种情况下，王安石被迫将李定调离了台谏重地。但在参劾李定的过程中，监察御史林旦、薛昌朝、范育以及第一个上言攻击李定的陈荐等人也都被罢免，这也成为台谏进行改组的信号。不久，王安石的好友谢景温被任命为负责御史台日常工作的侍御史知杂事，他不但是王安石之弟王安礼的姻亲，同时也是新法的坚定拥护者。

由此数月之间，台谏机构中的旧人为之一空，在台谏这种重要的职位全部任用新晋官员，在北宋历史上还是比较少见的。因为自仁宗朝以来，台谏官员不能全部都是执政宰执安排的人，这是台谏制度发挥作用的最基本要求，而王安石彻底打破了这一规则。况且，在等级森严的官场上，官员的晋升、委任多是熬年头、凭资历，而宋神宗、王安石所提拔的官员大多非常年轻，资历很浅，这大大突破了传统的用人规则，自然会遭到许多人的反对。

王安石迅速提拔年轻官员的做法，本身也出现了很多问题。宋人朱彧有一则有趣的记载：这些新晋的年轻官员不熟悉朝廷礼仪，曾遭到神宗身边的优伶取笑。伶人故意骑着一头驴直奔皇宫而来，被卫士拦住后，伶人便说，现在不是凡有脚的都上得了（朝堂）吗？言外之意是，只要官员能够积极支持新法，得到神宗及王安石的青睐和认可，不论其官位尊卑、才能高下，都会被委以重任。其实，这则故事很可能只是民间的传言或是笔记作者的一面之词。但从此至少可以看出，新提拔的官员人数不少，且其中不乏滥竽充数之人。

宋神宗和王安石怎么也没想到自己改善管理的变法，竟然从根本上并无大的收获，不仅整个官僚集团仍然按照原来潜在的官场游戏规则运作，而且导致了国家管理的混乱和无序。变法派和反变法派两股政治势力之间的政见之争，逐渐演变为党同伐异的党派之争，而变法派内部的分裂和争斗则使政局变得雪上加霜，甚至有极端的评价称变法败坏了宋代士人的良好风气。事实上，前文所提到的吕惠卿并不算是变法官员中最令人不齿的类型。尽管在一定条件下，其容易为功名利禄、权势地位所左右，但他毕竟对宋神宗和王安石主持的改革事业有着较高的热情，也具备从事实际工作的才干，只是缺乏一定的道德修养和秉性操守。变法官员内部如邓绾等人，其道德观念、官场节操则最为卑琐不堪。他们虽有一定的学养和才干，但善于趋炎附势、见风使舵，面对纷繁复杂的时局，他们主要考虑个人的利害得失，完全没有政治家应有的操守。

熙宁三年（1070），邓绾任宁州（今甘肃省宁县）通判，他上书神宗，竭尽所能地称颂新法，因而引起了王安石的注意。不久，王安石便将邓绾推荐给宋神宗，并提拔他任宁州知州。邓绾得知任命后很不满意，嫌升迁太慢，竟自言自语道："急着召我进京，就这样打发我回去了？"王安石得知后，便遣人询问邓绾想担任什么样的官职。邓绾回答，至少应该是馆职一类的吧。来人便问："做谏官怎么样？"邓绾毫无推托之意，竟大言不惭地回答："凭我的才学，完全能够胜任。"时隔不久，邓绾果然被授予了集贤院校理的馆职，后来又被委以同知谏院的重任。

邓绾在京城开封的双流同乡听闻此事，都非常看不起他，认为实在有失读书人的品行和操守，对他嗤之以鼻，一起聚会饮酒时，常将邓绾作为耻笑、戏谑的对象。对此，邓绾完全不在意，还针锋相对地留下了一句遭千古唾笑的处世格言："笑骂从汝，好官须我为之。"[1]意思是说，只要我能升官发财，随便世人怎么评价，与我全无干系。邓绾在日后政治生涯中的所作所为也成为他这句名言的最好注脚。让这样的官员去执行新法只能是适得其反，宋神宗和王安石的"良法美意"不得不大打折扣，甚至造成了极为不良的政治影响。

变法后期，变法派与反变法派之间的斗争以及变法派自身的问题，直接影响了王安石与宋神宗之间的君臣关系，使得宋神宗在心理上留下了难以磨灭的沉重阴影，从而逐渐转变了对变法派及反变法派的看法，并将对变法派集团的充分信赖转变为了单纯的利用。熙宁八年（1075），王安石复相，但神宗已经不大听从他的意见，还擢用了部分反对派官员。王安石无奈地说："天下事如煮羹，下一把火，又随下一杓水，即羹何由有熟时也。"[2]熙宁九年（1076）十月，邓润甫上奏请起用旧人，宋神宗将其擢升为右谏

1［元］脱脱等：《宋史》卷三二九《邓绾传》。

2［宋］李焘：《续资治通鉴长编》卷二六二，神宗熙宁八年四月己丑。

议大夫、权御史中丞，委以重任。而在此前，李师中只是奏请神宗将司马光召回中央，便遭到了非常严厉的惩处，被责授检校水部员外郎和州团练副使。两相比较，可窥见神宗心态变化之一斑。

元丰七年（1084），即宋神宗去世前半年，神宗指定了太子老师的人选，分别为司马光和吕公著，这两人都是全力反对王安石新法，并一直被王安石压制的反对派。此时，王安石已投闲置散、隐居江宁达八年之久。

神宗极力维护绝对皇权，始终恪守“异论相搅”的“祖宗家法”，再加上王安石理想化的政治品格，使得本来就纷乱复杂的变法运动更加光怪陆离。但有一点是肯定的，君臣二人都一直想改变的官僚风气似乎没有多少变化，行政效率和管理水平似乎也没有多大改观。而与此同时，宋朝士大夫阶层在新法的推行和争论过程中出现了巨大的分裂，从单纯的政治见解不同逐渐演变为亲同仇异的党派之争，几乎所有朝中大臣都不可避免地被卷进了党争的旋涡，而这种性质复杂的党争在其后的哲宗朝愈演愈烈。

元祐更化："以母改子"之政

元丰八年（1085）三月，三十八岁的宋神宗走到了生命的尽头，根据遗诏，十岁的皇子赵煦（原名赵佣）即位，这就是宋哲宗。由于皇帝年幼，宋英宗的皇后高氏在宫中辈分、地位最高，被尊为太皇太后。高太后名义上是权且处理军国大事，实际上却掌握着最高权力。

宋神宗的去世和统治集团的重大变动，将宋朝推向另一个历史转折的关口。神宗所确立的"国是"还能否进行下去，国家接下来将向哪个方向前行，都需要新的领导集体加以确认。在当时的情况下，新党和旧党存在彼此合作的可能性。主持朝政的新党领袖蔡确和章惇愿意与各方政治势力相互协调，促使新法更加完善；原本坚决反对新法的一些官员也意识到新法确有便民益国之处。苏轼就在写给滕甫的一封信中反思："盖谓吾侪新法之初，辄守偏见，至有异同之论。虽此心耿耿，归于忧国，而所言差谬，少有中理者。今圣德日新，众化大成，回视向之所执，益觉疏矣。若变志易守，以求进取，固所不敢；若哓哓不已，则忧患愈深。"[1]可惜的是，在此关键时期，代行皇权的高太后对变法人士素怀不满，她所委任的又是治国乏术、

1［宋］苏轼：《与滕达道》，《全宋文》（第八十七册）卷一八九六《苏轼四八》。

刚愎自用却又深孚众望的司马光，由此，北宋政治发生了悲剧性的变化。

“积年之志，一朝获伸”：以恢复“祖宗旧制”为国是

高太后出身尊贵，其曾祖父是宋初名将高琼，母亲为北宋开国元勋曹彬的孙女，姨母是宋仁宗的曹皇后。幼年时，高太后与宋英宗都住在宫中，曹皇后将她视为亲生女儿。后来，宋仁宗和曹皇后亲自为两人主持婚礼，当时有“天子娶媳，皇后嫁女”的佳话，这种世家与皇室之间的联姻无疑有助于巩固高氏在宫中的地位。高太后历经了仁宗、英宗、神宗三朝，政治经验非常丰富。哲宗能够顺利继承大统，很大程度上离不开她的定策之功。

神宗病重，他年龄最大的儿子延安郡王赵佣才十岁，而他的两个同母弟弟却年富力强，雍王赵颢三十六岁，曹王赵頵三十岁，论声望、地位和出身，两人中的任何一个都有资格做皇帝，而宋朝初年也有赵光义继承其兄赵匡胤皇位这种兄终弟及的先例。所以赵颢和赵頵也极为关注选立皇储一事，时常去皇宫探视神宗病情。看过神宗后，赵颢还径直去高太后处，试图探听或是谈论些什么。宋神宗似乎也察觉到了弟弟们的意图，但并未做更进一步的安排。到了神宗弥留之际，赵颢甚至还请求留在神宗身边侍候。高太后见两位亲王居心叵测，为防万一，便命人关闭宫门，禁止二王出入宋神宗寝宫。其实这是要他们断了念头，不要心存非分之想。同时高太后加快了立赵佣为储的步伐，还暗中吩咐人秘密赶制了一件十岁孩童穿的黄袍，以备不时之需。

元丰八年（1085）三月，在大臣们前来觐见时，高太后当着众人的面夸赞皇子赵佣性格稳重，聪明伶俐。自神宗病后便一直抄写佛经，为神宗祈福，颇为孝顺，还将赵佣所抄佛经传给大臣们看。大臣们齐声称贺，高太后立即命人抱出赵佣，宣读神宗诏书，立赵佣为皇太子，改名赵煦，皇储之争总算平静下来。数日后，宋神宗去世，皇太子赵煦继位。可见，高

太后在哲宗继位前就基本上掌握了实际权力，正是由于她的坚定支持，才避免了一场可能出现的皇位争夺，实现了北宋王朝最高权力的平稳过渡。然而，其在哲宗继位问题上的所作所为并不能说明高太后是一位很有远见的政治家。高太后被后人誉为“女中尧舜”，但实际上，在很多方面，她往往表现得极为盲目和固执。宋神宗在位时期，高太后就是变法的主要反对者之一，她曾与曹皇后一起在神宗面前哭诉王安石新法败坏“祖宗家法”，害苦了天下百姓。

宋哲宗继位后的第一个年号是“元祐”，共计九年（1086—1094），这一时期的政治有两大相辅相成的主题：一是废除新法，二是打击新党。高氏垂帘后的首要举措就是召回司马光，委以重任。随后，大批反变法派相继还朝，拉开了元祐之政的序幕。司马光自宋神宗熙宁四年（1071）就退居洛阳修撰《资治通鉴》，他对新法的实际执行情况并不了解，但废除新法的念头却一直顽固地萦绕在他脑海之中，当机会真的降临时，他自言“积年之志，一朝获伸，感激悲涕，不知所从”[1]。因此元祐之政中，掺杂着以司马光为首的旧党臣僚因熙丰年间郁郁不得志而报复新党的个人情感。

对于旧党集团废除新法的做法，有人提出质疑，孔子说“三年无改于父之道，可谓孝矣”，这是儒家传统的齐家治国平天下的重要理念之一。宋神宗刚刚去世，就要废除他的法令，是否有不孝的嫌疑？司马光则首倡“以母改子”的说法，太皇太后听政，是“母改子之政，非子改父之道也”[2]，为废除新法消除了舆论上的障碍。废除新法的过程，充分展现出司马光的狭隘与偏激。在他主持下的中央政府行事草率而武断。以募役法为例，司马光主张由朝廷直接下令予以废除，甚至要求各地在敕书到达的五日之内恢复差役法。募役法在各地实施已有十余年，百姓多已熟习，即便是没有任

1［宋］李焘：《续资治通鉴长编》卷三五五，神宗元丰八年四月庚寅。

2 同上。

何政治经验的人也不难明白，这种不顾后果的做法是不可行的。在旧党内部，范纯仁和苏轼都建议不应操之过急，但司马光固执己见，苏轼气愤地称他为“司马牛”。

在高太后支持、司马光主导之下，短短一年左右时间，宋神宗苦心经营十七年的新法就废之殆尽，历史上称为“元祐更化”。元祐之政得到传统史家的高度评价，明人张溥甚至说“宋代称治，莫盛于元祐”[1]。可事实上，旧党废除了新法，恢复了心心念念的“祖宗旧制”，同时也给社会造成了极大的混乱。差役法复行以后，“行之十年，州县绎骚，民受其患”[2]，“天下皆思雇役而厌差役”[3]。青苗法被废，“民间每遇丰稔，不免为豪宗大姓乘时射利，贱价收蓄。一有水旱，则物价腾踊，流亡饿殍不可胜计。……比岁以来，物力凋敝，甚于熙宁、元丰之间，至人心复思青苗之法行而不可得”[4]。元祐年间，旧党专注于“与王安石已死之灰争是非，寥寥焉无一实政之见于设施”[5]，冗官、冗费等社会问题不断加重，对外关系更加被动，宋王朝更深地陷入内外危机之中。

“贻后日缙绅之祸”：旧党所谓“进贤退奸”

在废除新法的同时，旧党对新党展开了无情的打击，宰相蔡确和章惇首当其冲。元祐时期的旧党完全继承了熙丰时期的故技，以君子之称自相标榜，理所当然地对新党进行人身攻击。左司谏苏辙称，“左仆射蔡确憸佞刻深，以狱吏进。右仆射韩缜识暗性暴，才疏行污。枢密使章惇虽有应务之才，而其为人，难以独任”，其余如张璪、李清臣、安焘“皆斗筲之人，

1［明］张溥：《宋史论》卷三《宣仁之诬》。
2［宋］陈次升：《上哲宗议役法》，《全宋文》（第一百〇二册）卷二二四〇《陈次升一》。
3［宋］李焘：《续资治通鉴长编》卷四四三，哲宗元祐五年六月乙卯。
4［宋］李焘：《续资治通鉴长编》卷四六二，哲宗元祐六年七月辛巳。
5［清］王夫之：《宋论》卷七《哲宗四》。

持禄固位”。[1] 左正言朱光庭将司马光、范纯仁、韩维誉为“三贤”，将蔡确、章惇、韩缜斥为“三奸”，声称“治乱安危之所系，惟在陛下退三奸、进三贤一举错之间尔”。[2] 可知两派之间尤其是掌权的反变法派官员几乎失去了谦谦君子之风，俨然如愤怒的泼妇一般，肆无忌惮地用极其恶毒的语言谩骂其政敌，即神宗时期的变法官员，成为了一群毫无风度甚至从政底线的无良政客。

元朝官修的《宋史》将蔡确列入《奸臣传》，其大致记载为：神宗变法时，王安石见蔡确颇有些才能，便推荐他担任考核武官的职位。而蔡确长于见风使舵和阴谋诡计，当他见到神宗有厌恶王安石之意时，竟不顾知遇之恩，上书参劾王安石。后来，蔡确为了谋取高官，甚至制造多起冤狱。他自知制诰擢升御史中丞、参知政事，均是靠夺取别人官位的手段而获得的。很多大臣都看不起他，而蔡确却自以为本事了得。神宗病重之时，蔡确伙同邢恕有策立雍王和曹王之意，他们曾想通过高太后的侄子高公绘和高公纪达到目的。于是，邢恕以赏花为名，将二人邀请到自己府中，对他们说，神宗的病情已无回天之力，延安郡王年幼，雍王和曹王都很贤明，有可能成为皇位继承人。高公绘大惊失色，明确表示，邢恕这是想陷害他们全家，急忙与高公纪一起离开邢府。蔡确和邢恕见阴谋难以得逞，便决定拥立赵佣，以夺策立之功，并趁机除掉与蔡确有矛盾的王珪。蔡确在与王珪同去探望神宗时，询问王珪对立储之事有何看法，暗中则派开封知府蔡京率杀手埋伏在外，只要王珪稍有异议，就立即将他杀死。王珪胆小怕事，是出了名的“三旨宰相”，因为他上殿奏事时称“取圣旨”，皇帝裁决后，他称“领圣旨”，传达旨意是“已得圣旨”。见蔡确相问，王珪便慢吞吞地回答：皇上有子。言下之意，便是主张立赵佣为皇储。蔡确无计可施，

1　参见［宋］李焘：《续资治通鉴长编》卷三六七，哲宗元祐元年二月丙戌。

2　参见［宋］李焘：《续资治通鉴长编》卷三六八，哲宗元祐元年闰二月己丑。

便只好四处张扬说，自己有策立哲宗的大功，反诬高太后和王珪有废立赵佣之意。

其实，《宋史》是在宋朝国史、实录等资料的基础上修成的，而有关这一时期的国史、实录几经修改后，最终由反变法派官员的子孙增补删削而成，变法派重要人物的文集、笔记大多荡然无存。在现代研究者看来，某些记载是大成问题的，有些甚至是无中生有的杜撰，明显存在严重诬蔑和中伤变法派的成分。同时，这一记载与当时台谏中反变法派官员对蔡确各式各样的攻击有着惊人的相似之处。左司谏苏辙称蔡确阴险狡诈，通过大兴冤狱最终谋取了宰相职位。而侍御史刘挚则在没有确凿证据的情况下，攻击蔡确在神宗灵车出发前，没有尽到臣子的职责和礼数，明显有不恭之心。由此可见，当时党争的激烈程度已经到了令人不齿的地步，以致深深影响了后世对某些变法派官员的评价。可以说，正是后来掌握权力的宋代士大夫将这个人品多少有些问题的变法派官员彻底钉在了历史的耻辱柱上。

在旧党无所不用其极的攻击下，元祐元年（1086），蔡确罢相，出知陈州（今河南省周口市淮阳区），知枢密院事章惇罢知汝州（今河南省汝州市），新党彻底丧失了在最高统治集团中的位置。随后，其他新党臣僚也纷纷被罢免，旧党完全支配了朝政。但政治迫害并没有就此结束，为了将新党斩草除根，旧党又罗织了“车盖亭诗案”。元祐二年（1087），蔡确再贬安州（今湖北省安陆市）。在安州游览车盖亭时，蔡确写下了《夏中登车盖亭》十首绝句，这些诗被与他有过节的吴处厚所得。吴处厚曾在蔡确手下为官，希望他推荐自己，但被蔡确拒绝，吴处厚由此怨恨不已。终于，吴处厚等来了报复的机会，他将蔡确的诗上呈朝廷，说其中五篇有讽刺朝政的嫌疑，有两篇更是涉及垂帘的高太后。最明显的便是“矫矫名臣郝甑山，忠言直节上元间”。郝甑山，安州人，是唐高宗朝的忠直之士。唐上元三年（676），唐高宗曾想让位给皇后武则天，郝甑山上奏反对。显然，蔡确是在游览名胜时，赞美郝甑山的高风亮节，完全是即兴之作，并无含沙射影之意。

但吴处厚曲解诗意，说此处是将高太后比作武则天。而反变法派官员梁焘、朱光庭和刘安世等人立即加以发挥，肆意攻击，并以“邢恕极论蔡确有策立（哲宗）功，社稷臣也”[1]的言论相弹劾，意思是说邢恕到处张扬，声称蔡确是哲宗得以继承皇位的最大功臣。高太后阅罢奏章，怒不可遏，立刻将蔡确贬到新州（今广东省新兴市）。新州是当时全国十三个“远恶”州军之一，自仁宗初年寇准、丁谓以后，蔡确成为七十年间被放逐岭南的第一人。吕大防和刘挚曾以蔡确母亲年老，岭南路远，主张改迁他处。高太后却格外决绝：“山可移，此州不可移。”[2]意思非常明显，就是一定要置蔡确于死地。

最初，高太后并不重视吴处厚捕风捉影的奏疏，只是在反变法派声称朝中盛传蔡确有策立哲宗之功的言论后，她的态度才发生了根本变化，立刻兴治大狱，极力维护自己的权威。可以想见，神宗去世后，宋朝统治集团内部似乎存在一场围绕皇权继承问题而展开的斗争，虽然最后宋哲宗继承了皇位，但同时也留下了严重的政治隐患。以变法派蔡确为代表的一方声称自己是哲宗继位的最有力支持者，高太后对此非常不满，她曾在“车盖亭诗案”后对近臣坦言，蔡确遭到重贬并不是因为写诗讥讽朝政，完全是由于此人对国家社稷不利。蔡确若是死于被贬之地，正是国家社稷之福。高太后欲置蔡确于死地，既是为了维护自己策立哲宗的头功，也是为了维护自己掌握最高权力的合法性。

旧党还张榜公布了王安石亲党三十人、蔡确亲党六十人，限制他们出仕任官。同时，再次重贬元祐元年（1086）便被司马光斥逐的章惇、韩缜、李清臣和张商英等人，彻底铲除在朝的变法派，如李德刍、吴安诗和蒲宗

1 丁传靖辑：《宋人轶事汇编》卷一一《邢恕》。

2［宋］李焘：《续资治通鉴长编》卷四二七，哲宗元祐四年五月丁亥。

孟等都被降官贬斥。可见，司马光的同僚及追随者充分利用高太后的支持，试图给予变法派以毁灭性的打击，以巩固自己的势力。“车盖亭诗案”是北宋开国以来朋党之争中以文字打击政敌面最广、力度也最大的一起文字狱。

元祐年间旧党对新党的残酷迫害，为北宋建国以来所仅见，对元祐之后的政治、经济、意识形态等多方面都产生了极为不利的影响。它将北宋党争推进到一个不论是非、挟私报复、顺我者存、逆我者亡的地步，导致朋党之争恶性循环，给北宋历史发展带来了灾难性后果。自此以后，一直到“靖康之难”，北宋政坛再也没有平静过，新、旧两党拼死厮杀，上演了一幕幕惊心动魄的政治倾轧，而其党同伐异的形式和手段，都可溯源至元祐时期。一心为旧党歌功颂德的邵伯温也不得不承认：“刘挚、梁焘、王岩叟、刘安世忠直有余，然疾恶已甚，不知国体。以贻后日缙绅之祸，不能无过也。”[1]

“不知官家知之否？”：哲宗与高太后矛盾的激化

元祐八年（1093）九月，高太后去世，哲宗皇帝亲政，宋王朝再一次面临一场巨大的政治震动。高太后在宋哲宗继位时，表面上一再表示她本性好静，垂帘听政是出于无奈，但实际上却丝毫不肯放松手中的权力。高太后垂帘时期，军国大事都由她与几位大臣处理。哲宗年少，对朝政几乎没有发言权。大臣们也以为哲宗年幼，凡事都取决于高太后。宋哲宗十七岁时，高太后原本应该还政，但她发觉政治上日渐成熟的哲宗非常推崇父亲神宗的变法事业，与自己的政治理念相去甚远，明显有恢复神宗时期新法的想法。反变法派大臣刘挚曾上疏，让高太后教导哲宗，如何分辨君子和小人。高太后说，我常与孙子说这些，但他似乎不以为然。高太后由此

1［元］脱脱等：《宋史》卷四三三《邵伯温传》。

愈加担心，迟迟不肯撤帘，仍然牢牢控制着朝廷的最高权力。此时，朝中的重要职位几乎全被反变法派官员所占据，他们依然有事先奏太后，有宣谕，必听太后之言，也不劝太后撤帘。高太后和反变法派大臣们的这种态度严重地伤害了哲宗，加深了哲宗心中的怨恨和愤怒，这也是后来哲宗亲政后，大力贬斥元祐旧臣的一个重要原因。

尽管高太后和大臣在垂帘听政时没有考虑哲宗的感受，但他们并不放松对哲宗的教育。高太后任命吕公著、范纯仁、苏轼和范祖禹等人担任哲宗的侍读大臣，想通过教育，使哲宗仰慕创下清平盛世的宋仁宗，而不是学习锐意改革的宋神宗，成为一个恪守祖宗法度、通晓经义的皇帝。

此外，高太后在生活上对宋哲宗的管教也很严格。为避免哲宗沉湎女色，哲宗继位后，高太后便派了二十个年长的宫嫔照顾他的起居，又常令哲宗晚上在自己榻前阁楼中就寝，相当于限制了哲宗自由活动的空间。但元祐四年（1089）十二月，民间却传出了宫中寻找乳母之事。反变法派大臣刘安世得知后大惊，此时哲宗才十四岁，后宫竟然寻找乳母，不由得担心哲宗沉溺于声色。于是，刘安世上奏章，告诫哲宗自重。另一反变法派大臣范祖禹更是分别上疏哲宗和高太后，言辞极为激烈：陛下年幼，能够在复杂的形势下继承皇位，并使得国家安定，四夷顺服，都是太皇太后高氏的功劳。陛下本应该严格要求自己，磨砺品德，自珍自爱，孝敬尊长，以报答高太后的大恩大德。但今年秋天，臣却听说陛下在后宫沉迷于声色之中，甚至已经有宫人怀孕，即将生育，并且外出寻找乳母。古人云“言之所起，必有其端”，希望陛下能够内承慈训，外勤圣学，切勿辜负太皇太后的期望和国家社稷的重任。显然，范祖禹的上奏意在教导哲宗，事事都须听从高太后，不要恣意胡为。

在这种情况下，高太后非常担心事态扩大，不利于国家稳定，便对外解释说，是神宗遗留下的几个小公主年幼，需要乳母照顾，但私下却将哲宗身边的宫女一一唤去审问。哲宗后来回忆说那些宫女们个个红肿着眼，脸色惨白。他心里很害怕，后来才知道是刘、范二人暗中告了状，而自己却浑然不知。从某种程度上说，高太后的这些做法是为了照顾和保护哲宗，但却令哲宗感到窒息，无形中增强了他的逆反心理。随着高太后的逐渐衰老以及哲宗的日益成长，哲宗非常不愿一直生活在高太后的权力阴影下。

元祐五年（1090）秋，高太后染病，反变法派大臣吕大防等人得到诏旨，赶赴皇宫探望。几位大臣赶到高太后病榻前时，一身黄袍的宋哲宗已经立在床前侍奉。吕大防连忙向高太后问安："太皇太后圣躬万福。"高太后怒气冲冲地说道："我这个老太太现在是个等死的人了，长年累月一直保护和照顾圣上是我义不容辞的职责，唯恐有悖列祖列宗维持天下太平的遗愿，此心天地可鉴，不知官家（宋时对皇帝的称呼）您知道否？更不知诸位大臣和天下子民知道否？"显然，高太后的这段答语是冲着宋哲宗说的，意在消解逐渐长大的宋哲宗对自己的不满甚至怨怼。但宋哲宗似乎并不领情，还没等吕大防回答，就脸色大变，厉声对吕大防等几位大臣说道："你们都先出去。"可见，至少在当时，宋哲宗和高太后之间已经累积了难以调和的矛盾，甚至有当面爆发冲突的可能。

“反元祐而实效之”：新党的报复性倾轧

元祐年间，旧党臣僚倚仗太皇太后高氏的庇护，沉迷于狂热的政治斗争，却忽略了至关重要的一点：高氏只是代行皇权而已，宋哲宗才是政治权力真正的原动力，他终有一天要亲政。当司马光打出“以母改子”的旗号时，就有人不无忧虑地提醒他，“他日有以父子义间上，则祸作矣”，司马光居然幼稚地回答，“天若祚宗社，必无此事”。[1]此后旧党臣僚甚至忘记了为人臣子的本分，言语间对宋神宗颇为不敬，“以先帝之法，一切为非，指斥点尘，无所不至……乃斥先帝以苛名，而自沽讦直之誉。陵土未干，肆为丑诋”[2]。这些言行显然违背了君臣之道，无论如何，以司马光为代表的臣子是不能丑化甚至谩骂前朝皇帝的，这在中国古代历代王朝都是严重的大逆不道之举。哲宗年纪虽小，却对父亲感情颇深。朱熹曾提到这样一个故事，宋哲宗经常使用一张旧桌子，已经有些坏掉了，高太后命人换一张新的，却被宋哲宗拒绝。当高太后问起缘由时，宋哲宗回答说，这是爹爹（宋神宗）用过的。高太后听了“大恸”。对于父亲留下的一张桌子，哲宗尚且如此眷恋，而旧党臣僚将神宗所立之法尽数废除，甚至对神宗“肆为丑诋”，

1 参见［元］脱脱等：《宋史》卷三三六《司马光传》。

2［宋］王得君：《臣僚上章不得妄有指斥奏》，《全宋文》（第一百〇九册）卷二三五六《王得君》。

哲宗的愤恨是可想而知的。

宋哲宗对旧党的不满还来自他日益成熟的帝王心态。王夫之说，旧党“拥女主以行其志，后一日不死，天子一日隅坐画诺，如秉笔之内竖，奉教而行”[1]。这真切地反映了宋哲宗在元祐年间的尴尬处境，当时大臣奏事，只向高太后面禀，而将后背朝向哲宗，哲宗问话也无人理会。哲宗多年后提起这些事情，还愤愤不平地说：“朕只见臀背。”这些行为无疑大大伤害了哲宗的自尊心，由此，哲宗逐渐滋生出反叛心理，上殿时往往一言不发。高太后问哲宗：“彼大臣奏事，乃胸中且谓何，奈无一语耶？”[2]宋哲宗只说：“娘娘已处分，俾臣道何语？”[3]这种沉默的背后，是对高太后和旧党诸臣日益增长的不满甚至是痛恨。

随着哲宗逐渐长大成人，高太后和旧党臣僚发现，哲宗的所思所想与他们所期望的大相径庭，更加不肯放手将权力交还给哲宗。他们刻意避而不谈哲宗亲政之事，这进一步加深了哲宗的愤懑情绪。后来哲宗亲政后，马上罢免了宰相吕大防，原因就是吕大防身为宰相，却未尝提议高太后撤帘归政。

从哲宗对他们的态度中，旧党集团已经感觉到山雨欲来的杀气，他们虽然希望维持既有的权力格局，但终究无法扭转急转直下的政治局面。元祐八年（1093）九月，高太后驾崩，旧党的政治支柱轰然倒塌。受宋神宗和王安石重用的邓润甫上书：“首陈武王能广文王之声，成王能嗣文、武之道，以开绍述。”[4]元祐九年（1094）四月，宋哲宗宣布改元“绍圣”，“绍”意为继述、继承，“圣”是指宋神宗，意思就是继承父亲神宗的事业。宋哲

1 ［清］王夫之：《宋论》卷七《哲宗三》。
2 丁传靖辑：《宋人轶事汇编》卷二《高后》。
3 同上。
4 ［元］脱脱等：《宋史》卷三四三《邓润甫传》。

宗亲政后，立即任命章惇为宰相，蔡卞、黄履和张商英等新党官员相继被召回朝廷，新党在沉沦八年后重新崛起。

新党官员经历了元祐时期反变法派的残酷迫害后，政治性格严重扭曲，他们复出时，与亲政的哲宗一样，有着强烈的报复心理，章惇就是其中的代表。熙宁初年，章惇深得王安石赏识，被委以要职。元祐元年（1086），高太后和司马光废除新法，章惇与他们的冲突便越来越激烈，甚至还与司马光在高太后帘前争论，言辞极为尖锐。刘挚、朱光庭和王岩叟等人趁机上奏弹劾，称其有不恭之心，高太后大怒，立刻将章惇贬出朝廷，出知汝州。整个元祐时期，即使章惇已经被贬为无足轻重的地方官，仍不断遭到反变法派各种各样的迫害和弹劾，以致被一贬再贬，其怨愤之情可想而知。绍圣元年（1094），章惇回到朝廷后，对旧党展开了大规模的报复性打击。旧党臣僚几乎无一幸免，吕大防、刘挚、苏轼、梁焘、刘安世和范祖禹等人都被贬到岭南。绍圣四年（1097），章惇等人频频上奏，哲宗又开始对元祐大臣进行了新一轮的打击。已故的司马光和吕公著等人均被追贬和削夺恩封，哲宗甚至还要开掘两人的坟墓，因大臣以"发人之墓，非盛德事"[1]相谏才作罢，但两人的后代都被牵连遭贬。当年蔡确被贬往新州时，范纯仁曾对吕大防说:"公若重开此路，吾辈将不免矣。"[2]几年以后，范纯仁的预言成为现实，在新党的主持下，几乎所有在世的旧党重要人物都被贬到了岭南。在当时，将人犯贬到岭南，实际上与处以极刑无异，"问翁大庾岭头住，曾见南迁几个回？"[3]苏轼的诗便是南贬结局的真实写照。

章惇对反变法派还采取了一个极严厉的措施，即编辑元祐臣僚章、疏，也就是把元丰八年（1085）四月以后所有攻击变法派和新法的章、疏都予

1［元］脱脱等:《宋史》卷三四三《许将传》。

2［宋］邵伯温:《邵氏闻见录》卷一三。

3［宋］苏轼:《苏东坡全集》卷二五。

以排比分类，再给奏上章、疏的人依次定罪，这一活动直到哲宗去世后仍在进行。不仅如此，绍圣时期，变法派还仿效反变法派在元祐年间罗织的“车盖亭诗案”，制造了一起“同文馆之狱”，对反变法派进行无情的打击，而力主其事的正是蔡确的次子蔡渭。

绍圣四年（1097）八月，蔡渭上奏宋哲宗称，其叔父蔡硕曾经在邢恕那里见到文及甫寄给邢恕的书信，其中有明确证据表明，反变法派官员刘挚、梁焘等人在元祐年间有阴谋废掉哲宗的企图。宋哲宗立刻下诏，命变法派官员翰林学士承旨蔡京与权吏部侍郎安惇，在同文馆审理此案。其实，刘挚等人早在绍圣初年（1094）就已被贬谪到岭南，此案经蔡京等人审理穷治，也并未找到刘挚等人谋反的确凿证据，但是宋廷仍然将刘挚等人的子孙一并禁锢于岭南边远之地，以示惩戒。到此，这一政治迫害才告一段落。此案因在同文馆审理，故而得名。“同文馆之狱”由个人书信引发，是一起颇为特殊的文字狱。它不仅表明两党之间争斗的手段增多，更意味着围绕最高权力的党争进一步激烈化。尤其是到了宋徽宗时期，蔡京专权，文字狱更加盛行，各种文字都可能成为打击政敌的借口和工具。为避免旧党后裔复起，新党对他们的子弟也进行禁锢，将大批旧党后代和亲属逐出官僚队伍。

事实上，宋哲宗如此重视此案，显然另有深意。蔡确一案牵扯到了宋神宗元丰末年的皇位继承问题，而蔡渭这一奏书不仅明确牵涉宋哲宗的皇位，同时也是旧事重提，有借以表彰其父蔡确策立哲宗之功的用意。更为重要的是，“同文馆之狱”为进一步清算和打击高太后及旧党的势力做了铺垫。不久，章惇、蔡卞等上奏称元祐时期，司马光、刘挚、吕大防等人曾经勾结高太后身边的宦官陈衍、张士良，怂恿高太后，阴谋废掉哲宗。哲宗立刻又命蔡京和安惇严加审理。蔡京将张士良抓入大牢，在其面前摆满了鼎、刀、锯等多种酷刑所用的刑具，并威胁劝说道，只要你张士良承认此事，即可官复原职；若不承认，就马上大刑伺候。显然，蔡京是想通过威逼利诱，使张士良就范，进而掌握反变法派和高太后密谋废帝的确凿证据。但是，张士良却誓死不从，当即仰天大哭道："太皇太后不可诬，天地神祇不可欺，乞就戮。"[1]意思是说，宁肯一死，也不能昧着良心诬陷太皇太后。蔡京见张士良态度非常坚定，也就无可奈何了。

于是，章惇、蔡卞便自作主张，起草了废高太后为庶人的诏书，奏请宋哲宗恩准。此时，宋神宗的皇后向太后已经就寝，她听闻此事，立即请宋哲宗前来，厉声道："我日日侍奉高太后，青天白日，这些事情我为何就一点也不知道？如果陛下定要如此行事，将来又欲如何对待我！"宋哲宗听罢，恍然大悟，当即将章惇、蔡卞的奏疏就着蜡烛烧掉。次日上朝，章惇、蔡卞又重新上奏，力主宋哲宗废掉高太后。宋哲宗将其奏章扔到地上，大怒道："百年之后，你们让我有何颜面去见英宗皇帝！"正是由于向太后的干预，这件废除高太后尊号的事才最终作罢。

由此可见，宋哲宗对司马光"以母改子"的言行非常不满，对元祐旧臣早年冷落他而怀恨在心。可以说，宋哲宗对反变法派的仇恨心理不亚于元祐时被残酷打击的变法派。绍圣元年（1094），逢郊祀大礼，朝廷要颁布大赦诏令。按照惯例，连死囚都会免去一死。于是，就有大臣请示宋哲宗，可否赦免贬谪在外的反变法派官员，宋哲宗当时回答得极为干脆，绝不可以。绍圣四年（1097），曾布向宋哲宗建议，让谪居岭南的刘挚等人迁到环境条件稍微好一些的地方，以显示哲宗的恩德。宋哲宗却说："刘挚等安可徙！"[2]连在岭南附近做些调动也不允许。尽管如此，宋哲宗虽然对高太后垂帘时压抑自己一直感到愤愤不平，但却并没有完全丧失理性，以致被变法派官员彻底牵着鼻子走。应该说，宋哲宗对旧党和高太后做了明

1［明］陈邦瞻编：《宋史纪事本末》卷四四《宣仁之诬》。

2［宋］李焘：《续资治通鉴长编》卷四九一，哲宗绍圣四年九月癸亥。

显的区别对待。否则，如果新党章惇等人的挑拨得以成功，其政治后果将不堪设想。即便如此，在经历了新、旧党人的相互反复清算后，宋王朝统治集团内部的政治形势已经是每况愈下，形成了一种恶性循环，变得很难挽回了。

结语

北宋统治者推崇“防微杜渐”的驭臣之术，主张起用不同政见的大臣，相互牵制，以防止大权旁落至某一人或某一派系手中。王安石变法期间，为了维护绝对皇权，宋神宗有意保存朝堂中的旧党势力，牵制新党。随着新法的全面推行，新、旧两党围绕变法展开的政见之争逐渐演变为党同伐异。高太后自始至终都对变法持否定态度。宋神宗去世后，高太后垂帘听政，陆续起用司马光、吕公著、范纯仁等旧党大臣，贬黜新党官员，开始逐步废除新法。神宗去世当年，宋廷先后下令，罢废保甲法、方田均税法、市易法和保马法。同时，宋廷要求停止使用王安石《三经新义》为科举考试的根据，重新编纂《神宗实录》。在旧党的措置下，神宗和王安石推行的新法大部分被废除，新党也纷纷被排挤出朝堂，新、旧两党的矛盾进一步加剧。

旧党的再度崛起源于高太后的青睐，或许正是出于这个原因，旧党臣僚对哲宗少了几分尊重，这在哲宗的心里烙上了深深的印迹。哲宗与新党在元祐年间的遭遇，使他们对旧党极为不满。司马光去世后，旧党也失去了凝聚力，结成了不同的利益集团，不少朝廷大臣按籍贯划分为不同的党派。如以程颐为首的洛党，其下大多都是程门弟子。以苏轼为首的蜀党，其下有苏辙、吕陶等。元祐年间，新、旧两党之间的政治斗争，旧党内部洛党、蜀党等不同派系的恩怨纠葛，强烈地冲击着北宋政治。

高太后去世后，新党对旧党的打击贯穿了宋哲宗亲政后的绍圣、元符七年间，而这些活动完全是对元祐间旧党做法的仿效。吕大防等人被贬后，曾布对宋哲宗说："蔡确五年不移，惠卿十年止得移居住处，吴居厚等十年不与知州军，此皆元祐中所起例，自可依此。"[1]元祐中旧党罗织"车盖亭诗案"，新党便也相应地制造了"同文馆之狱"；元祐中旧党将王安石、蔡确亲党"榜之朝堂"，绍圣初新党亦籍定旧党数十人。凡此种种，正如王夫之所云，"绍圣之所为，反元祐而实效之也"[2]。绍圣、元符间朋党之争的非理性发展，与元祐年间旧党集团的作为有直接关系。正是旧党在荒谬的"君子""小人"二元论基础上，不问青红皂白地对新党大加挞伐，才使北宋政治的发展步入歧途。此外，新、旧党之间的争斗甚至扩展到了军事领域。靖康之后，李纲说过这样一段话：用兵作战和士大夫的风气之间看似并无联系，其实二者互为表里。朝廷赏功罚罪，本应令人心服口服，但是，数十年来，士大夫之间相互攻讦，惑乱人主视听。元祐大臣一心为国操劳，如司马光等人皆是匡扶社稷的重臣君子，却被一概指为奸党，这使得是非颠倒、朝政混乱，最终导致了"靖康之难"的奇耻大辱，可见这并非偶然。姑且不论以司马光为代表的元祐旧党是否能被称作可以匡扶社稷的君子，但这番评论出自善于统兵作战的文臣李纲之口，多少能说明一些问题。可以说，连绵不断而又酷烈异常的党争，对宋朝军政造成了极其恶劣的负面影响，给北宋的历史发展带来了灾难性的后果。

在党争的影响下，北宋王朝军政腐败的现象空前严重。虽然腐败这一恶疾是历代封建王朝的通病，但从元祐时期开始，宋朝这一问题显得尤为

1［宋］徐自明：《宋宰辅编年录校补》卷一〇《哲宗皇帝下·绍圣元年》。

2［清］王夫之：《宋论》卷七《哲宗四》。

突出。据南宋史家李焘记载，元祐年间，前线上报的军功几乎都存在虚报的嫌疑，或是夸大其词，或是张冠李戴。前线的指挥官对此则大多习以为常，见怪不怪。而庆州（今甘肃省庆阳市）知州章楶一反常例，在战役结束后据实上奏，很多人便怀恨在心，运用党争中两派都使用过的伎俩，恣意对章楶进行诽谤和攻击，指责他不能体恤下情，对所辖部属少恩，更严重的是，还有拉帮结派的嫌疑。

其实，鉴于唐代中期以来出现的朋党倾轧，宋朝的最高统治者一直都非常重视防范群臣结党营私，奉行"异论相搅"的治国方略，并将其提升到了"祖宗家法"的高度。然而，这些措施所起的作用仅仅是维护了宋王朝君主专制的绝对权威，使得唐中期以来那种独立于皇权的党派倾轧销声匿迹，却没有从根本上消弭统治集团内部以新形式出现的朋党之争。从某种意义上讲，这一套"祖宗家法"反而成为滋生北宋党争的一个重要因素。可以说，从元祐时期开始，北宋的权力中心几乎没有平静过，全国规模的政治动荡层出不穷，党争成为北宋中后期政治的主旋律。每一次最高权力的更迭都会导致党争进一步加剧和酷烈，由此，宋朝丧失了变法图强的契机，在党争所带来的一次次大规模的内耗与不断清洗的过程中，不可避免地走向了衰落。

第六章

靖康之变：艺术天才和政权的危机

“靖康之难”的发生，根本上在于宋朝军事实力的孱弱。宋军连苟延残喘的辽军残部都不能战胜，反而遭受惨败，更遑论锐不可当的女真了。这种军事上的弱势不能完全归咎于徽宗，宋自建国以来的“祖宗家法”难辞其咎。“以文治武”，于是统兵大员必以文官担任，士人竞趋科举而军士为人所贱。

徽宗皇帝作为亡国之君，常被拿来和南唐后主李煜比较，两人都是无可争议的艺术天才。宋徽宗工于书、画，更在书法上独创“瘦金体”，但这些才能都与治理国家关系不大。如果事情仅此而已，北宋也未必会走上灭亡之路，问题在于宋徽宗用他艺术家的性格来处理政事。他好大喜功，却又厌倦繁杂的行政事务。他爱好艺术，竟用举国之力来满足自己的需求。宋神宗以来的党争愈演愈烈，不同于当初王安石与司马光这样的新、旧党领袖只是政见不同，党争已经演变为大臣争权夺利的工具。以蔡京为代表的权臣抛弃了原本的政治理念，不择手段打击政敌，结党营私，使得朝政滑向腐败的深渊。这样虚弱的帝国根本无法抵挡北方新兴的女真人的冲击，再加上自恃聪明的徽宗君臣一连串的决策失误，终于酿成了“靖康之变”的悲剧。

错位的天才

“轻佻”端王君临天下

元符三年（1100）正月，年仅二十五岁的宋哲宗驾崩。宋哲宗没留下子嗣，显然继承者只能从他的兄弟中选择。宋神宗共有十四子，当时在世的包括端王赵佶（宋神宗第十一子）在内有五人。宋哲宗去世的当天，宋神宗的正宫皇后向太后召集群臣商议后事。宰相章惇主张，按照礼法，应当立哲宗同母弟简王赵似；无嫡立长，则应当立申王赵佖为帝。向太后看中的则是赵佶。赵佶并非向太后所生，究竟是什么原因使向太后坚持立赵佶为帝，目前学术界尚无定论，这可能与赵佶杰出的书画才能和他在向太后心中留下的良好印象有关。赵佶在向太后眼中，是既聪明又孝顺的孩子，他每天都到向太后住处请安，因此向太后特别偏爱赵佶。在她看来，上述人选都是神宗的庶子，不能区别对待，更何况申王眼有疾病，不便为君。章惇反对说，“端王轻佻，不可以君天下”[1]，这是将攻击的矛头直接转向了赵佶的人品，而向太后却不以为然，仍然固执己见。双方为此僵持不下，互不相让。关键时刻，知枢密院曾布首先附和太后之议，尚书左丞蔡卞、

1［明］陈邦瞻编：《宋史纪事本末》卷四八《建中初政》。

中书门下侍郎许将也相继表示赞同。章惇势单力薄，只好不再争辩。十九岁的赵佶就这样被向太后、曾布、蔡卞等人推上了皇帝宝座，他就是徽宗皇帝。

章惇之所以对赵佶有轻佻的批评，恐怕与赵佶从小的爱好有关。赵佶生于宋神宗元丰五年（1082），自幼养尊处优，逐渐养成了轻佻浪荡的花花公子习性。据说在他降生之前，其父亲神宗皇帝曾到秘书省观看收藏的南唐后主李煜的画像，“见其人物俨雅，再三叹讶”，随后就生下了赵佶，“生时梦李主来谒，所以文采风流，过李主百倍”。[1]这种李煜托生的传说固然不足为信，但在赵佶身上的确有某些李煜的影子。宋徽宗自幼爱好笔墨、丹青、骑马、射箭、蹴鞠，对奇花异石、飞禽走兽有着浓厚的兴趣，尤其在书法、绘画方面，宋徽宗表现出了非凡的天赋。随着年龄的增长，赵佶变得越来越沉迷于声色犬马，游戏踢球更是他的拿手好戏。赵佶具有艺术家放荡的气质，以亲王之尊，经常微服游幸青楼歌馆，寻花问柳，凡是京城汴京有名的妓女，几乎都与他有染，有时他还将喜欢的妓女乔装打扮带入藩邸，长期据为己有。

宋徽宗继位之初，还是做了一番励精图治的样子，他屡次下求直言诏，广开言路，平反冤狱，贬窜奸佞，选贤任能，俨然一个中兴天子。假如他能够持之以恒，不受奸佞宵小左右，吸取历史上那些亡国之君的教训，北宋末年的政局将是另一种面貌。令人扼腕的是，这段清明政治并没有维持多久。

帝、后共政带来的“建中之政”

宋徽宗如愿继位，但面对的形势仍十分复杂，以赵似、朱太妃为首的

1 参见丁传靖辑:《宋人轶事汇编》卷一《徽宗》。

政治集团窥伺左右。赵似不甘心失败，“有不顺之语”[1]；朱太妃在宫中小动作不断，“禁中有放火者”[2]；章惇、梁从政一内一外把持大权，“惇为首相，从政握亲兵，内怀反侧，但无可为尔”[3]，“外则宰相，内则都知，皆在众人之上，又皆异意之人，朝夕亲近，岂得稳便”[4]。

徽宗是由亲王身份入继大统，从执政班底到施政方针都准备不足，他对自己孤立的处境心知肚明，再三恳请向太后垂帘听政，目的是借助向太后之力来安抚各方。曾布对徽宗的心理看得最透彻：“皇帝践祚，内外皆有异意之人，上识虑高远，以此坚请太后同听政。不然，谁冀与为助者？”[5]太后听政本是嗣君年幼情况下的权宜之计，徽宗即位时已年满十九岁，完全没有这种必要，所以向太后一再拒绝：“皇帝年长聪明，不须更如此。”[6]但徽宗再三坚请，向太后只得同意，并明确表示待哲宗下葬后就将撤帘还政。

向太后听政仅半年，当年七月便卷帘，但短暂的帝、后共政格局，仍然给徽宗初年的政治打下深刻的烙印。向太后对哲宗时期的朋党之争并无过激偏见，政治上选择了一条“中间路线”：“有甚熙宁、元丰、元祐、绍圣，但是者则用，不是者则不用，更不必分别此时彼时。”[7]不过她在感情上毕竟偏向旧党，对章惇、蔡卞多有指责。徽宗政治上倾向于新党，可是一方面他羽翼未丰，要遵从向太后旨意；另一方面与向太后有共同的政治诉求，即打击阻止他继位的章惇及其同党。章惇、蔡卞等人都是新党中人，强调“谨守神宗法度”，徽宗要疏远他们，自然不便主张他们的政治纲领。正是向太后的正面牵引，与章惇等人的反面推动，使徽宗也进入“中间路线”的轨道。

1 汪圣铎点校：《宋史全文》卷一四《宋徽宗》。
2 [宋] 曾布：《曾公遗录》卷九。
3 同上。
4 同上。
5 同上。
6 [宋] 李焘：《续资治通鉴长编》卷五二〇，哲宗元符三年正月己卯。
7 [宋] 曾布：《曾公遗录》卷九。

宋徽宗与向太后各有所偏，但都主张“调一两党”，达到了一定的平衡，促成了“建中之政”的实现。元符三年（1100）十一月，徽宗下诏“元祐、绍圣均有所失，欲以大公至正，消释朋党”[1]，宣布次年改元为“建中靖国”。这一年号寓意深长，“中”就是不偏不倚，寓含了调停两党、以平宿怨的愿望。在人事安排上，蔡卞、章惇解职后，韩忠彦、曾布分任首相、次相。韩忠彦身材伟岸，曾布身形短瘦，时人称为“龟鹤宰相”。二人并相是“建中之政”的象征：韩忠彦是旧党中人，但并不极端，与向太后关系密切；曾布虽是新党成员，可并不标准，与徽宗关系更亲近。韩、曾并相，既有利于保持新、旧两党的平衡，又是所谓“大公至正之道”的体现。

“建中之政”虽然主张“政无新旧，惟义理是守；人无彼此，惟贤材当用”[2]，但人们的议论仍以赞誉元祐、非毁熙丰为主，贬黜者多是新党中人，升迁者多是旧党官员，因此“建中之政”在一定程度上是偏向旧党的。

举重若轻：向太后被迫撤帘

向太后在历史上以不贪恋权力著称，她在垂帘时极谦挹，仅过半年便主动撤帘，但这并不意味着其垂帘徒有其名。她与徽宗围绕当时的政事，特别是蔡京的去留而进行的争论，成为引人注目的焦点，对此后的政治路线变化有重要影响。

蔡京，字元长，兴化军仙游（今福建省莆田市仙游县）人，二十四岁时考中进士，开始步入仕途，时为宋神宗熙宁三年（1070）。蔡京权力欲极强，早在青年时代就是个十足的官迷。蔡京并无固定的政治见解，其言行以向上爬为终极目的，是个典型的政治投机分子。

蔡京最初依附王安石得以升迁，其弟蔡卞更是王安石的女婿，是典型

1［明］陈邦瞻编：《宋史纪事本末》卷四八《建中初政》。

2 汪圣铎点校：《宋史全文》卷一四《宋徽宗》。

的新党。宋神宗死后，高太后掌权，反变法派得势，蔡京遂见风使舵，转而投靠司马光以求保住官位。当时司马光要求在五日之内废除免役法，恢复差役法，其他官员纷纷表示，短时间内难以如期完成，而担任开封知府的蔡京立刻转变态度，于五日内恢复了差役法。司马光对蔡京大加赞赏，蔡京因此躲过了旧党的迫害。

高太后去世后，宋哲宗亲政，行绍述之政，变法派再度得势，蔡京立即摇身再变。宰相章惇想改革差役法，但仍犹豫不决，刚出任权户部尚书的蔡京却即刻表示，如今是恢复先皇神宗的旧制，又不是另外实行新法，根本无须商讨。于是，蔡京又成为最积极恢复免役法的人。前后相隔不足十年，蔡京的主张竟如此截然相反。尽管蔡京早年以摇摆不定著称，却并没有很快实现出将入相的理想。

元符三年（1100）三月，韩忠彦和曾布谋求将蔡京贬出京城，却意外地遭到向太后拒绝。曾布亲自至帘前极力劝说，甚至以辞职相威胁，但向太后的态度却“毅然不可夺”[1]，丝毫不顾及曾布的颜面。向太后表面上的理由是要留蔡京修完《神宗实录》，但更重要的是，蔡京与向太后弟弟向宗回、向宗良及宦官张琳、裴彦臣交通往来，是向太后保持与外朝联系、控制朝政的重要棋子。向太后不但不放蔡京离京，甚至想要安排蔡京升任宰执，在韩忠彦的劝说下，才打消这一想法。

曾布对此显然并不满意，他指使殿中侍御史龚夬和左正言陈瓘等人连续弹劾蔡京。向太后对朝堂上的纷争不能无动于衷，她不待哲宗祔庙，七月便提前宣告撤帘。徽宗原本设想太后撤帘后便退居宫闱，可向太后名义上归政，实际却预政如故，徽宗向曾布诉苦说：“（向太后）外间差除自不与，惟禁中及内臣事必须关白，凡章疏亦须呈单子来取看，稍不如意，煎

1［宋］曾布:《曾公遗录》卷九。

迫极甚。”[1]在徽宗策划下，朝堂再次掀起攻击蔡京的浪潮，目标却指向退居幕后的向太后。

陈瓘首先弹劾蔡京与向氏兄弟和宫中宦官内外勾结，指责向太后通过他们干预朝政。向太后大怒，“哭泣不食”，意图逼迫徽宗拔擢蔡京为执政。徽宗则展现出高超的政治手腕，他表面上重责陈瓘，将他贬出京城，实际上却是通过此举刺激台谏官员，将他们的怒火引向太后。他在接见臣僚时，露骨地暗示蔡京不能外放和陈瓘被贬都是太后的主意，自己无能为力，御史中丞丰稷和殿中侍御史陈师锡遂分别向太后上奏，言辞激烈地要求太后戒饬向氏兄弟和身边亲信，贬逐蔡京。徽宗又直接授意曾布及其弟弟曾肇上书太后，要太后“退安房闼，不与外事”[2]。

在强大的舆论压力下，向太后不得不妥协，表示如果再有大臣上书反对，便不再插手政事。不久，陈瓘在离京前再次上奏，指责蔡京“但欲陛下授柄于外家而已，此蔡氏之利，非宗社之福也”[3]，继续向太后施压。徽宗对陈瓘的上书大加赞赏，“瓘言事极不可得，暂贬亦不久”[4]，派人送给陈瓘黄金百两。十月，蔡京被任命为端明殿学士、知永兴军，终于被贬出京城，同时也意味着向太后彻底失去了对朝政进行干预的能力。

这场围绕蔡京去留的争论，背后其实是徽宗与向太后之间的较量。徽宗借助外朝宰辅、台谏之力取得完胜，结束了帝、后共政的格局。“建中之政”的形成，本身就是帝、后两方面力量势均力敌的结果，随着向太后一方的失势，“建中之政”失去了平衡点，朝政很快向绍述神宗法度方向倾斜。徽宗此后既无反对者，又无制约者，得以独断专行。

---

1 [宋] 陈均编:《皇朝编年纲目备要》卷二五《哲宗皇帝・元符三年》。

2 同上。

3 [宋] 陈瓘:《论蔡京交结外戚奏》,《全宋文》(第一百二十九册) 卷二七八三《陈瓘二》。

4 [宋] 徐自明:《宋宰辅编年录校补》卷一一《徽宗皇帝上・崇宁元年》。

步入歧途的“绍述”政治

“朕岂不能主张神宗”：蔡京的复起

向太后死后，宋徽宗失去了约束，徽宗本人早有绍述神宗变法之意，他曾与曾布谈及，茶马法、免役法、常平法等新法措施都不应该更改，司马光“诋毁神宗，变乱法度”[1]，罪莫大焉。尚书右丞范纯礼当时就意识到：“上有所涵蓄，恐彻帘后，必更有所为。”[2]徽宗继位第二年，他改年号“建中靖国”为“崇宁”，显然是尊崇熙宁的意思。由此，新一轮党争又开始了。一系列权力斗争之后，蔡京脱颖而出，在徽宗皇帝身边第一大红人、宦官童贯的帮扶下，蔡京终于进入权力中枢，成为宋代有名的权相，影响了徽宗一朝的政局走向。

向太后去世不久，宋徽宗在杭州设立明金局，由宦官童贯主持，专门搜罗珍品玩物。蔡京是宋朝历史上的书法名家，据说他深得书圣王羲之的笔意，能写一手好字，自成一家。童贯的到来对正苦于官场失意的蔡京来说无异于天赐良机，不容错过。于是蔡京刻意交结童贯，与他昼夜相处，还通过童贯将自己所写的条屏、扇带等书画作品送给宋徽宗，以此表明对

1［宋］曾布：《曾公遗录》卷九。

2［清］黄以周等辑注：《续资治通鉴长编拾补》卷一六，哲宗元符三年六月辛亥。

皇帝的忠心，蔡京还帮助童贯出谋划策，把杭州民间收藏的几件珍品字画弄到了手。童贯回京复命时，除了向宋徽宗奉上蔡京的书画作品外，还称赞蔡京是国家栋梁之材。宋徽宗作端王时，就很喜欢蔡京的画，曾出高价买过一幅，此时见到大量蔡京佳作，他惊喜异常。蔡京与宋徽宗性情相近，宋徽宗便有意重用蔡京。此外，蔡京又通过赠送字画的方式结交宫人、内侍及皇帝近臣，由此他们也众口一词地称誉蔡京，蔡京很快东山再起，出任定州（今河北省定州市）知州，随即又升迁为大名府（今河北省大名县）知府。

蔡京是一个政治投机者，向太后垂帘时，他作为章惇、蔡卞集团的核心成员，处心积虑地投到向太后门下，倚恃向太后的庇护来抵挡政治浪潮的冲击。然而他虽身处向太后阵营，却并未放弃向徽宗示好，他通过交结徽宗身边的亲信内侍冯说等人，窥伺着徽宗的动静，徽宗绍述神宗变法的心意很快引起他的注意。元符三年（1100）五月，就在朝中对蔡京的弹劾日趋激烈时，蔡京却暗度陈仓，瞒过韩忠彦、曾布等人的耳目，数次借面对机会向徽宗陈说继述神宗变法之意，获得徽宗信任。徽宗对他说："朕尽解此，独母后之意未听，卿姑待焉。"[1]蔡京此举无异于一次政治赌博，但不得不承认，他的政治嗅觉是非常敏锐的，这次冒险得来的成功，为他复起打下了基础。此前，徽宗虽执意将他外放，但并非针对蔡京本人，而是为了迫使向太后放权。

徽宗和蔡京共同主导了北宋晚期的政局，共同的政治倾向是徽宗倚重蔡京的重要原因。蔡京把自己打造成王安石新法思想的正统继承人，徽宗想要绍述神宗之政，便必须由蔡京来主持。邓绾之子、起居郎邓洵武预料到蔡京不久会东山再起，重新执掌朝政，便刻意巴结蔡京。一次宋徽宗召

1 ［宋］陈均编：《皇朝编年纲目备要》卷二五《哲宗皇帝·元符三年》。

邓洵武，邓洵武乘机向徽宗进言：“陛下乃神宗之子，宰相韩忠彦是韩琦之子，当年神宗皇帝变法利民，韩琦坚决反对，如今韩忠彦依然反对新法，这是子承父志，陛下作为天子，难道不能继承父志吗？”显而易见，这是鼓动徽宗疏远宰相韩忠彦，达到挑拨离间的目的。徽宗不禁为之动容。邓洵武接着又劝说徽宗道：“陛下如果诚心继承先帝的事业，非重用蔡京不可。”善于察言观色的邓洵武在退朝后又画了一幅《爱莫助之图》献给徽宗。这幅图仿照《史记》年表的体例，分左右两栏，左边列元丰旧臣，只有以蔡京为首的五六人而已，右边列元祐旧臣，举朝宰执公卿尽在此列，差不多有一百余人。宋徽宗见元祐党人明显要比元丰党人多，便怀疑元祐诸臣相互援引，朋比为奸，于是决定起用蔡京为相。岳珂说：“卒之成蔡氏二十年擅国之祸，胎靖康裔夷之酷者，此图也。”[1]

蔡京的机会来自韩忠彦与曾布的纷争。建中靖国元年（1101），向太后去世，作为旧党代表的韩忠彦很快失势，与变法派骨干右相曾布产生冲突。曾布为扩充自己的势力而极力拉拢蔡京，在他的举荐下，蔡京被任命为翰林学士承旨，又回到中央。崇宁元年（1102）五月，曾布指使谏官弹劾左相韩忠彦变更神宗法度，韩忠彦出知大名府，蔡京递补升任尚书左丞，位列执政。不久，蔡京揭露曾布任用亲家陈祐甫为户部侍郎，质疑“陛下之爵禄，奈何使宰相私其亲”[2]。曾布遂被罢相，蔡京取代曾布为右仆射，晋身宰相。“鹬蚌相争，渔翁得利”，蔡京成为韩、曾之争中的受益者。随后，蔡京入宫拜谢宋徽宗。徽宗面谕蔡京说：“神宗皇帝创立法制，先帝继承父志，其间遭遇两次变故，国是未定，我想继承父兄遗志，你如何帮我？”蔡京已猜透徽宗的意图，他立即起身顿首说：“一定竭心尽力。”显然，宋徽宗对与自己趣味相投的蔡京十分信任，他们是艺术上的知音，也正是基

1［宋］岳珂：《桯史》卷一五《爱莫助之图》。

2［元］脱脱等：《宋史》卷四七一《曾布传》。

于这种共同爱好，他们成了至交，这也是维系以后君臣良好关系的纽带。从此，蔡京长期把持朝政近二十年，徽宗对他虽有不满，但信任之深却无人能比，北宋末期的政治，不可避免地打上了他的印记。

朋党政治再起:《元祐党籍碑》

有了徽宗皇帝的强有力支持，蔡京开始推行所谓的改革。君臣二人打着绍述神宗改革事业的旗号，禁用元祐法令，恢复绍圣年间的免役法，仿照熙宁条例司故事，于尚书省设置讲议司作为实施“新法”的领导机构。在蔡京的倡议下，还为熙宁、元丰功臣绘像，以王安石配享孔庙，位在孔门七十二贤之上，后来王安石之子王雱也配享孔庙，并在政和三年（1113）又追封王安石为舒王。

蔡京深知要推行新法，必须摆脱反对派老臣的干扰，使权力归于皇帝，然后才可为所欲为。因此，打击与迫害以司马光为首的反对派，排斥异己，成为蔡京当政后的主要活动之一。蔡京上任的第二天，宋徽宗便下达了一道禁止元祐法的诏书，一反往日谦逊与温和之态，措辞严厉而强硬。正是蔡京和宋徽宗合谋炮制的这道诏书，制造了中国历史上极为著名的、打击迫害反变法派人士的“元祐党案”。

宋徽宗继位之初，向太后倾向于反变法派，她以四月初一将出现日食为由，下诏让朝廷内外官员直言朝政得失，以消弭天灾。当时正值向太后当政，应诏上书的人非常多，实际上，这是变法派和反变法派对宋神宗、王安石的改革事业及高太后、司马光废除新法的一次大规模辩论。反变法派人士纷纷上书指斥朝政，虽也有改革派人士肯定朝政，但人数不多。结果，肯定高太后、司马光者取得了相对胜利，变法派官员蔡卞被贬谪，蔡京也被降职，闲居杭州。蔡京对此耿耿于怀，他在升任右相两个月后，即崇宁元年（1102）九月，就将元祐及元符三年（1100）当政的文彦博、司马光、苏轼、秦观、曾肇等文武官员及一些宦官，共计一百二十人编为一籍，称为“奸党”，其中还包括新党陆佃（王安石的学生）等，又请宋徽宗御书刻石，竖立于端礼门外，号称“党人碑”。其后又对元符三年（1100）曾上过书的人分等定级，将拥护“新法”的钟世美等四十一人列为正等（分为正上、正中、正下三级）；而将反对“新法”的范柔中等五百余人列为邪等（分为邪上、邪中、邪下三级）。凡是列入“正等”者，升官晋爵；列入“邪等”者，皆遭禁锢。这是继东汉之后，历史上又一次大规模的“党锢之祸”。

崇宁二年（1103）四月，宋徽宗下诏销毁司马光等人在景灵西宫的画像，蔡京又进一步怂恿徽宗，下诏焚毁苏洵、苏轼、苏辙父子和“苏门四学士”黄庭坚、张耒、晁补之、秦观，以及马涓等人的文集等，司马光的史学巨著《资治通鉴》最初也在焚毁之列，但因其序文为宋神宗所作，最后才得以保留下来。

元祐党人既遭迫害，其亲属子弟也随之受到牵连。崇宁年间，宋徽宗多次下诏，凡是奸党子弟，不论有无官职，均不得在京城居住，也不准擅自来到京城；宗室子弟不得与奸党子弟联姻，双方已订婚但尚未成礼的，必须解除婚约；等等。以上情况，知情不报者处斩。此外，党人子弟在科举考试中也受到了不公平的待遇。崇宁二年（1103），李阶参加礼部考试，他本已中举，但因是奸党李深之子，又是奸党陈瓘的外甥，被宋徽宗夺去进士出身而转赐他人。同时，这榜考中的黄定等十八人也被列为上书邪等。宋徽宗临轩申斥他们：“你们可以诋毁我，但神宗、哲宗哪里对不住你们！”在蔡京的建议下，徽宗将他们一并罢黜。这样，凡属于奸党子弟亲属的，彻底被禁锢。

崇宁三年（1104）六月，宋廷重定元祐、元符及上书反对“新法”者，合为一籍，共三百零九人。章惇本是主持变法的新党领袖，可徽宗为了报复他阻止自己继位，授意将他也列入“元祐党籍”。蔡京更是借圈定党籍之机一逞私意，凡是与自己意见不合者，“人无贤否，官无大小，悉列其中，屏而弃之”[1]。素来主张变法的曾布、张商英都因与蔡京不合而被列入“元祐党籍”，初与蔡京相好的张庭坚，也因后来不听蔡京调遣，位列其中。宋徽宗亲自书写党人姓名，刻于文德殿东壁，再由蔡京抄写颁示州县，令各地皆刻于石碑之上，昭示天下。

“元祐党案”前前后后持续了七年之久，徽宗、蔡京对所谓“元祐党人”的倾轧，实际上已经与变法关系不大，更多是出于徽宗特别是蔡京排斥异己的需要。徽宗、蔡京集团正是通过这场精心策划的大规模的政治迫害运动，用暴力方式暂时结束了由延绵不息的党争造成的混乱局面，建立了统治集团的权威，同时，这也为宋徽宗君臣实行黑暗、腐朽的统治铺平了道路。

随着政治气候的变化，各地“奸党碑”逐渐被销毁。我们今天还能看到国内仅存的一块完整的碑，位于广西桂林市东七星山瑶光峰下的龙隐岩，这是南宋庆元四年（1198）元祐党人梁焘的曾孙梁律依据家藏旧本重刻的。这块距今已有八百多年的石碑，距地面一丈有余，虽久经风雨，但字迹清晰，上有蔡京手书“元祐党籍”四字，是一个重要的历史见证。

重在敛财的经济改革

徽宗时期的变法是北宋历史上规模仅次于王安石变法的改革运动，其内容包括官制、学校、科举、礼法等诸多方面。蔡京是打着绍述新法的旗号上台的，其中经济改革自然成为他改革活动的中心。自宋朝开国以来，每当财政出现困难的时候，朝廷在财赋的分配上，一般都会采取重中央轻地方的手段，以支持中央财政，这是典型的削弱地方而充实中央的传统国策。食盐属于国家专卖产品，其收入在国家财政收入中占有举足轻重的地

1［宋］王明清：《挥麈录・后录》卷一《宰相枢密分合因革》。

位，宋朝政府历来对食盐收入特别重视，尤其是在蔡京当政后，他为了搜刮全国的财富，以夸耀富强，从而保住受宠的地位，便更改盐法，以便最快捷、最有效地增加中央财政收入，这使得宋朝强干弱枝的倾向更加明显。此前，陕西因连年用兵，粮草供应紧张，官府便实行折中法，商人可将军需物资运至边地，按货物价值换成盐钞（一种领取、运销食盐的凭证），或者直接到京城榷货务（专门负责国家专卖产品的机构）交纳现钱购买盐钞，然后到解州（位于今山西省运城市西南）盐池，凭借盐钞运盐到内地指定区域销售。由于贩卖食盐有利可图，因此从事运粮贩盐的商人趋之若鹜，宋朝边备也无匮乏之忧，还大大节省了朝廷向西部输送财赋的耗费。但蔡京当政时，解州盐池已被雨水冲坏，不能产盐，这一方面确实给国家财政造成了不小的压力，另一方面以解州盐池为基础的盐钞法发生了根本动摇，商人凭借原来的盐钞也买不到盐。同时，东南一带的海盐还是以官府自行运输到各地销售的直接专卖制度为主，在这种情况下，全面改革盐钞制度迅速被提上了议事日程。

崇宁二年（1103），蔡京在京城榷货务设立买钞所，印制新盐钞，收换旧盐钞，全面推行盐钞法。新的盐法规定，凡是从事贩盐者，要先到买钞所交钱购买新盐钞，再到产盐州、县获取食盐，而旧盐钞一概作废。此后，蔡京不断发行新盐钞，迫使商人必须购买新钞才能使旧的盐钞有效，旧钞必须加钱才能另外兑换新钞；而新钞随即又宣布作废，须再度加钱，才能与更新的盐钞搭配使用，人为地促使旧钞不断贬值，从而牟取暴利。其实质就是利用不断变更盐钞的手段，把财政困难转嫁于商人，再将商人的盐利转移给朝廷。这样，朝廷的收入自然迅速增加，仅崇宁三年（1104）一年的盐钱收入就超过以往任何时期的盐钱税收。蔡京在徽宗朝始终执掌政权，与他善于措置财计有直接关系，而盐法改革无疑是他重要的经济政策。但屡次变革钞法，直接给盐商们带来了灾难性的后果，越来越多的商人赔本破产。后来，商人输钱三次，才能得到一次贩盐机会，有的商人因无钱更换新盐钞，已经输纳的钱便被没收。数十万盐券一旦废弃，富商巨贾朝夕之间沦为乞丐，投水自尽者甚多。随之，钞法自身的信誉渐趋扫地，这不仅造成了经济秩序混乱，还导致边储失备，严重影响了边防的稳定。

在进行盐钞法改革的同时，蔡京还对币制、赋税、茶法等实行改革。在一定程度上，蔡京是在为国理财，结果却事与愿违，这些改革反而成为官员盘剥百姓的幌子，不断引起社会的不安，宋朝的经济体系也因此遭到严重破坏，北宋王朝埋下了覆灭的祸根。

以“丰亨豫大”为名的放纵享乐

蔡京工于心计，深谙为官之道，他一切投宋徽宗所好，以得到宋徽宗的宠幸。为此，蔡京在搜刮了大量民脂民膏后，引经据典，编造说《易经》上有“丰亨豫大”之说，意思是在国富民强的太平盛世，作为帝王要敢于大肆挥霍钱财，不必拘泥于世俗之礼，这其实是引导宋徽宗尽情享乐。年轻的徽宗皇帝起初尚不习惯，但蔡京等人经常向皇帝灌输“陛下当享天下之奉”“人主当以四海为家，太平为娱，岁月能有几何，何必自寻烦恼”的思想。不久，宋徽宗胆子就大了起来，居然全盘接受了这套消极的享乐思想，慢慢过上极度荒淫的生活，荒废了朝政，其中蔡京等人的劝诱无疑是一个重要原因。于是，北宋朝廷大兴土木，铸造九鼎，修建明堂，制作礼乐，以夸耀、粉饰太平，徽宗统治集团的奢侈、腐败达到了令人发指的程度。

政和七年（1117），朝廷开始在京城汴京东北、景龙江之南修建规模宏大的万岁山。据说，宋徽宗继位之初，皇子不多，道士刘混康建言，京城东北角正处在八卦的艮位之上，如果能将其地势垫高，便会有多男之祥；如若修建成假山园林，国家必将繁荣昌盛。这本是道士信口开河，宋徽宗却深信不疑。自从将此地增高为土岗之后，宋徽宗果然连连得子，兴奋之余，宋徽宗下令崇奉道教，大建宫观。同时，征发大量士兵、工匠，继续修建万岁山，这项浩大的工程直至北宋灭亡前的十年间一直在进行，国库财富耗费似流水。万岁山建成之后，更名为“艮岳”。方圆十余里，最高峰达八九十步，其中有芙蓉城、灵璧城、慈溪、景龙江等胜地。设计更为精巧的亭台楼阁，不可胜数，山高林深，飞禽走兽应有尽有。富丽堂皇，奢华至极！正是这些大型土木工程的兴建，耗费了大量的人力、物力和财力。著名的“花石纲”正是为了满足这些工程对奇花异石的需求而设。徽宗专门在苏州设置应奉局，源源不断地把江南的奇花异石运到东京。从朝廷到地方，船只不断被征调，以保证及时满足宫廷的需要，连运粮船也不例外。沿途百姓被迫服各种苦役，无疑是额外增加了一项负担。各级地方官也乘机敲诈勒索，致使许多稍有奇花异石的民户倾家荡产，东南地区民怨沸腾。到宣和二年（1120）十月，终于引发了方腊起义。

宋徽宗在重用蔡京等人的同时，又极力推崇道教。徽宗崇奉道教，始于哲宗元符末年。崇宁四年（1105）五月，宋徽宗赐道士张继先号“虚靖先生”，开始优待道士。原来僧道地位相等，不分伯仲，但宋徽宗为了推崇道教，便下了一道谕批：道士、女冠（女道士）序位在僧尼之前。这显然是利用至高无上的政治权力，人为地把道教抬到了佛教之上。接着，宋徽宗颁布了一系列鼓励道教发展的诏令。先是创置道流官阶，有先生、处士等名，品级和朝廷命官中大夫至将仕郎相当，共有二十六级。同时要求各地挑选道士数人，送往京师集中学习道教礼仪，学成之后，再返回原地加以推广。随后，又下令免除道士迎接地方长官的仪式，地方长官不得向道观征税，不得骚扰道教信徒，还要为道士出行提供车、船方便。更荒唐的是，如果有人触犯法律，只要逃离世俗，皈依道门，官府将不再追究。既然加入道教有这么多好处，许多军人、工匠、贫民，还有乞丐，自然纷纷皈依道教，甚至佛教弟子也愿意加入道教。

与此同时，道教经典也受到了特别重视。宋徽宗不仅将《道德经》分章节刻在石头上，竖立于京城神霄玉清万寿宫，还令各州学校设置道学博士，由州官兼任，全国在校学生也要学习道家经书。尤其到了政和、宣和年间，宋徽宗更是近乎疯狂地扶植和推广道教，举国上下掀起了一场崇奉道教的热潮。宋徽宗为表示自己是虔诚的道教徒，将道家的修行、礼仪和生活方式作为日常生活的重要组成部分。

随着道教地位的迅速提高，道士格外受到徽宗垂青，道士的权力也越来越大。在徽宗朝，权势煊赫的道士很多，最为跋扈的是林灵素。林灵素是温州人，出身寒微，少年时曾入寺庙做和尚，因不能忍受师父的鞭笞和辱骂，转而加入道教。政和初年，林灵素来到京城开封，居住在东太乙宫。此时，道士王仔息已经失宠，左街道录徐知常遂向宋徽宗推荐林灵素。林灵素的出现，把宋徽宗时的道教热推向了高潮。宋徽宗召见林灵素，感到似曾相识，便问他："你过去做过官吗？曾经见过我吗？"林灵素向来胆子极大，他回答说："我往年在玉帝那里当差，曾经侍奉过陛下。"宋徽宗又说："我隐隐约约还记得那段往事。我记得你曾骑一头青牛，现在青牛在哪儿？"林灵素回答说："它暂时寄居在外国，不久就会来此。"宋徽宗大为惊喜。林灵素还自称懂得仙术，吹嘘"上知天宫，中识人间，下知地府"，意思是他无所不知，并大言不惭地对宋徽宗说："天有九霄，神霄最高，神霄玉清王是上帝的长子，主持南方，号称长生大帝君，就是陛下。"又说蔡京是左元仙伯，王黼是文华吏，童贯等人也都名列仙籍。正被宋徽宗宠爱的刘贵妃是九华玉真安妃。而他自己则是神霄玉清王府的仙卿，名叫褚慧，如今下凡到人间辅佐帝王进行统治。这一席无稽之谈竟然让宋徽宗非常高兴，他立即封林灵素为元妙先生，并赐金牌，随时可以出入皇宫，还为林灵素修建通真宫，赏赐优厚。自此，林灵素的地位迅速上升，他每次出门都是前呼后拥，颇为壮观。由于权势煊赫，林灵素被京城人称为"道家两府”，意思是他可以和宰相分庭抗礼，可见其权势之大。许多人为谋得一份美差，争先恐后投奔林灵素门下，他在京城的弟子就有二万多人。

在林灵素等人的一再怂恿下，宋徽宗为表示对道教的虔诚，降下御笔：我经常朝见上帝，亲自接受上帝的命令，促使风俗转好。我其实是上帝长子，为太霄帝君，看到中华大地都是金狄之教（指佛教），深感怜悯，于是恳求上帝，愿意做人间帝王，使天下归于正道。上帝已经答应了我的请求，你们（指林灵素、蔡攸等人）可上表章，尊我为教主道君皇帝，只在道教奏疏中使用，不得涉及政事。在皇帝的授意下，道录院册封宋徽宗为教主道君皇帝。至此，宋徽宗集皇帝、道教教主、上帝长子于一身，将君权与神权完整地融合在了一起。直到宣和末年金人南侵，宋徽宗才停止了对道教的狂热推崇。此时，朝政已经荒废，北宋命运岌岌可危。

蔡京在徽宗朝，四次出任宰相，前后执政二十年，成为宋朝名副其实的第一位权相。之后继任宰相的是王黼。王黼依附大宦官梁师成，并拜他为父，称其为“恩府先生”。在梁师成的鼎力举荐下，王黼很快拜相。他升为宰相后，借宋徽宗的名义大肆搜刮天下财物，而献给徽宗的不过十分之一，其余尽归自己所有。他还公开卖官鬻爵，并标有定价，当时民间有歌谣“三千索，直秘阁；五百贯，擢通判”，意思是当时的官职是明码标价的，只要出钱就可以买得到。从这一侧面可以看出，北宋晚期的士大夫并非以天下为己任，而是谋求升官发财。为达到这一目的，他们不惜使用任何卑劣手段。当时的士大夫阶层已经堕落，士风大不如从前，而这无疑也是促成北宋覆灭的重要因素之一。

靖康之变

收复燕云地区是北宋历代皇帝的愿望，当女真人在东北兴起时，联金灭辽便成为北宋朝廷的热门话题，当时当政的王黼极力推动与金人达成所谓的“海上之盟”，即宋金两国同时出兵伐辽，事成之后，燕云十六州归宋，宋原本给辽的岁币归金。“海上之盟”签订后，南方就发生了方腊起义，原本准备伐辽的精兵，在童贯的率领下迅速南下平叛。虽然方腊很快被俘，但宋军伐辽的准备工作却被打乱了。

宋徽宗宣和四年（1122），童贯、蔡攸出兵伐辽，以收复燕云地区。但是在出兵之前，宋廷内部就有不同意见。中书舍人宇文虚中曾上书极论伐辽之非，他认为宋朝廷准备不足，不可轻言战事，不宜联金灭辽。后来事态的发展也证明宇文虚中的确具有远见卓识，可惜他的奏疏未被朝廷采用，他反而因此被贬。王黼、蔡攸等人力主出兵伐辽，然而，蔡攸之父蔡京也认为与金夹攻契丹之策不可取，还作诗劝阻出兵。有人认为，蔡京作此诗是为了日后若出兵失败可以推卸责任，但作为久经宦海的人，他毕竟了解当时宋朝所面临的危机和联金灭辽的利弊，因此，他并没有曲意逢迎。即使在收复燕云，朝廷上下普遍沉浸在这空前胜利的喜悦中时，蔡京仍对此保持低调。蔡京一贯以逢迎皇帝所好而著称，但在这件事上却一反常态，可见他对宋徽宗的举动非常担忧。

作为这次出兵的总指挥，童贯身为宦官，多少还曾打过一些仗，蔡攸则完全不懂军事，纯粹是以为此次伐辽胜利唾手可得，因而来抢功劳的。不过北宋方面调集的二十万军队中，主力是陕西前线长期与西夏作战的军队，堪称宋军的精锐。实际上，宋辽多年未曾开战，对于辽军的实力，宋军缺乏了解，童贯在前线犹豫不决，不敢大举进攻。不久，辽方主政的燕王耶律淳病死，王黼以为有机可乘，罢免了军中宿将种师道，以刘延庆为都统制，实际率领宋军攻辽。面对宋军压力，辽将郭药师率部降宋，急于立功的郭药师提出率军偷袭燕京（今北京市）的计划。此时，辽将萧幹正率领辽军主力在燕京城外十里布防，燕京城十分空虚，郭药师偷袭得手，在城中大肆抢掠，耶律淳的妻子萧德妃一面组织抵抗，一面引萧幹秘密回军。刘延庆在前线犹豫不决，迟迟不发动总攻。郭药师在燕京城里激战三昼夜，孤立无援，弃城而走。这时，姗姗来迟的刘延庆部距燕京还有二十里，萧幹乘胜袭击刘部，刘延庆望风而逃，宋军大败，精锐尽丧，此战被称作“燕山之战”。

进军顺利的金人将宋军的虚弱看在眼里，开始轻视宋朝。金军灭辽后，以宋军没有如约夹攻为理由，索要更高的价码，而且占据燕云的几个战略要地，不肯交给宋方。宋军在交付了大量金钱后，只得到了几个空城。金人在燕地大肆劫掠，本已降金的辽平州守将张觉再次起兵反金，宋方以为有机可乘，招降了张觉。金军突袭平州，张觉逃到宋军中，金人指责北宋背盟，索要张觉，宋廷无奈只好将张觉交给金军。郭药师等降将因此心寒，密谋降金。

北宋宣和七年（金天会三年,1125）十月，金太宗下诏分东西两路侵宋，西路军自云中起兵，目标是太原，东路军由平州进攻燕京，然后两军再合兵南下。十二月，在燕京的郭药师降金，在他的引导下，东路军避开宋军重兵布防的地区，迅速南下，直逼开封。西路军则在太原城下受阻。

消息传到开封，惊慌失措的宋徽宗宣布退位，二十六岁的长子赵桓在十二月十三日继位，后来庙号为钦宗。宋钦宗在做太子时洁身自好，颇有贤名，朝野上下对他寄予厚望，他也确实想做出一番功业，但他性格懦弱，缺乏决断能力。他整日患得患失，忽而主战，忽而主和，多疑善变，缺乏主见。钦宗继位之初，取“日靖四方，永康兆民”二句，改年号为“靖康”，名义上是使四方安宁，让万民幸福，实际主旨却是与金议和。显然，宋钦宗及其朝廷最初是将议和作为基本目标的。但没过几天，宋钦宗又复主战。靖康元年（1126）正月初二，他下诏令有司按照真宗幸澶渊故事御驾亲征，以吴敏为亲征行营副使，兵部侍郎李纲、开封知府聂山为参谋官，集结兵马于殿前司，摆出欲与社稷共存亡的姿态。

然而，第二天濬州（今河南省浚县）失守，东路金军渡河的消息传入宫廷之后，太上皇赵佶不禁心惊胆战，随即任命蔡攸为行宫使，宇文粹中为副使，以去亳州（今安徽省亳州市）太清宫烧香为借口，于当天夜里出通津门逃往东南，童贯率胜捷军随之而去，原本就防御兵力不足的京城又被抽走一批作战部队，北宋都城的形势变得更加严峻。一些王公大臣也纷纷潜逃，一时间京城内人心惶惶，普通民众完全不知所措。宋徽宗既逃，宋钦宗尚留在京城开封，心里既气又怕，亲征的事他断然不敢策划了，他也打算一走了之，却又担心大权旁落，坐卧不安，一时拿不定主意。

初四，天一亮，宋钦宗就在延和殿与朝廷百官议事，商讨是战还是和。战和双方对时局的判断迥然不同，多数朝中臣僚主张迁都襄（今湖北省襄阳市）、邓（今河南省邓州市）以避敌，钦宗也表示赞同，抗金决心再次动摇。独有兵部侍郎李纲力主抵抗，宋钦宗最终被李纲说服，当即以他为尚书右丞、东京留守，委以“全权”指挥军队抗击金兵，保卫京城。李纲临危受命，当即宣布京师戒严，诸门不再晨启暮闭，誓死保卫开封。宋钦宗虽然任命李纲统兵御敌，其实心中畏惧，犹豫不定，旋即又要逃走。几经周折，李纲终于说服宋钦宗不再出逃。

李纲受命于危难之时，不敢有丝毫怠慢，立即布置防御。他一边在开封城四面部署禁军、厢军及保甲民兵，共计一万两千余人，一边准备弩床、砖石、炮座、火油、檑木等防守之具，同时迅速组织了马步军四万人，设立前、后、左、右、中五军，每军八千人。前军居于东水门，以守卫藏有四十余万石粮食的延丰仓；后军设于朝阳门外，以守住城壕最浅的樊家冈，阻止金兵接近；其余三军留在城中，以备缓急之用。

金军开始攻城后，宋朝都城军民在李纲等人的带领下，迅速组织起来，进行了非常有效的抵抗和还击。金兵虽攻势凌厉，但在李纲的严防死守下，并没有在军事上占到多大便宜。此外，开封守城的宋军在数量上远多于只有六万余人的金兵，西北及各地勤王军也陆续赶来，而西路金军受阻于太原城下，东路金军孤军深入，犯了兵家之大忌。在这种情况下，只要宋朝君臣精诚团结，同仇敌忾，全力以赴，是完全可以打败金兵的。然而，宋钦宗依旧畏敌如虎。赵宋在联金灭辽的过程中，已经间接领教过金兵的厉害，对此仍心有余悸。因此，宋钦宗非但不相信宋朝军民能挫败金兵，挽救危亡，还对李纲猜忌防范，不委以重任，更不听李纲劝阻，执意屈辱求和，以保住自己的皇位。因此，从开封保卫战一开始，宋钦宗就暗中接受李邦彦割地求和的建议，派人赴金营谈判。

与此同时，金军统帅斡离不（完颜宗望）眼看攻城受阻，于是答应议和，但提出了极为苛刻的撤军议和条件，包括宋朝必须一次赔给金人黄金五百万两、白银五千万两，绢、彩各百万匹，马、驴、骡各以万计；宋主尊金主为伯父，凡在宋的燕、云之人全部归还；宋朝割让太原（今山西省太原市）、中山（今河北省定州市）、河间（今河北省河间市）三镇之地，并以亲王、宰相为人质。三镇乃宋朝立国之屏障，又是宋朝祖坟所在之地，这样的条件不仅苛刻，更是对大宋朝的羞辱。

然而，宋钦宗及李邦彦一伙却准备接受这些条件，这遭到入朝议事的李纲的坚决反对。李纲愤然加以驳斥：第一款，金人索要的金银牛马，就是搜刮全国也难以满足，何况仅是都城？第二款，三镇是国家屏藩，割之何以立国？第三款，两国平等，如何有伯侄称呼？第四款，至于人质，就使宰相前往，亲王不应当前往。宋钦宗于是问道："依你之见，无一可从，倘若京城失陷，如何是好？"李纲认为，为今之计应派巧言善辩之人，表面上与金人磋商斡旋，只要拖延数日，勤王之兵便可云集而至，金人孤军深入，不怕金人不退，那时再与金人议和，金人必不敢再有种种要求了。

当时只有东路金军抵达开封城下，而宋军屡败金军，宋朝勤王部队正络绎不绝地开往京城开封，李纲的建议无疑是切实可行的，如果能按他的计策行事，金军必将不战而退。无奈太宰李邦彦等人懦弱无能，极力主和，他不但不考虑李纲的想法，劝谏宋钦宗战中求和，反而色厉内荏，对李纲大加驳斥："现在都城尚且不保，还论什么三镇？至于金币牛马，更不足计较了。"宋钦宗一心求和，表面上支持主战的李纲，实质上却采纳李邦彦的求和路线，答应了金人的所有条款。这样，宋朝就在占优势的情况下，被迫与金人结此城下之盟。

正月十八日后，北宋各路勤王之师相继到达京城，约二十余万，靖难军节度使种师道、武安军承宣使姚平仲也率泾原（今甘肃省泾川县）、秦凤（今陕西省凤翔县）两路西北劲旅抵达京城。种师道，洛阳人，凭借祖宗的地位任官，曾在西北边州为帅，屡败西夏人，宣和年间，曾力谏联金攻辽而被迫致仕（退休）。靖康初年，金兵南下，起为京畿、河北制置使，驰援京城。种师道是西北名将，德高望重，时年事已高，天下人都称其为"老种"。种师道沿途张榜，大书"种少保领西兵百万来"[1]，并大胆地在京城西

1［元］脱脱等：《宋史》卷三三五《种师道传》。

面汴水南岸紧逼金营扎寨，金人因此甚为恐慌，将营寨向北迁移，加强戒备。种师道的到来，确实使宋军士气大振。宋钦宗正苦于金银搜刮不足，无法满足金人贪婪之欲，见援兵已至，甚为欢喜，又复主战。

种师道老成持重，主张过春分后再用兵，姚平仲勇而寡谋，唯恐种师道与自己争功，主张速战速决，立即用兵。原来姚平仲属于西北姚氏家族，这个家族与种氏家族在当地相互争锋，不肯相让，此时，姚平仲认为这是一个可以和种师道抢夺军功的好机会，就主动承担了这一任务。宋钦宗这时一反常态，支持速战，并亲自批准姚平仲夜袭金营，企图一举生擒斡离不，并救回康王赵构。

二月初一夜，姚平仲率万人前去偷袭金营。姚平仲粗心大意，泄露了情报，结果，姚部袭营不成，反被金兵杀得溃不成军，姚平仲本人怕受到种师道责罚，弃军逃遁。劫营失败后，种师道提出应再次派兵劫金营，金人肯定预料不及，若不能取胜，就每天晚上派几千人去骚扰金兵，这样，金兵不得喘息，用不了几天，他们就会退兵，这是绝好的计谋。然而，惊魂未定的宋钦宗、李邦彦屏而不纳。金军统帅斡离不大怒，借此指责宋廷违背盟约。李邦彦把责任全部推给李纲等人。宰执大臣又夸大宋军损失，宋钦宗遂乘机罢免李纲和统领西北援军的老将种师道，以谢金人，冀求苟安。向入侵者谢罪这一举动，激起了京城广大士民的极大愤怒。

太学生陈东听说李纲、种师道被罢免后异常愤怒，他连夜起草奏疏，于二月五日黎明，率领数百名太学生到宣德门伏阙上书，为李纲诉冤，怒斥李邦彦、张邦昌等奸臣割地纳币，请求罢免李邦彦等奸贼，坚决要求皇帝恢复李纲和种师道的职务，继续抗金。城中军民闻风赶来，不期而至者数十万人，形成了声势浩大的自发请愿活动。转眼间，皇宫外面已汇成滔滔人流，巨大的呼喊声惊天动地，极其悲壮。

适逢李邦彦退朝，愤怒的群众迅速围了上去。李邦彦见势不妙，仓皇逃走。开封军民填塞驰道，呼声震地，情势一时难以控制。殿帅王宗濋担心激起民变，进宫奏请钦宗皇帝答应群众的要求。宋钦宗左右为难，不得已传旨召见李纲。宦官朱拱之宣召李纲稍为迟缓，立刻被群众剁成肉酱，随从的二十来个宦官也死于民众愤怒的拳脚之下。李纲接旨后迅速赶到，宋钦宗随即任命李纲为京城四壁守御使，又恢复种师道的职务。

李纲复职后，重新布置东京防务，下令能杀敌者给予重赏，于是京城军民抗金热情重新高涨。东路金军统帅斡离不考虑到汴京军民士气高昂，而北宋“勤王”军数倍于己，久待城外于己不利，又因宋廷已答应割地赔款，且持有人质肃王赵枢、太宰张邦昌，不等赔款金帛全部送到，就匆匆退兵北回。然而，令人痛惜的是，宋钦宗、李邦彦等人拒绝采纳李纲和种师道提出的建议，即乘金军北渡黄河之际邀击金军，从而失去了一次痛击金军的良机。尽管如此，宋朝军民还是取得了第一次开封保卫战的胜利。

宋钦宗靖康元年（金天会四年，1126）八月，金太宗再次下诏伐宋，斡离不率领东路军从保定南下，粘罕（完颜宗翰）率领西路军从大同出发，以雷霆万钧之势倾巢南犯，兵锋直指开封。第二次南侵的部署与第一次基本一致，但鉴于上次东西两路未能遥相呼应会师于开封的情况，这次南侵更注重两军的协调作战，以实现两路夹攻、夺取开封的目标。因此，其战略重点在于首先攻取河东重镇太原，扫清西路军南下的障碍。太原军民进行了顽强抵抗，九月三日，太原终因粮绝而失陷。

太原之战的结局，对宋金双方都意义重大。金人第一次进攻开封时，因受阻于太原城下，东西两路军队会师开封的计划落空，英勇的太原军民将西路金军主力死死拖住，使其滞留在太原，动弹不得，这为整个宋朝的抗金战事赢得了宝贵的时间。得益于此，以陕西军为主的宋朝各路勤王部队迅速云集开封，宋朝取得了第一次开封保卫战的胜利。如今太原一破，金人扫除了西路军长驱南下的最后一个障碍，都城开封直接暴露在金兵铁骑之下，并且金军控扼潼关，阻挡着宋朝陕西精锐部队入援京师，与东路军再会开封城下已十分容易。此外，太原之战中，宋军几次大举增援太原都被击溃，损失约二十余万，大大消耗了宋军的有生力量，元气大伤。太原失守，宋亡遂成定局。

太原失守后，朝野震惊。然而，宋廷诸臣至此仍然坚持和议，接连派人前往金营讲和。老将种师道料到京城难以支撑，一面檄召各地率兵勤王，一面请求宋钦宗暂避长安。当时开封城显然已经不可能组织有效的防御，退出开封，进行长期抗战，仍不失为上策。然而，几位辅臣反而攻击种师道怯懦，宋钦宗遂将他召还，令范讷为河北、河东路宣抚使。种师道见沿途毫无准备，内心忧愤不已，回到京城不久，便染重病身亡。开封第一次被围时，全仗李纲、种师道二人主持，此时，种师道已死，李纲又被贬出朝廷，形势比第一次更为严峻。

十一月，宋钦宗让宋徽宗劝说九弟康王赵构割地太原、中山与河间，出使金国，同时又派耿南仲和聂昌出使，割让河北与河东。康王赵构与金军反方向行至相州，与知州汪伯彦歌舞升平，同终日巡城的宋太宗六世孙通判赵不试形成鲜明对比。后来康王至磁州（今河北省磁县）宗泽守地，宗泽劝其利用身份召集周围五州兵力出师真定（今河北省正定县），围魏救赵，分散金军进攻开封的注意力。康王不愿出兵，只求自身安全，回到相州整日花天酒地。奉命割让河北的耿南仲被卫州（今河南省卫辉市）人驱逐，也来到相州，与耿延禧父子团聚，而另一奉命割让河东的聂昌却被当地人杀死。至此割地计划无一成功。

金兵自北宋靖康元年（1126）冬闰十一月二日围困开封，昼夜攻打，宋金双方互有胜负。先前，宋朝南道总管张叔夜、陕西制置使钱盖接到种师道生前发出的勤王檄文后，各自率兵前往开封。然而主持议和的耿南仲、唐恪等人认为，既允诺割让三镇，再派兵护卫京师，难免给金人以口实，况且京城粮草匮乏，十几万大军的给养也不好解决，于是命令各地勤王兵不得妄动，原地待命。结果，当金军第二次围困开封时，城外连个勤王军的影子都没有，而开封城内仅有卫士及弓箭手七万人左右。这时，同知枢密院事孙傅保举了一个市井游民郭京，说他能施六甲法，可以退敌。宋钦宗对此深信不疑，或许是出于无可奈何，遂命郭京为成忠郎，赐金帛数万，令他自行招募士兵。郭京不管武艺如何、年龄大小，只要符合生辰八字，即可充选，结果招募的全是市井无赖之徒。他还夸下海口，非朝廷危急，他不出兵。宋钦宗也感到郭京难以依靠，接连遣使携带蜡书到相州，任命康王赵构为兵马大元帅，要他火速入援京师，同时再次下诏各地勤王，但这一切为时已晚，派去的使者多被城外的金兵截获，于是，开封成了一座孤城，几乎断了与外界的联系。

二十五日，郭京打开宣化门，令六甲神兵出城攻击金兵。还未开战，六甲神兵已被吓得四处逃窜，多半坠死于护龙河。郭京欺骗张叔夜说，金兵如此猖獗，待我出城作法，一定退敌。他出城后一溜烟向南逃跑了。金兵乘势攻入宣化门，占领城垣。统制姚友仲死于乱兵；宦官黄经国赴火自尽；统制官何庆言、陈克礼，中书舍人高振与金人激战，连同其家人皆被杀；四壁守御使刘延庆夺门突围，被金兵追骑所杀；张叔夜身披数创，仍率子力战，但无可挽回，开封外城就这样被攻破。

在攻下开封外城后，精明的金军将帅并未立即攻城，只是占领外城四壁，并假惺惺地宣布议和，宣称只要所索取的财物得到满足就可以退兵。金人索要犒军绢一千万匹，金一百万锭，银一千万锭（金银每锭各五十两）。对金人抱有幻想的宋钦宗，答应金人条件，先后两次亲自到金营求和，同时下令在开封府内大肆搜刮民间财物以满足金军要求，不足的部分甚至以妇女冲抵。金军拿到宋钦宗的降表后，没有遭到任何抵抗就进入开封内城，北宋就此灭亡。

金人在撤离开封时掳走宋徽、钦二帝以及后妃、宗室、大臣，朝廷上下为之一空，此外还有大量工匠、妇女，被驱掳的百姓男女不下十万人。宋徽宗父子一路颠沛流离，受尽屈辱，最后死于五国城（今黑龙江省依兰县）。

北宋亡国的根本原因首先在于朝政腐败，军备松弛，无法抵挡金人进攻。其次是朝中大臣忙于内斗，皇帝又在战、和之间不断摇摆，造成了许多决策失误。长远来说，北宋制度重在防范内患，对外患认识不足，最终酿成了苦果。

结语

元代康里巎巎评价宋徽宗“诸事皆能，独不能为君耳”[1]，可谓入木三分。平心而论，宋徽宗并非晋惠帝那样的无能之辈，也不是如孙皓之流的暴虐之主，甚至可以说，他的才智达到了常人难以企及的地步。面对继位初年错综复杂的形势，在政坛摸爬滚打多年的一众大臣环伺身边，作为一个年仅十九岁、没有任何政治经验的少年，宋徽宗没有表现出任何慌乱无措，反而举重若轻，波澜不惊地度过一次次政治风浪，这不是任何人都能够做到的。

宋徽宗的问题在于，他并不想承担帝王的责任，不愿把才智用于劳心费神的治国理政上，而是沉醉于湖光山色、金石书画的世界。蔡攸曾对宋徽宗说：“所谓人主，当以四海为家，太平为娱。岁月能几何，岂徒自劳苦！”[2]徽宗深以为然。在宋徽宗身上，可以清楚地看到两种角色的错位，他分明是一个放浪逸豫、风流蕴藉的魏晋名士，却不幸成为一个君临天下、生逢国难的帝王。北宋末年，积弱积弊的王朝就像一个久染沉疴的病人，指望着徽宗来妙手回春，扶大厦于将倾，显然不切实际。

历来人们检讨北宋灭亡的原因，都将其归因于徽宗君臣确定的联金灭

1［清］王士禛：《池北偶谈》卷九《谈献五・仁宗徽宗》。

2［宋］陈均编：《皇朝编年纲目备要》卷二八《徽宗皇帝・宣和元年》。

辽政策，这值得仔细思考。联金灭辽之策的提出，并不是一个轻率鲁莽的决定，而是有其历史背景和内在逻辑的。就动机而言，宋朝与金订立海上之盟，目的就在于收复燕云地区。燕云地区的战略意义已无须赘述，靖康之难已经以一种残酷的方式展现出该地区对中原王朝的重要性。燕云一日不收复，宋朝便无一日之安宁，所以宋自太祖建国起，便孜孜不息以收复燕云为念，即便宴安如徽宗，看到机会也不惜一战。从这个角度来看，宋朝做出联金灭辽的选择是无可非议的。

以当时的战争形势而言，联金灭辽并不为失策。摆在宋朝面前的选择，无非是“联金灭辽”“援辽抗金”“保持中立”三种。假如在金、辽交战初期，宋、辽能够联合起来，在军事和外交两方面给金朝施加压力，辽、宋的覆亡或许可以避免。但彼时辽朝统治者盲目自大，并没有把女真放在眼中，不可能寻求宋朝相助；宋军在技术上也不可能跨越辽境与金交战。随着战争形势的发展，辽朝败局已定，宋朝与之联合也不可能再改变局势，只能开罪金朝。因此，援辽抗金其实只是一种纸面上的选择，实际中没有可操作性。而且即便宋朝保持中立，辽朝也一定会亡于金朝之手，这是可以断言的，届时宋朝将一无所获。所以，综合衡量各种选项，宋朝其实没有其他选择。

“靖康之难”的发生，并不能简单归因于联金灭辽的政策，而另有其他原因。首先，徽宗君臣对周边形势的发展缺乏前瞻性的预判。辽朝的灭亡已经注定，但宋朝中央对辽朝灭亡以后的形势将如何演变却没有任何思考。高丽国王早就提醒徽宗女真的虎狼之性，宋人却并未在思想上和军事上有所准备，反而宴然自安，笃信金朝必定信守盟约，己方可以不劳而获地收回燕京旧地。金军南侵是有计划的行动，宋方则戒备松弛，没有针对性的御敌准备，这是“靖康之难”发生的重要原因。

其次，“靖康之难”的发生，根本上在于宋朝军事实力的孱弱。宋军连苟延残喘的辽军残部都不能战胜，反而遭受惨败，更遑论锐不可当的女真了。这种军事上的弱势不能完全归咎于徽宗，宋自建国以来的“祖宗家法”难辞其咎。“以文治武”，于是统兵大员必以文官担任，士人竞趋科举而军士为人所贱。有才能的将领受到猜防，一代名将狄青乃至贬抑而死，得到任用者只能是一些才干平庸之辈，即便是志在大有为的神宗皇帝，也不免用李宪、王中正等宦官为将。宋朝由“以文治武”衍生出“重文轻武”乃至“兴文废武”的国策，这些政策导致武将声势日趋衰弱，给国家带来了巨大伤害。

“强干弱枝”的国策更是宋代诸多弊病的根源。太祖收天下精兵于京师，勤加训练，养成一支战斗力极强的禁军。但太宗两次北伐失败，中央禁军损失大部，后来增补的军队素质不能与此前相比；又自澶渊之盟后国家承平日久，训练废弛，将不识兵，兵不识战，战斗力已极为低下。中央禁军的衰落，直接造成宋代军威的不振。而地方在经过宋初收缴权、财、兵以后，更是日渐困弱，守备废弛，无力自保。这些制度性的因素致使宋朝军事实力大损，积弊日久，又恰逢徽宗这个无意于治国理政的皇帝，积弱之势遂不可救治。而徽宗在强敌压境之下的一系列举措，使局势进一步恶化。为了尽快撤离京城，徽宗将皇位禅让给钦宗。但钦宗毫无治国理政经验，识见不明，犹豫而寡断，在危急存亡之秋，避敌、战守迟疑不决。徽宗逃到东南地区后，隐然另立一中央，父子间产生尖锐冲突。钦宗不得不时时防备肘腋之变，自然也不愿听从徽宗出幸避敌的意见，最终被困于强敌围困的孤城中，父子双双沦为阶下之囚，北宋国祚也至此告终。

靖康之难的惨烈给宋朝君臣造成了极大的心理冲击，南宋一百五十余年间，人们始终对此耿耿于怀，报君父北虏之仇、雪百年含垢之耻的呼声不绝于耳。在宋人眼中，“女直乃吾不共戴天之仇”[1]。在某些特定的情境下，

---

1 ［元］脱脱等：《宋史》卷三九七《刘光祖传》。

是否主张北伐已经成为评判忠奸的政治标准。理宗时期，乔行简权衡局势，提出："蒙古渐兴，其势已足以亡金。金，昔我之仇也，今吾之蔽也。宜姑与币，使得拒蒙古。"[1]也就是说，金朝虽与南宋有深仇大恨，但现在已成为屏蔽蒙古的藩篱。然而受仇金情绪的影响，很多人无法理性地思考这一策略的可行性，太学生竟群体上书请诛乔行简以谢天下。经历了孝宗隆兴、宁宗开禧两次北伐失败以后，终于在理宗端平年间，在宋、蒙夹击之下，与赵宋王朝对峙了一百余年的金朝灭亡了。金哀宗遗骨、法物等被送到临安（今浙江省杭州市），理宗在徽、钦二帝画像前告慰他们的在天之灵，南宋举国上下沉浸在报仇雪耻的喜悦中，可他们却全然忽略了"与大敌为邻，抱虎枕蛟"的严峻形势，很快就不得不应付另一个更为强大的敌人。

1［清］毕沅：《续资治通鉴》卷一六〇，宁宗嘉定七年七月庚寅。

第七章

失去天堑：北宋与辽朝、西夏王朝之鼎立

两宋时期，赵氏政权与周边民族之间的关系极其复杂，同宋王朝并立的不同民族政权相继出现。北方先后有契丹建立的辽国和女真建立的金国，西北方有党项族建立的西夏。宋朝与北方民族政权之间错综复杂的关系，是两宋时期重要的历史线索。

中国自古以来就是一个多民族杂居的国家，上古以来，居于现在黄河流域地区的所谓中原国家，就时常面临来自北方与西方游牧民族的政治与军事压力。由于中原国家的主要生产方式为定居式农耕生活，机动性差，西北方的游牧民族其人多身体彪悍，擅长骑射，再加上长年逐水草生活，机动性强，在与中原国家的战争中，大多数情况下都占据上风。

为了抵御来自西北方面的游牧部族军事压力，中原地区国家采取了多种措施。春秋时期的三晋韩、赵、魏三国，纷纷在本国濒临游牧部族的边境地区修筑长城，用以限制游牧部族骑兵的进攻。赵国在赵武灵王时期，仿效游牧部族的战争方式——“胡服骑射”，成功地抵御了来自北方的游牧部族。但这种摈弃本国习俗，完全游牧部族化的“变革”并不是一个可以长久实施的政策，因此，如何利用本国优势（包括政治、地理、文化等方面）来抵御抑或消除西北游牧民族带来的军事压力，几乎成为历代中原国家争论不休的对外方针。

割让燕云十六州：防御北方游牧部族地理优势的丧失

五代十国时期，中原地区政权更迭频繁、战争频仍，虽然五代各个国家君主几乎都怀有削平各地割据政权，重新建立大一统国家的雄心与抱负，但限于当时复杂的局势与历史条件，都没能实现这一目标。伴随着中原地区的常年混乱与割据，西北方面游牧部族却已经逐渐形成一个统一的、强大的国家——契丹辽朝。

“契丹”汉译亦作吉答、乞塔、乞答、吸给等，其含义众说纷纭，通行说法为“镔铁”，象征着契丹人顽强的意志和坚不可摧的民族精神。

契丹族来源，一说源自东胡或鲜卑宇文部，一说起源于鲜卑系的别部而不是鲜卑的直接后裔。学界一般认为契丹出自东胡或鲜卑宇文部。据历史文献记载，早在十六国时期，契丹族已经出现。据《魏书·契丹传》记载，389年，柔然部战败于鲜卑拓跋氏的北魏。其中北柔然退到外兴安岭一带，成为蒙古人的祖先室韦。而南柔然避居今内蒙古的西拉木伦河以南、老哈河以北地区，以聚族分部的组织形式过着游牧和渔猎的氏族社会生活。此时八个部落的名称分别为悉万丹、何大何、伏弗郁、羽陵、匹吉、黎、土六于、日连。在战事动荡的岁月中，各部走向联合，形成契丹民族。

契丹族先后经过了大贺氏和遥辇氏两个部落联盟时代，臣服于北方游牧部族突厥。契丹人生活在东达辽河，西至吐护真水（今老哈河）上游与奚族地相邻，南抵今辽宁省朝阳市北约一百里处与营州地连接，北在今西拉木伦河以北地区与室韦为邻的区域内，以游牧、狩猎为生。唐太宗贞观二年（628），契丹部落联盟背弃突厥，归附唐朝。契丹与唐朝之间，既有朝贡、入仕和贸易，也有战争和掳掠。由于唐朝国力强盛，契丹虽然多次南下骚扰，但均未能深入内地。

耶律阿保机继任联盟首领后，不断向外征伐，通过战争掠夺了大量人力、财富，实力大为增强。此时，中原地区唐王朝崩溃，天下大乱，各地割据势力为了战胜对手，时常向强大的契丹寻求支援，这为垂涎于中原地区的丰富资源，一直伺机南下的契丹人提供了契机。

契丹人南下之初，遭到割据幽州的刘仁恭、刘守光父子强力阻击。据史书记载："刘仁恭习知契丹情伪，常选将练兵，乘秋深入，逾摘星岭击之，契丹畏之。每霜降，仁恭辄遣人焚塞下野草，契丹马多饥死，常以良马赂仁恭买牧地。"[1]后来刘仁恭父子为了争权夺利，骨肉相残。契丹人乘幽蓟混乱之机，从刘守光手中夺取了平州。李克用、朱温对抗之时，双方都极力拉拢契丹，阿保机经过考虑，倒向朱温，向朱温求册封，朱温则以"共灭沙陀"为条件。

916年，契丹族首领耶律阿保机称帝建国，国号契丹，年号为"神册"。辽政权建立后，继续向河北、河东用兵，并将攻占黄河以北作为军事、政治目标，先后掳掠突厥、党项、吐浑、小蕃、沙陀诸部，进军朔州，掳掠蔚、新、武、妫、儒、幽、涿、定等州，辽军南下时多次与李存勖发生军事冲突。在与李存勖的战争中，辽军屡屡失利，未能达到向南扩张境土的目标。契

1［宋］司马光：《资治通鉴》卷二六四，唐昭宗天复三年。

丹天赞二年（后唐同光元年，923），李存勖建立后唐，灭亡后梁。阿保机看到后唐实力强大，改变了战略部署，采纳皇后述律氏的意见，暂时放弃了对中原的强力军事进攻，只以少量兵力袭扰燕、赵，并不深入。转而集中力量出兵渤海，为进一步南下中原解除后顾之忧。

契丹天显十一年（后晋天福元年，936），后唐末帝李从珂与河东节度使石敬瑭互相猜忌，石敬瑭遣使至辽求援军。九月，辽太宗率五万骑，号称三十万，自扬武谷（今山西省朔县南）南下，至晋阳，与后唐兵战于汾水，后唐军大败。此时后唐卢龙节度使赵德钧父子欲乘乱取代后唐，秘密与辽太宗联络，要求立己为帝。后唐军一败再败，末帝自焚而死。十一月，辽太宗册立石敬瑭为大晋皇帝。石敬瑭为了表示谢意，向辽称臣，尊耶律德光为父。后晋天福三年（938），割幽、蓟、云、朔、蔚等十六州给辽，每年向辽供帛三十万匹。

燕云十六州，又称幽蓟十六州，包括幽州（今北京市西南隅）、顺州（今北京市顺义区）、儒州（今北京市延庆区）、檀州（今北京市密云区）、蓟州（今河北省蓟县）、涿州（今河北省涿州市）、瀛州（今河北省河间市）、莫州（今河北省任丘市北）、新州（今河北省涿鹿县）、妫州（今河北省怀来县）、武州（今河北省张家口市宣化区）、蔚州（今河北省蔚县）、应州（今山西省应县）、寰州（今山西省朔州市东）、朔州（今山西省朔州市）、云州（今山西省大同市）。

燕云十六州的丧失使辽朝与中原地区国家的战略形势发生了重大改变。辽境土扩展至今河北、山西北部，对中原地区形成俯冲之势。中原地区失去了古北、居庸等天险，长期以来赖以抵挡契丹南下的地理优势丧失殆尽。

石敬瑭依靠辽为后盾镇服中原地区，因此，对辽朝奉命唯谨，故终石敬瑭之世，辽晋间少有嫌隙。辽会同五年（后晋天福七年，942），石敬瑭死，侄石重贵立，辽晋关系恶化。辽会同六年（后晋天福八年，943）十二月，辽太宗发兵攻晋，历时三年，灭亡后晋。辽会同十年（947）正月，辽太宗入汴，实现了占领黄河流域的夙愿，改国号为辽，年号“大同”。但是，为解决军食，契丹人四处打草谷。辽太宗又命判三司刘眗筹措钱帛犒军，括借都城和诸州吏民财物，群情骚动。各地吏民多杀辽所任官，太原刘知远也乘机称帝自立，辽未能真正控制中原局势。四月，辽太宗北归，随后，中原汉官、汉将多投靠刘知远，辽灭晋所得州县旋复失去。

辽天禄五年（后周广顺元年，951）正月，后汉天雄军节度使郭威灭汉建周，刘知远从弟刘崇不承认后周，在太原建立北汉。北汉、后周都遣使与辽结好。辽世宗遣使册封刘崇为大汉神武皇帝，北汉成为辽在中原的又一个附庸，并得以依靠辽朝与后周抗衡。

九月，辽穆宗改元“应历”，他继续奉行援汉抗周的政策。受北汉、辽朝联兵的威胁，后周对北方一线采取守势，集中力量南下，周世宗显德五年（辽穆宗应历八年，958），后周结束南征，回师北向。次年四月，周世宗亲率大军自沧州沿水路入辽境，辽益津关（今河北省霸州市）、瓦桥关（今河北省雄县）守将和莫州、瀛州刺史举城投降，辽关南二州十县地入周。周世宗改瓦桥关为雄州，改益津关为霸州。从此，辽失去了十六州中的瀛、莫二州。后周显德六年（959）五月，周世宗正欲乘胜集中兵力攻取幽州，不幸染疾，英年早逝。至此，五代与辽朝的妥协、对抗宣告结束。

收复燕云十六州梦想破灭：宋太祖、太宗朝宋辽和战

周恭帝显德七年（辽应历十年，960），后周殿前都点检赵匡胤发动陈桥兵变，顺利取代后周，建立北宋。从此中国历史进入到辽宋对峙时期。

五代以来，辽朝利用中原地区的混乱局面多次兴兵南下，左右中原地区政治走势，废立皇帝，甚至一度占领黄河流域。辽军虽然由于各种原因退回北方，但潜在的军事威胁仍然存在。特别是辽朝占有燕云十六州之后，实力更盛，而中原地区防御辽军骑兵南下的险要地理优势丧失，所受压力空前加重。收复燕云十六州，将辽朝阻击于塞外，减轻来自北方的军事压力，是后周世宗孜孜以求的目标。赵匡胤称帝前，追随周世宗左右，深知世宗的政治规划。因此北宋建国后，宋太祖赵匡胤积极谋划收复燕云十六州。据宋代史书和笔记记载，宋太祖多次和群臣讨论收复燕云十六州的问题，还曾在内府库专置“封桩库”，储藏金帛，并提出用金帛向辽朝购回该地区的设想。另外，宋朝还在河北南部兴建“北京”大名府和辽国对峙。

宋朝建立时，北方有强大的辽朝，太原有北汉，南方分布着南唐、吴越、后蜀、南汉、南平（荆南）等国和湖南的周行逢、泉州漳州的留从效等割据势力。宋太祖在审慎分析当时全国形势后，决定暂时放弃北进的军事目

标，采取先南后北的方针，首先集中兵力去统一经济富庶但军事力量相对弱小的南方割据势力。这就是历史上所谓的“先南后北”方针。依据此方针，宋太祖对辽采取守势，于建隆三年（962），分派众将驻守北边和西北各州，以防御辽朝和北汉。西北既无后顾之忧，北宋专力向南方进取，逐个消灭各割据势力。

号称“睡王”的辽穆宗此时也无意南下进取，宋辽双方保持着和平状态。宋太祖开宝七年（辽景宗保宁六年，974），辽主动调整与宋的关系，命涿州刺史耶律琮（又作耶律合住）与宋议和，得到了宋朝的响应。双方开始通好，互派使节，吉凶节日皆有庆吊馈遗，沿边任人互市。宋太宗太平兴国二年（辽景宗保宁九年，977），宋在镇、易、雄、霸等州置榷务，加强了对互市的管理，宋辽双方维持了一种和平共处的局面。但辽朝不肯放弃北汉傀儡政权，当宋军攻击北汉时，辽朝接受北汉求援，出兵相助。虽然终宋太祖朝，宋辽之间未发生大的军事冲突，但宋太祖仍念念不忘收复燕云十六州，并为此做了很多准备工作。宋开宝九年（辽景宗保宁八年，976）八月，宋太祖命党进、潘美等分道进攻太原，辽朝派遣耶律沙领兵助北汉。同年，宋太祖去世，继位的宋太宗下诏班师。

宋太宗太平兴国三年（辽景宗保宁十年，978）四月，割据泉州的陈洪进献上泉、漳二州十四县地。同年，割据吴越的钱俶亦向北宋献出所属领地，至此，五代以来南方割据政权被逐一消灭，仅剩下龟缩在太原一隅的北汉。宋太平兴国四年（辽景宗保宁十一年、乾亨元年，979）初，宋太宗集中兵力，御驾亲征，派大将潘美等兵分四路围攻太原，并大破辽朝救援北汉的援兵。五月，北汉主刘继元出城投降，北汉平定。

宋太宗消灭北汉后，被胜利冲昏了头脑，在事先毫无思想准备和军事准备的情况下，不顾宋军经过数月艰苦攻战，士卒疲乏，兵力消耗颇多，战胜后将士未获得例行的赏赐，士气松懈，天气炎热等不利因素，企图乘战胜之威，立即攻取幽蓟。当时诸将因师疲饷匮，皆不愿行。只有武将崔翰认为机不可失，如能乘此破竹之势，攻下幽州如探囊取物。宋太宗于是采纳崔翰建议，率师北征，辽宋之间爆发正面冲突。

五月二十九日，宋军抵达镇州（今河北省正定县），集结待发，宋太宗遣使督调各地刍粮运赴北面行营。六月十三日，宋太宗亲率大军出镇州，兼程北进，进入辽境。宋军招募当地百姓为向导，展开进攻，易州（即岐沟关，今河北省涿州市西南）、涿州的辽朝汉人守将开门迎降。当时辽朝北院大王耶律奚底、统军使萧讨古等戍守幽州，为阻止宋军北进，率军南出堵截。宋太宗遣东西班指挥使傅潜、孔守正率前锋军出击，自率主力继后，败耶律奚底部于沙河（今河北省涿州市北拒马河），于二十三日推进至幽州城南。幽州城池墙高垒固，方圆三十余里，易守难攻。

宋太宗驻跸城南，分兵遣将，备御东南，攻击西北，辽朝权知南京留守韩德让率兵固守。为分宋军攻势，辽南院大王耶律斜轸佯作溃军北撤，宋军贸然进击，败于德胜口（今北京市昌平区北）。宋太宗乃分兵一部牵制耶律斜轸部于清沙河（今北京市海淀区清河镇北），自率主力四面围攻幽州城。辽蓟、顺二州又降。二十五日，宋太宗下令定国节度使宋渥、河阳节度使崔彦进、彰信节度使刘遇、定武节度使孟玄喆分率所部从四面猛攻幽州。辽南京守军人数不多，在宋军的猛烈攻势下，辽铁林都指挥使李札卢存领部下百余人出降，城内陷入混乱。恰好此时，辽权南京马步军都指挥使耶律学古率兵从山后驰至幽州，掘地道潜入城，与城内守军合兵拒守，宋军攻城未克。三十日，宋太宗再次集兵攻城，因师老兵疲，将士倦怠厌战，屡攻不克。辽景宗再次派遣南府宰相耶律沙、北院大王耶律休哥各率所部骑兵救援。

七月初六，耶律沙部与宋军战于高梁河（今北京西直门外）畔，辽军败退，宋军乘胜尾追。时近黄昏，耶律休哥率大军，人持两炬从间道驰至，宋军无备，停止追击，于高梁河畔列阵。耶律休哥部在耶律斜轸部的配合下，左右夹攻，耶律学古部也出城参战，宋军三面受敌，全线溃败，死者万余人，宋太宗仓促撤军，乘驴车逃归，辽军追至涿州，缴获宋大量兵仗、辎重。这就是历史上的高梁河之战。次年（980），辽朝发兵十万进攻雁门。代州刺史杨业出轻兵袭击，辽兵败走。十月，辽景宗、耶律休哥又自瓦桥关进攻，大败宋兵。辽宋互有胜负。

高梁河之战宋军惨遭失利，宋太宗本人身负箭伤，狼狈南逃，这对心高气傲、一心想通过收复燕云地区来盖过兄长功业的宋太宗而言，不啻一记沉重打击。宋太宗原本计划再次出兵，以雪前耻，但朝廷内的一些情况，让他迅速改变了主意。宋朝内部关于是否通过武力收复燕云原本就存在分歧，反对武力收复燕云的大臣利用高梁河之战失利，在朝堂上高谈反对言论。如谏官张齐贤上疏主张先加强内部统治，提出“先本而后末，安内以养外”[1]。河北南路转运副使田锡则干脆要求宋太宗放弃收复燕云，直斥燕云之地“沙漠穷荒，得之无用”“劳而无功”。[2] 面对朝臣的强烈反对，宋太宗不得不认真思考是否应该再次发兵。

另外，高梁河之战中，一部分宋军将领误以为太宗发生意外，曾经一度计划拥立太祖之子德昭，后来知晓太宗依然健在，此次拥立才没有付诸实施。宋太宗回朝后得知此事，十分震怒，后逼死侄子德昭，并处分了计划拥立德昭的将领。虽然皇位并未出现危机，宋太宗却意识到朝廷内部仍然存在一股强大的倾向于太祖系的力量，处理内部危机远比收复燕云地区重要。正是以上诸多因素，让宋太宗决定暂时停止发动新的宋辽之战。太平兴国六年（981），宋太宗下诏令沿边州县防守边境，不得出关，宋辽之间暂时休战。

---

1 ［元］脱脱等：《宋史》卷二六五《张齐贤传》。

2 参见［元］脱脱等：《宋史》卷二九三《田锡传》。

辽乾亨四年（宋太宗太平兴国七年，982），辽景宗病逝，年幼的辽圣宗隆绪继位，皇太后萧燕燕与权臣韩德让主持朝政。消息传到北宋，有人建议趁“契丹主年幼，国事决于其母，其大将韩德让宠幸用事，国人疾之”[1]之际，再次北伐。经过几年的对内整顿，宋太宗自恃皇位已经稳如磐石，激起了他复仇的决心。为了试探大臣的态度，宋太宗故意对宰相宋琪说后晋石敬瑭对契丹行父礼，还割地奉送，实为“屈辱之甚”。宋琪洞悉了太宗北伐的决心，就回答说：“恢复旧境，亦应有时。”[2]宰相的支持更加坚定了宋太宗北伐的决心。

宋雍熙三年（辽圣宗统和四年，986），宋太宗再度发兵，分三路北征，以天平军节度使曹彬为幽州道行营前军马步水陆都部署，侍卫马军都指挥使、彰化军节度使米信为西北道都部署，出雄州；侍卫步军都指挥使、靖难军节度使田重进为定州路都部署，出飞狐；检校太师、忠武军节度使潘美为云、应、朔等州都部署，出雁门。

此役宋军特意选择在辽帝春捺钵的三月出师，辽军毫无戒备，节节败退。宋军东路军曹彬率领主力连下岐沟（今河北省涿州市西南）、涿州、固安、新城，军声大震。西路潘美军进攻寰、朔、云、应等州。中路田重进出飞狐北，俘辽西南面招讨使大鹏翼等，进军飞狐、灵丘、蔚州。北宋三路大军势如破竹，直指幽州。得知宋军强势来攻，辽圣宗赶紧派遣南京留守、于越耶律休哥抵挡曹彬，耶律斜轸领兵抵挡潘美。同时征兵诸路，下诏亲征。曹彬一路号称十万，乘胜猛进。耶律休哥驻南京兵少，不敢正面交锋，利用南京城高墙厚，固守不出，避开宋军兵锋，白天派出精锐断宋兵粮道，使宋军疲于防御；夜间派遣轻骑出两军间，杀宋军单弱以胁其余众。曹彬入涿州十余日，粮尽，粮饷不继，无奈退师雄州。曹彬退守雄州

1［宋］李焘：《续资治通鉴长编》卷二七，太宗雍熙三年正月戊寅。
2［宋］李焘：《续资治通鉴长编》卷二六，太宗雍熙二年正月丙戌。

后，将士看到潘美、田重进两路进展顺利，担心军功都被对方抢去，纷纷要求再攻涿州，曹彬不得已率领疲惫之师再次回师涿州。此时，辽承天太后、辽圣宗的大军已到涿州东五十里。耶律休哥出轻兵沿路追击宋军，宋军且战且行，到涿州已师老兵疲，且所带军粮也已经耗尽，人心不稳。辽兵乘势大举出击，宋兵自涿州败退，辽兵追到岐沟关，宋军人马相踏，溺死于拒马河者不可胜计，弃戈甲若丘陵。

此次北伐，曹彬一路为宋军主力。宋太宗见主力溃败，担心遭遇上次高梁河悲剧，急令曹彬等回师东京，命田重进军驻定州，潘美军回代州。宋军匆忙后撤，辽兵随后掩杀，耶律斜轸出重兵袭击，大败宋兵于五台，宋兵死伤数万，辽朝趁势夺回蔚州。潘美领兵前去增援，结果大败于飞狐，潘美、杨业不得已回兵至朔州狼牙村，辽兵再陷寰州。杨业认为辽朝兵锋甚盛，不可与战。潘美等人不听，迫令杨业出兵。杨业知道此役必败，请潘美派兵埋伏在陈家谷口接应，结果杨业与辽兵血战，败退至陈家谷口，潘美等并未按原计划在此接应，杨业自知身陷绝境，率部下百余人，并力死战，堕马被俘。杨业被俘后拒不降辽，绝食三日而死。至此，雍熙北伐宣告失败。

宋太宗北伐再次失败，宋军损兵折将，元老重臣赵普、宰相李昉、殿中侍御史赵孚等纷纷上书，要求太宗“屈己”求和。宋太宗虽然没有采纳他们的建议，主动与辽朝议和，但也拒绝了户部郎中张洎、右正言王禹偁要求再次北伐的建议，决定对辽采取守势，专力加强国内统治。

澶渊之盟：宋辽间长期和平协议签订

宋太祖、宋太宗两朝，宋辽关系从和平共处转变为兵戈相向，其主要根源在于燕云十六州。宋朝希望通过武力收复燕云地区，重新掌握对辽防御的主动权，而辽朝为了便于南进中原，自然不甘心放弃占据战略地位且资源丰富的燕云地区。在这两种不同的指导思想下，宋朝又于太平兴国年间与雍熙年间两次北伐，宋辽间兵戈相向就不可避免了。

对北宋来说，高梁河之战与雍熙北伐这两次军事失利，严重挫伤了太宗收复燕云地区的雄心，北宋对辽由攻转守。对辽朝来说，两次阻击战的胜利，大大鼓舞了君臣士气，巩固了辽对河北、河东北部的统治。同时，辽朝君臣也清晰地意识到了北宋收复燕云的强烈愿望。为了彻底断绝北宋对于燕云地区的“幻想”，辽圣宗君臣逐渐改变了之前与北宋相安无事的做法，不时寻找时机南下掠夺北宋河北州县，宋辽之间小规模的军事冲突不断。辽圣宗统和十七年（宋真宗咸平二年，999），辽军南下，于瀛州俘虏宋高阳关都部署康保裔。辽圣宗统和十九年（宋真宗咸平四年，1001），又胜宋军于淤口、益津。多次小规模的军事试探之后，辽朝君臣决定集中兵力，对北宋进行一次大规模的进攻。

辽圣宗统和二十二年（宋真宗景德元年，1004）九月，辽圣宗、萧太后以收复被后周夺取的瓦桥关为名，亲率大军南下深入宋境。辽军前锋萧挞凛攻破遂城，生俘宋将王先知，攻入望都，俘虏宋副部署、殿前都虞侯、云州观察使王继忠。辽军势如破竹，一路南下，兵临澶州城下，北宋朝廷大为震动。宋真宗畏敌如虎，不敢迎战，朝中一些大臣纷纷要求迁都避敌，宰相寇准坚决反对，他联合部分要求武力回击的武将，强烈建议宋真宗前往前线，与辽朝展开针锋相对之战。在寇准等人的强烈推动下，宋真宗不得已宣布御驾亲征，来到澶州督战。

宋真宗亲临前线，鼓舞了宋军将士士气，辽兵深入宋境，担心陷入重围，希望迅速结束战斗，双方展开激战。十一月，辽军在朔州为宋军大败，岢岚军的辽军因粮草不继被迫撤军。辽军主力猛攻瀛州，宋军守将李延渥死守城池，辽军激战十多天都未能攻下。辽将萧挞凛、萧观音奴率军攻克祁州，萧太后等人率军与之会合，合力进攻冀州、贝州（今河北省清河县），宋军调集多方兵力前往增援，双方再次激烈交战。辽军攻克德清军（今河南省清丰县），三面包围澶州，宋将李继隆死守澶州城门。

当时宋辽双方隔河对阵，辽将萧挞凛恃勇，率数十轻骑在澶州城下巡视，误触宋军伏弩，重伤致死，辽军士气受挫。北宋降将王继忠乘机居中调停，力主南北议和。辽圣宗与萧太后鉴于宋军顽强死守，辽军前锋殒命，也同意与北宋议和，于是王继忠致书宋真宗，通报辽方有息民止戈之意。宋真宗原本对与辽朝开战心怀忐忑，看到辽朝有意议和，大喜过望，赶紧要求臣僚与辽朝接触，商议和谈之事。经过反复谈判，宋辽双方最终达成协议，结束了军事对峙状态，史称“澶渊之盟”。

澶渊之盟规定：一、辽宋约为兄弟之国，辽圣宗年幼，称宋真宗为兄，宋真宗称萧太后为叔母，后世仍以世、以齿论。二、宋辽以白沟河为国界，双方撤兵。此后凡有越界盗贼逃犯，彼此不得藏匿。两朝沿边城池，一切如常，不得创筑城隍。三、宋方每年向辽朝提供“助军旅之费”银十万两、绢二十万匹，至雄州交割。四、双方于边境设置榷场，开展互市贸易。

澶渊之盟是在辽宋都无力消灭对方、完成统一的情况下签订的和平协议，结束了辽宋之间几十年的战争，此后辽宋边境长期处于相对和平的状态，双方统治者得以集中精力治理国内，双方人民也免受战乱之苦。对辽朝来说，北宋每年提供的银、绢，在一定程度上缓解了经济压力，同时盟约对于双方边界的划定，也彻底宣告了燕云地区属于辽朝。对武力不振却经济繁荣的北宋来说，用微不足道的钱、绢换取长期的边境和平，从经济角度看，也是比较划算的事情。只不过燕云地区北宋以后不能再行收复，这一从五代以来的中原国家心中的隐痛虽然在澶渊之盟和平协议下被忽略，但在北宋君臣内心深处，永远是一道抹不去的伤痛。

澶渊之盟后，宋辽双方总体上维持和平共处关系，但仍有摩擦发生。辽兴宗继位后，辽朝国力强盛，此时北宋陷于与西夏的战事之中，接连在三川口（今陕西省延安市安塞区东，延川、宜川、洛川三河汇合处）、好水川（今宁夏回族自治区固原市隆德县西北）遭遇败仗，大批宋军被牵制在西北一线。辽朝君臣得知这一情况，一部分大臣认为“宋人西征有年，师老民疲”[1]，有可乘之机，便向北宋重提索取后周占领的二州十县，力图谋取利益。北宋忙于西北战事，也担心辽朝乘虚而入，便加强了河北一带的防御，这自然给了辽朝口实。

辽兴宗重熙十一年（宋仁宗庆历二年，1042）正月，辽朝遣南院宣徽使萧英和翰林学士刘六符使宋，指责宋于河北“填塞隘路，开决塘水，添置边军”[2]，要求宋朝交还关南十县。同时会兵南京，声言南伐。北宋一面调兵遣将、修路治河，作军事防御的准备，一面派出谈判使者。

六月，北宋使臣富弼、张茂实至辽，见到辽兴宗，富弼以“北朝与中

1［元］脱脱等：《辽史》卷九三《萧惠传》。

2［元］脱脱等：《宋史》卷九五《河渠志・塘泺缘边诸水》。

国通好，则人主专其利而臣下无所获，若用兵，则利归臣下而人主任其祸”[1]的道理打动辽兴宗，同时允诺北宋政府可以提供金帛，要求辽朝放弃军事行动，辽兴宗表示同意。九月，在澶渊之盟的基础上，宋辽双方再订盟约。辽放弃对关南十县的要求，北宋则“别纳金帛之仪，用代赋税之物，每年增绢一十万匹，银一十万两”[2]。辽朝同时迫使北宋将所输银绢名目改为屈辱性质的“纳”“贡”。辽宋双方关系再次恢复正常。

宋神宗继位后，起用王安石实行新法，派遣王韶经营熙州（今甘肃省临洮县）、河州（今甘肃省临夏回族自治州）、洮州（今甘肃省临潭县）地区，成功地招抚和征服了这一带的吐蕃部落，增强了宋朝在黄河上游地区的实力，对西夏的西部形成了一定的威胁，宋夏双方再定誓约，关系也趋于缓和。辽朝长期以来推行利用西夏牵制北宋的政策，此时辽朝已经渐趋衰落，看到北宋积极开边西北，担心北宋对自己存有军事意图，为了试探北宋的军事动向，同时分散北宋经略河西的精力，辽朝以北宋边民侵耕辽属土地为借口，挑起了河东地界的纷争。

辽道宗咸雍十年（宋神宗熙宁七年，1074），辽朝派遣林牙萧禧使宋，指责宋朝在“雄州拓展关城”，在应、朔、蔚州辽境一边“营修戍垒”“存止居民”，要求双方派员“同共检照”。[3]宋神宗许以雄州“创盖楼子箭窗等，并令拆去”[4]。神宗又先后两次遣使至河东边界与辽方共同勘验地界，都没能解决问题。宋神宗担心与辽朝交恶会影响对西夏的战略部署，便满足了辽的要求。除重熙年间新定地界外，又承认了辽在应州、武州南界侵占的宋边地。宋神宗熙宁八年（辽道宗大康元年，1075），宋廷派遣知制诰沈括使

1［宋］李焘：《续资治通鉴长编》卷一三七，仁宗庆历二年七月壬戌。

2［宋］李焘：《续资治通鉴长编》卷一三七，仁宗庆历二年九月乙丑。

3 参见［宋］李焘：《续资治通鉴长编》卷二五一，神宗熙宁七年三月丙辰。

4［宋］李焘：《续资治通鉴长编》卷二五一，神宗熙宁七年三月癸亥。

辽回谢，次年双方再遣使者，按新定地界重新分划，北宋又向辽朝出让了大片领土。

辽此次与宋交涉，其目的不在得地，而在窥探北宋的军事动向，确认北宋是否仍坚持澶渊之盟后宋辽双方的协议，这与辽朝自身实力的衰落也有一定关系。

联金灭辽：一个众说纷纭的历史选择

宋辽双方虽然自澶渊之盟后维持了上百年的和平局面，但辽朝的几次军事讹诈，刺激了北宋君臣心中的隐痛，宋神宗变法图强，经略西北，最终目的就是要打败辽朝，夺回燕云十六州。宋太宗、神宗为此理想赍志而殁，更加激起北宋君臣内心的愤慨。寻找时机消灭辽朝，成为一个隐藏在北宋君臣内心深处的秘密与渴望。这一时机在宋徽宗时终于出现。

宋徽宗政和年间，辽朝更加衰落，内部矛盾加剧，境内女真人起兵反抗辽朝统治，屡败辽兵。这些消息不时传入北宋，并被迅速报告给宋徽宗。宋徽宗政和元年（辽天祚帝天庆元年，1111）九月，宦官童贯以检校太尉身份陪同端明殿学士郑允中出使辽国，名义上是赠礼通好，实际上是探听辽国虚实。他们在辽朝停留期间，有一个自称是燕京世家大族、名叫马植的人秘密找到了童贯，向童贯献上“联金攻辽，收复燕云”的计策。童贯认为马植所言有理，便将马植悄悄带回了开封，改名李良嗣，藏匿在自己的府中。宋徽宗政和五年（辽天祚帝天庆五年，1115），女真首领完颜阿骨打称帝，建立金朝，对辽朝发动猛攻。童贯趁机向宋徽宗推荐李良嗣，李良嗣对徽宗坚称辽国必亡，怂恿宋徽宗果断出兵，并声称：“陛下念旧民遭涂炭之苦，复中国往昔之疆，代天谴责，以治伐乱，王师一出，必壶浆来迎。

万一女直得志，先发制人，事不侔矣。”[1]宋徽宗非常高兴，赐其赵姓，授赵良嗣为朝请大夫、秘阁待诏。

以宋徽宗、童贯、蔡京为首的北宋朝廷，认为辽朝内部虽然出现了种种危机，但辽朝元气未丧，尚有一定的实力。仅凭北宋一国之力征讨辽国，恐怕难以奏效。最好的办法是同女真人联合起来，从南、北共同夹击。为了避免引起辽国怀疑，北宋决定沿用前朝故事，以购买马匹为名，派人渡海去找女真人。宋徽宗重和元年（辽天祚帝天庆八年，1118）初，北宋派遣辽朝降民高药师及登州将吏七人，乘船出海前往辽东，结果未能和女真取得联系。同年四月，北宋改派武义大夫马政、军卒呼延庆和高药师等八十余人，再次乘船渡海去辽东，见到女真首领阿骨打。马政向阿骨打等人说明宋朝欲与金国联合起来，“共伐大辽”。阿骨打、粘罕等人商议后，表示可以考虑此事，乃令渤海人李善庆等人陪同马政一起回开封，了解宋朝廷真实意图。

宋徽宗宣和元年（辽天祚帝天庆九年，1119）正月，李善庆等人来到开封城，宋徽宗令蔡京、童贯与李善庆相见，李善庆称女真决意推翻辽国。宋徽宗君臣得知女真有灭辽决心，喜出望外，于是再派朝议大夫直秘阁赵有开、忠翊郎王瓌作为使者，与李善庆一起前往金国，并携带了以皇帝名义下的诏书。不久，北宋政府接到河北谍者发来的消息，称辽朝已割让辽东土地，封金国为东怀国，且妄言女真曾祈请与契丹修好。这一消息对宋朝廷产生了一定的影响，北宋君臣害怕辽与女真讲和，对自己不利，决定不派朝廷使者携带诏书前往金国。后来北宋得知女真并未与辽朝议和，便再次派遣赵良嗣前往女真商议夹攻辽朝。

宋徽宗宣和二年(辽天祚帝天庆十年，1120)，北宋、女真双方商定：

1［清］毕沅：《续资治通鉴》卷九一，徽宗政和元年十二月乙卯。

金取辽中京大定府，宋取辽南京析津府，辽亡后，宋将原给辽之岁币转纳于金国，金同意将燕云十六州之地归宋朝。因双方使臣由渤海往来洽谈，故称“海上之盟”。

宋金结盟后，金军连克辽中京、西京。北宋境内由于爆发方腊起义，迟迟按兵不动。后见辽朝败亡之势已定，才出兵攻辽南京，但几次进攻均被辽军击败。最后，南京被金军攻破。宋不得已通过增加岁币的方式，换取被金兵抢掠后的南京空城。正当北宋君臣欢庆收复燕云之际，金朝已经磨刀霍霍，准备灭亡北宋。

时战时和：复杂多变的宋夏关系

西夏是党项族建立的封建王朝，其统治范围大致在今宁夏、甘肃、青海东北部、内蒙古西部以及陕西北部地区，疆域方圆数千里，东尽黄河，西至玉门，南界萧关（今宁夏回族自治区固原市东南），北控大漠，幅员辽阔。

党项族是我国古代北方少数民族之一，属西羌族的一支，故有“党项羌”之称。另一种说法是西夏皇族是鲜卑族的后裔，如西夏开国君主李元昊就自称是北魏鲜卑之后。2008 年 2 月 29 日，据新华社报道，考古人员在内蒙古自治区鄂尔多斯乌审旗纳林河乡排子湾村发现一处拓跋部李氏家族墓地。这座五代至北宋初年的拓跋部李氏家族墓地中，出土了几方十分珍贵的墓志。墓志铭用了大段文字记述拓跋部李氏家族起源经过，并明确表示其家族为“本乡客之大族，后魏之莘系焉”。拓跋部李氏家族是“后搬到此地的大族，是北魏人的后代”，又一次把党项拓跋部和鲜卑拓跋联系在了一起。

早期党项人可能居住在青藏高原，唐朝初年，青藏高原上吐蕃王朝势力强大，党项人受其压力，不得不内徙唐境，其中拓跋赤辞投降唐朝，唐朝赐姓李，迁其族人至庆州（今甘肃省庆阳市、宁夏回族自治区南部一带），封拓跋赤辞为平西公。从此党项拓跋部在此定居。

唐朝末年，黄巢起义，唐室无力镇压，党项部首领拓跋思恭率军平定黄巢起义有功，再次被赐姓李，封夏国公。同时党项乘机割据夏、绥、银、宥等州，成为当时西北部的一个藩镇势力。

五代时期，中原常年混战，党项李氏先后臣服于五代各国，实际上保持着独立状态，并在后汉时期，获得静州（今陕西省米脂县）。

北宋建立后，党项李氏向赵宋政权表示臣服，受宋册封，并曾帮助宋朝攻击北汉，双方维持了一种和平的局面。宋太宗太平兴国五年（980），李继捧继任党项首领，遭到内部贵族的反对，李继捧不能镇服党项各部，不得已向北宋政府求援。宋太平兴国七年（982），党项首领李继捧因不能解决党项贵族间的矛盾冲突，向北宋请求入朝并留住宋京师，同时献出党项所辖五州诸县。宋太宗早有削平党项之意，看到李继捧主动献地，喜出望外，封李继捧在朝为官，同时下诏令党项贵族入朝。面对北宋吞并党项的举措，一部分党项贵族表示屈服，但也有一小部分党项贵族表示强烈反对，如李继捧族弟李继迁就十分不满。李继迁寻找时机，率领所属数十人逃往夏州东北地斤泽（今内蒙古自治区巴彦淖尔市），以恢复祖业相号召，组织武装力量，与宋对抗。

李继迁以宗族、血亲为口号，迅速团结了一批部落，但与强大的北宋政府相比，实力相差悬殊，几次交战，李继迁都惨败而归，甚至几乎深陷绝境。但李继迁不屈不挠，利用当地复杂的地理环境，依靠熟悉的部落，屡败屡战，逐渐扭转了被动的局面。宋太宗雍熙元年（辽圣宗统和二年，984），李继迁为宋军所败。次年，李继迁组织反攻，占领银州，自称定难军留后。

为了增强与宋对抗的实力，李继迁决定依附辽朝。辽圣宗统和四年（宋太宗雍熙三年，986），李继迁主动向辽称臣。辽朝也不希望北宋实力过于强大，十分重视李继迁的内附，遂授他为定难军节度使、银夏绥宥等州观察处置等使、特进检校太师、都督夏州诸军事，并将王子帐节度使耶律襄之女耶律汀封为义成公主许嫁李继迁，赐马三千匹。辽圣宗统和八年（990），辽遣使封继迁为夏国王。得到辽朝的军事与政治支持后，李继迁的实力得以壮大，形势开始向对他有利的方向转变。

北宋政府看到辽朝与李继迁结盟，担心二者联合起来对付自己，希望迅速结束与李继迁的敌对状态。同时，长年讨伐李继迁耗费了北宋大量兵粮，且劳而无功，朝廷臣僚纷纷上书，要求与李继迁议和。在这种情况下，北宋政府默认了李继迁的割据地位，授他银州观察使。为了笼络李继迁，赐他赵姓。

李继迁利用辽朝之势压制北宋，却并不彻底与北宋交恶，或因受到宋的军事压力，或希冀来自北宋的经济实惠，他经常向北宋表示求和。在辽、宋夹缝中，李继迁如鱼得水，势力一天天壮大。

宋真宗咸平五年（1002），李继迁率军攻陷北宋西北重镇灵州（今宁夏回族自治区灵武市），改称西平府。李继迁将政权中心迁移至此。次年，李继迁在与吐蕃部落争夺河西重镇西凉府（今甘肃省武威市）时中计，中箭身亡。

李继迁死后，其子李德明继立，继续巩固与辽朝的关系。李德明向辽朝遣使纳贡，辽仍封他为西平王，后再封为夏国王。辽兴宗景福元年（1031），辽朝又将兴平公主嫁与德明子元昊，封元昊为驸马都尉、夏国公。当时宋辽已经签订澶渊之盟，李德明趁机向北宋示好，北宋册封其为定难军节度使、西平王，并且每年以岁赐名义送给李德明金、帛、钱各四万，茶两万斤。与辽宋的和平交往，为党项势力发展提供了良好的机遇，党项向西与吐蕃争夺河西和青海地区。宋仁宗天圣六年（1028），李德明子李元昊率军攻破甘州（今甘肃省张掖市），甘州回鹘政权灭亡。宋仁宗明道元年（1032），李元昊攻陷西凉府，河西走廊西部一带的汉人、回鹘人势力以及西南一些吐蕃部落纷纷向党项表示臣服。党项在完成了对西部的征讨后，开始准备向东部扩展势力，与北宋争夺麟、府、环、庆诸州。

宋仁宗明道元年（1032），李德明去世，子李元昊继立。李元昊认为党项势力已经十分强大，采取依辽为援、与宋对抗的方针，同时积极筹划建立独立的政权。

宋仁宗景祐五年（1038），党项政权首领李元昊脱宋自立，自称皇帝，去宋封号，废除唐、宋赐给拓跋氏的李、赵姓氏，改姓“嵬名”，更名“曩霄”，称“兀卒”，改元“天授礼法延祚”，建国号“大夏”，史称“西夏”。宋仁宗宝元二年（1039），西夏景宗李元昊写信通知北宋政府，希望北宋承认这一事实。北宋大多数官员无法接受党项与北宋平起平坐，主张立刻出兵讨伐西夏，兴师问罪。于是宋仁宗于当年六月下诏削去元昊官爵，停止互市，募人擒杀元昊，宋夏关系恶化。

李元昊认为夏与辽联姻通使多年，宋若出兵西夏，辽方必定不会坐视。于是他有恃无恐地进攻北宋边镇。延州（今陕西省延安市）是北宋西北边境军事要地，也是西夏出入北宋的要冲，因此成为李元昊对宋战争的第一个目标。西夏天授礼法延祚三年（宋仁宗宝元三年、康定元年，1040）正月，李元昊先派牙校贺真率部众向宋金明寨（今陕西省延安市安塞区北）都监李士彬诈降，心高气傲的李士彬以为夏兵胆怯，不敢与宋军应战，故而放松了对西夏军队的警惕。李元昊率兵数万趁其不备，连破保安军（今陕西省志丹县）、金明寨，俘虏李士彬。

李元昊攻下金明寨之后，挥兵南下，直逼延州。宋知延州范雍大为恐惧，慌忙调集鄜延副都总管石元孙和驻兵庆州的鄜延、环庆两路副都总管刘平前来救援。刘平率领八千精锐与石元孙合兵共万余人，昼夜行军，急赴延州。行至三川口时，宋军遭遇早已设伏的西夏军队，仓促应战。鄜延都监黄德和见西夏兵多势众，在阵后领兵先逃，宋军溃乱。刘平、石元孙率领残兵退到西南山，立寨抵御。李元昊派兵到寨前挑战，然后亲自领一部分兵从山后攻入山寨，刘平、石元孙兵败被擒。

夏军在三川口全歼刘、石部之后，集兵于延州城下，准备攻城，延州危在旦夕。这时恰逢天下大雪，寒风凛冽，夏军缺少御寒衣物，遂致军纪松弛，无心再战。李元昊又得报宋麟州都教练使折继闵、柔远寨主张岊，代州钤辖王仲宝率兵攻入夏境，于是率军回师，延州才解围。

三川口之战中，宋朝虽然成功抵御了西夏军队的入侵，但是损失太多，而且宋朝甘陕青宁边境的防御也处于被动地位。三川口之战以后，宋仁宗深感西夏强盛，下令封夏竦为陕西经略安抚使，韩琦、范仲淹为副使，共同负责迎战西夏的事务。延州之战后，西夏军对宋西北边地的进扰愈加频繁。宋仁宗康定二年（1041）正月，宋廷为遏制夏军，采纳陕西经略安抚副使韩琦的建议，拟发泾原、鄜延两路兵反击。但因同任副使的范仲淹持有异议，仁宗命诸臣再议。夏景宗李元昊趁宋进兵未决，再度攻宋。

西夏天授礼法延祚四年（1041）二月，李元昊率领十万兵马从折姜（今宁夏回族自治区同心县预旺镇东）进发，经天都寨（今宁夏回族自治区海原县）、瓦亭川（今宁夏回族自治区与甘肃省境内的葫芦河）南下，设伏好水川川口，遣部分兵力至怀远城（今宁夏回族自治区西吉县偏城）一带引诱宋军入伏。宋军统帅韩琦闻知夏军来攻，命令环庆路副都部署任福率兵数万，自镇戎军（今宁夏回族自治区固原市）经怀远城、得胜寨（今宁夏回族自治区固原市西吉县东南），抵羊牧隆城（今宁夏回族自治区西吉县兴隆镇西北）前来应敌。韩琦的作战计划是让任福率军出夏军之后，伺机破敌。如不利于战，则据险设伏，待夏军回师时截击。

西夏军按计划逼近怀远城，宋军将领任福与泾原驻泊都监桑怿率领数千轻骑先发，钤辖朱观、都监武英等统领大军后继。二月十三日，宋军进至捺龙川（今宁夏回族自治区西吉县偏城东北），闻知镇戎军西路都巡检常鼎等与夏军激战于张义堡南，任福军决定前往增援，于是转道南进，急趋宋夏交战处。西夏军队佯装战败后撤，引诱宋军追击。任福、桑怿立功心切，脱离辎重，轻装尾随，直至好水川地区。宋军朱观、武英部屯驻笼洛川（今宁夏回族自治区隆德县西北什字路河）。任福与其相约次日会兵川口，合击夏军。十四日，任福、桑怿引军循川西行，至羊牧隆城东五里处，发现道旁放置了数个银泥盒，将盒打开后，百余只带哨家鸽飞出，原来此为西夏军队事先设计好的信号，西夏军队看到信号，全力出击。宋军当时尚未列阵，顿时一片混乱，死伤甚众，任福、桑怿等战死。是日，朱观、武英部进至姚家川（什字路河口），亦陷入西夏军队的重重包围之中。行营都监王珪率领四千五百人自羊牧隆城来援，亦被西夏军队击败。武英、王珪所部寡不敌众，损失惨重，武英、王珪等人战死，只有朱观率千余宋军逃归。

宋仁宗闻知好水川之战宋军大败，十分愤怒，下诏贬谪韩琦、范仲淹等人，在边境采取守势。西夏于延州之战、好水川之战获胜后，气势愈盛。西夏天授礼法延祚五年（宋仁宗庆历二年，1042），西夏中书令张元向李元昊献计，乘宋精兵尽集边地，关中空虚之机，深入宋朝腹地，东阻潼关（今属陕西省），隔绝两川（今四川省中部），占据长安（今陕西省西安市），李元昊采纳了张元的建议。

同年闰九月，李元昊调集十万西夏军，兵分两路，一路出彭阳城，一路出刘璠堡（今宁夏回族自治区固原市西北），夹击镇戎军（今宁夏回族自治区固原市），企图诱使宋军出击，聚而歼之。北宋泾原路经略安抚招讨使王沿获知西夏军来攻，命副使葛怀敏率军从渭州（今甘肃省平凉市）至瓦亭寨（今宁夏回族自治区隆德县东北）阻击。初九这一天，葛怀敏进抵瓦亭寨，会合该寨都监许思纯、环庆都监刘贺部。葛怀敏见宋军人数众多，于是冒险出击，率军进屯五谷口（瓦亭寨北）。王沿得知消息后赶紧派遣使者持书告诫葛怀敏勿再深入，命其背城为营，示弱诱敌，设伏奇袭，攻其不备。

葛怀敏破敌心切，会同知镇戎军曹英、泾原路都监赵珣、西路都巡检李良臣、孟渊等部，集兵数万，继续北进。

二十日，葛怀敏率军进至镇戎军西南，走马承受赵政认为距西夏军已近，不可轻进，葛怀敏乃趋养马城（今宁夏回族自治区固原市西北）。不久，宋军泾原都监李知和、王保、王文、镇戎都监李岳等亦自镇戎军率军赶至。诸将闻知李元昊移军新壕（今宁夏回族自治区固原市西北古长城壕）外，商议次日黎明前往袭击。赵珣以为西夏军远来，利于速战速决，建议依马栏城（今陕西省旬邑县东北）布栅，扼其归路，固守镇戎，以保障粮道，待其兵疲出击。葛怀敏不听，命诸将兵分四路趋定川寨。二十一日，沿边都巡检使向进、刘湛行至赵福新堡（今宁夏回族自治区固原市西北），遭到西夏军截击，退守向家峡（赵福新堡附近）。元昊乘势挥军抵新壕，向北宋中军进逼。葛怀敏、赵珣、曹英等人坚守定川寨。西夏军破坏宋军粮道和归路，又断定川寨水源。葛怀敏率军列阵出击。元昊集兵分别进攻宋军诸部，先败河（今宁夏回族自治区固原市北清水河）西刘贺军，再击阵于寨东葛怀敏军，当时狂风突起，飞沙弥漫，宋军部伍相失，营阵大乱，士卒惊骇，争相入城。混乱之中，葛怀敏为众军所拥，几乎被践踏致死。幸亏将领赵珣率领刀斧手和勇士依靠门桥生死搏杀，西夏军队才稍稍后退。

当夜，西夏军队围城。葛怀敏看到形势危急，忙与诸将商议对策，计划突围奔走镇戎军。赵珣料定途中必遭西夏军截击，力主出其不意，迂回笼竿城（今宁夏回族自治区隆德县北）前往，诸将不从。二十二日黎明，葛怀敏下令宋军以曹英、赵珣为先锋，刘贺、许思纯为左右翼，李知和、王保、王文等殿后，结阵东进。临行之际，部下再次拦马进谏，请求转道而行，葛怀敏不从，策马东南，驰行二里，发觉长城壕桥已断，归路被阻。看到归途无路，宋军士气顿时受挫，埋伏的西夏军队乘机四面夹击，宋军大败。葛怀敏与部将曹英、李知和、赵珣、王保、王文、刘贺等十六将阵亡，此役宋军丧失兵马近万人，只有走马承受王昭明、赵政等退保定川寨，后军一部迂回笼竿城，幸免于难。

李元昊获胜后，挥师南下，连破数寨，直抵渭州，宋军新败，士气低落，不敢应敌，皆壁垒自守。李元昊虽然获胜，但惧于川陕一带数十万宋军，也不敢深入，大掠而还。

宋朝在讨论对夏的攻守之策时，也充分考虑了辽朝的态度。知延州范雍主攻，认为宋朝久以恩信对待辽朝，可遣一介之使，令其出师相助。如击败李元昊，则增金帛十万与辽。于是，宋先遣使以出师伐夏相告。辽朝的态度却出乎夏宋双方所料，它不倾向任何一方。宋兵败于好水川，西夏遣使献宋俘，辽的态度随之明朗。次年，辽遣使至宋，指责宋朝兴兵伐夏，以此作为索要关南十县的一个借口，迫使宋每年增加二十万两的岁币。

辽朝既已从宋夏交兵中得到了实惠，又知宋不会对己方构成军事威胁，而西夏军事力量增长却于己不利，于是，辽朝将防御的重点转向西夏，一方面限制边境吐蕃、党项向西夏卖马，一方面遣使令西夏与宋讲和。辽与宋的矛盾冲突缓和而与西夏的关系开始紧张，最终双方爆发两次军事冲突，西夏虽然凭借地理之势获取胜利，但国小力弱，难以与辽朝持久抗争。北宋看到辽与西夏交恶，也希望辽夏“自相杀伐，两有所损”。于是宋仁宗庆历四年（辽重熙十三年，西夏天授礼法延祚七年，1044），北宋封李元昊为夏国主，宋夏和议成。通过宋夏、辽夏和议的签订，西夏成为辽宋双方的臣属。它无力取得与辽宋平等的地位，不能不接受这一既定事实。但是，西夏不敢轻易对辽动武，却不断袭扰宋朝边境，这就使辽得以坐制宋夏两方。辽朝既不能以武力征服西夏，又重视与宋朝的和好，还可以利用宋夏矛盾从中渔利。所以，尽管两次在对夏战争中失利，辽朝却是三方中得利最多者。这一结局客观上对巩固辽夏、辽宋、宋夏的既定关系都有好处，也稳定了辽、宋、夏鼎立的局面。

自辽兴宗与夏毅宗重定和议后，辽夏宗藩关系稳定发展。西夏依靠辽朝为后盾，不断骚扰宋朝边境。宋英宗治平四年（辽咸雍三年，西夏拱化五年，1067），宋神宗继位，七月，知青涧城种谔突袭西夏，收复绥州，西夏闻讯后发兵攻宋，双方关系再度恶化。宋神宗久有削平西夏之志，采纳王韶“欲取西夏，当先复河、湟”[1]的建议，致力于河、陇，同西夏、辽争夺吐蕃部落。宋以王韶兼管勾秦凤路缘边安抚司，负责招纳蕃部、市易、营田等事。王韶先后取熙、河、洮（今甘肃省临潭县）、岷（今甘肃省岷县）、叠（今甘肃省迭部县）、宕（今甘肃省宕昌县）等州，降抚吐蕃俞龙珂（包顺）、瞎药（包约）、瞎吴叱（赵绍忠）、巴毡角（赵醇忠）等部，加强了宋在甘肃一带的实力，对西夏构成了很大的威胁。辽朝不愿看到西夏被过度削弱，故意与北宋挑起地界之争，牵制北宋的战略部署。

宋神宗元丰四年（辽大康七年，西夏大安七年，1081），夏惠宗秉常为其母所囚，宋大举伐夏，期在荡平，结果未能成功。此后，夏屡受宋朝攻击，银、夏、宥诸州曾一度为宋军攻陷。夏多次向辽求援。此时辽境内也爆发了反抗斗争，自顾不暇，只好连续遣使至宋为夏人请和，同时要求西夏配合讨伐拔思母等反叛部落。此时，辽、夏国力都已大不如前，宋朝实行变法后实力却有所增强，宋徽宗在王韶经营熙河的基础上，继续招抚西蕃部落，加强了对西夏的军事压力，夏崇宗李乾顺多次遣使向辽求援。辽朝天祚帝继位后，国势日益衰败，辽朝既不能向夏提供军事援助，只好遣使为夏请和。宋朝认为，要解除辽的威胁，必须先制服西夏。当辽、夏均已衰弱之际，宋朝的态度却强硬起来。

金收国元年（辽天庆五年，1115），金朝立国，开始发动对辽的进攻。辽保大三年（西夏元德五年，1123），辽天祚皇帝兵败逃到西夏。同时金

1［元］脱脱等：《宋史》卷三二八《王韶传》。

使到西夏劝李乾顺将辽帝擒拿送往金，以保障西夏不被金攻击，李乾顺看到辽败亡之势已不可挽回，答应了金的条件。从此西夏归服金。南宋建立后，曾经派人前往西夏，意图联合抗金，结果遭到西夏拒绝，双方从此断绝来往。

结语

两宋时期，赵氏政权与周边民族之间的关系极其复杂，同宋王朝并立的不同民族政权相继出现。北方先后有契丹建立的辽国和女真建立的金国，西北方有党项族建立的西夏。宋朝与北方民族政权之间错综复杂的关系，是两宋时期重要的历史线索。10世纪以降，契丹于北方崛起，建立起地跨草原与中原的政权，与宋朝长期对峙，形成中国历史上又一个“南北朝”局面。

宋太祖、太宗扫平五代以来的南方割据政权后，平定北汉，随后将目光投向契丹辽朝占领下的燕云十六州。宋太宗为收复燕云十六州付出过艰辛的努力，但宋代君臣错估了辽朝的国内形势，认为辽朝主少国疑，女后摄政，是伐辽的天赐良机。而事实上，辽朝在萧太后的统治下政治清明，正值兴盛。雍熙三年（986），宋军兵分三路，大举北伐。北伐之初，宋军取得了一些胜利，但宋朝皇帝极力防范武将，每次出征前都制定了兵法阵图，让将领们依计行事，完全不顾前线战场的变化，严重束缚了将领们的主动性和灵活性。加之各路将士各自为战，缺乏协作，因此被辽军各个击破，由此，声势浩大的雍熙北伐以惨败告终。宋真宗继位后，无心谋划北伐，最终与辽朝订立了澶渊之盟。澶渊之盟是一个不完全平等但又有积极意义的盟约，从其订立的过程和内容来看，宋辽双方都有一定的妥协，而这种妥协是以宋辽双方实力相当为基础的。

澶渊之盟以后，宋辽双方基本上没有再出现大规模的战事，两国保持了近一百二十年的和平与稳定，直到金朝崛起。这种局面对于经历了数十年战争的两国来说，都极为珍贵，宋辽双方都需要一个安定的环境来发展国内经济，治疗战争留下的创伤。盟约签订后，边境地区趋于安定，宋在边境开放榷场，两国在经济贸易、文化交流等诸多方面加强了联系，推动了社会生产力的恢复和发展。与此同时，北宋的对外策略也发生了微妙的变化，逐渐由积极进攻转变为消极防御。尽管澶渊之盟以来，宋辽双方维持了百年和平，辽朝却并未停止对宋朝的军事讹诈，这深深地刺痛了宋朝君臣的心理。北宋后期，辽朝境内女真族崛起，宋徽宗君臣开始谋划联金灭辽。在宋金的联合进攻下，辽朝覆灭。金朝取代辽朝，成为宋朝在北方的又一威胁。

西夏与宋、辽、金朝关系的变化，使得时局更加纷繁复杂。北宋王朝建立之初，夏州统治者与宋朝基本保持着友好往来关系。宋太宗太平兴国年间，党项新任首领李继捧入宋献地，引起族人李继迁的强烈反对。李继迁为“恢复祖宗基业”，起兵对抗宋朝。宋仁宗在位期间，李元昊脱宋自立，正式建立西夏政权。经过数年的战争，宋夏、辽夏先后达成和议，西夏成为宋辽双方的臣属，斡旋于宋辽之间，宋、辽、夏鼎立的局面逐渐稳定。12 世纪初，西夏见辽朝大势已去，归服金国。不久，金人攻陷汴京，宋、金、夏关系进入新的历史阶段。

第八章

收拾旧山河：南宋初年的和与战

南宋延续北宋的国祚，并非人们想象的那样水到渠成，在当时混乱的时局下，其实潜伏着多种可能性。面对金朝的威胁，南宋主战派与主和派遵循各自的政治理念，为存续政权进行了不同的努力。

北宋靖康年间，金军攻破宋都开封，宋徽、钦二帝被掳，延续了一百六十余年的北宋宣告灭亡。此时，康王赵构由于受命至金营议和，恰好不在京城，幸运地躲过了被俘的噩运。战乱之中，赵构继位，并一路逃到南方，建立起后世所称的“南宋”王朝，赵构就是宋高宗。南宋延续北宋的国祚，并非人们想象的那样水到渠成，在当时混乱的时局下，其实潜伏着多种可能性。面对金朝的威胁，南宋主战派与主和派遵循各自的政治理念，为存续政权进行了不同的努力。以南宋初年的和与战为线索，我们尝试走进那个时代。

再造王室："嗣我朝之大统"

"天人之心未厌赵氏"：康王继位

赵构（1107—1187），字德基，是宋徽宗第九个儿子，宋钦宗同父异母之弟，宋徽宗宣和三年（1121）被封为康王。赵构为亲王时，除了写得一手好字和对骑马、射箭略有所长外，其他方面表现平平。宋钦宗靖康元年（1126），康王赵构奉钦宗之命，以人质身份前往金国攻宋统帅斡离不（完颜宗望）军中。据史书记载，一日，赵构与斡离不一起射箭，赵构连发三箭，俱中的。此举引起斡离不高度重视，认为他并非整日养尊处优的皇室子弟，而是赵宋宗室中擅长武艺之人假冒的，留之无益，便将赵构放归。

十一月，金军分东、西两路逼近开封。情势危急之下，宋钦宗再派赵构使至河北金营，以割让太原、中山、河间三镇和尊金帝为皇叔等条件，向金军请和。赵构一行离京北上，十一月二十日抵达磁州。磁州知州宗泽认为金军已经迫近，再去金营也无济于事，劝阻赵构不要北上，赵构随即回到了相州汪伯彦处。闰十一月末，金军会师于开封城下，宋钦宗出手诏命赵构为"河北兵马大元帅"，率军救援开封。赵构利用朝廷诏令，迅速召集了上万人的部队。但他并没有马上率部赶赴京城勤王，反而离开相州，由大名府逃往山东，远避金兵，只让宗泽带领数千人马前往救援。次年正月，赵构抵达东平府（今山东省东平县），在汪伯彦的建议下，由将领张俊护卫南逃至济州（今山东省巨野县）。同年三四月间，宋徽、钦二帝被金军掳掠北去，北宋灭亡。

金军虽占领了开封，但实际只控制了河北、河东十多个府州，大部分州县仍然在宋臣掌控下固守待援。金朝因兵力有限，扶植北宋宰相张邦昌建立傀儡政权，国号为楚，随后撤回北方。没有金军支持，张邦昌自知难以服众，主动退位，请因出家而幸免于难的宋哲宗废后孟氏回宫，尊为“宋太后”，垂帘听政。孟氏发布诏书，归“神器”于康王，“嗣我朝之大统”。[1] 赵构于靖康二年（1127）五月一日，在南京应天府（今河南省商丘市）登坛受命，即皇帝位，沿用大宋国号，将年号改为“建炎”。

“建炎”年号是反复讨论和仔细斟酌的结果。最初黄潜善建议为“炎兴”，耿南仲指出这是三国蜀汉用过的年号，他进而提出：“故汉光武中兴，改元建武。大王再造王室，宜用光武故事纪元。”[2] 此外，宋太祖建国后改元“建隆”，而按五德始终说，宋属火德。综合这些因素，应改元为“建炎”。因此，“建炎”这一年号既寓寄着赵宋传统，又隐含光武中兴汉朝故事，具有说明赵构继位的正当性和招揽人心的功能。正如宋高宗在继位赦书中说：“朕惟火德中微，天命未改。考光武纪元之制，绍建隆开国之基。用赫丕图，益光前烈。”[3] 此后，“光武故事”屡被提起，成为宋高宗重要的政治口号之一。

赵构的登基是在十分特殊的历史环境下实现的。北宋的灭亡由外力作用导致，并不是自身统治从内部崩溃的结果，宋朝臣民并未丧失对赵宋政权的信赖，这一点即便是金人也有清醒的认识。金将粘罕（完颜宗翰）说：

1 参见［宋］汪藻：《皇太后告天下手书》，《全宋文》（第一百五十六册）卷三三六八《汪藻六》。

2［宋］耿南仲：《改元建炎议》，《全宋文》（第一百二十二册）卷二六三六《耿南仲》。

3［宋］滕康：《高宗登极大赦诏》，《全宋文》（第一百七十五册）卷三八二五《滕康》。

“天生华夷，自有分域。中国岂吾所据，况天人之心未厌赵氏。”[1] 由于金人扶植的伪楚政权不被中原军民所承认，尖锐的民族矛盾使人们强烈要求恢复赵宋统治，而当时在开封的宗室诸王都被金军俘虏，赵构由于偶然的机会滞留在外，结果意外成为帝位继承人。同为赵宋宗室的赵子崧致书赵构：“国家之制，素无亲王在外者。主上特付大王以大元帅之权，此殆天意。”[2]

神道设教：“泥马渡康王”

尽管如此，赵构的即位仍然可以说是“非法”的，宋徽、钦二帝仍然健在，很多人期盼“迎回二圣”，赵构本人也并没有得到徽宗或钦宗传授帝位的授命。赵构叔祖辈的宗室赵仲琮直言：“今二帝北迁，大王不当即位，只宜用晋武陵王故事，称制行事，不改元。”[3] 后来太学生陈东也指责赵构“不当即大位，将来渊圣皇帝（宋钦宗）来归，不知何以处？”[4]

正因为权力的来源缺乏权威性，此后南宋君臣便想出种种策略，来证明赵构的继位是天命所归，其中，最引人注意的就是“神道设教”。南宋一朝，“泥马渡康王”的传说流行甚广，这一传说源于赵构在磁州的事迹。在磁州期间，宗泽陪同赵构拜谒了当地崔府君庙，该庙位于通往邢、洺州的驿道侧旁，当地百姓担心赵构取道继续北行，聚集在庙宇周围号呼劝谏。进入祠庙后，赵构卜得“吉”签，庙吏抬崔府君轿舆、拥庙中神马，请赵构乘归馆舍。纷乱之中，力主使金的副使王云被杀。

事件本来是当地百姓劝谏赵构不要北行，但经过后人的渲染，其中的神话意味变得丰富起来。宋宁宗嘉定四年（1211）程卓撰《使金录》，其中

1 [宋] 徐梦莘：《三朝北盟会编》卷七一。

2 [宋] 李心传：《建炎以来系年要录》卷四，建炎元年四月癸亥。

3 [宋] 徐梦莘：《三朝北盟会编》卷九二。

4 汪圣铎点校：《宋史全文》卷一七上《宋高宗三》。

写道："高宗为王尚书云迫以使虏，磁人击毙王云。高宗欲退，无马可乘，神人扶马载之南渡河。"[1]这是有关"泥马渡康王"的较早记载，但即便是程卓自己，恐怕也很难确指神马助赵构所渡之河究竟是哪一条。后来《靖炎两朝见闻录》的记载更为离奇，其中说金将斡离不派人催促赵构北行，赵构躲避在崔府君庙休息小睡。忽然有人大喝："速起上马，追兵将至矣！"[2]赵构叫苦道："无马，奈何？"[3]其人答曰："已备马矣，幸大王疾速加鞭。"[4]赵构环顾，果然有一匹马立于身旁，纵身上马，一昼夜行七百里。这时只见马僵立不动，原来是崔府君庙内的泥马。

所谓的"泥马渡康王"完全是一个虚构的故事，它在南宋广泛传布且得到官方的积极肯定，与当时特定的历史条件有关，正如清代四库馆臣所说："盖建炎之初，流离溃败，姑为此神道设教，以耸动人心。实出权谋，初非实事。"[5]换句话说，它的目的是向金人以及赵宋臣民证明赵构登基是受命于天、名正言顺的。

巡幸东南：江南政权规模初现

赵构继位后，采取两面手法：一方面为了网罗人心，同时也是希望保护自己的安全，他下诏起用曾经在北宋都城保卫战中立功、深孚众望的著名抗战派大臣李纲为相，借重李纲的名声来稳固自己的统治；另一方面，赵构不敢和强大的金国公开决裂，下诏封被金国册立的原伪楚皇帝张邦昌为太保、同安郡王，希望借此向金国示好，换取求和机会。

建炎元年（1127）六月，李纲到达应天府，见到宋高宗。李纲以积极

1［宋］程卓：《使金录》，《晋唐两宋行记辑校》。

2［宋］陈东：《靖炎两朝见闻录》下卷。

3 同上。

4 同上。

5《四库全书总目》卷五二《使金录一卷》。

恢复南宋国力，营救徽、钦二帝为己任，他向宋高宗进呈十项建国之策，希望高宗能够吸取北宋灭亡的教训，讲究战守之计，积聚力量，最终寻找时机报亡国掳君之仇。在李纲推荐下，忠心报国的宗泽被任命为东京留守，防守东京；河北设立招抚司，河东设立经制司，负责招募、统领河北及河东各路民兵。为了鼓舞人心，李纲多次建议赵构回到北宋都城开封，朝觐太庙。在李纲的措置下，刚刚成立不久的南宋政府初具规模。

李纲虽出任宰相，却未能完全掌握以赵构为中心的政治集团，与他针锋相对的是以黄潜善、汪伯彦为首的侧近集团，他们自相州就开始追随赵构，在拥立赵构为帝的过程中立有大功，深得赵构信赖。在对金问题上，黄、汪二人力主请和，“画河为界”，割让河东、河北。李纲则认为和议的决策大错特错，倡议采取守策，加强防卫，“祖宗之地，尺寸不可以与人”[1]。两个集团在政策纲领、目标方向等方面存在着根本性的差异，两条路线之间的取舍，也最终决定了南宋政权的基本格局。

建炎元年（1127）秋，双方在皇帝驻跸地的问题上产生了直接冲突。辗转于各地的南宋朝廷，究竟应以何处为皇帝驻跸之所，关系着王朝未来的展望与走向：是逃避？是战？是守？还是和？黄潜善、汪伯彦积极鼓动巡幸东南（扬州），逃避金军压力。李纲担心如果向东南避退，“恐中原非复我有”，主张暂时驻守在南阳，“以示不忘中原之意”，选任将帅控扼要害之地，然后回到开封，“天下之势遂定”。[2]宋高宗显然更加信任以黄、汪为首的侧近集团，黄潜善与汪伯彦“力请幸东南，上意中变。于是纲所建白，上多不从”[3]。在他们的力劝之下，宋高宗决定去扬州，李纲任相仅七十五天便辞职。

1［元］脱脱等：《宋史》卷四四八《欧阳珣传》。

2 参见［宋］李心传：《建炎以来系年要录》卷七，建炎元年七月辛丑。

3［宋］李心传：《建炎以来系年要录》卷八，建炎元年八月壬戌。

驻跸东南，“去中原益远，而民心易摇动”[1]，实际上等同于放弃河北、中原地区。作为南宋开国皇帝，高宗在保全自己和守住祖宗故土之间选择了前者，也在政权中注入了自私保守的性格，这决定了南宋作为偏安东南的江南政权的基本规模。巡幸东南和李纲辞职引发了一连串的反应。一直力请还都开封的宗泽，在得知宋高宗去往扬州的消息后，“忧愤成疾，疽作于背”[2]，于建炎二年（1128）七月去世，他所整编的开封守备勤王军队旋即瓦解，北方抗金力量大为削弱。河北招抚司、河东经制司很快被裁撤，刚刚聚集起来的地方民兵又处于无政府状态。很多民兵组织转化为流寇和土匪，给当地百姓和南宋政府带来极大的威胁。宗泽之死与开封守军的溃散，又成为促使金军正式南进的契机，“金人闻宗泽死，决计用兵”[3]。金太宗说，“康王当穷其所往而追之，俟平宋，当立藩辅如张邦昌者”[4]，命粘罕率兵南征。于是金军自建炎二年（1128）秋至翌年春，大举南下。

另一方面，宋高宗抵达扬州后，自以为已经脱离险境，并不考虑如何防御金兵南下，更遑论收复北方失地与营救被俘虏而去的父兄。他任命黄潜善、汪伯彦为宰相，将国事完全托付于两人，称“潜善作左相，伯彦作右相，朕何患国事不济”[5]。黄、汪二人“惟务偷安”朝夕，一心只想通过与金人求和来换取和平，不思恢复、自保之计，对张浚等人“以备不虞”的提醒，“笑且不信”，甚至不断打击要求抗金的臣僚。朱熹后来批评说：“高宗初启中兴，而此等人为宰相，如何有恢复之望！”[6]宋高宗君臣文恬武嬉，防御松懈，给南下的金兵以可乘之机，金兵一路如入无人之境。南宋建炎

1［宋］李心传：《建炎以来系年要录》卷一九，建炎三年正月戊戌。
2［宋］李心传：《建炎以来系年要录》卷一六，建炎二年七月癸未。
3［清］毕沅：《续资治通鉴》卷一〇二，建炎二年七月甲辰。
4 同上。
5［宋］李心传：《建炎以来系年要录》卷一八，建炎二年十二月己巳。
6［宋］黎靖德编：《朱子语类》卷一三一《本朝五·中兴至今日人物上》。

三年（1129）正月，金军急袭扬州，黄潜善、汪伯彦以为是流寇李成余党，毫不在意。二月初一，数百金军前锋遭遇江淮制置使刘光世统帅的十万御营军。御营军闻悉金兵逼近，不战自溃，望风解体，金兵前锋距扬州仅数十里之遥。初三，正在淫乐的赵构得知金兵已经来到扬州，惊慌失措，在御营司都统制王渊和宦官康履等五六人陪同下，匆忙披甲乘马逃出扬州城，换乘小船继续南逃。黄潜善、汪伯彦闻悉赵构已经逃跑，顾不得一切，也仓皇出逃，一时间扬州城一片混乱。大批从各地搬运至扬州的银、绢等物资堆积如山，无人管理，全部落入金兵手中。从京城搬来的太庙神主，也被丢得乱七八糟，一片狼藉。赵构以“钱塘有重江之阻”[1]，自镇江转往杭州。

赵构君臣一路南逃，甚至一度不得不避敌于海上，狼狈不堪。赵构给粘罕的乞和书中写道：“自汴城而迁南京，自南京而迁扬州，自扬州而迁江宁。建炎三年之间，无虑三徙，今越在荆蛮之域矣。所行益穷，所投日狭，天网恢恢，将安之耶？……惟冀阁下之见哀而赦己也。”[2]金军在渡江以后一路追击，逐渐显露出疲态，由于士兵不适应江南的气候，密布的江河湖泊也不利于骑兵驰骋，再加上遭到宋朝军队的顽强抗击，金军开始北撤。南宋将领韩世忠率水军在镇江府拦击，双方相持四十日，金军才击破韩世忠的船队。此后，岳飞又率军克复建康，将金军逐出江南。赵构得知金军北撤的消息后，自温州北上，经明州（今浙江省宁波市）回到越州（今浙江省绍兴市），结束了长达四个月的海上流亡生活，东南的局面逐渐趋于稳定。

1［宋］李心传：《建炎以来系年要录》卷二〇，建炎三年二月癸丑。

2［宋］赵构：《与金国左副元帅宗维书》，《全宋文》（第两百〇五册）卷四五四九《宋高宗一一一》。

抵御金兵："中兴十三处战功"

南宋孝宗乾道二年（1166）甲午，诏："诸军将士，与金人战御立功之人，其功效显著者，无以示别。今将显著战功十三处，立定格目。张俊明州，韩世忠大仪镇，吴玠杀金坪、和尚原，刘锜顺昌，五处依绍兴十年指挥。李宝密州胶西唐岛，刘锜扬州皂角林，王琪、张振等建康采石渡，邵宏渊真州胥浦桥，吴珙、李道光化军茨湖，张子盖解围泗州，赵撙蔡州，王宣确山，八处依绍兴三十二年指挥。"[1]这就是南宋历史上著名的"中兴十三处战功"。

第一处战功：宋金明州之战。南宋建炎三年（金天会七年，1129）十月，金军分路南下进犯，统帅兀术（完颜宗弼）率军直逼临安（今浙江省杭州市），宋高宗赵构在越州闻讯后逃往明州。十二月，兀术遣部将追击赵构，赵构坐船仓皇逃亡海上，临行时任命浙东制置使张俊留守明州捍敌。十二月二十九日，张俊军队与金兵在明州城下相遇，双方激战。张俊原本无心迎敌，部下杨沂中、田师中、赵密等浴血奋战，斩杀金兵数千人，将金兵击退。次年正月，金军再次整兵进攻明州，张俊与守臣刘洪道"遣兵掩击，

1［清］毕沅：《续资治通鉴》卷一三九，孝宗乾道二年正月甲午。

杀伤大当。金人奔北，死于江者无数，夜拔寨去，屯余姚”[1]。金军失利后，兀术增派援兵，复攻明州，张俊不敢再次迎敌，借口宋高宗要求他前往温州护驾，匆忙引兵逃往台州（今浙江省临海市），明州遂被金军占领。

第二处战功：南宋建炎四年（金天会八年，1130）二月，南下攻宋的金兵无法抓住已经逃往海上的宋高宗赵构，担心孤军深入，腹背受敌，逐渐后撤。回撤至吴江县时，南宋浙西宣抚使统制陈思恭率领水师，击败兀术于太湖，几乎抓获兀术。

第三处战功：宋金和尚原之战。南宋建炎四年（金天会八年，1130）九月十四日，南宋川陕宣抚处置使张浚率领五路宋军数十万人马与金军统帅兀术、娄室率领的金兵在耀州富平（今陕西省富平县）展开激战，结果宋军大败。金军乘胜进兵，宋军节节败退，陕西五路尽失。南宋绍兴元年（金天会九年，1131）六月，吴玠被任命为陕西诸路都统制，身负捍卫川蜀的重任。十月，金帅兀术为打开进入汉中的门户，亲率重兵进攻和尚原（今陕西省宝鸡市西南），吴玠据险迎敌，手下宋军殊死搏斗，大破金军，杀、俘金军上万人。兀术身中二箭，仅以身免。此役为金军南侵以来遭遇的前所未有之败仗。

第四处战功：宋金杀金坪之战。兀术不甘心和尚原之战金军失利，于宋绍兴三年（金天会十一年，1133）正月进攻洋州饶风关（今陕西省石泉县西），经过激战，金军攻占饶风关，进军金牛镇（今陕西省勉县西南），企图从那里进入四川。饶风关失利后，吴玠率军退保仙人关（今陕西省略阳县北、甘肃省徽县境内），为了阻止金军继续深入，吴玠在仙人关右侧筑起营垒加强扼守，取名“杀金坪”。次年三月，兀术、韩常等率领十万金军进犯杀金坪，吴玠亲统一万宋军迎敌，其弟吴璘率领由和尚原撤退的宋军

1［元］脱脱等：《宋史》卷三六九《张俊传》。

赶来增援，兄弟二人并肩作战，最终打败来犯金兵，迫使金军从此不敢窥伺蜀地。

第五处战功：大仪镇之战。南宋绍兴四年（金天会十二年,1134）九月，南宋军在大仪镇（今江苏省扬州市西北）地区，击败金与伪齐联军，史称“大仪镇之战”。这是一场规模不大但影响却不小的伏击战，时人称誉此战为“中兴武功第一”。宋绍兴四年（1134），岳飞军队连败伪齐，收复了襄阳等六郡，伪齐刘豫心急如焚，赶紧派人向金朝乞求援兵，金太宗完颜晟命元帅左监军兀术率领五万金兵，与伪齐军联合，自淮阳（今江苏省邳州市西南）等地，兵分两路，南下攻宋。九月二十六日，金军攻楚州（今江苏省淮安市）。宋淮东宣抚使韩世忠军自承州退守镇江（今江苏省镇江市）。宋高宗赵构闻悉金军与伪齐联军来势汹汹，心生胆怯，急忙派遣工部侍郎魏良臣等赴金军乞和，并命韩世忠自镇江北上扬州，以阻止金军渡江。十月初四，韩世忠率军进驻扬州后，即命部将解元守承州，邀击金军步兵，自己则率骑兵至大仪镇抵御金骑兵。十二日，魏良臣一行过扬州，韩世忠故意出示避敌守江的指令，佯作回师镇江的姿态。待魏良臣走后，韩世忠立即率精骑驰往大仪镇，他在一片沼泽地域将兵马分为五阵，设伏二十余处，准备迎击金军。翌日，金将万夫长聂儿孛堇从魏良臣口中得知韩世忠退守镇江，遂命部将挞孛也等数百骑直趋扬州附近江口，进至大仪镇东。韩世忠亲率轻骑挑战诱敌，将金军诱入伏击区。南宋伏兵四起，金军猝不及防，弓刀无所施。韩世忠命精骑包抄合击，并命“背嵬军”各持长斧，上劈人胸，下砍马足，金军陷于泥淖之中，伤亡惨重。金将挞孛也等二百余人被俘，其余大部被歼灭。大仪镇之战不仅在宋军打败金、伪齐的第一次联合进攻中具有重要意义，而且在整个宋金战争中也占有一定的地位。

第六处战功：南宋绍兴六年（金天会十四年，1136）十月，主管殿前司公事杨沂中败伪齐刘猊于藕塘，降杀无数，刘猊只身逃遁。

第七处战功：顺昌大捷。南宋绍兴十年（金天眷三年，1140）二月，主管侍卫马军司公事刘锜被任命为东京副留守，奉命率领二万士兵乘船前往东京戍守。五月，刘锜军队途经顺昌（今安徽省阜阳市），闻悉金军进入开封，准备南犯。刘锜率军进入顺昌城中，积极备御金兵来袭。六月，金军南侵主帅兀术亲率十余万士兵围攻顺昌，并出动精锐部队“铁浮图”和“拐子马”作为前锋攻城。刘锜率领宋军奋勇杀敌，多次力挫金军攻势，最终迫使兀术拔寨北还，粉碎了金军由两淮南下的企图。

第八处战功：柘皋之战。南宋绍兴十一年（金皇统元年，1141）二月，淮西宣抚使张俊、淮北宣抚使杨沂中、淮北宣抚判官刘锜，大败兀术十万众于柘皋（今安徽省巢湖市西北）。宋绍兴十年（1140），金军在郾城（今河南省漯河市）、颍昌（今河南省许昌市）之战中接连失利，退据汴京，伺机再举。宋高宗满足于将金兵击退，下令各路宋军回撤。次年（1141）正月，金帅兀术乘各路宋军奉诏南撤之机，率兵再次渡淮河，破寿春（今安徽省寿县），长驱而南。面对金军的攻势，宋高宗赵构急令大将刘光世、杨沂中、张俊分率所部渡长江抗击。正月中旬，刘光世部首先渡江至庐州（今安徽省合肥市），见城内民众逃散，兵力薄弱，缺乏防御器具，难以坚守，遂退兵东关（今安徽省含山县西南濡须山上），据险扎营，钳制金军。金军进占庐州，兀术派遣大将韩常等率部分兵力继续南进，攻取含山（今安徽省含山县）、和州（今安徽省和县）等地。二月初，张俊、杨沂中部先后渡江，击败金军，会师和州。随后刘、杨、张三军分路进击，收复清溪（今安徽省含山县西南）、含山等地，金军败退柘皋。时逢大雨，河水暴涨，金军毁桥，以阻止宋军前进。二月十七日，刘光世率兵追至河东，见河阔仅二丈余，即命士兵积薪为桥。次日，宋军各部齐集，刘光世与诸将分军为三，准备进攻。金军分为左右两翼，夹道而阵。杨沂中挥军从上游渡河，进击不利。此时，张俊部勇将王德见金军右翼为劲骑，即挥军过桥，向其猛攻，并乘金军阵势混乱之机，大呼冲杀。金军以“拐子马”两翼而进。杨沂中令万余士兵手持长斧，奋力砍杀，攻破“拐子马”。金军败逃柘皋西北的紫金山，后又在店埠（今安徽省肥东县）与宋军激战，不支，溃逃，宋军乘胜收复庐州。此战，宋军斩杀金军万余人，阻止了金军渡江南进，宋军亦伤亡九百余人。

第九处战功：皂角林之战。南宋绍兴三十一年（金正隆六年，1161），金帝完颜亮调集全国兵力，大举攻宋，十月，金军攻占扬州，完颜亮下令万户高景山率领骑兵进攻瓜洲镇（今江苏省扬州市邗江区），企图抢占渡江口。面对来犯之敌，南宋江淮、浙西置制使刘锜命令镇江府左军统领员琦率部邀击。二十六日，员琦与统制官贾和仲、吴超等人迎战金军于皂角林（今江苏省扬州市江都区南）。宋中军第四将王佐以步卒百余人预先设伏皂角林内。员琦率部为先锋，引诱金兵进入包围圈。员琦所部人少，被金军包围，员琦等人殊死搏斗，将金军诱到埋伏圈内，宋军伏兵突起，强弓劲弩齐发。金军突遭攻击，加之当地地势狭窄，难以发挥骑兵优势，被迫撤退。员琦乘势率军追击，大败金军，斩万户高景山，俘虏数百人，挫败了完颜亮迅速渡江灭亡南宋的计划。

第十处战功：密州海战。南宋绍兴三十一年（金正隆六年，1161），浙西副总管李宝败金朝统军完颜郑家奴于密州之唐岛（位于今山东省青岛市唐岛湾之中），斩其首。绍兴和议后，宋金双方暂时处于休战状态。金朝海陵王完颜亮登基后，积极谋划进攻南宋。经过一番准备，宋绍兴三十一年（1161），海陵王完颜亮征集六十万军队，号称百万，兵分四路进攻南宋，其中第四路由海上进攻。工部尚书、浙东道水军都统制苏保衡为统帅，益都尹完颜郑家奴副之，率领战船六百艘，水军七万余人，计划沿海南下直捣南宋都城临安。南宋朝廷侦知金军将派水军沿海南下，积极准备应敌。原岳飞部将李宝自告奋勇，愿意率军迎击金朝水军，于是被任命为浙西路马步军副总管，督造海舟，赴平江府（今江苏省苏州市）编练水军。

同年八月，李宝率领战船一百二十艘、水兵三千人，由江阴入海北上，寻找机会袭击金军。航行三日，忽起大风，船队退至明州（今浙江省宁波市）关澳休整，不久开往海州（今江苏省连云港市海州区）。此时海州正受到金军围攻，李宝立即率军登陆支援，大败金军，解海州之围。李宝在海州获胜后，与宿迁人魏胜义军会师，并在此补充给养，补足兵员。随后，率师继续北上。九月，金朝工部尚书、浙东道水军都统制苏保衡与副都统制完颜郑家奴率战船六百艘、水兵七万人，自滨州蒲台（今山东省滨州市东南）沿北清河入海南下，企图沿水路直取临安。十月，金朝战船到达胶州湾口以外的陈家岛水域，在此停泊避风。时近初冬，北风多且大，李宝率战船北上，迟迟不能前进，行至陈家岛以西海面，停泊休息。恰巧金营中数百名汉族逃兵逃走，发现宋军战船，忙来投靠。李宝从降卒口中得知，金兵一来不识水性，二来不谙海道，故虽兵多势大，却不敢冒进。翌日拂晓，南风渐起，越刮越大。李宝率船队乘风全速向金兵包抄过去，接近金朝舰队后，李宝遂命弓箭手顺风向敌船发射火箭、火炮，顿时金船变成一片火海。完颜郑家奴见左右舟中皆起火，推测无法逃脱，赴水而死。此役宋军缴获金军符印、文书、器甲以及军粮数以万计。苏保衡未随金之战舰出发，只身逃脱。宋高宗得知李宝取胜，大喜过望，下诏奖谕，书“忠勇李宝”四字作为旗帜。此役李宝以少胜多，粉碎了完颜亮吞灭南宋的战略计划，使南宋转危为安。

第十一处战功：采石之战。南宋绍兴三十一年（金正隆六年，1161），中书舍人、都督府参赞军事虞允文击败海陵王完颜亮军队于采石（今安徽省马鞍山市西南）。金正隆六年（1161），金主完颜亮调集数十万军队，企图一举消灭南宋。十月初，完颜亮亲自率领金军近二十万主力部队进抵淮河北岸，欲从寿春（今安徽省寿县）渡淮。南宋担任淮西防务的建康都统制王权，听闻金军来攻，不加抵御，致使金军顺利渡淮。宋军退至和州（今安徽省和县），王权诡称奉旨弃城守江，乘船先逃，部众随之败退采石。完颜亮进入和州后，拆房造船，准备于十一月初八渡江。金军渡淮，震动南宋朝廷。高宗一面下令解除王权的职务，追究其责任；一面命令统制李显忠接替王权，负责长江防守。同时派遣督视江淮军马府参谋军事虞允文催促李显忠赴任，并到采石犒师。十一月初八日，虞允文来至采石，见情势危急，便在李显忠未至、金军即将渡江的紧急情况下，集结近二万军队，主动指挥迎战金军。虞允文将步骑军隐蔽于高地后，严阵以待。分水军的海鳅船为五队：一队居中；两队为东西翼，载以精兵，由当涂（今安徽省当涂县）民兵踏车驶舟，军民协力截击金军舟船；两队分别隐蔽于小港，作为后备。金军大批舟船由杨林河口驶出，部分船只冲开宋军战船强行登岸。虞允文往来指挥将士迎战，部将时俊等见虞允文身先士卒，遂率领兵将奋勇拼杀，立即消灭了登岸金军。海鳅船在江中来往冲击，并施放霹雳炮，金军兵将纷纷落水，多死于江中，剩余船只向杨林河退走。虞允文判定金军必再来攻，当晚命时俊率海鳅船控制杨林河口。完颜亮渡江不成，被迫于十二日率军转向淮东，企图从瓜洲南渡。虞允文识破金军东去意图，遂率军星夜驰援镇江。此时完颜亮已经得知完颜雍在东京（今辽宁省辽阳市）称帝，乃强令部将三日内渡江。众将知渡江必败，二十七日，部分兵将闯入御营将完颜亮杀死。金军北撤。

此战，虞允文在紧急关头挺身而出，组织与指挥采石军民迎战金军。由于他兵力部署得当，指挥果断，充分发挥了宋军的水上优势，从而扭转了战局，转败为胜。

第十二处战功：南宋绍兴三十一年（1161），侍卫马军司中军统制赵撙收复蔡州（今河南省汝南县），鄂州（今湖北省武汉市武昌区）都统制吴拱拒敌于茨湖，统制官王宣拒敌于确山。

第十三处战功：南宋绍兴三十二年（金大定二年，1162），镇江都统制张子盖，解围海州，宋军在海州击败金军的一次作战。金大定二年(1162)，金世宗完颜雍积极整饬军备，准备攻取两淮及陕西等路州县。同年五月，命令太师乌珍统兵二十万进攻海州。乌珍派兵一部前往海州西南断宋海州守将魏胜粮道。魏胜得知后选派三千精骑前往石阏堰（今江苏省东海县东南）依险阻击金军，使其不得进。十二日，金军又增兵十万全力进攻石阏堰。魏胜率部与金军鏖战，斩杀数千人，金军溃败，魏胜守险不追，还军城中。金军围城数重，魏胜与统制官郭蔚分兵备御，乘夜派兵劫其营，焚其攻城器械，使金兵夜不安枕。金军并力攻城，魏胜告急于沿海制置使李宝，宋廷命镇江都统制张子盖率兵驰援。十五日，张子盖率部到石湫堰，金军以万余骑列阵于河东，阻击南宋援军，张子盖率数千精骑向金军发起攻击，统制张圮被流矢射中，死于阵，张子盖大呼驰入金阵，士卒亦奋勇争先与金军激战。是时，魏胜率兵赶到，投入战斗，与张子盖两面夹击，金军大乱，近半溺死于石湫河，宋军乘势追击数十里，金军大败，遂解围北去。

宋廷评定“十三处战功”是为了激励士气、表彰功绩，然而这些战役虽然号称“战功”，却并非全部大捷，其中有的甚至是败仗，有的只是“小捷”。另外，由于各种原因，很多真正值得称道的著名战例，如韩世忠黄天荡之战，岳飞郾城之战、颍昌之战等均未列入。

中兴四将

南宋建立后，金朝为逼迫南宋投降，多次发兵南下，南宋军民浴血奋战，多次挫败金兵，最终保证了赵构南宋政权的稳固。南宋史学家将宋高宗赵构重建赵宋王朝及南宋初年宋军抵御金军入侵的这段历史称誉为一次“中兴”。在“中兴”过程中，很多文臣武将屡立战功，其中有四位军事统帅，抗金功绩最为突出，他们是韩世忠、张俊、岳飞、刘光世，合称“中兴四将”。南宋画家曾根据四位将领绘有《中兴四将图》，由此今日人们仍能一睹这四位名将的风采。

韩世忠（1089—1151），字良臣，汉族，今陕西省绥德县砭上村人，南宋著名抗金将领。韩世忠性格粗犷、豪爽，也有嗜酒使气的毛病，时人称他为“韩泼五”。韩世忠出身贫寒，十八岁应募入伍为乡兵。其身材魁伟，能挽强弓，勇冠三军，在对西夏作战中屡立战功。北宋徽宗宣和三年（1121），韩世忠以偏将身份跟随王渊镇压方腊起义，亲手捉拿方腊。靖康之变后，韩世忠抗金迎敌，以少击众，历任御营司左军统制、御营司平寇左将军等职。南宋高宗建炎三年（1129），韩世忠以镇压临安苗傅、刘正彦政变有功，奉命驻守镇江。金军统帅兀术率军渡江南侵，韩世忠退保长江口一带，在金兵北归时，韩世忠以八千水军，重返镇江江面，主动进兵邀击，包围十万金军于黄天荡（今江苏省南京市东北），历时四十日之久，在金山上几乎活捉兀术，给金军以巨大的打击，极大地鼓舞了宋军的抗金士气。韩世忠由此拜检校少师，武成、感德军节度使，神武左军都统制。绍兴二年（1132）九月，又以平定游寇之功，擢任江南东、西路宣抚使，置司建康。

绍兴四年（1134）九月，金与伪齐联合进犯两淮地区，赵构慌忙下令张俊、刘光世率军应援，二人慑于金兵来势汹汹，拒不应命，只有韩世忠毅然率军渡江迎敌，并设伏兵于大仪镇（今江苏省扬州市西北），击败敌军。绍兴六年（1136），韩世忠改任京东、淮东路宣抚处置使，移屯楚州（今江苏省淮安市），成为守卫淮东地区的主帅。他积极发展生产，联合山东义军，以不足三万人的兵力，使淮东成为保卫东南的重要屏障。

宋高宗赵构自始至终都希望通过与金朝议和换取“和平”，韩世忠多次上书，揭露金朝灭亡赵宋的阴谋，坚决请战。绍兴八年（1138）十二月，金朝使臣张通古与南宋报谢使韩肖胄返回金朝，途经韩世忠辖区。韩世忠为了破坏议和，派遣军士假扮抗金义军红巾军，埋伏于使臣返回路线附近，企图截杀张通古。后因消息泄露，张通古等人改道淮西，韩世忠破坏宋金和议的计划落空。绍兴十年（1140），岳飞率军北伐，捷报频传，韩世忠积极配合，接连攻克海州等地。绍兴十一年（1141），韩世忠奉命救援淮西，后被宋廷调回，出任枢密使，解除兵权。

宋高宗赵构、秦桧为达成和议，阴谋迫害岳飞，举朝无敢言者，独韩世忠当面诘责秦桧，为岳飞伸张正义。绍兴和议后，韩世忠为保全部下，闭口不再言兵，杜门谢客，以家乡清凉山为名，自号“清凉居士”，表示思念沦陷于金朝统治的故土。绍兴二十一年（1151），韩世忠病逝，宋孝宗时追封为蕲王，谥号“忠武”。

张俊（1086—1154），字伯英，成纪（今甘肃省天水市）人，汉族，南宋前期主要将领之一，后因附和赵构、秦桧积极主张宋金议和，并伙同秦桧、万俟卨等人陷害岳飞，遭到后人唾弃。据史书记载，张俊出身行伍，年轻时擅长骑射，有才气，十六岁时，曾出任三阳县（今甘肃省天水市西北）弓箭手。政和六年（1116），随军参加讨伐西夏的战争，被授为承信郎，积累了一定的军事经验。徽宗末年，又参与镇压京东、河北等地民众起义。宋钦宗靖康元年（1126），张俊随军与金兵交战于东明县城（今河南省兰考县北），以功升至武功大夫。同年五月，跟从河北、河东路制置副使种师中进援被金军围攻的太原（今山西省太原市），种师中兵败榆次（今山西省晋中市榆次区），张俊率所部数百人突围南逃。十二月，兵马大元帅康王赵构进至大名时，张俊随信德（今河北省邢台市）知府梁杨祖率三千兵马到大名，被任命为元帅府后军统制。靖康二年（1127）正月，张俊率部镇压流寇李昱、张遇于任城（今山东省济宁市）。

南宋建立后，张俊由于较早投奔赵构，并迅速成为其心腹将领之一，而被任命为御营前军统制。南宋初年，各地起义军、流寇多如牛毛，张俊率部多次讨平叛军、起义军。建炎三年（1129）三月，苗傅、刘正彦在杭州发动兵变，逼迫宋高宗赵构退位，张俊当时正驻军吴江，闻悉消息后，随即率所部八千人退守回平江，后随从吕颐浩、张浚等人一同平定兵变，升迁为节度使。同年七月，改任御前右军都统制。同年十月，金军统帅兀术率军南犯，宋高宗由杭州，经越州，逃向明州，张俊任浙东制置使随驾扈从。兀术占领杭州后，派遣部将斜卯阿里、乌延蒲卢浑率四千金军追击高宗赵构，追至明州城下，遭遇奉宋高宗诏命留守断后的张俊部队，宋金军队发生激战。金军自高桥镇进攻西门，张俊部将刘宝、杨沂中、田师中各率所部宋军奋勇杀敌，知明州刘洪道亦率州兵助战，金军远道奔袭，疲劳作战，战斗力遭到削弱，最终不得不撤退，此役金军死伤上千人。建炎四年（1130）正月，金军整兵再次进攻明州，张俊与知州刘洪道坐城楼上，指挥军队掩击，再次将金军击退。兀术得知金军战败，勃然大怒，增派援军，再攻明州，宋金双方再次发生激战，张俊看到金军不断增援，执意攻陷明州，担心自己的部队损耗过大，推托以宋高宗令其随驾扈从，率军逃往台州（今浙江省临海市）。张俊部队退走后，明州防御空虚，知州刘洪道自知无法抵御金兵，也退出明州，金军遂占领明州。

建炎四年（1130）四月，张俊任浙西、江东制置使，奉命招安江浙地区“群盗”。按照宋高宗的诏令，除刘光世、韩世忠两军外，其他诸将皆由张俊节制，张俊受高宗倚重程度可见一斑。六月，宋高宗下诏改御前军为神武军，张俊改任神武右军都统制，领定江、昭庆二镇节度使。绍兴六年（1136）十月，伪齐大举攻宋，杨沂中率军与伪齐主力刘猊激战于藕塘（今安徽省定远县东南），伪齐军战败，张俊所部张宗颜等率军赶至，两军合兵奋击，伪齐军大败。张俊亲率主力加入战斗，追击伪齐军至寿春。张俊以功拜少保，进领镇洮、崇信、奉宁军三镇节度使。

绍兴五年（1135）十二月，南宋改神武军为行营护军，张俊所部改称行营中护军。绍兴七年（1137），原刘光世部将、左护军副都统制郦琼率众叛降伪齐。朝廷下令左护军都统制王德所部归属张俊。

第一次绍兴和议破裂后，张俊兼任河南、河北诸路招讨使，奉命北上征讨，一度攻占亳州。朝廷下令诸将退兵以便与金朝乞和，张俊配合朝廷议和，首先率军退回淮南。高宗赵构、秦桧谋划收夺诸将兵权，张俊首请纳宣抚司兵权，宋高宗、秦桧乘势罢三宣抚司，收韩世忠、岳飞兵权，升张俊、韩世忠为枢密使，岳飞为枢密副使。张俊积极协助秦桧推行乞和政策，又与秦桧合谋制造岳飞谋反的冤狱。宋金和议后，秦桧为了独揽大权，排挤张俊。绍兴十二年（1142）十一月，张俊被罢枢密使，封清河郡王。绍兴二十四年（1154）病逝，终年六十九岁，追封循王。

岳飞（1103—1142），字鹏举，相州汤阴县永和乡（今河南省汤阴县程岗村）人。据史料记载，岳飞从小天资聪悟，爱读《左氏春秋》《孙子兵法》。

十一岁时曾跟随刀枪手陈广学习武艺，练就了一手好枪法。十九岁时，岳飞拜周同为师，学习射箭，能挽三百斤强弓，左右开弓，箭无虚发。

宋徽宗宣和四年（1122 年），岳飞首次从军真定，平定盗贼，活捉了贼首陶俊、贾进和，因功补承信郎。宋高宗建炎二年 (1128) 春，岳飞转入开封宗泽部，多次获胜。宗泽很器重岳飞，但宗泽死后，接任宗泽职位的杜充治军无能，部下纷纷叛乱。建炎三年 (1129) 十一月，杜充带领三千亲兵北降金朝。为了保存抗金实力，岳飞带领余部回到南宋辖区。

建炎四年 (1130) 春，岳飞平定太湖流寇郭吉、戚方，在常州阻击金军，于同年六月收复了建康，并北渡长江，收复了泰州、高邮等大片国土，岳家军威名大振。宋高宗赵构授岳飞武功大夫、忠州防御使，岳飞一跃成为南宋高级将领。

绍兴元年 (1131)，张俊请岳飞共同讨伐流寇李成，岳飞在九江战败李成部下马进，因功升为神武右军副统制，同年又升任神武副军都统制。绍兴二年 (1132) 二月，岳飞奉命平定湖南游寇曹成，因功迁中卫大夫、武安军承宣使、镇守江州（今江西省九江市）。绍兴三年 (1133)，岳飞奉命到江西虔州（今江西省赣州市）、吉州（今江西省吉安县）镇压盗寇彭友作乱。同年九月九日，宋高宗在临安召见岳飞父子，赐“精忠岳飞”锦旗。随后，岳飞被任命为镇南军承宣使、江南西路沿江制置使，又改神武后军都统制。

绍兴四年（1134）五月，因金与伪齐南侵，岳飞兼任黄州、复州、汉阳军、德安府制置使，率军北伐，两个多月时间，取得了收复郢州（今湖北省钟祥市）、随州（今湖北省随县）、新野（今河南省新野县）、唐州（今河南省唐河县）、邓州（今河南省邓州市）、襄阳六州郡的重大胜利，岳飞因功被擢升为清远军节度使，封爵武昌县开国子。

绍兴五年 (1135)，宋高宗再次召见岳飞，封其为武昌郡开国侯。同年六月，岳飞奉命平定洞庭杨么起义，仅用八天时间，一举获胜，升检校少保，进封开国公。

绍兴六年 (1136)，岳飞移军襄阳，任武胜、定国军节度使，京西、湖北路宣抚副使。七月，岳飞被任命为河东宣抚，从襄阳北伐，直取中原，不到一个月时间，岳家军先后收复了汝州、颍州、卢氏县、商州、虢州、伊阳、长水、业阳等大片失地。但因得不到宋高宗的支持，被迫撤军。

岳飞多次上书高宗反对议和，痛斥秦桧的投降主张。绍兴九年 (1139)，岳飞被授为开府仪同三司。绍兴十年 (1140) 夏，金人撕毁和约南侵，岳飞大破金兵于蔡州、陈州、颍昌、郑州、西京、嵩州、许州、孟州、卫州、怀州、郾城等地，威震敌胆，金军统帅兀术感叹道："撼山易，撼岳家军难！"正当岳飞所向披靡，抗金取得节节胜利之际，宋高宗于绍兴十年（1140）七月十七日连下十二道金牌，强令岳飞班师，北伐成果丧失殆尽。

绍兴十一年 (1141) 四月二十四日，宋高宗赵构、秦桧为剪除与金议和的障碍，指使万俟卨上奏诬蔑岳飞"谋反"，并收买岳飞部将王俊作假证，将岳飞父子和部将张宪关进杭州大理寺。十二月二十九日，宋高宗赵构以"莫须有"的谋反罪名，将岳飞父子和张宪杀害，岳飞死时年仅三十九岁。

刘光世（1089—1142），字平叔，保安军（今陕西省延安市志丹县）人，北宋将领刘延庆之子，为南宋"中兴四将"之一。宋徽宗宣和三年（1121），曾跟从父亲刘延庆镇压方腊起义，因功授耀州观察使、鄜延路兵马钤辖。次年，宋军攻辽，刘延庆父子攻取易州，刘光世升任奉国军承宣使。郭药师等人计划进袭燕京，刘光世作为后继，怯敌未至，诸将失援溃逃，攻辽失败，刘光世因此被降职。随后，其奉命镇压河北叛军张迪，叛军溃败，刘光世恢复承宣使之职，充任鄜延路马步军副总管。靖康元年（1126），率部戍边，击败夏兵于杏子堡。南宋初年，金兵屡次南下攻宋，刘光世与韩世忠、张俊、岳飞等将领率军抵抗，成为当时最重要的将领之一。刘光世在南宋初年诸将领中部队最多，但战斗力不强，赖其部将王德等骁勇善战，为刘光世赢得虚名。

刘光世为人胆小，畏惧金人，因此屡遭朝臣弹劾。绍兴七年（1137），引疾罢去兵权，拜少师。死后赠封太师，谥号“武僖”，后追封鄜王。

结语

宋高宗赵构是在特殊的历史条件下即位的。北宋徽宗宣和七年（1125）十月，金太宗下诏兵分两路讨伐北宋，刚刚联合灭辽的北宋与金国由团结合作转为敌对斗争。而北宋政府早已是外强中干，面对刚刚兴起且处于上升期的金国，虚弱的北宋政府节节败退。北宋钦宗靖康二年（1127）初，金军把投降的宋徽宗、宋钦宗父子拘留在金营。不久，金军携带北宋皇室的宝玺、舆服、法物、礼器、浑天仪等物，同时押送宋徽宗、宋钦宗二帝和北宋后妃、皇子、宗室、贵戚等总计三千多人北撤，北宋灭亡。赵构作为宋徽宗诸子中唯一的幸存者，同年五月登基为帝，是为宋高宗。

宋徽宗、宋钦宗虽已被金人掳掠，但毕竟健在，赵构本人也并未得到父兄传位的命令，因此，他的继位严格说来是不合礼法的。如何构建自身的合法性是赵构巩固政权的第一步，“泥马渡康王”的故事就是在这样的背景下诞生的。“泥马渡康王”的广泛流传，既反映了“天人之心未厌赵氏”的社会心理，同时也更坚定了赵宋臣民对南宋政权的信心。

南宋建立后，当务之急是选贤任能，重振国势，制定此后的对外方略。高宗的第一个年号是“建炎”，寓以火克金之意，同时也有与北宋太祖开国年号“建隆”并寓之意，但他本人却缺乏中兴之意。宋高宗对金兵心怀恐惧，这种畏惧一方面来自他曾在金营做人质时的亲身经历，另一方面更是源于父亲、兄长被俘的惨烈事实。面对迅猛如虎的女真军队，吓破胆的赵构称帝后，首先考虑的是个人的安全，而不是恢复社稷与营救父兄。围绕在赵构身边的文武大臣，除了李纲等一部分大臣坚决要求对金采取主动、强硬态度，相当一部分人都要求或希望先找到一个安全的所在，躲避金兵犀利的攻势。而北方遭受金兵蹂躏的广大地区百姓，则希望新建立的南宋政权能够带领他们将女真人驱逐出家乡，他们强烈地盼望赵构能够回到北宋都城开封，号召天下，与金人决战。赵构很清楚李纲、宗泽等主战大臣以及北方抗金地区百姓对自己的期盼，为了争取人心，稳固统治，赵构不断地发布诏令，表示自己要随时回到开封，祭拜祖宗、社稷，与金人血战。建炎元年（1127）七月十四日，赵构称帝两个月后，颁布诏令，宣称自己要“独留中原，与金人决战”，摆出一副与金人势不两立的姿态。事实上，赵构一直在谋划南逃。为了欺骗臣民，他还假惺惺地下令将邓州作为自己临时落脚的行在所，命人修缮城池，积聚粮草，显示自己要以邓州为抗金指挥中心。但是当年秋天，得知金军再次分兵南下，赵构根本不敢前往邓州组织军民抗击，而是直接向江淮一带逃窜，同时加快了向金军屈膝求和的步伐。

面对赵构的出尔反尔，一些反对南逃的大臣纷纷上书，要求赵构回师开封，亲率六军，对南犯的金军展开针锋相对的反击，收复中原。在主战派的压力下，赵构不得不做出准备北伐的姿态，委派南宋将士出战。在“中兴四将”韩世忠、张俊、岳飞、刘光世等将领的统帅下，南宋军队在反击金兵的战斗中屡屡获胜。除孝宗年间评定的“十三处战功”外，岳飞率领的岳家军，接连取得郾城、颍昌等大捷，夺回了大量失地，一时呈现出收复中原故土的大好形势。然而，宋高宗担心继续用兵有碍与金议和，因此下令撤回各路宋军。随后，在秦桧的怂恿下，高宗相继解除大将韩世忠、张俊、岳飞等人的兵权，北伐成果最终丧失殆尽。

第九章

从恢复到偏安：宋高宗的南宋气象

宋高宗赵构自登基之日起，就不断向金朝派遣使臣请和，以求保住帝位、偏安一隅。在宋、金双方实力此消彼长之间，和议的时机逐渐成熟。与此同时，南宋虽然在很多方面承袭了北宋的传统，但也呈现出独特的气象。

北宋灭亡后，金朝先后在原北宋中原地区扶植伪楚和伪齐两个傀儡政权，希望其既作为自己与南宋之间的缓冲地带，也作为自己南下攻宋的急先锋。伪楚政权仅存在一个多月便宣告结束，伪齐政权虽然在金朝支持下一度屡屡攻宋，但统治基础并不稳固，且连年攻战，损失惨重。宋高宗赵构自登基之日起，就不断向金朝派遣使臣请和，以求保住帝位、偏安一隅。在宋、金双方实力此消彼长之间，和议的时机逐渐成熟。与此同时，南宋虽然在很多方面承袭了北宋的传统，但也呈现出独特的气象。以宋高宗为突破口，可以追溯南宋初君臣究竟如何巩固其政权，历史又究竟怎样走向了我们现在看到的这样一条道路。

绍兴和议

“早遂休兵”“不惮屈己”：绍兴八年和议

南宋建炎、绍兴年间，宋、金之间的力量经历着此消彼长的变化。南宋逐渐从动乱中稳定下来，在江南地区建立起比较稳固的统治；金朝国内政局发生动荡，军队在连年征战之下疲态尽显，双方达成均势，为和谈创造了条件。

绍兴七年（1137）正月，被扣留在金朝的宋朝使臣何藓、范宁之忽然被释放归国，并带回了金右副元帅兀术的信，告知宋徽宗及宁德皇后的死讯。宋徽宗其实早于绍兴五年（1135）四月就已去世，金朝一直封锁消息，此时突然告知，显然别有用意。宋人杨炜说：“见报以太上之丧，以探朝廷意，谓我若遣使而有请，则唱为议和。”[1]宋高宗得知父亲去世的消息，“不饭食者数日”[2]“号恸擗踊”[3]。在此后数年中，迎还徽宗梓宫和高宗生母韦太后，就成为南宋政权面临的重要课题。

宋徽宗死讯传来时，正是张浚等对金强硬论者主政，他们主张借机伐

1［宋］李心传：《建炎以来系年要录》卷一二五，绍兴九年正月乙未。

2［宋］胡铨：《经筵玉音问答》，《全宋文》（第一百九十五册）卷四三一九《胡铨二一》。

3［宋］李心传：《建炎以来系年要录》卷一〇八，绍兴七年正月丁亥。

金，恢复中原。张浚上言，“天子之孝与士庶不同，必也仰思所以承宗庙、奉社稷者”[1]，要求高宗“挥涕而起，敛发而趋，一怒以安天下之民”[2]。荆南知府王庶则提出“奉衣冠弓剑，起灵庙”[3]，为徽宗建衣冠冢，然后遣使向金国讨还徽宗梓宫，若金人不同意，“则以大兵蹑之，问罪致讨”[4]“因神民痛愤之情，刷宗庙存亡之耻”[5]。

但宋高宗本人却并不这样想，而是力主请和。他事后对张浚说：“去岁上皇讣至，朕若不遣使，天下谓朕何？”[6]为此，他特地找来刚被任命为枢密使的秦桧商议。秦桧早年随徽、钦二帝被掳，建炎四年（1130）自称杀掉守兵逃归南宋。当时有人质疑秦桧穿越千里之遥的金军占领区，“全家同舟，婢仆亦如故”[7]，显然不合情理，怀疑他是金朝派回来的奸细。秦桧初见高宗，就提出“如欲天下无事，须是南自南，北自北”[8]，倡议与金讲和。宋高宗拿着他的奏折气冲冲地说：“桧言南人归南，北人归北。朕北人，将安归！”[9]但世易时移，此刻议和时机已经成熟，宋高宗在与秦桧商议后，于二月任命王伦为使节，到金朝商讨和议。

绍兴七年（1137）四月，王伦出发使金，宋高宗特别命他给兀术和挞懒（完颜昌）传信：“河南之地，上国既不自有，与其封刘豫，曷若归之赵氏。”[10]请求金朝废掉伪齐政权，将其领土归还南宋。王伦出使途中被伪齐扣留，在金朝的过问下，才终于在当年九月抵达涿州，见到金帅挞懒。王伦

1［宋］李心传：《建炎以来系年要录》卷一〇八，绍兴七年正月丁亥。
2 同上。
3［宋］王庶：《乞且勿遣使迎奉徽宗梓宫奏》，《全宋文》（第一百八十四册）卷四〇五一《王庶一》。
4 同上。
5［宋］李心传：《建炎以来系年要录》卷一一〇，绍兴七年四月丁酉。
6［宋］李心传：《建炎以来系年要录》卷一一九，绍兴八年五月戊子。
7［宋］刘时举：《续宋中兴编年资治通鉴》卷二《宋高宗二・庚戌建炎四年》。
8［宋］李心传：《建炎以来系年要录》卷三九，建炎四年十一月丙午。
9［宋］李心传：《建炎以来系年要录》卷五七，绍兴二年八月甲寅。
10［元］脱脱等：《金史》卷七九《王伦传》。

对挞懒说，刘豫曾经在宋朝任台谏官，其人外朴内奸，营私掊刻，“方欲吞噬两朝，能保他日不为大国之患乎？”[1]挞懒问道：“若将豫与南宋，能制之否？”[2]王伦回答：“皇帝（宋高宗）圣孝神武，卧薪尝胆，志在恢复，但以天下为度，不忍轻以动兵。豫之父子，忘背国恩，孰不愿食其肉。倘欲驱除，何难之有？”[3]向挞懒反复陈说利害。

通过王伦，宋朝的意向传送至金朝，双方议和的障碍，只剩伪齐刘豫政权。由于金朝国内形势的变化，刘豫的支持者粘罕去世，女真贵族早有取消伪齐政权的打算。南宋绍兴七年（1137）十一月，挞懒和兀术率兵至开封，将刘豫废为蜀王。挞懒令王伦还朝转达口信：“归报皇帝，强梗扫去，自此和议无复间沮。”[4]王伦归朝后报告宋高宗：“金人许还梓宫及皇太后，又许还河南诸州。”[5]

王伦留滞伪齐、金时，南宋政局也发生了巨变。淮西兵变的发生，使宋高宗对积极的军事行动产生怀疑，张浚下台，重归庙堂的赵鼎以“镇静”为首务，对金政策趋于和缓。因此，王伦回国时，宋金议和的背景条件已经具备：南宋国内对金积极路线退潮，伪齐刘豫政权垮台，金朝许还宋徽宗梓宫及宋高宗生母韦太后。从绍兴八年（1138）开始，宋金迅速展开缔结和议的行动。

绍兴八年（1138）正月，宋高宗再次派遣王伦出使。王伦于五月会见金熙宗，金朝派乌凌噶思谋等为使，与宋朝议和。宋高宗对王伦和金使说：

1［宋］楼钥：《签书枢密院事赠资政殿大学士谥节愍王公神道碑》，《全宋文》（第二百六十五册）卷五九八八《楼钥八九》。

2 同上。

3 同上。

4［宋］楼钥：《签书枢密院事赠资政殿大学士谥节愍王公神道碑》，《全宋文》（第二百六十五册）卷五九八八《楼钥八九》。

5［宋］李心传：《建炎以来系年要录》卷一一七，绍兴七年十二月癸未。

“早遂休兵，得免赤子肝脑涂地，此朕之本意也。”[1]虽然表面上以求得百姓安宁为借口，但宋高宗真正在意的是韦太后的生还，他对接伴金使的范同坦承：“太后春秋已高，朕朝夕思念，欲早相见，故不惮屈己，以冀和议之成者，此也。”[2]

议和的决定在南宋朝廷激起强烈的反对，金使入京时，“物议大讻，群臣登对，率以不可深信为言”[3]。但高宗意志非常坚定，“往往峻拒之，或至震怒”[4]。在宋高宗看来，宋金并存的关系是理所当然的：“外国之与中国，如阴阳消长，岂能偏废。若可剿除，汉唐之君，行之久矣。”[5]不过以赵鼎为核心的一派官员致力于整备军队，重建集权国家，以图恢复中原，他们并不支持宋高宗议和的构想。

赵鼎等人对和议的反对，给了秦桧可乘之机。绍兴八年（1138）十月，秦桧单独觐见，称宋高宗如果决心讲和，要求“独与臣议其事，不许群臣干预，则其事乃可成”[6]，宋高宗答应：“朕独与卿。”[7]秦桧担心高宗心意未定，施展欲擒故纵的计策，反复令高宗仔细考虑，最后宋高宗降下手诏，由秦桧全权主持和议，不许他人干预，赵鼎因此而罢相。至此，宋高宗和秦桧在议和的国策上形成排他性的联盟，秦桧借机将其他政治势力排除。此后，虽仍有臣僚反对议和，但他们没有意识到，秦桧的主张就是高宗的意见，攻击秦桧就是批判高宗，要求罢免秦桧也就等于要求高宗退位。

绍兴八年（1138）第一次宋金和议非常粗略，金使张通古十二月抵达

1［宋］李心传：《建炎以来系年要录》卷一一九，绍兴八年五月戊申。
2［宋］李心传：《建炎以来系年要录》卷一二〇，绍兴八年六月戊辰。
3 同上。
4 汪圣铎点校：《宋史全文》卷二〇《宋高宗十一》。
5［宋］李心传：《建炎以来系年要录》卷一二一，绍兴八年八月甲子。
6 傅璇琮主编、王兆鹏本卷主编：《宋才子传笺证・词人卷・赵鼎传》。
7 同上。

杭州时说："先归河南地，徐议余事。"[1]其基本任务只是传递金朝国书。在金人看来，国书的接受已经可以视为和议的成立。因此，绍兴八年和议的最大争议，就在于宋朝应该以何种礼法接受金朝国书。金朝方面把南宋与伪齐刘豫政权同等看待，金、伪齐约定为君臣关系，但刘豫不只尽臣下之礼，"又为大朝（金）之子"[2]。金朝要求南宋遵守与刘豫相同的礼法，由宋高宗"北面拜诏"。

南宋朝野上下，都将刘豫视为宋朝逆臣，要宋接承其位，显然难以接受。消息传出，舆论立刻沸腾起来，"军民时出不平之语，闻之有可骇者。上自大臣，下至百执事，朝夕惴惴，恐此礼一行，或生意外之变。阖城百姓，有终夜不能寐者。而近甸、常、润、会稽之间，民悉不安"[3]。禁军将领杨沂中、解潜、韩世良向秦桧心腹勾龙如渊进言，皇帝如行屈己之礼，受纳金朝国书，恐怕将有不测之事，并表示张俊、韩世忠、岳飞三大将虽在外地，但恐日后被他们斥责，因此难以协助。勾龙如渊不得不向三人保证："第令计议使取国书，纳入禁中，必不行其他礼数。"[4]他向宋高宗上奏："此和议固不可坏，而礼文之间，动辄过当。若不度利害，勉而从之，则堂堂中国，一旦遂为敌人屈己。"[5]

秦桧此时根基尚不稳固，不敢公然违背公议，一度向宋高宗请求辞职。惶惑之间，给事中楼炤对秦桧说："高宗谅阴，三年不言。"这是《尚书》中的一句话，意思是说殷商高宗武丁服丧三年，这期间沉默不语。秦桧顿时醒悟，借口赵构正为宋徽宗服丧，不得行礼，由自己代替宋高宗接受国书。十二月二十八日，秦桧至使馆见金使，"受国书以归"[6]，终于解决了受

1［宋］李心传：《建炎以来系年要录》卷一二四，绍兴八年十二月丙子。

2［元］脱脱等：《金史》卷七七《刘豫传》。

3［宋］李心传：《建炎以来系年要录》卷一二四，绍兴八年十二月丙子。

4［宋］李心传：《建炎以来系年要录》卷一二四，绍兴八年十二月庚午。

5［宋］岳珂：《鄂国金佗稡编续编校注》卷七《绍兴八年》。

6［宋］李心传：《建炎以来系年要录》卷一二四，绍兴八年十二月庚辰。

纳国书的难题，“人情始安”[1]。根据议和条件，金朝将原伪齐统治的河南、陕西地区划归南宋，南宋向金朝称臣，每年向金朝进贡银二十五万两、绢二十五万匹。

绍兴八年（1138），宋金和议在宋高宗的力主下完成，他以孝道作为和议的理由，“向日讲和，本为梓宫、太后故，虽屈己卑辞，有所不惮”[2]。和议虽招致一片反对之声，但终究不能扭转宋高宗的心意。对宋高宗来说，缔结和议固然有骨肉亲情的原因，同时也有政治方面的考虑。前文提到，赵构继位没有徽、钦二帝的授命，其皇位来源最大的合法性支柱，就是“元祐皇后”孟氏的援立。可即便是孟氏自己的身份，都是存在争议的。孟氏于宋哲宗元祐七年（1092）被册立为皇后，绍圣三年（1096）被废，此后几经反复，以废后的身份居于瑶华宫。陈寅恪先生指出，援立赵构继位的《皇太后告天下手书》，“此文之发言者，乃先朝被废之皇后。以失去政权资格之人，而欲建立继承大统之君主，本非合法，不易立言”。[3]也正因为如此，宋高宗急于将徽宗梓宫和生母迎回，借助宗庙祭祀的连续性来确立自己继位的正当性。

和议引起很多大臣批评，甚至有人提出皇位乃天下之公器，高宗不得专擅的说法。方庭实说：“天下者，中国之天下，祖宗之天下，群臣万姓三军之天下，非陛下之天下。……陛下纵忍为此，其如中国何，其如先王之礼何，其如天下之心何。”[4]然而值得注意的一点是，人们尽管不甘于成为金朝附属，但对于和议放弃河北、河东、山东等北宋领土、民众，几乎没有任何反对之声，甚至表现出极端的冷漠。吕中后来说：“朝廷弃三路如弃土

1 ［宋］李心传：《建炎以来系年要录》卷一二四，绍兴八年十二月戊寅。

2 ［宋］李心传：《建炎以来系年要录》卷一九六，绍兴三十二年正月庚寅。

3 陈寅恪：《论再生缘》，《寒柳堂集》，北京：生活·读书·新知三联书店，2001年，72页。

4 ［宋］方庭实：《谏和议疏》，《全宋文》（第一百八十一册）卷三九七八《方庭实》。

梗，弃两淮如弃敝屣。”[1]这种情况的出现自然有多方面的原因，但就客观来看，宋高宗证明自己皇位合法性的迫切需要决定了与金议和的国策，议和又意味着南宋放弃恢复中原，成为偏安江南一隅的政权。

“南北无事矣”：绍兴十一年和议

绍兴八年和议是不稳定的，其主要原因是和议在金朝并未获得一致的支持，如完颜宗干、兀术等尤为反对，金熙宗原本就对主持朝廷军政的宗磐、宗隽、挞懒一伙擅权不满，在宗干、兀术等人的撺掇下，金朝发生政变，主持对宋和议的挞懒被杀，新任都元帅兀术决定征讨南宋，复取河南地。南宋绍兴十年（金天眷三年,1140）五月，金国撕毁与南宋签订的和议，同时进军山东、陕西、河南。兀术亲率精兵攻占开封，西路金军在经过与南宋吴璘等部一番艰苦搏杀之后，基本控制陕西，南宋军队退守蜀地，使金军不得入蜀。

金人背弃和议，使南宋朝堂陷入混乱，秦桧更是坐立难安。挞懒被杀，使秦桧不但失去了在金朝的合伙人，也在南宋朝堂丧失了政治基础，其政治威信严重受损。秦桧儿媳的叔父郑亿年曾附和秦桧倡导议和，称“和好可久，愿以百口保之”[2]，此时工部尚书廖刚当着秦桧的面质问他：“公以百口保金人讲和，今已背约，有何面目尚在朝廷？”[3]秦桧在旁尴尬万分，只能说：“尚书晓人，不当如是。”[4]

按照惯例，既然金已败盟，秦桧力主的和议失败，他只能引咎辞职。但秦桧显然不甘心就范，暗中指使心腹进行政治工作。御史中丞王次翁面

1［宋］李心传:《建炎以来系年要录》卷二九，建炎三年十一月壬戌。

2［宋］徐梦莘:《三朝北盟会编》卷二〇〇。

3 同上。

4［宋］李心传:《建炎以来系年要录》卷一三五，绍兴十年五月辛丑。

见宋高宗，提出金人败盟责任不在秦桧，请宋高宗不要轻易更换宰相，“盖后来者未必贤于前人”[1]“于国事初无补也”[2]。宋高宗听后深以为然。秦桧仍不放心，又对心腹冯檝说：“金人背盟，我之去就未可卜，前此大臣皆不足虑，独君乡衮（张浚），未测上意，君其为我探之。”[3]冯檝试探高宗说：“金人长驱犯顺，势须兴师，如张浚者，且须以戎机付之。”[4]高宗“正色”回答：“宁至覆国，不用此人。”[5]秦桧听到后大喜。宋高宗之所以对张浚有如此深的成见，一方面是嫌恶张浚对淮西兵变处理不当，另一方面也是考虑到宋徽宗梓宫、韦太后都滞留金朝，不愿与金人展开全面对决。他的设想，是将对金战争保持局部化，尽快恢复和议。

在这种思想的主导下，南宋对金的战争基本是防御性的，重点在阻挡金军的攻势，只做有限度的还击。这种方针与岳飞等大将的想法尖锐对立，他们要求乘势追击，“深入敌境，复取旧疆，报前日之耻”[6]。南宋绍兴十年（金天眷三年，1140）六月，金军十余万主力杀到顺昌府，兀术豪言要将顺昌府“以靴尖趯倒”[7]，却被仅有五千人的刘锜军大败。就在刘锜准备乘胜追击时，宋高宗、秦桧下令班师。七月，岳飞军在郾城（今河南省漯河市）和颍昌（今河南省许昌市）连奏凯歌，大败金军主力，兀术感叹：“我起北方以来，未有如今日屡见挫衄。”[8]但岳飞也同样收到班师的指令，以致他愤然说：“十年之力，废于一旦！”[9]到了九月，秦桧将岳飞召赴行在，令杨沂

1［宋］李心传：《建炎以来系年要录》卷一三五，绍兴十年五月戊戌。

2 同上。

3［宋］李心传：《建炎以来系年要录》卷一三六，绍兴十年六月丙午。

4 同上。

5 同上。

6［宋］李心传：《建炎以来系年要录》卷一三七，绍兴十年七月庚申。

7［宋］李心传：《建炎以来系年要录》卷一三六，绍兴十年六月庚戌。

8［宋］岳珂：《鄂国金佗稡编续编校注》卷八《经进鄂王行实编年卷之五》。

9 同上。

中、刘光世、刘锜、岳飞等军还屯长江南岸，摆出防御江南的姿态。

南宋绍兴十一年（金皇统元年，1141）正月，兀术计划率军渡过长江进军和州（今安徽省和县）。和州是防卫江南的重要据点，南宋不得不全力防御。张俊军出建康府，屯营于和州；杨沂中率殿前司军三万出杭州，以赴淮西；刘锜军二万自太平州开向和州；李显忠出兵淮南；韩世忠和岳飞两军也收到出兵增援的指令。除四川驻军外，这一仗几乎动员了南宋当时所有有力的军队。二月，宋金会战，宋军取得柘皋大捷。宋高宗赐诸大将诏书，“以捷书累至，军声大张。盖自军兴以来，未有今日之盛”[1]。

从南宋绍兴十年（1140）开始的宋金战争，金军虽夺回河南、陕西，但想要实现对南宋军事压制的战略目标却告失败；宋朝虽将战争限定为防御战，但成功遏制了金朝的军事攻势，展现出足以自保的实力。《大金国志·兀术传》说：“（兀术）锐意败盟，举兵南征。后败于顺昌，败于郾城，败于柘皋，乃始讲和，而南北无事矣。”[2]南宋绍兴十一年（金皇统元年，1141）九月，兀术将此前扣押的宋使莫将和韩恕放回，宋廷当月派刘光远和曹勋出使淮南，双方开始议和。到该年十一月十八日，金使萧毅入见宋高宗，双方在短短的两个月内，即达成和议。

和议之所以在极短时间内完成，金朝方面的急切是重要原因，随着时间的推移，无论国内形势还是战场形势，都愈来愈向着不利于金朝的方向发展。也正是看到金朝陷入困境，并对己方力量有了信心，宋高宗才少见地“豪言”：“今虽与之立誓，当奏告天地、宗庙、社稷，明言若归我太后，朕不惮屈己与之和。如其不然，则此要盟，神固不听，朕亦不惮用兵也。”[3]在金使萧毅返程前又“威胁”道：“若今岁太后果还，自当谨守誓约。如今

1［宋］李心传：《建炎以来系年要录》卷一三九，绍兴十一年二月乙未。

2［宋］宇文懋昭：《大金国志校证》卷二七《兀术传》。

3［宋］李心传：《建炎以来系年要录》卷一四二，绍兴十一年十一月壬子。

岁未也，则誓文为虚设。”[1]对于惯于屈膝请和的宋高宗来说，这已经是前所未有的“强硬”态度了。

根据和约，南宋向金朝称臣，“世世子孙，谨守臣节”[2]，金朝册立宋康王赵构为皇帝；宋、金两国东以淮河中流为界，西以大散关（今陕西省宝鸡市西南）为界，以南属宋，以北属金，南宋版图由此确定，河北、河东、河南、陕西、山东等地尽皆放弃；南宋每年向金朝纳贡银二十五万两、绢二十五万匹，自宋绍兴十二年开始，每年春季搬送至泗州交纳。南宋绍兴十二年（金皇统二年，1142）三月，金朝派遣左宣徽使刘筈至宋，对宋高宗进行册封礼。此次和议结束了宋、金间长达十余年的战争状态，形成了南北对峙的局面，维持了近二十年的“和平”，但这种“和平”局面的取得，是以宋金间政治上的不平等关系与经济上的屈辱代价换来的。

宋人评论说：“向者战败而求和，今则战胜而求和矣；向者战败而弃地，今则战胜而弃地矣。”[3]但宋高宗对此毫不计较，他心心念念的，只是徽宗梓宫和韦太后的还朝。在他看来，只有这一点才具有决定性的意义。韦太后的还朝，可以解决高宗继位名不正、言不顺的问题，使其名分健全。“天子建国，宗庙为先”[4]，徽宗梓宫的归返，更可以使高宗接续宗庙祭礼的一贯性。宋高宗借着徽宗梓宫与韦太后的归返，使其继位的正当性与授权关系得以完整，成就了作为北宋继承政权的南宋王朝。

1［宋］李心传：《建炎以来系年要录》卷一四二，绍兴十一年十一月戊午。

2［元］脱脱等：《金史》卷七七《完颜宗弼传》。

3［宋］李心传：《建炎以来系年要录》卷一四六，绍兴十二年八月己丑。

4 汪圣铎点校：《宋史全文》卷二一《宋高宗一四》。

重回以文治武的老路：宋朝第二次收兵权

北宋末年，经过镇压方腊起义，以及宣和年间的征辽战争，宋朝禁军已经损失相当多的人马。接下来，金军的两次入侵又导致宋军伤亡惨重，开封陷落后，曾经雄极一时的宋朝禁军完全崩溃，溃兵余卒成为“兵匪”，流浪于江淮之间。与宋太祖起家于职业军人，自始便掌握了一支忠心不二的武装力量不同，赵构虽被宋钦宗封为“河北兵马大元帅”，但几乎是个光杆司令，手下能控制的兵力不过一万左右。南宋政权建立的过程中，如何重建军事力量并将之牢牢掌握在手中，便成为一个重要的政治课题，这不单纯是一个军事问题，也影响到宋金对峙的形势。

五代乱象重现：苗刘之变

赵构继位后，原本康王府的宦官权势日盛，与外臣勾结，肆无忌惮。宋高宗南下逃窜时，宦官们沿途“以射鸭为乐”[1]“强占居民，强市民物”[2]。建炎三年（1129），宋高宗从扬州逃往杭州，宦官们自恃保驾有功，“益自炫，愈

1［元］脱脱等：《宋史》卷四六九《蓝珪、康履传》。

2［宋］李心传：《建炎以来系年要录》卷二一，建炎三年三月壬午。

有轻外朝心”[1]。由于对金人的进攻防备不足，宋高宗罢免了黄潜善和汪伯彦，任命朱胜非为右相，同时在宦官康履的推荐下，以王渊为签书枢密院事。

当时宋高宗手下只有一支戍卫部队，由苗傅、刘正彦统领，他们一方面“以赏薄怨望”[2]，另一方面对王渊的任命不满，于是发动政变。两人率兵一举杀死了王渊和众宦官，在闹市张贴榜文，宣称为民除害。苗傅、刘正彦逼迫宋高宗退位，重弹让赵构耿耿于怀的老调：“上不当即大位，将来渊圣皇帝来归，不知何以处。”[3]他们请出“元祐皇后”孟氏再次垂帘听政，由宋高宗三岁的幼子赵旉继位，改元“明受”。这次叛乱称为“苗刘之变”，又称“明受之变”。

这次叛乱是由赏赐不均和人事纠纷引发的，苗傅、刘正彦虽挟制朝廷，但其实并无深谋远虑。得知叛乱的消息后，正在江宁府的江东制置使吕颐浩和驻扎在平江府的礼部侍郎张浚，与大将韩世忠、刘光世、岳飞等联络，组织勤王军，向杭州进发。苗傅、刘正彦仓皇出逃，宋高宗得以复辟，恢复建炎年号。吕颐浩、张浚、韩世忠亲至行宫，宋高宗步行出宫门与众人相见，握着韩世忠的手恸哭。

苗刘之变给刚刚登基不久的赵构极大打击，使其终生难忘。这种唐末五代时期常见的武将带兵逼宫事件，已经绝迹一百六十余年，居然在此时复现，使得高宗极端震骇。宋高宗本人对于这次叛乱的感受，和参与平叛的将领们大不相同。韩世忠奉命追击叛军时不屑地说：“金人固难敌，若苗傅，但有少许汉儿，何足畏者！”[4]而对宋高宗来说，最难忍受的不是向敌国乞怜，而是受迫于肘腋之变。苗刘之变使赵构的心态有了深刻的变化，

1［元］脱脱等：《宋史》卷四六九《蓝珪、康履传》。

2［清］毕沅：《续资治通鉴》卷一〇四，建炎三年三月壬午。

3［宋］李心传：《建炎以来系年要录》卷八，建炎元年八月壬午。

4［宋］李心传：《建炎以来系年要录》卷二二，建炎三年四月壬子。

他难以忘记所受到的威胁和羞辱，更对武将专兵的状况心生警惕，一旦环境许可，他就会着手限制乃至剥夺武将权势。

“朝廷无意恢复”：淮西兵变的影响

对于北宋末年出现的流民、溃军和叛卒，南宋朝廷的政策，是允许统兵大将采用或抚或剿的策略，将他们收编。由于策略得当，曾经无所统制、不断扩散的军事势力，陆续地被淘汰、整理，逐渐集结在有力的军事将领之下，形成所谓“家军体制”。“今日之兵，隶张俊者则曰张家军，隶岳飞者则曰岳家军，隶韩世忠者则曰韩家军。”[1]诸大将声势和武力不断壮大的同时，也产生了一个一向为宋廷所忌讳的现象，即大将专兵、地方权重，这和宋代立国的基本政策“强干弱枝”是相互矛盾的。

到绍兴五年（1135），这种内轻外重的情况特别明显。除四川外，南宋全部兵力约二十万，其中所谓“四镇”即张俊、韩世忠、刘光世、岳飞的兵力总和就达到十八万。大将的军队总数远远超过朝廷直接控制的兵力，况且在乱世中，大将在驻地拥有民政、财政和军政大权，遂使军队与主将的关系密切，而与朝廷的关系疏远，对中央政府形成潜在的威胁。

不少士大夫对此都有相当的关切，汪藻就说：“自古以兵权属人，久而未有不为患者。岂不以予之至易，收之至难，不早图之，后悔无及耶！”[2]他们尝试通过拔擢偏裨将校来分散诸大将的兵权，但在外患内乱接踵而来的绍兴初年，中央政府既要依赖大将稳定政局，又无法完全控制大将及其部队，这种策略便无法推动，只得消极地谋求加强中央兵力。绍兴二年（1132）起，南宋设立直隶中央的御前忠锐十将，恢复三衙制度，并增强其兵员，不过这些措施和大将大肆增兵的幅度无法相比。

1［宋］李心传：《建炎以来系年要录》卷一三七，绍兴十年七月乙卯。

2［宋］徐梦莘：《三朝北盟会编》卷一四五。

张浚掌理军政大权时，想借御敌平乱的军事行动，将大军手中的军队收归中央，扼守淮西的刘光世成为他的目标。绍兴七年（1137）二月，有臣僚弹劾刘光世在宋与伪齐会战淮南时擅自撤退，“几误大事”[1]，又言其“军律不整，士卒恣横”[2]。张浚趁机上奏刘光世“沉酣酒色，不恤国事，语以恢复，意气拂然，乞赐罢斥，以儆将帅”[3]。高宗命刘光世为万寿观使，封荣国公，罢去其兵权。然而在处置刘光世所部的过程中，却产生了波折。宋高宗一开始许诺让岳飞统领刘光世军，在张浚的提醒下，又很快收回成命，将刘光世军重编为六军，由张浚心腹吕祉节制。

吕祉是一个文官，志大才疏，在这样敏感的时刻，将兵权交到一个从无带兵经验、又与刘光世部素无往来的书生手中，很多人都感到忧虑。岳飞反对说，“吕尚书虽通才，然书生不习军事”[4]“变乱反掌间耳”[5]。但张浚仍一意孤行。刘光世罢去兵权后，部将王德和郦琼为争夺指挥权发生激烈抗争，吕祉匆促被派往刘光世军驻地庐州进行调处。他行事向来过激，又不懂军政，到军中后“简倨自处，将士之情不达”[6]，调停失败。吕祉密奏宋高宗请求罢免郦琼等人，奏折却被郦琼得到。郦琼于是杀掉吕祉，率所部四万人渡过淮河，投降伪齐。这一事件就是“郦琼叛乱”，又称为“淮西兵变”。

淮西兵变完全是一个突发事件，其直接原因就是张浚和吕祉的处置失当。数万装备精良之军投敌，使南宋两淮防线出现巨大空白，对南宋政权产生极大冲击。主导这一事件的张浚立刻遭到罢免，故相赵鼎被疾速召回朝廷。兵变暴露出南宋中央政府还没有能力统制家军，也使宋高宗再次意

1［宋］李心传：《建炎以来系年要录》卷一〇九，绍兴七年二月庚申。

2 同上。

3 同上。

4［清］毕沅：《续资治通鉴》卷一一八，绍兴七年四月丁未。

5［宋］岳珂：《鄂国金佗稡编续编校注·续编》卷十九《百氏昭忠录卷之三》。

6［宋］李心传：《建炎以来系年要录》卷一一三，绍兴七年八月戊戌。

识到，将军事力量收归中央控制之下，是政权确立的根本条件，其他一些目标都建立在此基础之上。

淮西兵变从根本上改变了南宋朝廷的最高国策，“北伐之谋日以益衰，顾望中原，坐失机会”[1]。张浚被罢相，其所主张的积极恢复政策破产，宋高宗原本已经被张浚说服，移跸到建康，以展示进取的姿态，却于兵变后很快返回杭州。赵鼎劝他：“恐回跸之后，中外谓朝廷无意恢复。”[2]高宗回答：“张浚措置三年，竭民力，耗国用，何尝得尺寸之地，而坏事多矣。此等议论，不足恤也。”[3]此后，宋高宗再也无意采取对金积极作战的方针，对诸大将也充满不信任。绍兴七年（1137），宋徽宗的死讯传来，赵鼎想要召集诸大将商议恢复中原之计，宋高宗一口回绝：“不须恤此，今日梓宫、太后、渊圣皇帝皆未还，不和则无可还之理。”[4]淮西兵变的冲击，使宋高宗坚定了放弃恢复中原的想法，一心只想与金议和。

“兵权不可假人”：名将岳飞之死

在南宋初诸大将中，岳飞的资历最浅，却升迁最快，宋高宗本来对他极为器重，有意将他引为心腹力量。绍兴七年（1137）初，岳飞至平江府面见宋高宗，高宗问岳飞是否有良马，岳飞或许也听到一些有关刘光世的传闻，便说自己过去所乘的是良马，现在所乘的却是驽马，并意有所指地说：“受大而不苟取，力裕而不求逞，致远之材也。”[5]高宗大为赞赏，对宰执们称赞岳飞见识大有长进，“论议皆可取”，擢升他的官职，使其与韩世忠、

1 ［宋］朱熹：《皇考左承议郎守尚书吏部员外郎兼史馆校勘累赠通议大夫朱公行状》，《全宋文》（第二百五十二册）卷五六六九《朱熹二四二》。

2 ［宋］李心传：《建炎以来系年要录》卷一一六，绍兴七年闰十月戊子。

3 同上。

4 ［宋］李心传：《建炎以来系年要录》卷一一八，绍兴八年正月乙巳。

5 ［宋］岳珂：《鄂国金佗稡编续编校注》卷七《经进鄂王行实编年卷之四》。

张俊地位相当。三月，宋高宗又单独召见岳飞说：“中兴之事，朕一以委卿，除张俊、韩世忠不受节制外，其余并受卿节制。”[1]等于将全国一半以上的兵力都交给岳飞指挥，这在宋朝是没有先例的。

然而很快，在处理刘光世军时，宋高宗与岳飞就初次爆发了矛盾。宋高宗出尔反尔，已经令岳飞不快，张浚随后又暗指他意图吞并刘光世军，更激起岳飞愤慨。岳飞一怒之下，回到江州（今江西省九江市）庐山为母亲守孝，以“与宰相议不合”为由，请求解除兵柄。张浚打算趁机一并罢免岳飞，向宋高宗上奏称“岳飞积虑，专在并兵，奏牍求去，意在要君”[2]。宋高宗对岳飞的行为十分震怒，但他深知此时还不宜处置岳飞，再三下诏敦促岳飞复职。岳飞无奈于六月重返行朝，向宋高宗“具表待罪”。高宗回答：“卿前日奏陈轻率，朕实不怒卿。若怒卿，则必有行遣。太祖所谓‘犯吾法者，惟有剑耳！’所以复令卿典军，任卿以恢复之事者，可以知朕无怒卿之意也。”[3]这番话看似宽慰，实则警诫，已隐隐透露出杀机。

淮西兵变使宋高宗意识到大将专兵的威胁，他将注意力转移到了整编军事力量方面，在对外政策上由对金强硬转向与金议和。战争形势既趋缓和，对大将的倚赖便相应减少，于是着手进行收兵权的部署。一方面限制大将扩张势力，绍兴八年（1138）二月，岳飞因防区辽阔请求增兵，宋高宗明确拒绝。“上流地分诚阔远，宁与减地分，不可添兵”；即便是增兵，“与其添与大将，不若别置数项军马，庶几缓急之际，易为分合也”。[4]高宗之意，就是防止大将壮大声势，同时另外设置忠于皇帝的中央军队。另一方面“擢偏裨”，使大将手下的副将独立，直接听命中央，以分散大将权势。

1［宋］岳珂：《鄂国金佗稡编续编校注》卷七《经进鄂王行实编年卷之四》。

2［元］脱脱等：《宋史》卷二八《高宗本纪》。

3［宋］李心传：《建炎以来系年要录》卷一一二，绍兴七年七月丁卯。

4　参见［宋］李心传：《建炎以来系年要录》卷一一八，绍兴八年二月壬戌。

南宋绍兴十一年（1141）二月，宋金两军交战，金军在大败于柘皋后，向北攻取濠州（今安徽省凤阳县），张俊、杨沂中、韩世忠军相继败北。宋高宗希望岳飞前往救援，但岳飞以军粮不足为由拒不动兵，高宗前后发出十七道手札，岳飞始终不为所动。最后，高宗只得恳请岳飞说："社稷存亡，在卿此举。"[1]岳飞行军三十里，听说濠州已经陷落，驻留在舒州、蕲州境上。这次事件使秦桧和张俊耿耿于怀，宋高宗也萌生了诛杀岳飞的想法。

绍兴十一年（1141）四月，宋廷得知金人愿和，对偏安东南有了把握，故而加快了收兵权的行动。三大将被召回杭州，张俊第一个到达，韩世忠次之，岳飞最后。张俊首先入见，宋高宗对他说："（郭）子仪方时多虞，虽总重兵处外，而心尊朝廷，或有诏至，即日就道，无纤介顾望，故身享厚福，子孙庆流无穷。今卿所管兵，乃朝廷兵也，若知尊朝廷如子仪，则非特一身享福，子孙昌盛亦如之；若恃兵权之重，而轻视朝廷，有命不即禀，非特子孙不享福，身亦有不测之祸，卿宜戒之。"[2]在接见岳飞时，宋高宗又旁敲侧击："李、郭在唐俱称名将，有大功于王室，然光弼负不释位之衅，陷于嫌隙；而子仪闻命就道，以勋名福禄自终，是则功臣去就趋舍之际，是非利害之端，岂不较然著明！"[3]宋高宗以唐代郭子仪和李光弼的例子来警诫三大将，又明确说三人所管之兵乃朝廷之兵，其中之意已昭然若揭。

宋高宗借口奖赏柘皋之捷，任命张俊、韩世忠担任枢密使，岳飞为枢密副使。自北宋实施重文轻武的政策以来，枢密使多由文臣担任，这一安排对三位大将而言自然是一项殊荣。宋高宗表面上让他们参与最高军政决策，"朕昔付卿等以一路宣抚之权尚小，今付卿等以枢府本兵之权甚大"[4]，

---

1 ［宋］李心传：《建炎以来系年要录》卷一三九，绍兴十一年三月庚戌。

2 ［清］毕沅：《续资治通鉴》卷一二四，绍兴十一年正月庚戌。

3 ［宋］李心传：《建炎以来系年要录》卷一四〇，绍兴十一年四月乙未。

4 同上。

但实际却是明升暗降，迫使他们离开军队。与此同时，宋高宗下诏：撤销三大将主持的宣抚司；命他们的副将各统所部，自成一军，改称统制御前军马，直接隶属于中央；负责筹运各军钱粮的总领官由中央任命，并扩大其职权，成为实际上的监军。

三大将中，张俊最善察言观色，他率先表示拥护中央，交出所管军马，暗地与秦桧达成默契，“约尽罢诸将，独以兵权归俊”[1]。韩世忠和岳飞二人，就成为宋高宗和秦桧忌惮的对象。秦桧首先授意韩世忠旧部胡纺诬告韩世忠亲校耿著散布流言，图谋由韩世忠重新掌兵，意图牵连韩世忠。但这项阴谋却被派去按阅韩世忠军的岳飞发现，与岳飞同行的张俊暗示：“上留世忠而使吾曹分其军，朝廷意可知。”[2] 岳飞却不肯同流合污，回复秦桧说：“若使飞捃摭同列之私，尤非所望于公相者。”[3] 并派人送信给韩世忠。韩世忠得讯后立刻向高宗表明心迹，他是勤王大将，又曾参与平定苗刘之乱，与宋高宗关系深厚，宋高宗于是命秦桧放过韩世忠。韩世忠力请辞职，此后闭门谢客，口不言兵。

秦桧谋害韩世忠未果，遂转而对付岳飞。绍兴十一年（1141）八月，言官万俟卨、何铸、罗汝楫等人弹劾岳飞在宋金之战中不听号令等罪名，宋高宗罢免了岳飞枢密副使的职位。接着，张俊胁迫岳飞部将王贵、王俊等人诬告岳飞部将张宪阴谋发动兵变，进而构陷岳飞谋反。宋高宗亲自下旨，将岳飞下大理狱审讯。经过两个多月的讯问，秦桧上奏建议将岳飞斩首，张宪绞刑，岳飞子岳云徒刑。宋高宗下旨：“岳飞特赐死，张宪、岳云并依军法施行，令杨沂中监斩，仍多差兵将防护。”[4] 一代名将岳飞含冤而死。

1［宋］李心传：《建炎以来系年要录》卷一四七，绍兴十二年十一月癸巳。

2［宋］岳珂：《鄂国金佗稡编续编校注》卷八《经进鄂王行实编年卷之五》。

3 同上。

4［宋］李心传：《建炎以来朝野杂记》乙集卷一二《杂事·岳少保诬证断案》。

朱熹后来评价："诸将骄横，张与韩较与高宗密，故二人得全。岳飞较疏，高宗又忌之，遂为秦所诛，而韩世忠破胆矣。"[1]

韩世忠、岳飞二人的隐患俱已消除，张俊立有大功，倚恃与秦桧的幕后协议，赖在枢密使的位子上不走，秦桧指使台谏官将他劾罢。至绍兴十二年（1142）十二月，宋高宗终于得意扬扬地对秦桧宣称："唐藩镇跋扈，盖由制之不早，遂至养成。今兵权归朝廷，朕要易将帅，承命奉行，与差文臣无异也。"[2]

苗刘之变、郦琼兵变以及岳飞之死，这三大事件是观察南宋初期政局变化的关键，前两次事件不仅与宋高宗杀岳飞有关，对南宋政局的影响亦不逊于杀岳飞案。南宋建立之初，处于风雨飘摇之中，需要借助武将的力量来自卫，却也逐渐出现了大将专兵的现象，与北宋以来"强干弱枝""重文轻武"的家法相悖。苗刘之变的发生，使宋高宗警惕武将对政权的威胁，谋求防患之策。局势稍有好转时，便在张浚的主持下开始收夺大将权力。然而大将与军队之间已在某种程度上形成了私人关系，一旦处置不当，极易引发军心变动和疑惧，因此导致了郦琼兵变的发生。

郦琼兵变对宋高宗调整宋金关系与收夺兵权具有关键性的影响。兵变使南宋的内外政策有了很大改变，人事更迭只是表面现象，更具根本性的是宋高宗从此放弃主战，积极谋和，迁都临安，奠定了偏安东南的基础。经过这次挫折后，宋高宗起用秦桧，采取阴柔迂回的策略：一面对金讲和，纾解外来压力；一面兼用"推恩"和抚循偏裨的办法，使大将脱离军队，让军队直隶中央。宋高宗终于结束了武将专兵的局面，使宋朝重回"重文轻武""强干弱枝"的老路。

---

1 ［宋］黎靖德编：《朱子语类》卷一三一《本朝五·中兴至今日人物上》。

2 ［宋］李心传：《建炎以来系年要录》卷一四七，绍兴十二年十二月己卯。

结语

金人的入侵结束了北宋的统治，康王赵构抓住机遇，建立起南宋王朝。南宋与北宋相比，有着明显的区别，这与宋太祖和宋高宗两位“开创之主”的性格和能力密切相关。宋太祖拥有卓绝的政治军事才能，宽广的心胸和眼界，他从一开始就对军队有着绝对的掌控力，依靠着实力超群而又忠心耿耿的军事力量，在诸割据政权中脱颖而出，再造一统。宋太祖将他的自信、从容注入国家政权的性格中，在他统治之下的宋朝，始终呈现出一种蒸蒸日上的上升势头和横扫六合的帝王之气。

相比之下，宋高宗只是生长于富贵之家的纨绔子弟，如果没有“靖康之难”，他只会在悠游无事中度过平凡的一生。时势的无常以及偶然的际遇，将他推上了皇位，却未能赋予他相应的才能与气度。他生逢国家丧乱，从继位开始就在金人的威逼追击下辗转逃徙；他手中没有可靠的军事力量，不得不处处仰人鼻息，忍受武将们的倨傲不臣。在艰难的环境中，他能考虑的仅有最基本的生存需求，所谓的“恢复”只是可望而不可即的海市蜃楼。当面临保全自身与恢复祖宗社稷的选择时，他毅然决然地选择了自保，头也不回地逃到江南，对身后陷落的大片土地和子民弃若敝屣。

宋高宗的皇位和权力来源并不“合法”，他没有得到来自父兄的传位，援立他的只是一个甚至连自己身份都存在瑕疵的前朝废后，不得不时时面对敌方乃至己方臣下对其皇位正当性的挑战和质疑。他心心念念的，只是如何证明自己皇位的合法性。当金人终于同意承认南宋政权的存在时，他立刻“不惮屈己”，也要迎回徽宗梓宫和生母，以完成宗庙祭祀的一贯性。宋高宗不自信和自保的性格，塑造了南宋的基本格局，使南宋只能成为一个偏安东南一隅的江南政权。

南宋与北宋之间又存在着显而易见的延续性，这种延续性来源于政治主体和他们的集体记忆。宋太祖鉴于唐末五代武人跋扈的弊端，定下“以文治武”的国策，罢去统兵大将的兵权。宋太宗两次征辽失败，对“内忧”和“外患”的重要性做出了明确的区分，“外忧不过边事，皆可预防。惟奸邪无状，若为内患，深可惧也。帝王用心，常须谨此”[1]。从宋高宗的言行中，明显可以看到宋太祖、太宗思维的延续，与金对峙的“外忧”固然重要，但大将专兵的“内患”才是致命的威胁。郦琼兵变释放出兵柄倒持的危险信号，高宗马上调整重心，与金展开议和，而加速收兵权的进程，这一决策显然影响了南宋政权的格局。

南宋政权最大的政治基础，是士大夫们对于宋王朝的深厚信赖，在几度面临生死存亡的危急关头，他们并没有背离宋朝，“于天下虽无片土之安，而将帅、牧守相持以不为女直用”[2]。士大夫们在归附南宋的同时，也带去了有关“祖宗家法”的集体记忆。北宋仁宗时，武将狄青由于战功而被擢任为枢密使，引起士大夫们的集体抗争，欧阳修曾有过如下议论：

> 臣窃见枢密使狄青，出自行伍，号为武勇，自用兵陕右，已著名声，及捕贼广西，又薄立劳效。自其初掌机密，进列大臣，当时言事者已

1［宋］李焘：《续资治通鉴长编》卷三二，太宗淳化二年八月丁亥。

2［清］王夫之：《宋论》卷一〇《高宗五》。

为不便。今三四年间，虽未见其显过，然而不幸有得军情之名。推其所因，盖由军士本是小人……且武臣掌机密而得军情，不唯于国家不便，亦于其身未必不为害。[1]

南宋初年，罢大将兵权而收归中央，并不是某一个人的个人意见，而是士大夫群体的集体呼声，其逻辑与欧阳修同出一辙。在他们的措置下，诸大将被迫离开军队。王夫之感叹道："呜呼，宋之猜防其臣也，甚矣！鉴陈桥之已事，惩五代之前车，有功者必抑，有权者必夺。即至高宗，微弱已极，犹畏其臣之强盛，横加锓削。"[2]在"祖宗家法"的强大约束力下，岳飞等人被罢去兵权有其必然性，然而罢去兵权与岳飞之死又并非必为因果。岳飞之死，实是宋高宗君臣个人胸襟、能力的展现，与宋太祖"杯酒释兵权"的从容自若相比，更于连续性中展现出两代君主的悬殊差距。汉初韩信说："狡兔死，良狗亨；高鸟尽，良弓藏；敌国破，谋臣亡。天下已定，我固当亨！"[3]宋高宗君臣在狡兔未死、高鸟未尽、敌国未破之时，自撤藩篱，已安于一个江南政权的规模。

1［宋］欧阳修：《论狄青札子》，《全宋文》（第三十二册）卷六八七《欧阳修二五》。

2［清］王夫之：《宋论》卷一〇《高宗一四》。

3［汉］司马迁：《史记》卷九二《淮阴侯列传》。

第十章

太上皇—今上的政治格局：宋孝宗及其时代

太上皇—今上的二元架构，带来的不是权力的转移，而是皇权的分裂，因此它具有不稳定性。正如杨万里所言，皇权“非可共理之物”“自古及今，未有天下之心，宗父子二人而不危者”。

在南宋诸帝中，孝宗被认为是最有为的一位，《宋史》编纂者称赞其“卓然为南渡诸帝之称首”。他在位的时代政治清明，人才济济，被誉为“乾淳之治”。如果把南宋作为一个整体，从高处俯瞰，可以发现孝宗朝有两个非常突出的特点。首先，从这一时期开始，南宋政坛出现“太上皇—今上”的权力格局。宋高宗正值盛年时将皇位禅让给孝宗，退居德寿宫称太上皇帝；此后孝宗又禅位给光宗，光宗让位于宁宗。这一格局导致皇权的分裂，给南宋政治带来极大影响。其次，南宋一朝，秦桧、韩侂胄、史弥远、贾似道相继秉政，权相政治几乎贯穿始终，唯独孝、光两朝例外。宋光宗在位仅五年，且朝政多受孝宗牵制，缺乏权相出现的土壤，姑且不论。而孝宗在位二十七年，先后换了十七位宰相，其换相频率之高、宰相任期之短，为世人所瞩目。此一时期的政治为什么呈现出这些特点，要从孝宗身上寻找答案。

父尧子舜：太上皇—今上格局的形成

太上倦勤，皇子可付社稷

北宋末年，遭逢“靖康之难”，汴京为金人所陷，宋朝宗室三千余人被掳，太宗子孙几乎无一幸免。建炎元年（1127）五月，高宗继位于南京应天府（今河南省商丘市），宋朝国祚得以不绝。次月，贤妃潘氏生皇子旉。建炎三年（1129）四月，赵旉被立为太子，但不到三个月即告夭折。宋高宗此时虽年仅二十三岁，却丧失了生育能力，仙井监乡贡进士李时雨上书，请求高宗在宗室中择贤良者立为太子，这触犯了高宗的忌讳，立刻引起高宗震怒，下诏将之逐出国门。

战乱带来剧烈的社会动荡，给人们的心理造成极大冲击，民间涌现出种种离奇的谶纬之说。宋太宗当年篡夺太祖皇位的故事又被提起，人们传说金太宗完颜晟相貌“绝类我太祖皇帝塑像”[1]，议论称北宋的灭亡就是太祖的报复。宋高宗虽然继承了皇位，但并不完全合法，很多人不肯信服，认为是到了把帝位归还给太祖一系的时候了。建炎四年（1130），宋高宗被金人追击而浮海求生，境况窘迫到了极致。当年秋天，隆祐太后（即元祐皇

1［宋］確庵、耐庵编：《靖康稗史笺证·瓮中人语笺证》。

后）向宋高宗提及“尝感异梦”，据说宋高宗由此恍然大悟，随即命惠襄靖王赵令廌留意择选太祖后人。绍兴元年（1131）六月，上虞县丞娄寅亮上书，声称正是自太宗以后北宋诸帝对太祖子孙的忽视，才使得太祖之灵不肯再庇佑赵宋江山，他恳请高宗遴选太祖子孙中有贤德者，立为皇子，“上慰在天之灵，下系人心之望”[1]。

经过隆祐太后的劝说，宋高宗的想法发生了改变，他对娄寅亮的上书“大为感叹”，对群臣表示，太祖以圣武定天下，子孙却零落四方，如果自己不效仿仁宗为天下考虑，择取太祖后代立为皇嗣，将无以告慰太祖在天之灵。高宗继而又道：“此事亦不难行，正是道理所在。朕止令于‘伯’字行（太祖第七世孙为‘伯’字行）中选择，庶几昭穆顺序。”[2]绍兴二年（1132）夏，宗子伯琮（后赐名瑗）被选入禁中，时年六岁，由张婕妤抚养。不久，才人吴氏也请得一子养育，于是绍兴四年（1134），宗子伯玖（后赐名璩）入宫，时年五岁。

宋高宗对二人同等看待，欲在二人之间择贤而立。绍兴十二年（1142），宋高宗封赵瑗为普安郡王；绍兴十五年（1145），封赵璩为恩平郡王，二人官属礼制相当，号称东、西府。尽管如此，赵瑗的处境并不乐观。张婕妤于绍兴十二年（1142）正月去世，次年，吴氏被册封为皇后，即宪圣皇后，她极力为赵璩争取政治地位，意在取赵瑗而代之。赵瑗还与时相秦桧屡次发生摩擦，《齐东野语》说：“孝宗英睿夙成，秦桧惮之。”[3]绍兴二十四年（1154），秦桧擅自调动殿前司兵卒千人赴衢州捕盗，赵瑗将此事报告给宋高宗，宋高宗召来秦桧责问。秦桧得知是赵瑗通报消息，随即向宋高宗举报赵瑗十年前为其生父持服时，开去一切差使，却没有停薪，应该从现

1［宋］李心传：《建炎以来系年要录》卷四五，绍兴元年六月辛巳。

2［宋］李心传：《建炎以来朝野杂记》乙集卷一《上德一·壬午内禅志》。

3［宋］周密：《齐东野语》卷一一《高宗立储》。

在开始扣薪。在秦桧主政的十七年间，士大夫慑于秦桧威势，无人敢提及建储之事。

秦桧死后，宋高宗也已年近五十，由于储位未定而致使人言籍籍，建储的呼声逐渐再现。绍兴二十九年（1159）六月，国子博士史浩转对，奏称应从赵瑗、赵璩二人中择一贤者立为皇子，使天下人心有所系。宋高宗颔首称是，任命史浩兼任二王府教授。宋高宗决定对赵瑗、赵璩做最后的考验。他手书两本《兰亭序》，命二人分别临摹五百本。赵瑗最终写了七百本，表现出对宋高宗的顺承之意；而赵璩借口事务繁忙，卒无所献。第二次考验更为重要，宋高宗赐给二王宫女各十人，史浩劝告二王，这些宫女平日侍奉高宗左右，应该以庶母之礼对待。不久，宋高宗将宫女召回，宫女言赵瑗待之以礼，而赵璩无不昵之。经过两次考验，宋高宗在二人之间已经有所取舍。绍兴三十年（1160）二月，宋高宗立赵瑗为皇子，改名玮，进封建王，授宁国军节度使、开府仪同三司。三月，授赵璩开府仪同三司、判大宗正事，称皇侄。

绍兴三十一年（1161）九月，金海陵王完颜亮败盟入侵，迅速攻破南宋两淮防线。宋高宗震恐之下，甚至准备危急时解散百官，再次航海避敌。陈康伯等力请高宗亲征，刚被册立为皇子的赵玮激愤之下，竟然冒失地请求率兵前驱。宋朝太祖以陈桥兵变开国，高宗的帝业也是凭着兵马大元帅的资本得来的，宗室领兵，本就违反“祖宗家法”，赵玮的建议立刻引起宋高宗的疑忌和愤怒。史浩对赵玮力言率师前驱之非，告诫其危难之时父子不可跬步相离。他列举唐朝的例子，唐玄宗安史之乱中移幸蜀川，太子李亨以天下兵马大元帅北上抗敌，却于灵武即皇帝位，是为肃宗，遥尊玄宗为太上皇。史浩批评唐肃宗虽早为天子数年，却终身不得为忠臣孝子。他代赵玮草拟奏章，“痛自悔改”，把率师前驱改为扈从高宗，服侍饮食汤药，以尽子职，并请皇后代为解释。宋高宗这才释怀，称赞史浩“真王府官也”[1]。

十月，赵玮随同宋高宗亲征，一路上充分展现出其孝子的形象，每日早晚两次记录高宗的生活起居，进呈宫中。当随驾大臣坐在肩舆内避雨时，赵玮乘马扈从高宗，“雨渍朝服，略不少顾”[2]。赵玮的表现令宋高宗颇为欣慰，绍兴三十二年（1162）二月，宋高宗返回临安不久，就做出禅位的决定。四月，他对陈康伯表露出“倦勤”之意：“朕年老多病，皇子将四十，可付社稷。”[3]五月，高宗下诏立皇太子，赵玮改名赵昚，正式成为皇储。六月，高宗行内禅之礼，将皇位让给赵昚，是为宋孝宗。宋高宗退居德寿宫，自称太上皇帝。

高宗决意禅位有着多方面的原因，“年老多病”只是一个借口。他退位时只有五十六岁，正值“春秋鼎盛”，退位后甚至新纳了十多名姬妃，八十一岁才去世。“倦勤”，也就是想释去重担，才更加接近事实。宋高宗内禅时在位已三十六年，他的作风是掌握决策权，把具体的行政和执行事宜委托给宰执。秦桧死后，他一直没能找到合适的宰相分担朝政，先后换了五位宰相，十一位参知政事。此外，在位的最后三四年中，宋高宗受到一些精神上的打击。先是生母韦太后去世，不久又得知钦宗死讯，令高宗当场饮泣。雪上加霜的是，完颜亮撕毁和议，金人铁骑卷土重来。宋高宗的政权建立在和议的基础上，为了缔结和议，他忍受了巨大的屈辱，但最后仍几乎再次成为丧家之犬，这无疑是对他的威信和政策的严重打击。朝臣中主张乘机北伐的呼声逐渐激昂，宋高宗不乐闻其事，遂决定让位。

1［元］脱脱等：《宋史》卷三九六《史浩传》。

2［宋］李心传：《建炎以来系年要录》卷一九六，绍兴三十二年正月庚午。

3［宋］周必大：《亲征录》，《全宋文》（第二百三十一册）卷五一五三《周必大一四〇》。

“凡今者发政施仁之目，皆得之问安视膳之余”

宋高宗的禅让使皇位由太宗一系转回到太祖一系，这不但受到当时群臣的歌颂，甚至一向对高宗评价非常苛刻的明代史家张溥也说：“彼一生行事，足告祖宗、质天地者，止有此耳。”[1]但是在歌功颂德背后，不能忽视禅位给南宋政权政治结构带来的深刻变化，它并没有像形式上表现的那样实现权力的转移，而是造成了皇权的分裂，形成太上皇—今上的二元权力格局，双方都需要在实践中摸索彼此的权力边界。

禅让实现了帝尧公天下的儒家理想，使宋高宗的身份超升为与尧并肩的圣王，高宗由此得到了一个至高无上的尊号——“光尧寿圣”。当尊号由宰相和礼官拟定，交由侍从、台谏在都堂集议时，大臣们的意见并不一致。持异议者认为，“寿圣”是英宗诞节之称，且已用作佛寺之名。“光尧”寓意“比德于尧，而又过之”，似属过誉。户部侍郎汪应辰就提出质疑：“尧岂可光？”[2]宋高宗立即出面干预，告诉孝宗汪应辰素来不喜欢自己。孝宗于是下手诏“不须别议”，集议大臣知势不可回，都签字同意，汪应辰不久便被外调。

宋孝宗能继承大统，完全出于高宗的赐予，对他来说，孝道不仅是立德修身的儒家规范，更具有现实的意义，是他竞争皇位的唯一资本。太上皇—今上的关系，是以太上皇的主导和今上的顺从为基础的。德寿宫就秦桧的旧第改建而成，隐然与皇宫对峙，形成了两个权力重心。宋高宗时刻强调着他不容触动的权威。一次，德寿宫一名卫士醉酒闯入钱塘县衙，咆哮无礼，被知县莫济施以杖罚。宋高宗闻讯大怒，立刻谕令孝宗将莫济罢免。一次，宋高宗在灵隐冷泉亭遇到一位行者，自称本是某处郡守，因得罪监司而被废为庶人，高宗答应为他向皇帝求情。数日以后，高宗又遇到

1［明］陈邦瞻编:《宋史纪事本末》卷七六，附张溥“论证”。

2［元］脱脱等:《宋史》卷三八七《汪应辰传》。

行者，言及尚未得到起复。次日，宋孝宗恭请高宗夫妇游园，高宗不笑不语，在孝宗百般追问下才道："朕老矣，人不听我言。"[1]又说："如某人者，朕已言之而不效，使朕愧见其人。"[2]孝宗随后召谕宰相："昨日太上盛怒，朕几无地缝可入，纵大逆谋反，也要放他。"[3]于是尽复该人原官。

孝宗朝的政治很大程度上笼罩在高宗的阴影下，孝宗在即位赦书中就明确表示，要继续听从高宗的指示，执行他的政策："凡今者发政施仁之目，皆得之问安视膳之余。"[4]这是孝宗愿意服膺高宗指导的公开承诺。孝宗的第一个年号"隆兴"，用意就是"务隆绍兴之政"。对于安于旧秩序和既得利益的官员来说，这个承诺自然最好不过。援引尧舜故事上太上皇尊号后，他们更有理由请求孝宗像舜协助尧那样，依从高宗的原则行事。孝宗也有模仿高宗的明显例子，他继位后就设官收集建炎、绍兴以来所下的诏旨条例，以便"恪意奉承，以对扬慈训"[5]。甚至视学的过程，也严格遵循高宗先例，"是为两朝盛典"[6]。因此儒臣称孝宗于高宗"一政一事无不遵之也"[7]"一字一画无不敬之也"[8]。

高宗的政策不容妄议。一次，有言官批评秦桧专擅，这等于间接批评了高宗。高宗将宫中一座建筑命名为"思堂"，然后宴请孝宗。孝宗问及这一名称的由来，高宗回答道："思秦桧也。"[9]自此以后，朝堂对秦桧的批评大大减少。秦桧身后之名需要维护，岳飞名誉的恢复便要在低调中进行。尽

1 丁传靖辑：《宋人轶事汇编》卷三《高宗》。

2 同上。

3 同上。

4［明］陈邦瞻编：《宋史纪事本末》卷七六《孝宗之立》。

5［宋］李心传：《建炎以来系年要录》卷二〇〇，绍兴三十二年六月丁亥。

6［宋］李心传：《建炎以来朝野杂记》甲集卷三《典礼·视学》。

7［宋］李心传：《建炎以来系年要录》卷二〇〇，绍兴三十二年六月戊寅。

8 同上。

9 丁传靖辑：《宋人轶事汇编》卷三《高宗》。

管孝宗明白岳飞的冤屈和战功，也只能有限地为他平反。淳熙年间，孝宗命有司为岳飞作谥，礼官拟用“忠愍”：“危身奉上曰‘忠’，使民悲伤曰‘愍’。”[1] 孝宗认为用“愍”字，则有批评太上皇失政的寓意，遂改为“武穆”。昭雪和一切恩恤，都是以太上皇“圣意”的名义来进行的，这些都是在为太上皇赵构保留体面。

宋高宗退位之际，与孝宗达成共识，孝宗每月四次至德寿宫朝拜。一月四朝表面上是儿子向父亲尽“温情定省”的孝道，实则具有重大的政治功能，是高宗向孝宗发布指示、进行政治部署的主要渠道。孝宗在朝拜德寿宫时，重要的朝臣奏疏都会被送来，向太上皇报告章奏和聆听太上皇的意见都是习以为常的事。朝中的人事任免要经太上皇首肯，新任大臣一定要先奏禀太上皇后再正式委任，殿试第一甲的策文也要经太上皇过目。乾道八年（1172），宋孝宗听从言官的弹劾，准许宰相虞允文辞职，但太上皇念念不忘虞允文在采石之战中的功绩，反而令孝宗挽留他而把言官外调。

宋高宗退位御札宣称将所有军国要务全权交由孝宗处分，但由于各种原因，孝宗在相当大的程度上不得不顺服于太上皇的权威。孝宗把满足太上皇的需索和富国强兵等量齐观，他特别新建“左藏封桩库”，专门用以供养高宗和储备军资。宋高宗去世后，孝宗透露，此前德寿宫缺钱，所以朝廷极力应付。宋孝宗要实行“永将四海奉双亲”的承诺，就不得不将富国强兵的宏愿打折扣了。《宋史·孝宗本纪》称赞：“宋之庙号，若仁宗之为‘仁’，孝宗之为‘孝’，其无愧焉，其无愧焉！”[2] 然而清高宗弘历却有不同的看法，他说帝王之孝与庶人不同，一定要把祖宗基业放在首位，南宋时祖宗旧疆已丧失大半，而宋孝宗不思恢复中原，报仇雪耻，只能满足于承欢膝下的小节，不能称之为“孝”。

1［宋］李心传：《建炎以来朝野杂记》甲集卷九《故事·渡江后改谥》。

2［元］脱脱等：《宋史》卷三五《孝宗本纪》。

太上皇与今上的权力划分：隆兴北伐与宋金和议

从采石大捷到符离之败

金正隆六年（绍兴三十一年，1161）九月，金海陵王完颜亮倾全国之力，分兵四路大举入侵南宋，渡过淮河，陈兵长江沿岸。宋高宗命知枢密院事叶义问督视江淮军马，中书舍人虞允文参赞军事。虞允文至采石，以一万八千残军击败完颜亮率领的金东路军，取得采石之战的胜利，力阻金军渡过长江。此时，金朝国内发生政变，东京留守、曹国公完颜雍即位于辽阳，下诏声讨完颜亮。完颜亮见后路已绝，急欲渡江征服南宋，金军多是北方人，不愿南渡，纷纷逃亡。完颜亮下令，军士逃亡者杀其长官，并命即日渡江。结果军中发生哗变，完颜亮被杀，金军班师，南宋转危为安。

完颜亮被弑后，金人试探性地要求恢复和约。宋高宗预料"此事终必归和"，乘势提出两个条件：一是金朝归还河南地，主要包括东京开封和西京洛阳在内的京东路和京西北路；二是将金宋关系由君臣改为兄弟。第二个条件尤其是宋高宗长久以来的希望，因为兄弟关系多少象征两国的对等。然而金人不但断然拒绝，而且再度以战争相威胁，由副元帅纥英措置南边及陕西等路事，都元帅奔睹开府山东。

绍兴三十二年（1162）六月，宋孝宗继位，朝臣对于和战争议不定，史浩、张浚各自为其代表。史浩认为孝宗初立，御金之计应以守备为先，以南宋之兵将，不足以图恢复。张浚则与史浩意见相反，他认为金自完颜亮被弑，“必不能再举全师”[1]，主张乘虚进兵北伐。就在南宋诸臣争论的同时，金朝镇压了西北契丹族起义，瓦解了山东等地的民间反抗力量，得以集中兵力对付南宋。十月，金朝命纥石烈志宁经略宋事。十一月，命仆散忠义南伐。金朝以十万兵屯驻河南，窥伺两淮；南宋则屯兵盱眙、泗、濠、庐州。

宋金在川陕战场展开激烈争夺，对宋而言，德顺的归属与否决定着胜败的形势。南宋吴璘的主力军队聚集在德顺，金军遂全力进攻。南宋朝堂上，以史浩为代表的一些大臣认为，在德顺与金军作战是错误的，提出放弃德顺等大散关以外新复州县的主张。虞允文连上十五道奏疏反对弃地之说，认为要恢复中原必自陕西开始，陕西五路新收复的州县又系于德顺之存亡，一旦放弃这些地区，则川蜀防线也会出现漏洞，利害至重。但虞允文的意见并未引起孝宗的重视，在史浩的劝说下，孝宗下手诏“罢德顺军屯戍”[2]。撤军诏书在西北前线引起了极大的震动，诸将力谏吴璘：“将在军，君命有所不受。此举所系甚重，奈何退师？”[3]吴璘无奈道：“璘岂不知此！顾主上初政，璘握重兵在远，有诏，璘何敢违？”[4]在宋军撤退过程中，金军尾随掩杀，吴璘军亡失军兵三万三千人、部将数十人，秦凤、熙河、永兴三路新复十三州，都被金军重新占领。后来，虞允文入朝，孝宗问及弃地，虞允文以笏划地，陈说利害，孝宗悔恨道：“此史浩误朕。”[5]自此以后，孝宗倾向于以张浚为首的主战派。

1［宋］张浚：《论东西牵制疏》，《全宋文》（第一百八十八册）卷四一三〇《张浚一〇》。

2［宋］李心传：《建炎以来朝野杂记》甲集卷二〇《边防二·癸未甲申和战本末》。

3［清］毕沅：《续资治通鉴》卷一三八，隆兴元年正月壬子。

4 同上。

5［宋］李心传：《宋史》卷三八三《虞允文传》。

隆兴元年（1163）正月，宋孝宗任命史浩为尚书右仆射、同中书门下平章事；张浚为枢密使，都督江淮东西路军马，具体负责用兵事宜。三月，金人要求南宋归还海、泗、唐、邓、商等地，遭到拒绝。于是金军分屯虹县、灵壁，摆出准备南下的架势。张浚欲趁金军立足未稳，先发制人，请孝宗亲征，又指使主管殿前司李显忠和建康府都统制邵宏渊越级向孝宗献上攻取之策。就是否出兵这一问题，史浩与张浚在殿上连续五天激烈辩论，张浚对孝宗道："史浩意不可回也，恐失机会，惟陛下英断。"[1]孝宗被张浚说服，绕过史浩任命李显忠为淮东招抚使、邵宏渊为副使，出兵北上。史浩事后得知，以身居右相而出兵不得与闻为由，坚决辞去相位。

出兵之初，宋军取得主动，很快攻占了灵壁和虹县，并乘胜夺取了宿州（今安徽省宿州市）。金朝纥石烈志宁率精兵万人驰援，宋金在宿州城下展开激战。李显忠和邵宏渊二人在行军过程中结怨，李显忠要求邵宏渊合力夹击金军，邵宏渊非但按兵不动，还向其部下散布说："当此盛夏，摇扇于清凉犹不堪，况烈日中被甲苦战乎。"[2]李显忠势孤难支，被迫从宿州撤军，行至符离被金军掩杀，包括丁夫等在内的十三万余宋军大溃，器甲资粮委弃殆尽，死者不可胜计。这次惨败宣告孝宗即位后朝野瞩目的北伐以失败而告终。

屈于孝养，达成和议

在对金政策方面，宋高宗与宋孝宗有根本性的分歧，宋高宗倾向于维持和好，而宋孝宗锐志于恢复。宋孝宗即位初年的北伐得到了宋高宗的默许，这可以看作太上皇对今上恢复志向的妥协，宋高宗不能过分压抑宋孝宗的皇权，他自己也未尝不心存些许侥幸心理，想趁金朝内乱之机，坐收

1［宋］周密：《齐东野语》卷二《张魏公三战本末略·符离之师》。

2［元］脱脱等：《宋史》卷三六七《李显忠传》。

卞庄刺虎之利。但一见北伐遭遇挫折，宋高宗马上介入干预，要求孝宗放弃用兵，重新回到议和的轨道上来。符离兵败后，张浚、李显忠、邵宏渊等都被贬责，在宋高宗的授意下，孝宗复用主和的汤思退为右相，主持与金和谈。

和谈的焦点之一是海（今江苏省连云港市海州区）、泗（今江苏省盱眙县北）、唐（今河南省唐河县）、邓（今河南省邓州市）四州的归属，金人要求南宋继续遵守"绍兴和议"，归还四州，南宋高层则对此存在争议。汤思退主张答应金人要求，尽快达成和议；而宋孝宗对此断然拒绝，双方和谈一度停顿。隆兴元年（1163）十二月，汤思退接任因病辞职的陈康伯为左相，张浚被擢升为右相，戴罪立功。这一安排清楚地反映出南宋高层的权力结构及政策分歧，汤思退是宋高宗主和路线的代表，张浚则象征着宋孝宗的恢复志向。

张浚派儿子张栻劝说孝宗不要让步，孝宗带他朝拜德寿宫，想要说服高宗。张栻对高宗畅言不应与金议和的种种原因，宋高宗却让张栻转告其父，国家需要度量民力国力来决定对金政策，金朝国内契丹族正在作乱，如果契丹事成，自可坐收其利，如果金朝平定了叛乱，则务要恤民治军，待时而动。张栻离开前，宋高宗再次叮嘱："与卿父说不如和好。"[1] 此后，太上皇又"深劝上，令从和"，宋孝宗遂宣谕，"虏能以太上为兄，朕所喜者。朕意已定，正当因此兴起治功"[2]，决定再派使节议和。宋孝宗特意到德寿宫，告知高宗已决定遣使，宋高宗非常高兴，甚至要自己单独准备一份礼物给金世宗。宋使胡昉至金营，对金帅说："本朝皇帝恐为贵朝见欺，初不肯遣使，而太上爱惜生灵，不欲杜绝。"[3]

1［宋］黎靖德编：《朱子语类》卷一〇三《胡氏门人·张敬夫》。

2 汪圣铎点校：《宋史全文》卷二四上《宋孝宗一》。

3《中兴御侮录》卷下。

金朝坚持索要四州，宋孝宗召集官员集议，群臣多欲答应金人要求，只有张浚、虞允文、胡铨等人认为不可。汤思退怒道："此皆利害不切于己，大言误国，以邀美名。"[1]为迫使宋孝宗同意，汤思退甚至抬出宋高宗，要孝宗"以宗社大计，奏禀上皇，而后从事"[2]。这明显是对孝宗权威的蔑视，宋孝宗大怒，斥责汤思退道："虏无礼如此，卿犹欲和，今日虏势，非秦桧时比，卿之议论，秦桧不若。"[3]宋孝宗拒绝割让四州，使和议再次搁浅，他对张浚说，和议不成乃是天意，准备再次用兵。宋高宗再次召来孝宗，劝他不要听信张浚之虚名，强调张浚惯于用国家的官爵、钱物做人情，以抬高自己的声誉。张浚遂被罢去，不久去世。

汤思退为促成和议，竟然秘密派人到金营，告诉金人以重兵压境来迫使宋孝宗答应和谈。南宋隆兴二年（金大定四年，1164）十月，金朝对南宋发动大规模的军事进攻。知楚州魏胜率军拒敌于淮阳，都统制刘宝留守楚州。刘宝根据汤思退的命令，以正在议和为由，拒不出兵支援，接着弃城逃遁，致使魏胜战死于前线，楚州、濠州相继陷落，形势再度吃紧。南宋朝野舆论纷纷声讨汤思退争和撤备之罪，宋孝宗罢去汤思退相职，责居永州。太学生张观等七十二人又上书论汤思退奸邪误国，请斩之。汤思退忧悸而死。

在金朝的军事压力和太上皇的督促下，宋孝宗最终让步。隆兴二年（1164）十一月，派亲信王抃携参知政事周葵的书信，前往金元帅府求和。议和条款的主要内容是：金宋约为叔侄之国；改"岁贡"为"岁币"，减十万；割商、秦之地，宋金边界恢复至完颜亮南侵前的状态；归还被俘人员，叛亡者不与。金人入侵的目的本就是迫使南宋让步，遂接受了和议条款，

1［清］赵翼：《廿二史札记校证》卷二六《和议》。

2［元］脱脱等：《宋史》卷三七一《汤思退传》。

3［宋］李心传：《建炎以来朝野杂记》甲集卷二〇《边防二·癸未甲申和战本末》。

从两淮撤军。十二月，“隆兴和议”正式签订。次年四月，金朝遣完颜仲为报问国信使，宋孝宗不欲行“降榻受书”礼，与完颜仲发生争执，宋高宗命皇子邓王受书以进，才避免僵持。宋孝宗欲拘留完颜仲，也因宋高宗反对而作罢。

年复一年，太上皇厌战的心态并没有改变。他乐于看到宋孝宗一再派遣使臣请求金人归还河南，这也是他自己的目标，但却不能容许宋孝宗兴兵恢复。据史书记载，宋孝宗每侍奉太上皇，必力陈恢复大计以取旨，太上皇道：“大哥，俟老者百岁后，尔却议之。”[1]孝宗自此不敢复言。宋孝宗“忧勤十闰，经营富强，将以雪耻”[2]，其锐意恢复中原的志向，甚至连金人都知之甚详，金世宗时常说，“吾恐宋人之和终不可恃”[3]，告诫群臣“积钱谷，谨边备”[4]。然而宋孝宗终究“屈于孝养”[5]“不敢北伐”[6]。

1 [宋]叶绍翁:《四朝闻见录·乙集·孝宗恢复》。

2 [宋]陈傅良:《经筵孟子讲义》,《全宋文》(第二百六十八册)卷六〇五三《陈傅良三七》。

3 [元]脱脱等:《宋史》卷三五《孝宗本纪》。

4 同上。

5 [宋]陈傅良:《经筵孟子讲义》,《全宋文》(第二百六十八册)卷六〇五三《陈傅良三七》。

6 [宋]陈傅良:《中书舍人供职后初对札子二》,《全宋文》(第二百六十七册)卷六〇三一《陈傅良一五》。

“有恢复之君，而无恢复之臣”——皇权受损的结果

“勤于论相，数置而亟免”

南宋政治有一个非常突出的特点，就是权相的出现。秦桧、韩侂胄、史弥远、贾似道等人相继把持朝政，几乎贯穿南宋政权始终。然而孝宗朝却是个例外，宋孝宗在位期间，共任用了十七位宰相，其中在位最长者七年，最短者不过三个月，平均每人每次任职仅两年左右。纵观整个宋朝历史，孝宗朝宰相的更替是最频繁的，宰相的平均任期也最短。

宋孝宗初政时，就已经显现出频繁换相的迹象。隆兴二年（1164），太学生王质上书论道：“陛下自即位以来，慨然有乘时有为之志，对宰执陈康伯、叶义问和汪澈都不满意，于是三人相继罢免，以史浩为相。史浩不称陛下意，又拜张浚为相；张浚一无所成，又决定起用汤思退。现在汤思退上任已数月，臣料其‘终无益于陛下’。”[1] 王质观察孝宗任相的情形，预料汤思退必不久相，此后果然如其所言。宋孝宗频繁更换宰相，引起大臣进言反对。乾道二年（1166）九月，司农少卿莫济上奏，指出任用大臣不能持久，则贤能者不能显露其长处，不肖者得以逃避其罪责，当前宰执大臣

1［元］脱脱等：《宋史》卷三九五《王质传》。

甚至仅在位数月就被罢免，似乎进退人才太快。孝宗表面上接受意见，诏曰“所论至当”，但实际上仍我行我素。

宋孝宗之所以频繁换相，根本上源于他对大臣的不信任。这种不信任一方面由于他早年间亲见秦桧专权弄势，即位后引以为戒，以免大权旁落。另一方面也与太上皇—今上的二元政治结构有关。在这一结构下，宋孝宗失去了皇帝原本应该享有的独尊地位，士大夫普遍知道，朝政须由太上皇决断，孝宗不能专擅，言谈行为中便不可避免地流露出对孝宗权威的怀疑，如汤思退公然要求孝宗以社稷大计奏禀高宗之类。宋孝宗对于来自臣下的轻视非常敏感，他斥责汤思退“秦桧不若”，也曾对众人抱怨“太上时，小事，不敢如此”[1]。类似的轻忽积累下来，久而久之，便会疏远宋孝宗与大臣的心理距离，刺激孝宗对大臣产生提防心理。

淳熙六年（1179），宋孝宗在批示刘光祖策问时大发牢骚：“国朝以来过于忠厚，宰相而误国者，大将而败军师者，皆未尝诛戮之。要在人君必审择相，相必为官择人，懋赏立乎前，严诛设乎后，人才不出，吾不信也。”[2]孝宗提到的“懋赏立乎前，严诛设乎后”，是一种法家思想，以之整顿纪纲当然易见成效，但却与宋朝以儒术治天下、政尚宽厚的立国之风大相径庭。孝宗的言论显示，他对宋朝祖宗优礼读书人、与士大夫共治天下的理念并没有多少认同，对宰相更是秉持功利主义的态度，防范多于信任。

宋孝宗时刻提防宰相发展个人势力，结成朋党。他在任命史浩为右相时说：“宰相岂当有朋党，人主亦不当以朋党名臣下，既已名其为党，彼安得不结为朋党？朕但取贤者用之，否则去之。”[3]表面看来，宋孝宗对朋党问题似乎采取了超脱、豁达的态度，但实际上他对大臣中任何结党的迹象都

1［宋］李心传:《建炎以来朝野杂记》乙集卷六《朝事一·台谏给舍论龙曾事始末》。

2［宋］李心传:《建炎以来朝野杂记》乙集卷三《上德三·孝宗论用人择相》。

3［宋］史浩:《论朋党记所得圣语》,《全宋文》(第二百册)卷四四一五《史浩一九》。

十分敏感和戒备，一旦察觉就毫不客气地予以取缔。淳熙中，陈俊卿提醒宋孝宗，单纯的同乡关系并不一定是结成朋党的条件，一朝宰相一朝臣的做法反而会促使以同乡关系为纽带而形成朋党。他的话从另一方面提醒孝宗，要实现对宰相的控制，还必须掌握宰相同乡的仕途进退，一项监督宰相的新制度就此产生：进拟大臣时，要在姓名下注明籍贯，“遂为故事”。同时还规定不许宰相进拟同乡，因此王淮在相位多年，“林子中亦乡人，八年不得除命”[1]。

宋孝宗力图使参知政事、台谏官员等成为牵制宰相的力量。秦桧专政时期，执政皆“昏聩无能者”，稍不合秦桧之意，就会被台谏官弹劾罢去。宋孝宗则支持和鼓励参知政事提出与宰相不同的见解，他对周必大说：“执政于宰相，固当和而不同，前此宰相议事，执政更无语，何也？”[2]台谏官员更是监督宰相的重要人选，宋孝宗对宰执荐举的台谏官人选怀有极大戒心，乾道中，左丞相虞允文推荐李彦颖、林光朝、王质为台谏，三人均性格耿直，又以文学推重于时，但宋孝宗却久久没有回应。而近臣曾觌推荐的人却马上赐予进士出身，擢用为谏议大夫。淳熙中，宋孝宗召王淮、周必大等议事，众人见御案上放着一个黄绫册，上面记录着前任宰执和现任宰执进拟的台谏官姓名。宋孝宗往往在前任宰执罢去、现任宰执上任后，任命前任宰执进拟的台谏官员，而现任宰执推荐的人选则暂不考虑，以免宰执与台谏结党。正是用这种办法，宋孝宗克服了“一相去，台谏以党去；一相拜，台谏以党进”[3]的情况，切断了宰相与台谏官之间互相援引的关系。

1［宋］张端义：《贵耳集》卷下。

2［元］脱脱等：《宋史》卷三九一《周必大传》。

3［宋］张端义：《贵耳集》卷下。

“躬揽权纲，不以责任臣下”

相比宰相，宋孝宗更信任长久跟随在自己身边的近臣。他即位初年，除对金政策外，朝堂上争议最多的问题，就是他对近习龙大渊、曾觌的任用。龙大渊、曾觌在孝宗为建王时已开始追随其左右，担任建王府知客，孝宗与二人“觞咏唱酬，字而不名”[1]，关系十分亲密。受禅以后，宋孝宗以龙大渊为枢密院副都承旨，曾觌为带御器械、兼干办皇城司。右谏议大夫刘度两次弹劾二人，宋孝宗稍作让步，命龙大渊知閤门事、曾觌权知閤门事，并援引高宗任命藩邸旧人主管閤门之例，堵塞群臣之口。张震、胡沂、金安节、周必大等人交章劾奏二人。宋孝宗遂命陈康伯、史浩两位宰相，召集众臣宣示御札，指责金安节等“为人扇动，议论群起”，认为他们蔑视自己的权威，声称“太上时，小事，不敢如此”。[2]张震以辞职相要挟，孝宗批可，而二人任职如故。

宋孝宗对自己身边的人信任有加，甚至不惜与朝臣对抗，地位尊贵如宰相者，也往往因与他们冲突而去位。淳熙五年（1178），史浩复相，其去职便与近习王抃有关。王抃兼枢密都承旨，因殿、步二司军籍多阙，请各募三千人充军。然而殿前司名为招募，实则强捕市人充军，致使城中骚动。又有军人恃众抢夺百姓财物，双方发生纠纷。孝宗下诏，肇事军人和百姓并以军法处置，史浩则认为普通百姓不应律以军法，甚至以陈胜、吴广之例强谏，孝宗大怒道：“然则比朕于秦二世也。”[3]史浩终因此事罢去相位。

宋孝宗对近习的信赖和支持使他们权势大炽，甚至宰执也多出于其门下。赵汝愚、蔡勘、朱熹等人，都曾先后指出近习干政的不利影响。朱熹提出，当前宰相、台省、师傅、宾友、谏诤之臣皆失其职，与陛下亲密谋

1 [元] 脱脱等：《宋史》卷四七〇《曾觌·龙大渊传》。

2 参见 [宋] 李心传：《建炎以来朝野杂记》乙集卷《朝事一·台谏给舍论龙曾事始末》。

3 [宋] 李心传：《建炎以来朝野杂记》乙集卷七《朝事二·史文惠以直谏去位》。

议朝政的不过是几个近习之臣，外廷诸臣反而要出入近臣之门墙，承望其风旨。刘光祖则抱怨宋孝宗“睿察太精，宸断太严”[1]，批评孝宗只选择奉职守法、顺旨易制者为宰相，致使宰相丧失了决断的权力，只能奉行文书。宰相权轻，近习便得以乘机干政。

刘光祖敏锐地发现了宋孝宗信用近习与其“睿察太精”之间的内在关联，近习只是宋孝宗意志的延伸，问题的根源在于孝宗不信任大臣百官，于是走上了另一个极端，“躬揽权纲，不以责任臣下”[2]。他宵衣旰食，自言“胸中每日走天下一遭”[3]，每天日落后都要反复思虑当天政事，唯恐有失，因此“朝廷有一政事而多出于御批，有一委任而多出于特旨”[4]。龙大渊、曾觌建言要省察国用经费，宋孝宗便几次下手诏诘问户部钱谷出纳之数，户部侍郎周葵批评说，孝宗继位以来“有咨询必出人意表”，并且“皆微文细故，财利是稽”，是“未得治道之先务”。[5]宋孝宗越俎代庖，过问和插手一些不应由他管的事情，吕祖谦道：“陛下以大臣不胜任而兼行其事，大臣亦皆亲细务而行有司之事，外至监司、守令职任，率为其上所侵而不能令其下。”[6]

宋孝宗对宰相的种种限制措施，使孝宗朝成为南宋历史上集权化程度最高的时期，然而这种集权政治却并没有实现孝宗中兴宋室的梦想。时人汤邦彦对孝宗说：“陛下忧勤万务，规恢事功，然而国势未强，兵威未振，民力未裕，财用未丰，其故何耶？由群臣不力故也。”[7]叶适也认为孝宗夙兴夜寐、精实求治，而“迄未有尺寸之效”，是由于“独运于上而未得其人以

1［元］脱脱等:《宋史》卷三九七《刘光祖传》。

2［元］脱脱等:《宋史》卷三九四《林栗传》。

3［宋］刘克庄:《跋孝宗宸翰十五》,《全宋文》(第三百二十九册)卷七五七八《刘克庄九二》。

4［宋］陈亮:《陈亮集》卷二《中兴论·论执要之道》。

5 参见［宋］周葵:《小人欲售其私不可不察奏》,《全宋文》(第一百八十八册)卷四一五二《周葵》。

6［元］脱脱等:《宋史》卷四三四《吕祖谦传》。

7［宋］汤邦彦:《乞以功旌赏群臣奏》,《全宋文》(第二百五十九册)卷五八二七《汤邦彦》。

自辅也”。[1] 孝宗朝“有恢复之君，而无恢复之臣”的说法，在传统史学中被奉为公论，但这种局面出现的原因，却少有人深入思考。太上皇的强势，使宋孝宗的皇权受到侵害，他潜意识中时常表达出对此的不满，一方面抱怨“为家老子误我不少”[2]，另一方面怨愤大臣对他的轻忽。已经残损的皇权，不堪再忍受来自臣下的侵夺，宋孝宗信任近习，因为那是他个人意志和权威的延伸；他事必躬亲，“不以责任臣下”[3]，仅令宰相奉行文书，也是希望以这种方式守住自己最后的权威。

1 参见［宋］叶适：《水心集》卷九《廷对》。

2［宋］徐经孙：《又劾董宋臣疏》，《全宋文》（第三百三十四册）卷七六九一《徐经孙二》。

3［元］脱脱等：《宋史》卷三九四《林栗传》。

皇权“非可共理之物”：太上皇—今上结构的悲剧结局

越次建储

宋孝宗有三个儿子，长子邓王赵愭，次子魏王赵恺和三子恭王赵惇。三子之中，赵愭排行最长，又深得宋高宗和孝宗欢心；赵恺性格宽慈；而赵惇的功利心最重。乾道元年（1165）六月，赵愭夫人钱氏生子，太上皇赵构大喜。而两个月之前，赵惇夫人亦生子，于是恭王府直讲王淮携白札子（已拟定内容而未用玉玺的诏令）拜见宰执，言恭王夫人李氏四月十五日生皇嫡长孙。参知政事钱端礼是邓王钱夫人的父亲，代行宰相之职，对宋孝宗上奏：“嫡庶具载《礼经》，所以别嫌疑，明是非，定犹豫。”[1]接着言及初二日朝拜德寿宫，太上皇帝亲口宣谕“皇嫡孙生，与其他事体不同”[2]，自己已依太上皇旨意于初五日上表称贺。而王淮携白札子来见，辩称“年钧以长，义钧择贤”[3]。孝宗回答：“此是何语，皆非所宜言。”[4]于是下诏称王淮“倾

1 ［宋］李心传：《建炎以来朝野杂记》乙集卷二《上德二 · 己酉传位录》。

2 同上。

3 同上。

4 同上。

邪不正，有违《礼经》”[1]，将之放罢至京外为官。

王淮此举背后，显然有恭王的指使，意在凭借嫡长孙的名分争夺太子之位。所谓“年钧以长”，意思是两位皇孙年龄相当，应该根据出生先后确定嫡庶；而“义钧择贤”则指太子之位应择贤而立，不论长幼。王淮以恭王府直讲的身份，不避嫌疑，公然为赵惇发声，妄议储位，这才招致钱端礼的愤怒和宋孝宗的斥责，认为非其所宜言。

乾道元年（1165）八月，赵愭被立为皇太子，但不幸于两年后病逝，谥号“庄文”。乾道六年（1170），庄文太子丧礼毕，陆续有朝臣提出应再立太子。八月，宰相虞允文与宋孝宗谈及希望尽快册立太子。孝宗坦承：“丞相言极是，但此事却有些迁次。”[2]所谓“有些迁次”，也就是有些变数，显然孝宗承受着来自外界的压力。《宋史·魏王恺传》载：“庄文太子薨，恺次当立，帝意未决。既而以恭王英武类己，竟立之。”[3]庄文太子死后，按照长幼之序，应该由赵恺接替，但孝宗因故迟迟未能下定决心，并最终因为恭王“英武类己”立其为太子。然而，种种迹象表明，所谓“英武类己”只是一种掩饰，孝宗决定越次建储另有原因。

在赵恺与赵惇之间，宋高宗和孝宗似乎都更偏向于赵恺，《宋史·魏王恺传》称“王性宽慈，上皇雅爱之”[4]。孝宗也曾为立赵恺做太子而打压赵惇，绍熙二年（1191），黄裳在一篇给光宗（赵惇）的奏折中提道：“陛下之于寿皇，未尽孝敬之道，意者必有所疑也。臣窃推致疑之因，陛下毋乃以焚廪浚井之事为忧乎？夫焚廪浚井，在当时或有之。”[5]所谓“焚廪浚井”，是舜的父亲瞽叟和兄弟象合谋害舜的典故，黄裳敢于在奏疏中明白写出“在当

1［宋］李心传：《建炎以来朝野杂记》乙集卷二《上德二·己酉传位录》。

2 同上。

3［元］脱脱等：《宋史》卷二一六《魏王恺传》。

4 同上。

5［元］脱脱等：《宋史》卷三九三《黄裳传》。

时或有之”，则此事必然不会是空穴来风，或许当时已是人尽皆知的不宣之秘。不过，尽管宋高宗和孝宗都有意于赵恺，宪圣太后却偏爱赵惇，正是顾虑到她的态度，孝宗才迟迟不能确定储位。

乾道六年（1170）八月二十五日，虞允文再次提醒孝宗早定储位，并引用唐太宗的故事劝诫孝宗。唐太宗以长子李承乾为太子，却偏爱四子魏王李泰，不肯早定名分。魏王李泰觊觎王位，时时想将李承乾拉下马。褚遂良因此提出“太子诸王，须有定分”[1]的建议。褚遂良的担心终究变成了现实，唐太宗依旧偏爱李泰，太子因为担心被废而谋反。虞允文引用这则故事来警告孝宗，是否也暗示孝宗在立太子的问题上，面临着与唐太宗相似的处境？他在引用这则故事后，旋即又说“今日之事，臣之所忧有甚于遂良，但不敢尽言尔”[2]，似乎说明两位皇子之间争夺皇储的角力，比唐太宗时尚有过之。

孝宗向虞允文征询意见。虞允文表示“陛下家事，臣不当与”[3]，随即引用寇准当年回答宋太宗的故事，提醒孝宗“此事问内人亦不可，问大臣亦不可，问中贵人亦不可，惟陛下独断乃可尔”[4]。他一再强调册立太子应当出于孝宗本人的独断，并以宋太宗为榜样，说：“太宗英断一发，千百世无有议之者。此臣卷卷之忠，独有望于陛下也。”[5]这也恰恰说明，有其他的意见在左右着孝宗的判断。

乾道七年（1171）正月初五，宰执奏事完毕，宋孝宗向虞允文提及，想要在立太子后，将另一子出镇外藩，不知本朝有何先例。虞允文答以本

1 ［后晋］刘昫等：《旧唐书》卷八〇《褚遂良传》。

2 ［宋］李心传：《建炎以来朝野杂记》乙集卷二《上德二 · 己酉传位录》。

3 同上。

4 同上。

5 同上。

朝无此先例。宋孝宗道:“朕之虑甚远,卿可于唐以前子细密加讨论。”[1] 孝宗之所以提出这种考虑,显然是因为二王之争非常激烈,孝宗不得不预先防范手足相残的非常之变发生。二月七日,宋孝宗以御札宣示大臣,当天傍晚锁学士院,草拟册封太子的制书。八日,正式册立赵惇为皇太子,同时宣布授赵恺为雄武、保宁军节度使,判宁国府,出镇外藩。

为防范发生意外,宋高宗在锁院当晚召赵恺留宿于德寿宫,次日赵恺返回府邸,而储册已经颁行。赵恺回到德寿宫,埋怨高宗道:“翁翁留恺,却使三哥越次做太子。”[2] 宋高宗一时语塞,安抚道:“儿谓官家好做,做时烦恼去。”[3] 三月四日,宰执设宴为赵恺饯行,赵恺对虞允文意味深长地说:“更望相公保全。”[4] 或许是对赵恺心存愧疚,宋孝宗在赵恺出镇外藩后,仍然对他时时挂念,赐赉不绝。淳熙七年(1180),赵恺薨于明州,年三十五岁。

“放下与儿曹”

淳熙十四年(1187)十月,宋高宗去世,孝宗“号恸擗踊,二日不进膳”[5]。哀毁之余,宋孝宗做出为高宗守孝三年的决定。自汉代以来,皇帝守孝便形成以日易月的惯例,孝宗的决定引起朝臣的反对。大臣们除了担心孝宗“圣孝过哀”以外,还有出于实际的考虑,守孝三年必然会妨碍朝廷日常政务的运行。然而孝宗却已有了妥善的安排,十一月初二,孝宗下诏皇太子赵惇参决政务。

“太子参决”完全是孝宗个人的决定,以内降手诏的方式颁出,它所带来的震动,甚至远远超过“三年之丧”。手诏中提到唐太宗贞观九年(635)

---

1 [宋]李心传:《建炎以来朝野杂记》乙集卷二《上德二·己酉传位录》。

2 丁传靖辑:《宋人轶事汇编》卷三《光宗》。

3 同上。

4 [宋]李心传:《建炎以来朝野杂记》乙集卷二《上德二·己酉传位录》。

5 [元]马端临:《文献通考》卷一二二《王礼考十七·国恤》。

承乾太子参决庶政和宋真宗天禧四年（1020）太子（即宋仁宗）参议政事的先例，但李承乾最后以罪被废，天禧之事也几乎酿成大变，因此礼部官员回奏："昨日降诏，用贞观、天禧事，皆非所宜，外议甚汹汹。"[1]杨万里分别给太子和孝宗上疏，指出"天无二日，民无二王。惟其无二王，故合万姓百官而宗一人"[2]。圣上在位而又有太子监国，近于二王并存，"自古及今，未有天下之心，宗父子二人而不危者。盖天下之心宗乎二人，则向背之心生；向背生，则彼此之党立；党立，则谗间之言必起，父子之隙必开。开者不可复合，隙者不可复全，此古今之大忧也"[3]。他要求太子坚决请辞，并请求孝宗收回成命。

杨万里无疑是富有先见之明的，日后形势的发展，完全印证了他的判断。但在当时，他的上书并没有改变孝宗的想法，孝宗甚至已经准备将皇位禅让给赵惇。淳熙十五年（1188）十一月，丞相周必大请求辞职，孝宗谕曰："朕比年病倦，欲传位太子，卿须少留。"[4]他命陈康伯后人将家藏的高宗内禅御札献上，令周必大据此讨论典礼。淳熙十六年（1189）正月，宰执奏事，孝宗告知诸人欲传位给太子，退位休养，为高宗持服尽孝。知枢密院事黄洽提醒孝宗道："皇太子能担当大任，但李氏不足以母仪天下，陛下应深思熟虑。"

宋孝宗之所以急于传位给太子，除了自己倦勤的原因外，也受到来自宪圣太后的压力。赵惇自进位东宫后，日夜盼望早日即位。他曾请人扶乩，占卜继位日期，急迫之情溢于言表。他还大胆地直接向孝宗暗示自己年龄已长，试探内禅的可能性，奏禀："有赠臣以乌髭药者，臣未敢用。"[5]孝宗

1［宋］周必大：《思陵录上之二》，《全宋文》（第二百三十二册）卷五一六三《周必大一五〇》。

2［宋］杨万里：《杨万里集笺校》卷六二《上皇太子书》。

3 同上。

4［元］脱脱等：《宋史》卷三六《光宗本纪》。

5［宋］叶绍翁：《四朝闻见录·乙集·乌髭药》。

道："正欲示老成于天下，何以此为？"[1]在参决庶政的一年中，赵惇更是迫不及待，他想要孝宗尽早禅位，却不便直接提及，于是频繁在宫中宴请太后。太后问左右近侍："大哥屡排当，何故？"[2]旁边有人回答："意望娘娘为趣上耳。"[3]宪圣太后遂趁孝宗拜见时劝道："官家也好早取乐，放下与儿曹。"[4]宋孝宗回答："臣久欲尔，但孩儿尚小，未经历，故不能与之。不尔，则自快活多时矣。"[5]太后转告赵惇，赵惇不悦地说道："臣发已白，尚以为童，则罪过翁翁。"[6]意指宋高宗在盛年时就传位给宋孝宗。《四朝闻见录》载："及内禅光皇，实宪圣所命。"[7]据此，在孝宗传位给光宗（赵惇）的过程中，宪圣太后最终还是发挥了关键作用。淳熙十六年（1189）二月二日，宋孝宗举行内禅，传位于赵惇，是为宋光宗。孝宗退居重华宫，号太上皇。

"责善则离，离则不祥莫大焉"

宋高宗的去世，固然使孝宗在精神上遭受到巨大打击，但在经受了太上皇二十余年的幕后操控后，宋孝宗终于得以单独掌握了皇权，这也激起了他再次革新政事的愿望。朱熹对孝宗此时的心情最为理解，说孝宗末年之政是"乾坤归独御，日月要重光"[8]。宋孝宗在人事上积极部署，希望光宗能移植他与高宗的关系，定期到重华宫朝拜自己，"发政施仁之目，皆得之问安视膳之余"[9]。

---

1 [宋]叶绍翁：《四朝闻见录·乙集·乌髭药》。
2 丁传靖辑：《宋人轶事汇编》卷三《光宗》。
3 同上。
4 同上。
5 同上。
6 同上。
7 [宋]叶绍翁：《四朝闻见录·乙集·宪圣拥立》。
8 [宋]黎靖德编：《朱子语类》卷一二七《本朝一·孝宗朝》。
9 [明]陈邦瞻编：《宋史纪事本末》卷七六《孝宗之立》。

然而现实却不尽如人意。宋光宗早年已因立储之事与孝宗结下心结，在他登上储位后，孝宗仍安居帝位，继位遥遥无期，又带来新的失望和怨愤。宋高宗死后，孝宗命他参决庶政，却反而进一步加深了他的挫折感。周必大记载赵惇第一次参决的经过，宋孝宗与朝臣讨论政务，赵惇只是侍立于侧聆听教导，参与程度非常低。宋孝宗还存着“孩儿尚小”的观念，没有对赵惇给予足够的重视，他丝毫没有意识到赵惇的尴尬，嘱咐道：“今后不必间日参决，自可每日侍立，只此便是参决。”[1] 赵惇此时已经四十二岁，翘首盼来的“参决”却只是每日侍立，在他看来，显然是极其难堪的经历，因此半个月后他就开始借故请假。元祐时期宣仁太后（高太后）垂帘，宋哲宗只能见到奏事大臣的“臀背”，十几岁的小皇帝就此怀恨在心，亲政后尽翻元祐政局，宋光宗的心理体验正与宋哲宗相似。

宋孝宗寄望于宋光宗实现他革新朝政的愿望，宋光宗每月固定的四次朝拜就成了宋孝宗督责、发布指示的渠道，而这种场合的交流，并不总是和风细雨的。袁说友的一篇奏章揭露了二人对话的场景：“设或寿皇圣帝，义方加笃，威颜过严，陛下执礼恐违，小心多畏，尤宜勉竭以尽欢愉。”[2] 袁说友以近乎白描的方式，揭示宋孝宗平日必是疾言厉色，而宋光宗小心多畏，已忍无可忍。《孟子·离娄上》说：“古者易子而教之，父子之间不责善。责善则离，离则不祥莫大焉。”这是古代儒家对父子关系的一个深刻的心理观察，宋孝宗对此似乎少有领悟。他还把宋光宗当作一个孩童，稍不合意就严词苛责，忽视了光宗的自我和尊严，从而引起了光宗心理上的排斥和反抗。

对孝宗而言，自己所做的一切都是“为天下计，为社稷计”；但在光宗看来，这些举措已经对光宗的皇权构成了极大的侵占，是孝宗吝权的表现。

1［宋］周必大：《思陵录上之二》，《全宋文》（第二百三十二册）卷五一六三《周必大一五〇》。
2［宋］袁说友：《又奏乞过宫状》，《全宋文》（第二百七十四册）卷六一九八《袁说友五》。

陈傅良在一篇札子中写道："臣不识陛下何所疑重华耶？……若曰吝权，则进退百官，必与闻其人；罢行庶政，必与闻其事，而五六年来，天下不见其有此也。"[1]陈傅良站在父权的立场上，为孝宗的所作所为辩护，但他说天下未见孝宗有"进退百官"的举措，恐怕对光宗没有多大说服力，因为天下未见并不等于未有其事。光宗初年的宰执周必大、留正都是孝宗亲自拔擢，赵汝愚从奉诏入京到擢升为执政大臣也是由孝宗一手安排。此外，孝宗还在幕后与朝中台谏官员互通信息，这些都是孝宗操纵朝政的铁证，光宗自然心知肚明。

宋光宗虽如愿以偿地登上了帝位，却仍要忍受宋孝宗的苛责，这进一步加深了他的挫折感，也更激起他的反抗意识。他继位后，信任的是自己的近习如姜特立等，宋孝宗擢用的大臣都受到冷遇。宋光宗继位刚刚三个月，就纵容台谏攻击周必大，使周必大不得不辞职去位。即便对待孝宗，光宗也时而流露出强烈的逆反心理。一次宋光宗出外游园，正要举杯进酒时，突然言官飞章交至，称当年孝宗出幸外苑必恭请高宗同行。宋光宗大怒，抗辩道孝宗游幸也有不请高宗同行的时候。恰逢此时，孝宗命宦官持玉卮赐酒，光宗愤怒之下，手颤误将玉卮掉在地上。这些下意识的反应，表明光宗对孝宗的积怨已极深。

造成孝宗与光宗反目的另一因素是光宗皇后李氏。李氏出身"群盗"之家，父亲是民间武装戚方属下部将，自幼没有受过儒家礼法熏染，不能恪遵尊卑长幼之序。周密《齐东野语》说她"天姿悍妒"，对宋高宗和宪圣太后颇偃蹇，孝宗成肃皇后告诫她遵守礼法，她竟然反驳道"我是官家结发夫妻"，影射成肃皇后是由嫔御册立，致使孝宗和成肃皇后大怒，甚至有意废之。宋孝宗钟爱已故的魏王赵恺之子赵柄，一度流露出立之为太子的

1［宋］陈傅良：《直前札子》，《全宋文》（第二百六十七册）卷六〇三〇《陈傅良一四》。

意思。李皇后得知，在一次内宴中，请孝宗立自己的儿子嘉王赵扩为太子，孝宗不许。李皇后道："妾六礼所聘，嘉王，妾亲生也，何为不可？"[1]孝宗闻言大怒。李皇后拉着嘉王向光宗哭诉，声称孝宗有废立之意，更加深了光宗的疑虑。

李氏对于宋光宗来说，既是联合抵抗孝宗的伙伴，也未尝不是一个压力来源，她比光宗年长两岁，几乎从一开始就在夫妻关系中占据着主导地位，宋光宗晚年病中有一次发作道："尔尚欺我至是耶！"[2]宋光宗生病，直接诱因便是李氏。绍熙二年（1191）十一月，李皇后趁光宗至太庙祭祖之机，杀害了光宗宠爱的黄贵妃，以暴卒报告光宗。次日，宋光宗至圆丘合祭天地，因风雨大作而未能成礼。宋光宗因黄贵妃之死受到刺激，又以为上天降罪，担心孝宗责怪，由此感染"心疾"，也就是今天所说的精神错乱。就史料所见，宋光宗最显著的病状是多疑和妄想，如疑心孝宗要杀他或夺回帝位之类，显然，长期以来孝宗给光宗的巨大压力是光宗致病的深层原因，而李皇后的举措则诱使了疾病的发作。

宋光宗病后，孝宗前来探望，光宗"噤不知人，但张口呓言"[3]。孝宗既忧且怒，召来李皇后斥责道："宗庙社稷之重，汝不谨视上，使之至此。万一不复，当族汝家。"[4]既而又召宰相留正责问："汝为相，不强谏，何也？"[5]留正回答："臣非不言，奈不听何？"[6]宋孝宗道："尔自后须苦言之，若有不入，待朕留渠细语之。"[7]光宗好转后，李皇后哭诉："尝劝哥哥少饮酒，不听，

1 ［元］脱脱等：《宋史》卷二四三《光宗慈懿李皇后传》。
2 丁传靖辑：《宋人轶事汇编》卷三《光宗》。
3 丁传靖辑：《宋人轶事汇编》卷三《李后》。
4 同上。
5 同上。
6 同上。
7 同上。

近者不豫，寿皇几欲族妾家。妾家何负何辜？”[1]光宗又从留正处得知，孝宗又欲留他“细语”，从此极力逃避到重华宫朝拜孝宗。

绍熙四年（1193）春，宋光宗病情好转，但对孝宗的疑心也发展到了最高峰，不但不再接受孝宗指导，而且开始与孝宗正面抗争。光宗病不御朝期间，留正和参知政事胡晋臣主持朝政，二人都是孝宗部署，代表了孝宗的立场。三月，宋光宗对宰执集团进行调整，任命自己信任的旧人葛邲为右相、陈骙为参知政事，同时胡晋臣由参知政事转任知枢密院事。进退之间，意图以葛、陈二人分夺留正的相权，直接控制人事和行政。同时，宋光宗把此前迫于孝宗压力而外放的亲信姜特立召回行在，留正坚决反对，甚至以辞相要挟，光宗无动于衷地表示：“成命已行，朕无反汗，卿宜自处。”[2]留正至临安城外六和塔待罪数月，也丝毫未能动摇光宗的决心。宋光宗此时已无所忌惮，不惜与孝宗公开决裂，更积极地运用皇权，与孝宗的部署针锋相对。

自宋光宗“心疾”发作，一月四朝之礼基本中断。支持孝宗的朝臣连篇累牍上疏，指责光宗有违孝道。他们希望修复孝宗、光宗父子关系，恢复一月四朝的政治功能，以施展致君行道的抱负。绍熙四年（1193）二月，宋孝宗生日在即，六部长官、秘书省官员集体上疏，劝光宗朝拜重华宫，为孝宗庆寿。宋光宗在面对百官时答应“须着过去”，但一回到禁中，在李皇后的左右下便立即又改变心意。一次朝会，宋光宗被百官说动，传旨起驾前往重华宫。正要起身，李皇后从御屏后走出，对宋光宗道：“天色冷，官家且进一杯酒。”[3]挽着光宗就要回宫。百官侍卫大惊失色，中书舍人陈傅良上前拉住光宗衣角，请光宗不要入内，拉扯间到了御屏后面，李皇后叱

1 丁传靖辑：《宋人轶事汇编》卷三《李后》。

2［元］脱脱等：《宋史》卷三九一《留正传》。

3 丁传靖辑：《宋人轶事汇编》卷三《李后》。

道：“这里甚去处？你秀才们要斫了驴头？”[1] 陈傅良大恸于殿下，李皇后遂挽光宗入内。

宋孝宗与宋光宗的父子关系，在太上皇—今上的权力格局下，被撕扯得四分五裂。绍熙五年（1194）六月，宋孝宗去世，宋光宗拒绝主丧。赵汝愚与外戚韩侂胄联合，说服宪圣太后，迫使宋光宗将皇位禅让给嘉王赵扩，是为“绍熙内禅”。宋光宗虽然名义上成了太上皇，但实际上已没有了影响朝政的能力。韩侂胄抓住机会，击败赵汝愚，成为继秦桧之后的又一代权相。

1［宋］周密：《齐东野语》卷三《绍熙内禅》。

结语

很多史家指出，南宋王朝一百五十三年的历史中，孝宗统治年间可谓是最平淡的时期。对外没有发生大规模的战争，仅有的一次北伐，无论从规模还是影响看，都不能与此前的宋金战争和此后的开禧北伐、宋蒙战争相比。在内则一直是政局平稳，君臣相安，既看不到类似高宗时秦桧独揽朝政的局面，也没有出现像宁宗、理宗时史弥远擅自废立那样的重大事件。这样的观察自然有其道理，却有些流于表面。稍微转换一下视角，从南宋深层政治结构递嬗的角度剖析，便会发现孝宗时代的特殊性，以孝宗为中心，南宋政治接连出现了两次太上皇—今上的二元权力格局，给时局带来了极大影响。

太上皇—今上的二元架构，带来的不是权力的转移，而是皇权的分裂，因此它具有不稳定性。正如杨万里所言，皇权“非可共理之物”“自古及今，未有天下之心，宗父子二人而不危者”。[1] 这一点在北宋末年的徽、钦二帝身上已经清楚地显现出来。面对大举压境的金兵，宋徽宗匆忙将皇位禅让给钦宗，自己连夜出京逃往东南，隐然有另立朝廷之势。宋钦宗不甘心成

1 参见［宋］杨万里:《诚斋集》卷六二《上皇太子书》。

为第二个唐睿宗，迫使太上皇启程还京，随即将之软禁。父子二人爆发尖锐的冲突，错失出幸避敌的时机，最终双双沦为阶下之囚。

宋高宗与宋孝宗形成的二元架构非徽、钦二帝时期可比，它一方面不必承担如靖康之难那样强大的外部压力，另一方面其内部结构也相对要稳定得多。宋高宗的禅位出于自愿，而非宋徽宗那样迫于时势。在宋高宗与宋孝宗各自的心里，也并不存在相互的猜疑，高宗不想再次复辟，孝宗的皇位完全出自高宗的赐予，“得非所望，故能竭孝展恩”[1]。在孝宗与高宗的关系中，高宗占据着无可置疑的主导地位，这是为孝宗所认可的，父尧子舜的赞誉背后，是孝宗对高宗指示的无条件服从。迫于宋高宗的压力，宋孝宗放弃了自己恢复旧疆、中兴宋室的理想，与金国达成和议。《鹤林玉露》说：“孝宗初年，规恢之志甚锐，而卒不得逞者，非特当时谋臣猛将凋丧略尽，财屈兵弱，未可展布，亦以德寿圣志主于安静，不思违也。”[2]

尽管如此，太上皇的干预，仍极大地削弱了今上的权威，宋孝宗时时刻刻感受到来自臣下的轻忽，他的潜意识中也偶尔会表露出皇权受到侵夺的不满。太上皇和臣下从两个方向挤压着宋孝宗的帝王心理，他意识到高宗给他的权威带来的动摇，亟欲更多在朝政上打下自己的烙印，又对大臣充满提防心理，宁愿事必躬亲，也“不以责任臣下”。很多大臣抱怨孝宗管得太细，批评孝宗尚未理解治国之道，可是他们不曾设身处地为孝宗着想。宋高宗尽管已经做了太上皇，仍然继续着做皇帝时的作风，把国家大政方针的决策权抓在手中，孝宗也只能去处理一些具体的行政事宜，以宣示自己的存在。对孝宗而言，实有其难言之苦衷。

宋高宗是幸运的，他托付得人——宋孝宗对他言听计从，又性格坚忍，能够将皇权受到侵夺的压力，通过躬亲庶政的形式排解出去。然而当宋孝

1［宋］周密：《武林旧事》附录《姚叔祥叙》。

2［宋］罗大经：《鹤林玉露》卷四《丙编·中兴讲和》。

宗想要把类似的权力结构移植到他与宋光宗的关系中时，却带来了悲剧性的结局。宋光宗较宋孝宗拥有更强烈的独占皇权的意识，不甘心皇权受到孝宗的分割。在他心中，来自孝宗的压力，他自己要求独尊的意志，乃至李皇后的教唆，儒家的伦理规范，这数种力量一直处于激烈的交锋中。宋光宗没有孝宗那样坚忍的性格，几种力量的交锋给他带来的是毁灭性的结果。孝宗与光宗之间的父子关系，也终因太上皇—今上的权力结构而被撕扯得四分五裂。

第十一章

走向学术中心：朱熹与道学在南宋的崛起

庆元党禁是宋代儒学发展史上的大事，深刻影响到宋代儒学的发展方向，浙学、陆学在党禁后走向衰落，程朱学派一枝独秀。朱熹是当时最年长的道学家，又在党禁未开前去世，被视为道学的烈士，声望更盛。他的弟子门人推动南宋政府解除学禁，将朱熹描述为道学权威。来自蒙古的军事和文化威胁刺激了南宋政府的文化策略，南宋政府为了申明自己的正统地位，宣布以道学为官方意识形态。

若以士大夫的自由度而言，宋代不但远超之前的汉唐，也为其后的元明清三代所不及，陈寅恪先生在《论再生缘》里推许“六朝及天水一代，思想最为自由”。思想的自由带来学术的发展，宋代士大夫不满汉唐学术章句训诂的刻板僵硬，认定能超越汉唐注疏，直接把握古代圣贤的“文”与“道”，他们向经典寻求治世和思想精髓，义理之学应运而生。宋代学术纷繁瑰丽，北宋的荆公新学、温公学派、洛学、蜀学、关学，乃至南宋的湖湘、金华、永康、永嘉学派等，相互辩难，推动中国学术走向另一个巅峰。诸多学派中，仅对后世的影响而言，以朱熹为代表的道学显然超出同侪，不但影响了尔后六七百年中国学术思想的走向，而且在整个东亚、东南亚地区的现代经济和社会建设中都产生了重要作用。朱熹在后世享有崇高的地位，然而宋代学术远比后人理解的更为复杂歧出、开放多元，道学如何在众多学派中脱颖而出获得正统地位，朱熹又如何超越他人成为道学的权威，都是应该思考的问题。本章将朱熹置于其历史背景中，通过考察当时的国家政治，结合朱熹的个人活动及其与其他学者的交往与论辩，观察朱熹走向道学领袖和道学走向学术中心的过程。

从论学师友到自居正统：向道学权威迈进

弃佛从儒：道学性格的造就

朱熹出生于宋高宗建炎四年（1130），恰逢宋金战争时期的混乱与动荡，他的父亲朱松是一名中下级官员，由于反对秦桧主持下的和金政策，仕途遭遇挫折。朱松是杨时弟子罗从彦的学生，自小培养了朱熹对二程学术的兴趣。绍兴十三年（1143），朱松病逝，委托胡宪、刘子翚、刘勉之三位学者负责朱熹的教育。三人也都信奉二程学说，朱熹在他们的指导下，钻研张载、二程的著作，造就了他的道学性格。

成年以后的朱熹追求儒家思想的纯粹，但少年时代的他也曾涉猎广泛，禅、道、文章、诗辞、兵法，事事要学。他尤其对佛教兴趣浓厚，非常喜爱大慧宗杲的禅说，并师事大慧的弟子道谦。绍兴十八年（1148），十九岁的朱熹赴临安参加科举考试，随身行李中只有一部《大慧语录》。他借用禅学解释《易经》《论语》《孟子》，由于考官周执羔、沈该、汤思退等都好佛老，居然考中进士。朱熹考取功名的时间比同时代其他主要思想家如吕祖谦、陆九渊、叶适、陈亮等都要早，虽然仅位列五甲第九十名，但朱熹此后可以不必再为应付科举而浪费时间，可以自由安排学业。到二十岁时，朱熹的学问有了很大进境，他意识到读书应融会贯通："某从十七八岁读至二十岁，只逐句去理会，更不通透。二十岁已后，方知不可恁地读。元来许多长段，都自首尾相照管，脉络相贯串，只恁地熟读，自见得意思。从此看《孟子》，觉得意思极通快，亦因悟作文之法。”[1]

朱熹在思想上放弃佛老而专研儒学，是在见到延平先生李侗以后。绍兴二十三年（1153）秋，朱熹在赴任同安县主簿的途中拜访了李侗。李侗与朱松一样师从罗从彦，朱松推许他为二程学术的传人。朱熹探讨程学时兴致勃勃地参引释、道之说，李侗批评他不能将儒、释、道混同为一，而应集中精力研究程学。朱熹日后回忆说："某少时未有知，亦曾学禅，只李先生极言其不是。后来考究，却是这边（指儒学）味长，才这边长得一寸，那边便缩了一寸，到今销铄无余矣。毕竟佛学无是处。"[2]

在李侗的影响下，朱熹完全转向程学。乾道二年（1166），他撰写《杂学辨》一文，批评苏轼、苏辙、张九成、吕本中等人对《易经》《老子》《中庸》《大学》的注解，认为诸人将儒家经典与释、道思想混为一谈，致使异端邪说日渐发展。《杂学辨》表明朱熹已经与年轻时代儒佛混一的思想告别，开始清理他所认为的儒家内部异说，在随后的《二程遗书》《论孟精义》《论孟集注或问》等著作中，朱熹旁征博引各种观点来解释二程理论，在编选、诠释各家学说的过程中，显示出逐步走向道学权威的自信与成熟。

从游诸友，开益为多

后人常以"理学"来指称程朱学派以及与其气类相近的宋代学术，但"理学"在宋代并不常用，它侧重于抽象的哲学概念，宋人更常使用的术语是"道学"，包括哲学思辨、文化价值和现实政论等相互关联的层次。二程兄弟在北宋时期就开始阐扬道学，道学的基础在周敦颐、张载、二程的努

1［宋］黎靖德编：《朱子语类》卷一〇五《朱子二·论自注书》。

2［宋］黎靖德编：《朱子语类》卷一〇四《朱子一·自论为学工夫》。

力下建立起来，但北宋儒学的主流是荆公新学和温公史学，道学仅是儒学复兴的一个旁支，并没有太大的影响力。道学迎来突飞猛进的发展是在南宋以后，张栻、吕祖谦、朱熹、陆九渊、陈亮、叶适等巨儒空前活跃，道学与传统儒学及学者区分开来，形成特别的文化传统和排斥其他儒士的群体。南宋道学是一个广义的学术群体，尽管朱熹的思想为道学传统打上了深刻的烙印，但他也只是道学群体的一员，并没有取得独尊的地位。从12世纪60年代至80年代初，即孝宗乾道、淳熙年间，道学的主要领袖是张栻和吕祖谦，他们确定了道学的基调，影响了朱熹的思想，其贡献远比后人通常认识到的更加深远。

张栻是南宋中兴大臣张浚之子，他师从胡宏，后来成为湖湘学派的领袖。他是12世纪60年代最重要的道学家，朱熹称赞他“道学之懿，为世醇儒”[1]。朱熹虽比张栻年长三岁，却佩服张栻闻道“甚早甚易”，承认“敬夫见识，卓然不可及。从游之久，反复开益为多”[2]。朱熹界定和厘清了许多观念名词，建立起一套前所未有的综合儒学体系，在这一过程中，他从与张栻的讨论中受益匪浅。比如功夫修养论方面，朱熹继承杨时、罗从彦传至李侗的观点，把静坐澄心当作体验本心和定性的方法，认为静坐沉思可以排除各种私欲，获得澄清的心境。湖湘学派则不主张静坐沉思，认为唯有在日常生活的行为活动中体验“静”，才能获得心的“中”。乾道三年（1167），朱熹到湖南拜访张栻，与张栻讨论后他放弃了自己的看法，转而接受湖湘学派的主张。但不久朱熹又开始质疑张栻，决定直接从二程著作中寻找答案。研究程颐的著作后，朱熹认为张栻的观点是对程颐的误解，他在此基础上形成了关于功夫修养论的看法。从

1［宋］朱熹：《跋张敬夫所书城南书院诗》，《全宋文》（第二百五十册）卷五六二三《朱熹一九六》。

2［清］黄宗羲：《宋元学案》卷五〇《南轩学案·宣公张南轩先生栻》。

李侗的影响、张栻的冲击，然后到自己的功夫修养观，朱熹的思想走向成熟，实现了自我超越。

张栻之后，吕祖谦成为道学的领袖。吕祖谦出身望族，先人吕蒙正、吕夷简和吕公著都在北宋时期官至宰相。吕氏家族的学术表现也出类拔萃，有十七人被列入《宋元学案》。吕祖谦的家世和教育条件都很优越，科举仕途也很顺利，他将家学与道学结合，发展出了道学的一个主要流派。他的学术不主一说，兼采众家之长，具有调和折中的色彩，余英时称之为“开放和多元的一种儒家类型”。全祖望在《同谷三先生书院记》中说：“宋乾、淳以后，学派分而为三：朱学也，吕学也，陆学也。三家同时，皆不甚合。朱学以格物致知，陆学以明心，吕学则兼取所长，而复以中原文献之统润色之。门庭径路虽别，要其归宿于圣人则一也。”[1]

吕祖谦与朱熹关系非常密切，两人经常就各类问题进行讨论，无论在实践还是理论方面，吕祖谦都对朱熹有明显的影响。他们都注重道学群体的建立，认为书院是实现这一目标的重要组织。吕祖谦在金华创建丽泽书院，吸引了大量学生，他的史学和经世之学成为后世金华学派的基础。吕祖谦的书院讲学活动启发了朱熹，他也于淳熙七年（1180）在重建的白鹿洞书院开放讲学。在白鹿洞书院的筹建过程中，吕祖谦经常提供建议，朱熹还把吕祖谦为书院写的题记刻在书院石碑上。吕祖谦在丽泽书院制定了详细的学规，将儒家道德规定为人际关系的准则，强调在儒家生活规范中体认道德修养。朱熹借鉴吕祖谦的学规并进一步修订，制定了更加精致系统、规范简约的《白鹿洞书院学规》，成为后世书院学规的典范。

朱熹与吕祖谦合作编辑了一部《近思录》，尽管有朱学后人声称这部著作是由朱熹独立完成的，但钱穆和陈荣捷等学者都指出，吕祖谦在成书过

1［明］全祖望：《鲒埼亭集》。

程中有很大贡献。吕祖谦的观点影响了这部书的内容，他建议将讨论抽象哲学的“道体”作为全书的第一卷，并保留了一段讨论法制的条文，删除了一些抨击科举制度的文字。朱熹原本并不认同程颐注解《易经》的方法，不想在《近思录》中引用程颐的观点，但由于吕祖谦的坚持，书中还是收录了大量程颐《易传》的内容。

鹅湖之会

吕祖谦“主盟斯文”的时期，道学内部呈现出极大的多元性，吕祖谦并不认为朱熹有超越他人的权威，而是以包容的态度，调和朱熹与其他学者之间的关系。淳熙二年（1175）六月，在吕祖谦的安排下，朱熹与陆九龄、陆九渊兄弟在江西东南的鹅湖寺会面，举行了12世纪最著名的哲学辩论。鹅湖之会本为调和朱、陆治学方法的分歧，但结果却明确了双方的分歧是不能统一的。朱熹强调“格物穷理”，认为读书能使人理解圣人的用心和道理，并能培养道德与修养，他注解了大量经典，并详细规定了读书次序。陆氏兄弟则没有那么严格，他们针锋相对地批评朱熹的主张，将之讥讽为“支离事业”，认为太注重研究经典会妨碍体会圣人之心。辩论中陆九渊甚至要追问朱熹“尧舜之前何书可读”，但被陆九龄阻止。吕祖谦不时协调双方的讨论，但在关键问题上同意朱熹的观点，强调读书对教学和功夫修养的重要性。

鹅湖之会是朱、陆学术的分水岭，但在吕祖谦的居中调解下，会后几年双方维持着良好的关系。朱熹认为陆氏兄弟的见解对自己很有启发，认识到自己解释经典固守章句，未免“屋下架屋”，意味淡薄，以致“看得支离，至于本旨，全不相照”，对自己解经的方法进行反省。他给张栻写信，对陆氏兄弟评价很高，但也指出了其问题所在：“子寿兄弟气象甚好，其病却是尽废讲学而专务践履，却于践履之中，要人提撕省察，悟得本心，此为病之大者。”[1]陆九龄兄弟也调整自己的立场，更重视研读经典，陆门弟子纷纷向朱熹求教，一些杰出弟子甚至转投朱熹门下。淳熙七年（1180），陆九龄病逝，朱熹和吕祖谦都深感痛惜。吕祖谦给朱熹写信：“陆子寿不起，可痛。笃学力行，深知旧习之非。求益不已，乃止于此。”[2]朱熹为陆九龄撰写了墓志铭。

淳熙八年（1181），陆九渊亲自拜访朱熹，在白鹿洞书院发表了著名的关于义利之辨的演说。演说取得了巨大成功，听者深受感动，朱熹将讲词刻在了书院石碑上。朱熹对吕祖谦赞扬陆九渊的观点转变很大：“子静近日讲论，比旧亦不同，但终有未尽合处。幸其却好商量，亦彼此有益也。”[3]吕祖谦询问陆九渊是否放弃鹅湖之会时的观点，并且评论陆九渊过于强调人内在的潜能，较不注意学习普遍的规范之理。朱熹则认为陆九渊的根本缺点是受禅宗影响，将学问看得过于简易，又专注内在的心，忽视外在事物。朱熹计划三人在吕祖谦的丽泽书院再度会面，讨论彼此的分歧，但吕祖谦突然于当年七月去世。

“道学将谁使之振？”——向道学领袖迈进

淳熙八年（1181）七月，吕祖谦病逝，朱熹作了一篇《祭吕伯恭著作文》，其中写道：

> 呜呼！哀哉！天降割于斯文，何其酷耶？往岁已夺吾敬夫，今者伯恭胡为又至于不淑耶？道学将谁使之振，君德将谁使之复，后生将谁使之诲，斯民将谁使之福耶？经说将谁使之继，事记将谁使之续耶？

1［宋］朱熹：《答张敬夫》，《全宋文》（第二百四十五册）卷五四八三《朱熹五六》。

2［宋］吕祖谦：《与朱侍讲元晦书》，《全宋文》（第二百六十一册）卷五八七三《吕祖谦七》。

3［宋］朱熹：《答吕伯恭》，《全宋文》（第二百四十五册）卷五四九三《朱熹六六》。

若我之愚，则病将孰为之箴，而过将谁为之督耶？然则伯恭之亡，曷为而不使我失声而惊呼，号天而恸哭耶？[1]

吕祖谦的去世，使道学团体失去了一位声望地位、人格影响都非比寻常的领袖。朱熹在祭文中明白地宣示，在吕祖谦之后，自己将肩负起领导道学的责任。然而朱熹并不像吕祖谦那样众望所归，他自命为道学领袖也在道学团体内部引发了强烈的反应。

失去了吕祖谦的制约，朱熹对陈亮、叶适、陆九渊等人展开了更严厉的批评，认为他们的思想都已经偏离了正道。他认为陈亮的功利主义思想只追求政治和社会的实际效果，而陆九渊则倾向于禅宗般的个人顿悟，他说："海内学术之弊，不过两说：江西顿悟、永康事功。若不极力争辩，此道无由得明。"[2]当叶适的著作在政治斗争中被禁毁时，朱熹罔顾叶适曾经在他受到攻击时给予支持，反而拍手叫好。朱熹的做法导致他与其他道学家之间的冲突变得尖锐起来，陈亮指责朱熹的观念忽视了历史的发展变化，将仁义与实用对立起来；陆九渊则强调心的一体直观，反对朱熹太过注重读书和格物，而且直接向朱熹所定义的传统权威提出质疑。

朱熹在组织上较吕祖谦更严格地界定道学群体的范围，排挤其他学派，很多同道中人都意识到了朱熹在重塑道学传统过程中日益增长的排他性。陈亮因受到朱熹弟子的排斥而不满，把道学弟子比喻成秘密宗教，批评他们："因吾眼之偶开便以为得不传之绝学，三三两两，附耳而语，有同告密；画界而立，一似结坛，尽绝一世之人于门外。"[3]叶适在一次上书中辩解称，道学是一个多元的群体，包括许多致力于推动改革的士大夫，不能专指朱

1［宋］朱熹：《祭吕伯恭著作文》，《全宋文》（第二百五十三册）卷五六八八《朱熹二六一》。

2［清］王懋竑：《朱熹年谱》卷三。

3［宋］陈亮：《陈亮集》卷二八《又乙巳秋书》。

熹。陆九渊也对用道学界定划分儒家群体的做法不满，批评朱熹门人虚张声势："然此道本日用常行，近日学者却把作一事，张大虚声，名过于实，起人不平之心，是以为道学之说者，必为人深排力诋。此风一长，岂不可惧？"[1]朱熹并没有理会诸人的抗议，坚持自己对道学的界定，陈亮和叶适最终被排挤出道学群体之外，转变成道学最严厉的批评者，道学的范围更加狭窄。

朱熹积极将自己树立为道统的唯一继承人，激化了与同道的冲突，朱熹、陆九渊之间的关系就因此变得紧张。淳熙十年（1183），朱熹的学生曹建去世，朱熹为他撰写了墓志铭。曹建曾是陆九渊的得意门生，淳熙六年（1179）转投到朱熹门下。陆九渊尽管没有明确反对，但婉转地表达了对朱熹学术的态度："以为有序，其实失序；以为有证，其实无证；以为广大，其实小狭；以为公平，其实偏侧；将为通儒，乃为拘儒；将为正学，乃为曲学。以是主张吾道，恐非吾道之幸。"[2]朱熹在墓志铭中提到，曹建跟随自己求学后，认识到陆九渊学问的弊端，评价曹建已经超越了陆九渊。他称赞曹建"使天假之年以尽其力，则斯道之传其庶几乎"[3]，意思是说曹建不仅在自己的教导下回归了儒学正统，而且将传承道统，暗示自己是道学正统，负责道的传承。墓志铭引起陆九渊学生的气愤，朱熹给陆九渊写信控诉，并附上了铭文。陆九渊回信指出，朱熹对曹建生平的记述有不实之处，认为自己的记载才是真实无误的，表达了他的不满。

陆九渊以孟子衣钵传人自居，但在他去世后，朱熹的评语否定了他的自我定位。朱熹听到陆九渊去世的消息后说："可惜，死了告子。"[4]他把陆

1［宋］陆九渊：《陆九渊集》卷三五《门人李伯敏敏求所录》。

2［宋］陆九渊：《陆九渊集》卷三《与曹立之·二》。

3［清］王懋竑：《朱熹年谱》卷三。

4 同上。

九渊比成与孟子争论的告子，批评陆九渊思想混杂。朱熹的评语意在为陆九渊盖棺论定，并且通过将陆九渊与告子并列，表示自己对陆九渊的批评正如孟子对告子的排击，暗示自己在道统与道学中的地位。陆九渊去世后，朱熹对他的批评更为严厉，他批评陆学后人“说禅”，并且“悖慢无礼，便说乱道，更无礼律，只学得那许多凶暴，可畏，可畏”[1]。他将两派的界限划分得更清楚，暗示陆氏门人不是道学成员。

1［宋］黎靖德编：《朱子语类》卷一二四《陆氏》。

国家政治中的道学群体

道学自建立之初就表现出排他性，程颐曾说只有专心研究“道”的士子才配称为儒者。南宋初，道学集团自命为真儒，引起其他士大夫的反对，形成了一个反道学的联盟。他们认为道学只是少数儒生对经典的狭隘解释，并不能代表真正的儒家学说，道学成员也只是一批仕途失意的士大夫，通过标榜自己的学说来追求仕进的机会。事实上，朱熹在吕祖谦祭文中除了暗示自己将继承道学领袖的位置外，也的确提出了道学团体的政治、社会使命，表明道学团体并非完全专注于学术而不关心政治。南宋史家李心传评价：“晦庵先生非素隐者也，欲行道而未得其方也。”[1] 在吕祖谦去世后，朱熹以及道学成员们更积极地参与到国家政治中，与反道学的官员发生了激烈冲突，对道学乃至南宋以后学术的发展都产生了很大影响。

迭遭挫折，投迹山林

淳熙九年（1182），朱熹弹劾台州知州唐仲友贪腐。唐仲友背景颇为显赫，他比吕祖谦更早考中进士和博学宏词科，在思想上比较接近旧的世儒，

1［宋］李心传：《建炎以来朝野杂记》乙集卷八《时事一・晦庵先生非素隐》。

反对道学人士所谓国家处于文化危机的看法。唐仲友与宰相王淮是同乡，且有姻亲关系，因此朱熹对唐仲友的弹劾目的并不单纯，矛头直指以王淮为首的反道学官僚群体。孝宗将朱熹的奏章拿给王淮，王淮知道孝宗崇信苏轼的学问，于是以学派之争加以解释："朱，程学；唐，苏学。"[1] 孝宗遂对朱熹的弹劾置之不论。

唐仲友一案引发南宋关于道学的第一次重大争论，吏部尚书郑丙率先发难，上书指责："近世士大夫有所谓'道学'者，欺世盗名，不宜信用。"[2] 王淮擢用的监察御史陈贾紧接着批评道学士人"假名以济其伪"[3]，对他们的政治活动进行渲染夸大，罗织"道学朋党"的名目。孝宗向来忌讳大臣结成朋党，陈贾的奏章引起他的重视，朱熹遂被差去主管台州崇道观，不久退居武夷精舍著书讲学。由朱熹弹劾唐仲友而引发的争论，开启了道学集团与反道学官僚集团之间的分化，《宋史》称"庆元伪学之禁始于此"[4]。

淳熙十四年（1187），宋高宗去世，激发了孝宗对"国是"进行重大调整的想法。此前，宋高宗虽把皇位禅让给孝宗，但仍在实际上控制着朝政，他定下对金和议的国策，宋孝宗虽有锐意恢复中原之志，但受制于高宗而不得顺遂。叶绍翁《四朝闻见录》记载，宋孝宗向高宗力陈"恢复大计"，宋高宗回复："大哥，俟老者百岁后，尔却议之。"宋孝宗自此不复敢言，只是感叹"为家老子误我不少"。宋高宗去世后，孝宗决意改变多年来务求"安静"的因循政策，布置一个积极有为的新局面，为他毕生向往的"恢复"奠定了基础。宋孝宗把希望寄托于以"改变现状""重建秩序"为政治取向的道学集团，先后擢升与道学集团关系密切的周必大为右相、留正为参知

1 [宋] 叶绍翁:《四朝闻见录·乙集·洛学》。

2 [元] 脱脱等:《宋史》卷三九四《郑丙传》。

3 同上。

4 [元] 脱脱等:《宋史》卷三九六《王淮传》。

政事兼同知枢密院事，又罢免了王淮宰相之职，一批道学人士入朝为官。

淳熙十五年（1188），宋孝宗召见朱熹，表达了要重用他的意思："知卿刚正，只留卿在这里，待与清要差遣。"[1] 孝宗任命朱熹为兵部郎官，朱熹以足疾推辞。道学集团受到重用，正是反道学官员所忌惮的，兵部侍郎林栗遂以朱熹辞官为借口展开参劾。林栗与朱熹有宿怨，年初讨论高宗庙号时，林栗的建议被朱熹门人詹体仁驳倒，林栗认为这是奇耻大辱。六月，林栗又与朱熹讨论《易经》和《西铭》不欢而散，朱熹奚落林栗的见解甚为可笑。林栗不满朱熹以道学为正统而排斥其他学说，上书称朱熹"本无学术，徒窃张载、程颐之绪余，以为浮诞宗主，谓之道学，妄自推尊。所至辄携门生十数人，习为春秋、战国之态，妄希孔、孟历聘之风，绳以治世之法，则乱臣之首"[2]。他批评朱熹被任命为郎官而傲慢不满，不肯供职，请求将朱熹罢免，以此作为事君无礼者的警戒。

林栗的奏章并不仅针对朱熹一人，还包括了一切与朱熹气类相近的士大夫。叶适上书反驳："凡栗之辞，始末参验，无一实者。至于其中'谓之道学'一语，则无实最甚。利害所系，不独朱熹，臣不可不力辩。"[3] 叶适向来不接受朱熹将"道学"狭隘化为程朱学派的做法，他在这次上书中指出，"道学"比朱熹使用的意义更广泛，许多致力于革新弊政的官员都与道学有关，一些人对道学的攻击是出于私利。叶适将林栗的奏章与淳熙十年（1183）郑丙、陈贾的行为联系起来，指出"道学"一词已经成为反道学官员打击异己的工具，"见士大夫有稍慕洁修，粗能操守，辄以'道学'之名归之"[4]。另一位官员尤袤也提出类似的意见，他对孝宗说："此名（道学）

1［宋］黎靖德编：《朱子语类》卷一〇七《朱子四·孝宗朝》。

2［宋］李心传：《建炎以来朝野杂记》乙集卷七《朝事二·叶正则论林黄中袭伪道学之目以废正人》。

3［宋］叶适：《水心集》卷二《辩兵部郎官朱元晦状》。

4 同上。

一立，贤人君子欲自见于世，一举足且入其中，俱无得免，此岂盛世所宜有？”[1]叶适和尤袤的上书，表明当时在道学集团与反道学官员之间存在着激烈的争斗，而朱熹由于身份特殊，成为争斗的焦点。林栗上书后，朱熹辞官，回程途中给周必大写信表示“今遂投迹山林，不容复出”[2]。

权出于二，绍熙内禅

反道学官员的参劾并没有动摇宋孝宗的决心，他仍在进行革新的人事部署，同时准备内禅。淳熙十六年（1189）二月，宋孝宗将皇位禅让给宋光宗，自己退居重华宫。宋孝宗计划通过人事变更，为宋光宗建立一个以道学士大夫为主体的执政集团，逐步实现他的构想。这一计划虽然不错，却没有考虑到光宗的心理反应，且对反道学官僚集团的抗争估计不足。光宗继位后，权力来源转移到他手中，孝宗的影响从直接变为间接，理学集团失去了绝对优势。光宗最信任的人不是周必大和留正，而是亲信知閤门事姜特立，反道学官员们打着已罢相的王淮的旗号与姜特立联合起来，展开对道学集团的反攻。宋光宗继位仅三个月，周必大就被抨击为援引道学朋党，罢去相位。宋孝宗听后气愤地说：“周有甚党，却是王党盛耳！”[3]

宋光宗虽是孝宗之子，但在情感上却与孝宗较为疏远。宋孝宗预想光宗受禅后遵循当年他与高宗关系的模板，凡发政施令“皆得之问安视膳之余”。但随着光宗逐渐兴起的帝王意识，加上皇后李氏在背后教唆，他对孝宗的训斥越来越无法忍受，朝见重华宫成为光宗想要极力逃避的精神痛苦。精神上的压力逐渐累积，最终酿成大病。绍熙二年（1191）十一月，皇后李氏杀死黄贵妃带来的刺激，诱发了光宗长期累积的精神紧张，光宗遂感

1［元］脱脱等：《宋史》卷三八九《尤袤传》。
2［宋］朱熹：《与周丞相札子》，《全宋文》（第二百四十四册）卷五四七五《朱熹四八》。
3［宋］朱熹：《答刘晦伯》，《全宋文》（第二百四十九册）卷五六〇〇《朱熹一七三》。

染“心疾”而精神失常。病情好转以后，任凭大臣如何劝导，光宗千方百计不肯去重华宫朝拜孝宗。孝宗见不到光宗，又不能事事直接插手干预朝政，革新的计划无从推进。

绍熙五年（1194）六月，宋孝宗去世，宋光宗称病不肯主持丧事。宰相留正与知枢密院事赵汝愚请宪圣太后垂帘主政，被宪圣太后拒绝。叶适提出立嘉王赵扩为皇太子参决政事，留正上奏后，宋光宗批复“甚好”，并表示“历事岁久，念欲退闲”[1]。留正本来只想由赵扩以太子身份主持政事，没想到光宗突然有“退闲”的想法，他担心由此引发的政治风波危及自身，借口患病辞职离京。留正离开后，赵汝愚被推到主持立储的前沿。赵汝愚是宗室，宋孝宗退位后将他擢升为执政大臣。赵汝愚联络宗室赵彦逾和外戚韩侂胄内外奔走，取得了宪圣太后和宫廷禁军统帅郭杲的支持，推动宋光宗将皇位禅让给嘉王赵扩，即宋宁宗，史称“绍熙内禅”。

韩、赵之争与朱熹政治生命的终结

“绍熙内禅”的过程中有多方势力交织混杂，既有道学集团深入参与，也有反道学的官员奔走其中，但局势稳定后，双方很快反目。内禅前，赵汝愚答应事成后授韩侂胄节度使、赵彦逾执政。但宁宗继位后推恩定策功臣，赵汝愚却开始排挤二人，他说：“我与赵尚书皆宗臣，而韩知閤乃右戚，各不言功，惟爪牙之臣所当推赏。”[2]于是拔擢殿帅郭杲为节度使，而将韩、赵二人的升迁压制下来。赵汝愚自己则先升任枢密使，继而兼右丞相。

排挤非道学官员的同时，赵汝愚延揽大批道学人士入朝，他先请求将留正召回复任左相，又举荐朱熹、陈傅良等人入朝为官。道学集团在新形势下也受到感染，朱熹被任命为焕章阁待制兼侍讲，将此视为“致君行道”

1［元］脱脱等：《宋史》卷三六《光宗本纪》。

2 汪圣铎点校：《宋史全文》卷二八《宋光宗》。

的良机，他在给弟子蔡元定的信中说："又得朝士书，皆云召旨乃出上意亲批，且屡问及，不可不来。又云主上虚心好学，增置讲员，广立程课，深有愿治之意。果如此，实国家万万无疆之休，义不可不一往。"[1] 宁宗的知遇，赵汝愚的主政和道学成员布满朝中，种种机缘结合在一起，激起了朱熹"大更改"的抱负。

面对道学集团的排挤，韩侂胄不甘坐以待毙。韩侂胄是宪圣太后的外甥，宋宁宗韩皇后的叔祖，与内廷有着密切的关系，很快就凭借其特殊的身份取得了宋宁宗的信任。留正在宋光宗禅位时弃职离京已经使宁宗不满，复位后的多次论奏又不合宁宗心意，韩侂胄从中离间，宁宗遂下手诏罢免了留正的宰相之职。留正被罢相时朱熹还没有抵达临安，朱熹听到消息后忧形于色，对身边人说："大臣进退，亦当存其体貌，岂宜如此？"朱熹已经敏感地意识到，韩侂胄是道学集团的心腹大患，宋宁宗不经正常程序任免大臣，也暴露出其独断专行的倾向。朱熹抵达临安城外的浙江亭驿馆，参加朝中道学人士为他举行的欢迎会，当众人乐观地讨论革新措施的先后顺序时，他说道："彼方为几，我方为肉，何暇议及此哉！"[2]

朱熹担任侍讲之初，与宋宁宗相处尚称融洽。他多次借进讲之机攻击韩侂胄藏奸弄权，并利用孝宗永阜陵的选址问题倾轧韩侂胄，称永阜陵地势低下，"土肉浅薄"[3]，抨击韩侂胄选址时"既不为寿皇体魄安宁之虑，又不为宗社血食久远之图"[4]。道学集团的咄咄相逼，激起了韩侂胄的激烈反抗。他日后辩白说："某初无此心，以诸公见迫，不容但已。"[5] 赵汝愚推荐刘光祖为侍御史，韩侂胄知道这是为了弹劾自己，于是唆使宋宁宗以御笔手诏任

1 ［清］王懋竑：《朱熹年谱》卷四。

2 同上。

3 同上。

4 同上。

5 汪圣铎点校：《宋史全文》卷二九上《宋宁宗一》。

命刘德秀为监察御史、杨大法为殿中侍御史，罢免了道学集团的成员监察御史吴猎，以心腹刘三杰代之，从而控制了言路。

韩侂胄与身边人商量："去其为首者，则其余去之易尔。"[1]朱熹在宋宁宗身边攻击韩侂胄最猛烈，韩侂胄遂将矛头对准朱熹。韩侂胄令优人王喜峨冠阔袖，化妆成朱熹的样子，在宋宁宗面前丑化朱熹的形象，同时令言官交章论奏。围绕朱熹的去留，道学与反道学两派展开激烈交锋，最后还是宋宁宗的意志起到了决定性作用。朱熹担任侍讲后急切地督促宋宁宗推行自己的改革设想，超越职权范围事事过问，且态度严厉，引起宋宁宗反感。在道学人士黄度被罢官后，朱熹再次声色俱厉地极力争辩，宋宁宗大怒，下诏罢免朱熹侍讲之职。工部侍郎兼侍讲黄艾问宋宁宗罢黜朱熹的原因，宋宁宗抱怨道："始除熹经筵耳，今乃事事欲与闻。"[2]朱熹于绍熙五年（1194）十月初入临安，闰十月底离职，立朝仅四十六日，真可谓"乘兴而来，败兴而归"。经此挫折，他的政治生命彻底终结了。他事后追忆当时的心情说："今番死亦不出，才出，便只是死。"[3]朱熹被罢不久，中书舍人陈傅良、起居郎刘光祖也被罢免，道学集团遭遇重挫。

清除朱熹等人后，韩侂胄转而谋求扳倒赵汝愚，他找到宰执京镗商量。京镗道："彼宗姓，诬以谋危社稷可也。"[4]宋朝"祖宗家法"规定，宗室、外戚不得干政，韩侂胄于是抓住这一点，令右正言李沐上书弹劾赵汝愚："同姓居相位，非祖宗典故。方太上圣体不康之时，欲行周公故事。倚虚声，植私党，以定策自居，专功自恣。"[5]直省吏蔡琏也揭发赵汝愚在定策时有异谋。赵汝愚虽极力自辩，但仍被罢相，韩侂胄取得了斗争的最后胜利。

---

1 任中敏：《优语集》附录《效朱熹为戏》。

2［清］毕沅：《续资治通鉴》卷一五三，绍熙五年闰十月戊寅。

3［宋］黎靖德编：《朱子语类》卷一〇七《朱子四·丙辰后》。

4［元］脱脱等：《宋史》卷四七四《韩侂胄传》。

5［宋］周密：《齐东野语》卷三《绍熙内禅》。

庆元党禁，道学之厄

赵汝愚在政治斗争中的失利，给深涉其中的道学集团带来不利影响，韩侂胄为压制道学集团，炮制出“伪学”的名目以求一网打尽。庆元元年（1195）六月，刘德秀上书请求考核道学真伪：“邪正之辨，无过于真与伪而已，彼口道先王语而行如市人所不为，在兴王之所必斥也。昔孝宗垂意规恢，首务核实，凡虚伪之徒，言行相违者，未尝不深知其奸。臣愿陛下以孝宗为法，考核真伪以辨邪正。”[1]这是韩侂胄一派论奏“伪学”的开始。七月，御史中丞何澹上书请禁伪学，声称“专门之学流而为伪，空虚短拙，文诈沽名。愿风厉学者，专师孔孟，不必自相标榜”[2]，并指称赵汝愚为“伪学”罪首。监察御史胡纮也攻击赵汝愚“唱引伪徒，谋为不轨”[3]。赵汝愚被贬谪永州安置，次年正月途经衡州时自杀。

虽然赵汝愚已死，但对“伪学”的攻击并未停止。刘德秀、叶翥等人又上书指朱熹为“伪学之魁，以匹夫窃人主之柄，鼓动天下，故文风未能丕变，请将语录之类尽行除毁”[4]。当年的科举考试中，举子试卷稍微涉及义理之说都被黜落，道学人士注解的儒家典籍也纷纷遭到禁止。庆元二年（1196）十一月，监察御史沈继祖上奏，批评朱熹“不忠不孝，不仁不义，不公不廉”[5]，列举朱熹有援魔入儒，聚徒搞阴谋活动，私贪故人之财，引诱尼姑为妾，夺人墓地葬母，男女婚嫁专择富民，专招富室子弟为徒，收取四方贿赂等诸多罪行。宁宗下诏，朱熹被罢去秘阁修撰并罢宫观等官。

庆元三年（1197）九月，宋宁宗下诏，任官不得选用“伪学”士人。十二月，发布“伪学逆党籍”，收录五十九人，其中宰执四人，待制以上

1［宋］刘德秀：《考核真伪以辨邪正奏》，《全宋文》（第二百五十四册）卷五七一七《刘德秀》。

2［宋］刘时举：《续宋中兴编年资治通鉴》卷一二《宋宁宗一》乙卯庆元元年七月丁酉。

3［元］脱脱等：《宋史》卷三九二《赵汝愚传》。

4［清］毕沅：《续资治通鉴》卷一五四，庆元二年二月。

5［宋］李心传：《建炎以来朝野杂记》乙集卷八《时事一·晦庵先生非素隐》。

十三人，其他官员三十四人，士子八人，周必大、留正、赵汝愚、朱熹等人悉列其中。列入党籍之人学术背景不一，罪名和获罪时间也不相同，却被统一定谳为“自庆元至今，以伪学逆党得罪者”[1]。对他们的打击涉及各个方面，如限制他们的任官与升迁等。庆元四年（1198）四月，谏议姚愈、张釜上言：“近世行险侥幸之徒，倡为道学之名，权臣力主其说，结为死党，愿下明诏播告天下。”[2]五月，宋宁宗下诏告谕天下，申严伪学之禁，将打击面扩展到整个南宋社会。

以上过程就是南宋历史上的“庆元党禁”，被禁锢的官员士大夫被称为“庆元党人”。庆元党人虽被统一以“伪学”定罪，但从根本上来说，党禁是出于政治考虑的定性，而非学术意义上的争执。道学集团卷入政府高层的政治斗争中，引起了韩侂胄的敌视，以京镗、何澹、刘德秀、胡纮为首的反道学士大夫又迎合韩侂胄的需要，遂以“伪学”为罪名打倒道学集团。

1［宋］李心传：《建炎以来朝野杂记》甲集卷六《朝事二·学党五十九人姓名》。

2 汪圣铎点校：《宋史全文》卷二九上《宋宁宗一》。

走向正统：朱熹与道学地位的提升

从三足鼎立到一枝独秀：浙学、陆学的衰落

庆元党禁是南宋儒学发展史上的大事，它在短时期内使道学团体在仕途上遭遇挫折，从长时段看改变了道学发展的方向。庆元党禁前，南宋道学呈现朱学、陆学、浙学三足鼎立之势，党禁带来的政治变化使浙学率先没落。浙学的兴起很大程度上依赖其在科举中的成功，庆元党禁在科举上对浙学实行封杀，给浙学带来了很大伤害，尽管开禁后陈傅良和叶适官复原职，但浙学来自场屋决战的风头已经失去。

浙东学者对韩侂胄北伐的参与，也给浙学带来了不利影响。恢复旧疆是浙东学者一贯的政治主张，但叶适目睹南宋的实力，意识到北伐并非轻而易举。他上书宁宗，希望朝廷改开边为修边，整兵而不用兵，以待来时。韩侂胄想要借叶适之手起草出师诏书，叶适也予以拒绝。但当北伐启动，特别是出现危机时，叶适又积极参与到实际的政治和军事活动中，甚至亲往前线。北伐的失败使叶适被迫退出政治舞台，他所主张的事功之学也连带受到批判，此后叶适虽继续讲学，但已少有士子关心他的思想，更多是向他请教决胜场屋的本领。叶适说："余久居水心村落，农蓑圃笠，共谈陇亩间。有士人来，多言场屋利害、破题工拙而

已。”[1]经过庆元党禁和开禧北伐，浙东事功哲学的影响减弱，真正在党禁后仍有影响力的，只剩朱学、陆学两派。

朱、陆二家在党禁后的发展，也呈现出朱学盛而陆学衰的趋势，这种情况的发生，与其自身学术形态和学术思想资源有关。朱熹在其思想形成和展开的过程中，始终重视文本建设，撰写了大量著述，陆九渊则极不重视这项工作。在朱熹、陆九渊去世后，他们的弟子虽极力维护师说，但很难有他们那样的影响力，能够让其他人了解他们学说的只有他们留下的著述，朱熹的优势由此突显出来。经过多年推动，朱熹注解过的四书五经成为士子钻研儒学的必读书目，朱子学术的影响日益扩大。南宋大儒魏了翁就曾提到："某少时只喜记问、辞章，所以无书不记。甲子、乙丑年间，与辅汉卿、李公晦邂逅于都城，即招二公时时同看朱子诸书，只数月间，便觉记览辞章皆不足以为学，于是取六经、《语》、《孟》，字字读过，胸次愈觉开豁。"[2]

"正学遂明于天下后世"

浙学和陆学的衰落使朱学一枝独秀，朱熹弟子门人的宣传和活动，也推动着朱熹走向道学的核心地位。朱熹门人推动了南宋政府对道学禁令的解除。嘉定四年（1211）二月，朱熹弟子刘爚自浙西提刑任上召还为国子司业，他极力为"伪学"鸣冤，先后提出两项建议：一是要求太学、国子监采用朱熹的《白鹿洞书院学规》，二是呼吁宁宗下诏废止此前发布的禁止道学的条令。宁宗同意刘爚的建议，但由于朝中部分大臣的反对，最终未能实行。嘉定五年（1212）三月，刘爚迁国子祭酒，奏请将朱熹《论语集注》《孟子集注》列于官学，得到同意。当年六月，南宋政府正式下诏"开伪学

1［宋］叶适：《水心集》卷二九《题周子实所录》。
2［宋］魏了翁：《渠阳集》卷三《答朱择善》。

禁"，将朱熹集注的《大学》《论语》《孟子》《中庸》等书列于官学。

宋人倡导"敬宗收族"，朱门弟子在这方面表现尤为突出。朱熹的弟子，同时也是其女婿的黄榦，把朱熹门人团结在一起，他坚定维护朱熹学说，撰写了《朱子行状》，成为日后朱熹传记的主要资料。黄榦把朱熹描述为道学传统的高峰："道之正统，待人而后传。自周以来，任传道之责，得统之正者不过数人。而能使斯道章章较著者，一二人而止耳。由孔子而后，曾子、子思继其微，至孟子而始著。由孟子而后，周、程、张子继其绝，至先生而始著。"[1] 他将朱熹与孟子并列，认为朱熹使道学达到巅峰，贡献超过了北宋周敦颐、二程等人。朱熹的另一位弟子陈淳赞扬道，唯有朱熹可以延续道统："故孔、孟、周、程之道，至先生而益明，所谓主盟斯世，独惟先生一人而已。"[2] 他撰写《北溪字义》，系统解释朱熹哲学的关键观念，规范后人对朱熹思想的理解。他在讲学中强调朱熹学说的重要意义，沿袭朱熹的说法，突出周敦颐的学说，继承经二程直接到朱熹的道统传承，越过了张载，提升了朱熹的地位。

至宋理宗时期，为了应对日益增长的蒙古威胁，南宋政府将道学提升为官方学术。蒙古于端平元年（1234）消灭金朝，势力扩展到南宋边界。在金朝遗老的建议下，蒙古贵族在华北统治中心建立孔庙，自称继承儒家正统。宋朝为对抗蒙古的军事和文化侵略，不得不采取措施宣示自己的正统地位，魏了翁和真德秀两位道学领袖被召入朝。真德秀是朱熹再传弟子中的杰出领袖，黄榦称赞他和陈宓："此二公者异日所就又当卓然，真护法大神也。先师没，今赖有此耳。"[3] 真德秀的政治声望是朱子学派的重要资源，同时代的学者称赞他拯救了道学的命运，《宋史》写道："然自侂胄立伪学

1［清］王懋竑：《朱熹年谱》卷四。

2［宋］陈淳：《北溪字义》补遗《附论朱子》。

3［宋］黄榦：《与李敬子司直书三五》，《全宋文》（第二百八十八册）卷六五三七《黄榦一二》。

之名以锢善类，凡近世大儒之书，皆显禁以绝之。德秀晚出，独慨然以斯文自任，讲习而服行之。党禁既开，而正学遂明于天下后世，多其力也。”[1] 真德秀在各地州府传播道学价值观，建立祠堂祭祀朱熹等人，加强书院的传统，使朱熹的学术更受士子欢迎。嘉熙二年（1238），蒙古建立太极书院，祭祀周敦颐、二程、张载、杨时和朱熹，这些措施加强了对南宋政权在意识形态方面的挑战。宋理宗遂于淳祐元年（1241）颁布敕令，以道学为国家正统的意识形态，并将朱熹、周敦颐、张载、二程画像供奉在孔庙中，尤其肯定朱熹的成就使道学昌明，在宣示南宋继承北宋文化正统之余，确立了朱熹道学权威的核心地位。

1 ［元］脱脱等:《宋史》卷四三七《真德秀传》。

结语

从南宋初遭到大批官员反对，至淳祐元年（1241）成为国家正统，道学的发展经历了许多的动荡挫折，在此过程中，其内部的多样性大大消减，朱熹成为唯一权威。朱熹成为道学的代表人物，自然是基于其卓越的学术水平。他是道学团体内部最有系统的思想家，哲学思想最为全面，哲学思辨的层次超越了其他道学家。但另一方面，朱熹地位的提升，也与其自身及其弟子的活动有密切关系。12 世纪 60 至 80 年代，道学的发展呈现出极大的多元性，众多思想家相互辩难，丰富了道学的思想内容，促进了道学的发展。张栻、吕祖谦先后“主盟斯文”，朱熹只是道学团体的一员，其权威地位并未得到认可。吕祖谦去世后，朱熹理所当然地认为自己应该继承道学领袖的地位，对同道中人采取了更严厉的态度，自命为道学正统，在思想和组织上排挤其他学派，力图使道学狭隘化为程朱学派。

从宋孝宗在位末年开始，道学集团更积极地参与到国家政治当中，却屡次遭受挫折。孝宗末年有意更改因循守静的国策，布置一个大有为的新局面，道学集团也受到极大鼓舞。然而孝宗的退位致使政权一分为二，光宗极力逃避与孝宗见面，孝宗革新的计划无从实施，道学集团也因此失去优势。孝宗去世，赵汝愚联合韩侂胄推动绍熙内禅，迫使光宗将皇位传给宁宗，道学集团也深入地参与到皇室内部事务之中。局势稳定后，赵汝愚很快在与韩侂胄的政治斗争中败下阵来，道学连带受到打击，在庆元党禁中遭到禁锢。

庆元党禁是宋代儒学发展史上的大事，深刻影响到宋代儒学的发展方向，浙学、陆学在党禁后走向衰落，程朱学派一枝独秀。朱熹是当时最年长的道学家，又在党禁未开前去世，被视为道学的烈士，声望更盛。他的弟子门人推动南宋政府解除学禁，将朱熹描述为道学权威。来自蒙古的军事和文化威胁刺激了南宋政府的文化策略，南宋政府为了申明自己的正统地位，宣布以道学为官方意识形态。由此，通过政治权力的干预，自北宋中期以来有关学术的正闰之辨、学派之争终于有了结果，道学由边缘走向学术中心，朱熹也成为道学的象征，曾经歧出多元的道学转变为程朱理学。

第十二章

『天下之势，自安以趋于危』：史弥远及其时代

史弥远个人在权力阶梯上的攀登，对于整个南宋时局都产生了巨大影响，先是权力中枢的更迭，继而是帝位的传承。但不止于此，它还触及南宋的对外政策，进而影响到南宋国运的走向，这一点恐怕是史弥远本人并没有意识到的。

宁宗开禧至理宗端平年间，是南宋历史上重要的转折时期。宋廷内部的权力斗争激烈爆发：权倾朝野的宰相韩侂胄被谋杀于玉津园，出身低微的宋理宗登上帝位，原本的皇位继承人赵竑冤死于湖州。与此同时，南宋周边环境也发生了重大变化，迅速崛起的蒙古使南宋政权在世仇金朝以外，又多了一个亦敌亦友的强劲对手。受国内政局波动的影响，南宋对金、蒙的政策在和与战之间摇摆反复，陷入战不能战、和又不可的窘境。内政外交方面出现的复杂局面的焦点都指向同一个人，即独揽朝政长达二十五年的史弥远。史弥远不但是宁宗晚期政局的核心人物，更主导了理宗初期的政治运作，甚至在他死后还长期影响着朝政的走向。透过史弥远的一生，可以观察到南宋历史向晚期行进的过程。

权力的交割：从韩侂胄到史弥远

出身名门，追随父亲的足迹

史弥远出身于明州（今浙江省宁波市）史氏家族。南宋建立后，随着政治文化中心的南移，明州的战略地位大幅加强，大批赵氏宗亲从北方迁居于此，提升了明州的声望和文化素养。明州诞生了许多名门望族，楼氏和史氏是其中的佼佼者。楼氏家族从北宋就居于此处，他们在北宋时期培养了七位进士，南宋时期超过三十位，由于卓越的文学成就，楼氏在当地享有崇高声誉。与楼氏相比，史氏家族崛起的时间要晚得多，直到北宋末年才培养出第一位进士史才，他在宋高宗时一度荣升至参知政事的高位。史氏的兴旺要归功于史浩，孝宗尚为皇子时，史浩曾担任其老师，孝宗继位后，史浩凭借这一特殊关系被擢升为宰相。在他的羽翼下，史氏家族走向兴盛，人才辈出，成为举国闻名的精英家族，后人称赞其"一门三宰相，四世八公卿"。

史浩于隆兴二年（1164）春辞去相位，他的第三个儿子也出生在这一年，即史弥远。史弥远幼年的教育在史浩的亲自督导下完成，史浩的仕宦经历和政治主张对史弥远产生了深远影响。淳熙六年（1179），十六岁的史弥远凭借史浩的荫补获得官位，两年后他参加铨试并位居第一。淳熙十四年（1187），史弥远考中进士，这时史浩已年逾八十，久离官场。史弥远被调入京城，只担任过大理司直、太社令、太常寺主簿等一些地位低微的实务性官职。绍熙五年（1194）春，史浩去世，史弥远丁忧守孝，庆元二年（1196）才重回京城任职。重回京城后，史弥远的任职较以前发生了比较显著的变化，担任的多是一些文学之选，如枢密院编修官、实录院同修撰、起居郎等，并最终于开禧二年（1206）成为资善堂直讲。资善堂是皇子听读就学的地方，史弥远终于追随父亲的足迹，成为皇子赵曮的老师。史弥远虽是进士出身，但并不以文学才能见长，他仕途方向上的这种变化显然是其主动经营的结果，父亲史浩的经历指导着史弥远对自己仕途的规划，使他有意识地向皇子靠近。皇子老师的身份改变了史弥远的人生轨迹，接下来，他如愿打入核心权力圈，深入参与到宫廷政治当中。

玉津园之变：围绕皇权的生死之争

宋宁宗在位三十年，却称不上是一位英主，宋人甚至有宁宗“不慧而讷于言”[1]的说法。宁宗朝的朝政先后把持在两个人手中，前期是韩侂胄，后期是史弥远，二人权力的交接发生于开禧、嘉定之际。开禧二年（1206）四月，韩侂胄打着收复中原失地的旗号，发动了对金朝的军事行动，史称“开禧北伐”。战争之初，由于金朝准备不足，宋军取得了一些战役的胜利。但随着金军反攻的展开，宋军全线受挫，北伐开始不足一年就宣告失败。北伐失败给韩侂胄带来了极大的压力，在朝野内外引发激烈批评。开禧三年（1207）十一月，杨皇后与史弥远等人发动政变，诛杀了韩侂胄，即“玉津园之变”。后世史家往往认定“开禧北伐”与“玉津园之变”之间存在着某种因果关系，以史弥远等人的主和方针与韩侂胄的用兵政策之间的矛盾

---

1 丁传靖辑：《宋人轶事汇编》卷三《宁宗》。

来解释韩侂胄之死，但单纯对外政策上的分歧，不足以引起如此激烈的变故，仔细考察，就会发现问题并非如此简单。

开禧北伐虽打着收复失地的旗号，其驱动力却来自南宋朝堂内部。韩侂胄能实现大权独揽，得益于其特殊的身份，他是宋高宗吴皇后的外甥，也是宋宁宗韩皇后的叔祖，凭借与内廷的密切关系，他才能出入宫闱，对宋宁宗发挥影响力。庆元六年（1200），韩皇后去世，韩侂胄不但失去了宫中奥援，还在继立皇后的人选问题上与宋宁宗产生分歧。韩侂胄主张立柔顺易制的曹美人为皇后，宋宁宗却坚持立性格机警、善于权术的杨贵妃为皇后。杨氏自此与韩侂胄结下仇怨，"始有谋侂胄之意矣"[1]。开禧元年（1205）五月，宋宁宗立宗室子赵曮为皇子，进封荣王。赵曮入宫后长期由杨氏抚育，他被立为皇子，使杨皇后势力大增。韩侂胄站在潜在皇位继承人的对立面，处境越发艰难，甚至有馆客形容他在朝中"危如累卵"。在这种情况下，有人建议韩侂胄"立盖世功名以自固"[2]，韩侂胄这才力主对金北伐。因此，"开禧北伐"的政治原动力是南宋朝廷内部的权力斗争，它是韩侂胄为转移内部矛盾、巩固自身地位所做出的决策。魏了翁后来明白指出，"韩侂胄既盗威柄，出入禁中，自恭淑皇后上仙，虑其不能以久，则又为开边之说以自固"[3]。这一点与现代国际政治中的很多现象有共通之处。

内外形势的发展，推动杨皇后与韩侂胄之间的矛盾走向激化，逐渐达到爆发的临界点。开禧三年（1207）中，后宫传来妃嫔怀有身孕的消息。赵曮虽被立为皇子，但终究不是宋宁宗的亲生儿子，如果后宫产下男婴，赵曮就会丧失皇位继承人的资格，杨皇后的地位也会受到冲击。韩侂胄遂谋求利用这一机会，将杨皇后与赵曮一举扳倒，杨皇后和赵曮也急于除掉

1［宋］周密：《齐东野语》卷三《诛韩本末》。

2［元］脱脱等：《宋史》卷四七四《韩侂胄传》。

3［宋］魏了翁：《应诏封事》，《全宋文》（第三百〇九册）卷七〇五七《魏了翁五》。

韩侂胄。杨皇后通过兄长杨次山联络外朝大臣，史弥远时任礼部侍郎兼资善堂翊善，是赵曮的老师，双方自然一拍即合。史弥远与杨皇后商议，尝试由杨皇后和赵曮在宫中向宁宗进言罢免韩侂胄，这样就可以绕过外朝，避免打草惊蛇。在史弥远的教导下，赵曮趁边事紧急时入奏："韩侂胄轻起兵端，上危宗社，宜赐黜罢，以安边境。"[1] 杨皇后也从旁再三力请，但宋宁宗并没有答应。

无奈之下，杨皇后等人只得另寻他法，她联络参政钱象祖、李壁，礼部尚书卫泾，著作郎王居安，前右司郎官张镃等人，形成了反韩侂胄的秘密联盟。史弥远虽官位不突出，但由于其身份特殊，成为沟通杨皇后与外朝的信息通道，发挥了主导作用。他深夜乔装易服，往来于钱象祖、李壁宅第，积极部署。史弥远最初对如何处置韩侂胄心存犹豫，在张镃的建议下，才下定决心杀掉韩侂胄。他向杨皇后禀告，定下"去凶之策"，随后把行动方案告知钱象祖等，并谎称已奉有密旨。钱象祖为稳妥起见，想要向宋宁宗奏审，史弥远制止他道："事留，恐泄。"[2]

韩侂胄对史弥远等人的活动也有所察觉，在右丞相兼知枢密院事陈自强及亲信周筠的建议下，他任命林行可为谏议大夫，刘藻为察官，准备在开禧三年（1207）十一月三日这天早朝，由二人上奏弹劾，一网打尽史弥远、钱象祖等人。史弥远探听到了韩侂胄的计划，遂命禁军统帅夏震在当日早朝路上实施谋杀方案。三日早晨，夏震率兵卒拦住韩侂胄，将他拥至玉津园夹墙内挝死。事变前宋宁宗得知谋杀计划，用笺批殿前司："前往追回韩太师。"[3] 杨皇后持笺而泣，对宋宁宗道："他要废我与儿子。"[4] 宋宁宗无

1［元］脱脱等：《宋史》卷二四六《景献太子询》。

2［元］脱脱等：《宋史》卷四七四《韩侂胄传》。

3［宋］叶绍翁：《四朝闻见录·丙集·虎符》。

4 同上。

奈，收泪而止。叶绍翁后来在《四朝闻见录》中称，谋杀计划“幸不败尔，败则慈明、景宪殆哉”[1]。

史弥远等人以矫诏谋杀这种骇人听闻的方式，公然诛杀宰相，这在宋代历史上是没有先例的。政变的发生并非源于对金政策的分歧，其本质是围绕着皇权展开的权力之争。史弥远已经将自己的政治生命与赵曮捆绑在一起，如果赵曮顺利继承帝位，他就是“潜邸”勋臣，拜相封侯近在咫尺。反之，如果赵曮被废，也几乎意味着史弥远政治生命的终结。利害关系的强烈对比，驱使史弥远铤而走险。诛杀韩侂胄不到半个月，即十一月十五日，宋宁宗就下诏立赵曮为皇太子，更名赵帱，正式确立了其皇位继承人的身份。考虑到后宫妃嫔即将生产的背景，这显然不是宋宁宗自己的意愿，而是在杨皇后、史弥远等人的推动甚至迫使下做出的决断，这清楚地昭示出玉津园之变的实质。次年春天，后宫果然诞下皇子，取名赵垍，但闰四月不幸夭折。这样一场宋代历史上前所未有的政治谋杀，必须要有一个合理的解释，史弥远等人遂以韩侂胄擅开兵端、涂炭生灵昭告天下，并将韩侂胄首级函送金朝，达成“嘉定和议”。

独居相位，走上专权之路

玉津园之变带来的政治遗产之一，是史弥远取代韩侂胄，成为新一代实权人物。政变后，参加者论功行赏，钱象祖兼知枢密院事，李壁兼同知枢密院事，卫泾被授为御史中丞，又迁签书枢密院事兼参知政事，王居安擢升为左司谏。史弥远也在赵曮被正式册立为太子后，迁知枢密院事。史弥远是诛韩的核心，显露出取代韩侂胄成为新一代实权人物的迹象。道学官员、朱熹弟子傅伯成说：“弥远谋诛侂胄，事不遂则其家先破，侂胄诛而

1［宋］叶绍翁:《四朝闻见录·丙集·虎符》。

史代之，势也。”[1]钱象祖、卫泾等不甘心放任史弥远成为又一个韩侂胄，意图引导朝政运作回到正常轨道上来，双方很快便发生冲突。

钱象祖等人力图恢复政务归于宰臣，给舍、台谏官员封驳的中枢格局，促使权力回归中枢。他们想方设法阻止史弥远单独觐见宋宁宗，以宁宗手诏绕过外朝处理政事。嘉定元年（1208），钱象祖上奏，请求宋宁宗不再使用特旨内降的方式处理朝政，遇事应与外朝宰相公议后施行，以避免近习乱政。兵部尚书兼侍读倪思也对宋宁宗说：“大权方归，所当防微，一有干预端倪，必且仍蹈覆辙。厥今有更化之名，无更化之实。今侂胄既诛，而国人之言犹有未靖者，盖以枢臣犹兼宫宾，不时宣召。宰执当同班同对，枢臣亦当远权，以息外议。”[2]倪思所说的“枢臣”就是指史弥远，意在提醒宋宁宗不要单独召见史弥远一人，宰执群体应共同议事。他又建议任命两名甚至多名宰相，使之互相牵制；同时由宋宁宗亲自任命台谏官，以监督宰相。尽管如此，这些措施并没有达到预期效果，史弥远依旧越过钱象祖自行其是，逼得钱象祖请辞，倪思也被迫出知镇江府。

嘉定元年（1208）闰四月，宋宁宗下诏，“自今每遇视事可令皇太子侍立，宰执赴资善堂会议”[3]，赋予了太子参决政事的权力。次日，命钱象祖兼太子太傅，卫泾、雷孝友、林大中兼太子宾客。又两日，命太子出居东宫，更名为赵询，宰执会议地点也由资善堂迁至东宫。资善堂会议是钱象祖、史弥远等人一起提出的，但双方却各有考虑。史弥远自开禧二年（1206）起便再未放弃太子师傅之职，借助这一其他宰执不具有的特殊身份，史弥远获得了与太子频繁往来的机会，可以通过太子与内廷联系，凌驾于其他宰执之上。钱象祖等人希望资善堂会议解决的问题，正是消除史弥远与太

1［元］脱脱等:《宋史》卷四一五《傅伯成传》。

2［元］脱脱等:《宋史》卷三九八《倪思传》。

3《皇太子侍立朝殿诏》,《全宋文》（第三百〇二册）卷六九〇二《宋宁宗一四》。

子之间的特殊关联，所有宰执大臣都兼任太子师傅、宾客，又令太子每日与宰执会议，太子就从为史弥远私人掌控变成为宰执大臣共同掌握。同时，太子离开禁中，出居于东宫，史弥远与杨皇后之间的联系也受到阻碍。卫泾在札子中指出："臣象祖等惟朝殿奏事，得侍清光，退后凡有事件，多是缴入，非时无缘可得通达内外之意。所以向来韩侂胄因此得以窃弄威福，稔成奸恶，几危国家。今得皇太子会议，臣等奏事既退，或陛下有所宣谕，或臣等有敷陈未尽之意，皇太子于侍膳问安之际，皆可以从容奏禀，内外不至扞格不通，且更不容外间别有人出入禁闼，干预朝政，岂非宗社大幸？"[1]卫泾此言虽说的是韩侂胄，但显然是在影射史弥远。

然而，太子参决政事并不能确保宰执对太子的控制，它只是为钱象祖等人争取太子提供机会，关键还要看太子本人的态度，钱象祖等人恰恰在这方面低估了史弥远的影响。经过诛韩之役，杨皇后、太子和史弥远之间已经结成牢固的政治同盟，这种关系并不是与太子素无渊源的其他人能轻易取代的。正是因为对自己与太子的关系有充分的信心，史弥远才支持太子参政的提议，这一方面可以巩固太子的地位，提升太子对朝政的影响力；另一方面可以通过宰执会议，及时了解钱象祖等人的计划与动向。钱象祖、卫泾自以为得计，不料却弄巧成拙，等于在自己身旁安插了一个眼线。后来，卫泾企图学习史弥远打倒韩侂胄的故智再除掉史弥远，太子得知了他的计划，暗地通报消息，史弥远遂先发制人，命御史中丞章良能弹劾卫泾，将其罢免外放。

嘉定元年（1208）十月，钱象祖升为左丞相，史弥远进拜右丞相。史弥远任相仅月余，就丁母忧去位，在此不利的情势下，又是太子挽救了史弥远的政治生命。十一月二十七日，史弥远离开临安仅五天，太子上奏宋

1［宋］卫泾：《缴进御笔札子》，《全宋文》（第二百九十一册）卷六六二九《卫泾一八》。

宁宗，请求召回史弥远，在临安赐予宅第令其终丧。太子上言：

> 方弥远密承圣旨，投机之会，间不容发，然犹有顾望，欲迟回其事者，非弥远忘其体命，奉行天诛，万一泄谋，必误大计。陛下轸念南北生灵肝脑涂地，屈己就和，量力相时，初非得已。今和好赖以坚定，虏人恃以信服，由陛下独断于上，而弥远能祗承于下，故人心妥安，无复疑虑。如弥远一旦去国，诚恐无以系虏情、慰民望。以此观之，弥远乃陛下腹心之寄、社稷之臣，其一身去留，实天下重轻之所系。欲乞圣慈特赐睿旨，赐第行在，令其得以就第持服。[1]

奏章不但赞扬史弥远在诛韩过程中发挥了关键作用，还暗指钱象祖犹豫观望、摇摆不定。宋宁宗同意了太子的请求，在临安给史弥远赐第。史弥远丁忧离京，本是钱象祖等人彻底打倒他的最好时机，但钱象祖却在史弥远亲信台谏的论劾下不得不上章求去，于十二月一日罢相，出判福州，此时距史弥远离京只有十二天。嘉定二年（1209）五月，史弥远起复，自此独居相位，走上专权之路。

1［清］徐松辑：《宋会要辑稿》礼六二。

嘉定和议及其反复

“奸凶已毙之首”不足惜：宋金和议的达成

玉津园之变的另一个政治遗产，就是宋金和议的达成。实际上，自北伐受挫，韩侂胄已经遣使与金议和，并初步达成意向。韩侂胄被杀后，钱象祖向金朝通报诛韩之事，金人召来宋使王柟。王柟尚不知政变的发生，盛赞韩侂胄的忠贤威略。金人将宋朝边报拿给王柟，讽刺道：“如汝之言，南朝何故诛之？”[1]王柟困窘，无言以对。金人趁机提出，将韩侂胄的首级献给金朝，作为和议的一项内容。

王柟回到临安，报告金人的要求。宋宁宗召两省、侍从和台谏官员集议。林大中等人认为和议是头等大事，“奸凶已毙之首”不足惜。倪思甚至公然宣称“一侂胄臭头颅，何必诸公争”[2]。只有章良能抗词力辩，提出虽然韩侂胄是已诛之罪臣，但以朝廷大臣首级献给敌国，终究事关国体。然而仅凭章良能一己之力难以挽回众人意志，宋宁宗遂决定将韩侂胄开棺，取其首级函送金朝，双方达成“嘉定和议”。此后直至嘉定十年（1217）金军大举南侵，南宋都以这一和议作为对金政策的基础。《宋史》记载：“时再

1［宋］周密：《齐东野语》卷三《诛韩本末》。

2［宋］叶绍翁：《四朝闻见录·乙集·函韩首》。

议和好，尤戒开边隙，旁塞之民事与北界相涉，不问法轻重皆杀之。”[1]

嘉定和议自签订之日起就受到士大夫的非议，函送韩侂胄首级更招致公论的批评。人们认为金朝已相当疲弱，如果宋朝能再坚持一段时间，不患和议不成，届时条款会对宋朝更为有利。只是由于当权者畏懦，听任金朝恐吓，一切从之。并且诛杀韩侂胄是南宋内政，函送其首级至金朝，则是将南宋等同于金朝的附属，有辱国体。时人写诗讽刺道：“自古和戎有大权，未闻函首可安边。生灵肝脑空涂地，祖父冤仇共戴天。晁错已诛终叛汉，于期未遣尚存燕。庙堂自谓万全策，却恐防胡未必然。”道学群体尤其对和议不满，他们倡言和议是万不得已的权宜之计，应该利用屈辱媾和换来的时间，修明内政，待时机成熟时改变现状。楼钥上奏道：“恐和议一成，喜庆相贺，文恬武嬉，便为无事，则后日之害，其何可胜言。”[2]希望宁宗“内修自治之计，日夕与二三大臣讲明其要，次第施行”[3]。嘉定和议的达成，虽然再次实现了宋金边界的和平，但也给史弥远的声誉造成损害，导致他与道学群体之间产生隔阂。出于对和议的不满，道学群体此后每每提出变革的主张，都要求推翻和议，给史弥远的对外政策施加了极大压力。

“用力寡而成功倍”：借助外力的抗金策略

从嘉定四年（1211）起，南宋逐渐意识到周边的形势正在发生变化。当年六月，南宋遣余嵘出使金朝贺金主生辰，行至涿州，因蒙古围攻金朝国都，道路不通而还。余嵘还朝后，将金朝遭蒙古围攻的情形上奏宁宗，此后，南宋虽仍按时遣使致贺，却以漕运不畅为由停止了输纳岁币。嘉定六年（1213）十月，真德秀使金贺金主继位，稍后李埴使金贺正旦，皆因

1［元］脱脱等：《宋史》卷四〇〇《吴柔胜传》。

2［宋］楼钥：《论内外之治奏》，《全宋文》（第二百六十三册）卷五九三一《楼钥三二》。

3 同上。

金蒙战乱不至而还。真德秀断定金朝“纵使未即灭亡，亦必不能持久”[1]，提醒宁宗早作准备。

嘉定七年（1214），金宣宗迁都汴京，遣使至南宋通报，并且督责南宋所欠岁币。以道学成员为代表的清议分子，纷纷抨击输纳岁币的举措，主张罢岁币、与金绝交，甚至不惜一战。真德秀上书称，“金势不振而居我故都，必来索币，则不当予币”[2]；若“彼求我与，一切如初，非特下策，几无策矣”[3]。他主张效仿勾践卧薪尝胆，用这些钱练兵选将，匡复故土。

主持朝政的史弥远没有受清议的影响，坚持与金朝维持和平的外交路线。一方面，史弥远的权位是通过倾轧韩侂胄得来的，所以在路线政策上，必须与韩侂胄的开边策略反向而行。魏了翁就说：“史弥远密赞先帝，正侂胄开边之罪而代其位，其说不得不出于和。”[4]另外也应该注意到，主和是史氏家族一贯的政治主张，至少从史浩就已如此。宋高宗绍兴三十一年（1161）金海陵王完颜亮入侵，隆兴元年（1163）宋孝宗任用张浚北伐，史浩都力主和谈。他是南方利益的坚定捍卫者，把南方本土利益摆在恢复北方领土之上。在这一点上，史弥远与父亲观点一致，他看重的同样是南方的安全，而不是恢复旧疆的宏大政治目标。

在岁币问题上，史弥远实施了比较务实的策略，他并没有断然拒绝金朝的要求，而是继续以漕运干涸为借口拒绝输纳岁币，给宋朝留下一定的回旋余地。尽管如此，宋嘉定十年（1217）四月，金宣宗仍然以岁币不到为由，下诏南征。南宋方面虽也于六月下诏伐金，史弥远却并未放弃求和的努力，他接连写了三封信给前线的崔与之，令其与金军议和，但崔与之

1［清］徐松辑：《宋会要辑稿》兵二九。

2［宋］真德秀：《直前奏事札子》，《全宋文》（第三百一十二册）卷七一四五《真德秀一一》。

3 同上。

4［宋］魏了翁：《应诏封事》，《全宋文》（第三百〇九册）卷七〇五七《魏了翁五》。

认为“彼方得势，而我与之和，必遭屈辱”[1]，拒不奉命。

南宋朝堂上，道学官员们反对和议的呼声日趋高涨，他们认为岁币只是金兵南侵的借口，金人实则别有所图，即便南宋恢复送纳岁币，也阻止不了战争的继续。黄榦说：“残虏犯边，亦既一年，彼其君臣上下日夜相与经营，必欲得吾两淮而后已，虽以岁币为名，而实不在乎岁币也。”[2]嘉定十二年（1219）五月，和战双方的论争发展到了高潮，由此爆发了大规模的太学、武学、宗学“三学生运动”。太学生何处恬等二百余人上书，控诉工部尚书胡榘主张与金人议和，请诛之以谢天下。宗学生、武学生也相继伏阙，极言其事。“三学生运动”得到清议的支持。秘书监柴中行上书：“三学所言，不宜含糊，付之不恤，是欲私庇其人，而使吾君有拒谏之失。”[3]胡榘是史弥远的心腹，其立场代表着史弥远的态度，对他的攻击显然意在敲山震虎。迫于舆论的压力，史弥远开始对金采取比较积极的政策。

史弥远采纳程珌的建议，中央政府退居幕后，放权给边区守将，令他们自主决定联合地方武装乃至蒙古抗击金朝。这样，成功则朝廷享大利，否则也不损及毫毛，所谓“用力寡而成功倍”。淮东制置使贾涉出面接纳了山东忠义军的归附，物质上给予他们大量资助，同时对首领李全等人加官晋爵，利用他们牵制金军，因此山东局势展现出对南宋有利的形势。金朝御史中丞完颜伯嘉说：“宋人以虚名致李全，遂有山东实地。”[4]嘉定十二年（1219）六月，金军元帅张林归降，献上青、莒等十二州；次年，金朝严实又举魏、博等九州归降南宋。程珌在《谢丞相启》中颂扬道：“盖中兴九十载，块土未还；今山东二百州，版图日至。一镞靡烦于力战，铢钱不费于

1［元］脱脱等：《宋史》卷四〇六《崔与之传》。

2［宋］黄榦：《与金陵制使李梦闻书》，《全宋文》（第二百八十八册）卷六五四二《黄榦一七》。

3［宋］俞文豹撰，张宗详校订：《吹剑录全编·吹剑四录》。

4［元］脱脱等：《金史》卷一一八《苗道润传》。

大农。"[1]

同时，南宋开始与蒙古联系。南宋最初对迅速崛起的蒙古缺乏认识，嘉定四年（1211）听闻蒙古围攻燕京的消息，才开始考虑如何应对这个新兴的强邻。真德秀的一段话表明了宋人的矛盾心情："事会之来，应之实难，毫釐少差，祸败立至。设或外夷得志，邀我以夹攻，豪杰四起，奉我以为主，从之则有宣和结约之当戒，张觉内附之可惩，如将保固江淮，闭境自守，彼方云扰，我欲堵安，以此为谋，尤非易事。"[2] 从嘉定七年（1214）开始，蒙古数次遣使至南宋，试探夹攻灭金的可能性；南宋方面也多次派遣使者回访，但由于宋金战争形势的变化，以及宋朝群臣的意见分歧，宋蒙关系并没有更深入的发展。随后，南宋政坛再生波澜，波及三国关系的走向。

1［宋］程珌：《谢丞相启》，《全宋文》（第二百九十七册）卷六七八二《程珌八》。

2［宋］徐自明：《宋宰辅编年录校补・续编》卷六《理宗・端平二年乙未》。

“舍昏立明”：皇权之争波澜再起

理宗之立

就在史弥远忙于与金、蒙周旋的同时，南宋朝廷内部也发生了巨变。嘉定十三年（1220）七月，太子赵询去世。赵询的去世使史弥远此前费尽心力所做的政治准备付诸东流，原本已经没有悬念的皇位继承人问题，突然又增添了极大的不确定性。父亲的仕途经历和嘉定初年的政治纷争，使史弥远对皇子“旧学”身份的重要性较他人有更深切的体会，对权力格局的变化也更敏感，他很快把目光投向新的皇位继承人。

嘉定十四年（1221）六月，原本入嗣宁宗之弟沂王的赵贵和被立为皇子，赐名赵竑。赵竑一向对史弥远独揽大权不满，史弥远对此早有耳闻，他听说赵竑喜欢弹琴，就送了一位善于鼓琴的美女给赵竑，让她窥探赵竑的言行。赵竑缺乏警觉之心，居然将之引为知己，史弥远因此对赵竑的一举一动了如指掌。赵竑曾把史弥远和杨皇后的不法之事记录下来，在案几上写“弥远当决配八千里”。他还指着地图上的琼、崖两地说：“吾他日得志，置史弥远于此。”[1] 赵竑甚至私下里称史弥远为“新恩”，意思是今后要把史

---

1 ［元］脱脱等：《宋史》卷二四六《镇王竑》。

弥远流放到新州（今广东省新兴县）或恩州（今广东省阳江市）。

史弥远得知赵竑对他的态度后，开始谋划另立皇子，委托门客余天锡物色贤良的宗室子弟。余天锡推荐了他在回乡参加科考时偶遇的赵与莒兄弟，嘉定十五年（1222），史弥远将赵与莒接到临安，推荐其为沂王赵柄的后嗣，改名赵贵诚。史弥远请名儒郑清之负责赵贵诚的教育，私下嘱托他说："皇子不堪负荷，闻后沂邸者甚贤，今欲择讲官，君其善训迪之。事成，弥远之坐即君坐也。"[1]郑清之再三逊避，史弥远道："言出弥远之口，入足下之耳，可得辞乎？谨之讳之，各自为家国计，此先公事业，足下可以当之。"[2]所谓"先公"，即史弥远的父亲史浩，史弥远以父亲的经历来诱使郑清之尽力教导赵贵诚。

赵竑不但与史弥远关系紧张，杨皇后对他也颇为不满。赵竑妃吴氏是杨皇后的侄孙女，但二人感情并不好，杨皇后因此对赵竑甚为恼怒，甚至一度有废储之意。赵竑的老师真德秀劝说赵竑与史弥远及杨皇后搞好关系："皇子若能孝于慈母而敬大臣，则天命归之矣。否则，深可虑也。"[3]但赵竑不听劝导，真德秀遂"力辞宫教去位"[4]。王夫之后来议论道："竑以庶支入嗣，拒西山之谏，而以口舌笔锋睨弥远而欲致之死，其为躁人也奚辞？躁人而能不丧其匕鬯者，未之前闻。"[5]由于史弥远和杨皇后的反对，赵竑迟迟未能被立为太子，当时臣僚已有担忧，军器监兼尚左郎官范应铃上言："国事大且急者，储贰为先。陛下不断自宸衷，徒眩惑于左右近习之言，转移于宫庭嫔御之见，失今不图，奸臣乘夜半，片纸或从中出，忠义之士束手无策

1［元］脱脱等：《宋史》卷二四六《镇王竑》。

2［元］方回：《郑清之所进圣语考·一》，《全元文》卷二一九《方回一三》。

3［明］陈邦瞻编：《宋史纪事本末》卷六《史弥远废立》。

4［宋］徐自明：《宋宰辅编年录校补·续编》卷二《宁宗·嘉定十五年壬午》。

5［清］王夫之：《宋论》卷一四《理宗一》。

矣。”[1] 宁宗为之动容，但终究未能乾纲独断。

嘉定十七年（1224）八月二十一日，宋宁宗病重，自此不视朝。闰八月初三，宋宁宗去世。当夜，史弥远召郑清之和直学士院程珌入宫，以宁宗名义发布诏书，立赵贵诚为皇子，改名赵昀，使其与赵竑处于平等地位，具备了继承皇位的资格。要使赵昀继位顺理成章，还必须得到杨皇后的支持。史弥远派杨皇后的侄子杨谷、杨石说服杨皇后，二人七次往返于史弥远与杨皇后之间，最后杨石哭拜于杨皇后面前道：“内外军民皆已归心，苟不立之，祸变必生，则杨氏无噍类矣。”[2] 杨皇后沉默良久，问道：“其人安在？”[3] 史弥远立即遣宫使去接赵昀，赵昀入宫后，杨皇后道：“汝今为吾子矣！”[4] 等于承认了他是帝位的合法继承人。

赵昀被带到宋宁宗灵柩前举哀，结束之后赵竑才被召入宫。史弥远令殿前都指挥使夏震陪同赵竑，实际是把他监管起来。随后百官朝会，听读遗诏，仍引赵竑到以前的班位。赵竑问道：“今日之事，我岂当仍在此班？”[5] 夏震骗他说：“未宣制以前当在此，宣制后乃即位耳。”[6] 赵竑认为有理，转头却发现烛影中已经有一人坐在御座中。遗诏宣布赵昀继位，百官恭贺新皇帝登基，赵竑这才恍然大悟。悲愤万分的赵竑不肯下拜，夏震强按着逼他叩头，完成了登基仪式。赵昀登上帝位，即宋理宗。史弥远事后颇为得意地对郑清之说：“先公兼两邸讲官，能识孝宗于二王并立之中，极力辅成，为艺祖得神孙，为天下得英主。今日舍昏立明于一夕之间，以继孝宗之圣，事体难易又与先公不同。”[7] 言谈中清楚地表明废赵竑、立赵昀的整个过程都

1［元］脱脱等：《宋史》卷四一〇《范应铃传》。

2［元］脱脱等：《宋史》卷二四三《恭圣仁烈杨皇后》。

3 同上。

4 同上。

5［元］脱脱等：《宋史》卷二四六《镇王竑传》。

6 同上。

7［元］方回：《郑清之所进圣语考·一》，《全元文》卷二一九《方回一三》。

是出于史弥远的私意。

济王之死

宋理宗继位后，赵竑被进封为济王，赐第湖州（今浙江省湖州市），被迫离开临安。宝庆元年（1225）正月，湖州百姓潘壬、潘丙兄弟密谋拥立赵竑为帝，他们聚集数十名太湖渔民和湖州巡卒，冒称山东忠义军，闯入济王府。赵竑在潘壬等人的武力胁迫下，被迫答应即皇帝位，湖州知州谢周卿也率部属前来恭贺，这就是"湖州之变"，也称"霅川之变""济王之变"。天明以后，赵竑发现拥立自己的并非什么忠义军，只是一些渔民和巡卒，知道这些乌合之众难以成事，于是派王元春向临安告发，并亲率湖州州兵讨伐。朝廷派来的军队抵达时，叛乱已被平定。

湖州之变只是一次小规模的变乱，却给宋理宗和史弥远带来极大的震动。赵竑虽已离京，但仍是皇位的巨大威胁，若不彻底解决，必将后患无穷。史弥远派门客以给赵竑治病为名来到湖州，逼迫赵竑自杀，并杀害了赵竑的幼子。随后，朝廷以赵竑病重不治布告天下。宋理宗和史弥远为掩人耳目，辍朝表示哀悼，又追赠赵竑为少保、保静镇潼军节度使，允许在临安济王故宅办理丧事。然而不久，宋理宗就在史弥远亲信的建议下收回成命，追夺赵竑王爵，贬为巴陵县公。宋理宗拒绝按王的规格给赵竑举办葬礼，命令用草席包裹赵竑的尸体下葬。

宁宗末年的皇位继承问题，以及随后发生的湖州之变，引起士大夫群体，特别是道学集团的极大不满，道学士大夫与史弥远决裂。赵竑本为皇嗣，无端被废已经使朝野震惊。真德秀给史弥远写信道："方其始也，四方万里，骤奉遗诏，罔知厥由，惊忧疑惑，往往而有。"[1] 魏了翁痛感时事艰险，

1［宋］徐自明：《宋宰辅编年录校补·续编》卷四，理宗宝庆元年乙酉年。

伦常败坏，以致积忧成疾。湖州之变后，朝廷对赵竑的处置方式更激起轩然大波。他们攻击史弥远私自废黜、放弑济王，甚至把史弥远称为“大奸”。邓若水言：“行大义然后可以弭大谤，收大权然后可以固大位，除大奸然后可以息大难。”[1] 真德秀分别上书宋理宗和史弥远，指出湖州之变中赵竑“前有避匿之迹，后与讨捕之谋”[2]，朝廷对他的处置有违纲常。他请宋理宗和史弥远效仿太宗处理秦王廷美的例子，赦免济王之罪，追复王爵，并为济王安排后嗣。宋理宗则断然拒绝了真德秀的请求，声称“朝廷待济王亦至矣”[3]。真德秀无奈，只得退而求其次：“此已往之咎，惟愿陛下知有此失而益讲学进德。”[4]

史弥远对道学集团的抨击极为愤怒，利用他所掌控的台谏力量予以回击，“时之君子贬窜斥逐，不遗余力”[5]。殿中侍御史莫泽弹劾真德秀舛论纲常、祖护济王，真德秀的官职被一降再降，最终落职罢祠。魏了翁被诬陷欺世盗名、朋邪谤国，并被发配到靖州（今湖南省靖州苗族侗族自治县）居住。胡梦昱在御史李知孝的弹劾下，被流放到偏远的象州（今广西壮族自治区来宾市），最终死于贬所。理宗没有理会如潮涌来的要求罢免史弥远的奏章，反而对其更加尊崇，要拜其为太师，晋封其为魏国公，这更加激怒了道学官员，使南宋朝廷进一步分裂，内耗更为严重。

1［元］脱脱等:《宋史》卷四五五《邓若水传》。

2［宋］真德秀:《召除礼侍上殿奏札一》,《全宋文》(第三百一十二册）卷七一四六《真德秀一二》。

3［元］脱脱等:《宋史》卷四三七《真德秀传》。

4 同上。

5［元］脱脱等:《宋史》卷四一四《史弥远传》。

从联合到交恶：宋蒙战争的开始

联蒙灭金：申雪百年之耻

理宗之立和济王之死，使道学集团与史弥远的矛盾激化而致分裂。道学集团在对外政策上既主张与金国决战，又反对与蒙古联合。史弥远愤恨之余，遂反其道而行之。宝庆三年（1227）十一月，宋理宗下诏改元，变“宝庆”为“绍定”。改元诏书中，宋理宗称要“仰法绍兴之治，近承嘉定之规”[1]，也就是要回归到和议的路线上，这显然是史弥远的主张。在对金政策方面，史弥远看到金朝无力再伐宋，故而拒绝了金哀宗的议和请求，同时下令收缩南宋的军事部署，停止大规模的军事行动，与金朝维持不战不和的状态，利用金朝来捍御日渐强大的蒙古。对蒙政策方面，史弥远命边区守将维系与蒙古的和好，同时又暗中加以提防，多次拒绝蒙古向宋“假道”攻金的要求。

蒙古与宋通好，意在联合灭金，因此对南宋表面上的和好并不满意。宋绍定四年（1231），窝阔台大举攻金，按照成吉思汗“假道于宋以灭金”的遗言，几乎同时向南宋两淮制置司、京湖制置司、四川制置司派遣专使，

1《改元绍定大赦天下诏》，《全宋文》（第三百四十五册）卷七九六七《宋理宗二》。

要求允许蒙军通过宋境攻打金朝。理宗召集臣僚商议，拒绝了蒙军的要求。奉命假道的蒙军先锋按竺迩突入宋境纵骑焚掠，四川制置使桂如渊秉承史弥远与蒙古和好的意旨，约束手下将官不得出兵破坏和好，并督办牛羊酒等物犒劳蒙军。拖雷乘势率蒙军三万闯入大散关，攻破凤州城（今陕西省凤县），围攻兴元府，最后顺汉水而下，抵达邓州。

蒙军深入唐、邓地区，迫使金朝调遣据关守河的精兵南下堵击。窝阔台所部蒙军乘虚攻破黄河天险，南北夹击，十七万金军精锐被击溃于三峰山，金都汴京被围，金哀宗逃至蔡州（今河南省汝南县），金朝灭亡已成定局。蒙古和金朝相继派遣使节至襄阳和临安，争取南宋的支持，南宋面临外交政策上的重大抉择。金使以唇齿相依的道理劝说南宋助金抗蒙："大元灭国四十，以及西夏，夏亡必及于我，我亡必及于宋。唇亡齿寒，自然之理。若与我连和，所以为我者，亦为彼也。"[1] 宋朝与金为世仇，且又得知金朝在败局已定的情况下，仍酝酿夺取南宋巴蜀地区以图复兴，因此并未理睬金朝的请求。

蒙古使臣约宋朝出兵河南，以道学人士为代表的清议分子同样反对与蒙古联合，但史弥远因与道学群体的矛盾，力排众议。绍定五年（1232），史弥远以侄子史嵩之为京湖制置使兼知襄阳府，接洽蒙古使臣。次年，蒙古遣王檝为使至南宋商议联合灭金，"约共攻蔡，且求兵粮，请师期"[2]。史弥远与名将孟珙商议此事，孟珙道："倘国家事力有余，则兵粮可勿与。其次当权以济事，不然，金灭无厌，将及我矣。"[3] 史弥远遂决定出兵联蒙灭金。当年六月，宋理宗令史嵩之派遣京湖制置司属官邹伸之等人回报蒙古。同时，令孟珙出兵河南，截断了金哀宗西逃之路。绍定六年（1233）十月，

---

1 ［元］脱脱等：《金史》卷十八《哀宗下》。

2 ［宋］刘克庄：《孟少保神道碑》，《全宋文》（第三百三十一册）卷七六一五《刘克庄一二九》。

3 同上。

史嵩之以孟珙为统帅，领兵与蒙军合攻蔡州。端平元年（1234）正月，蔡州城破，金哀宗自缢，金朝灭亡。

端平入洛：宋蒙之间遂无宁日

绍定六年（1233）十月二十五日，史弥远卒于临安府邸，宋理宗在渊默十年后终于得以亲政，郑清之接替史弥远主持朝政。史弥远独揽大权二十五年，给南宋政治打下了深刻的烙印，他的去世并不意味着其政治影响力的终结，恰恰相反，此后数年的南宋朝堂仍然笼罩在其阴影下。理宗、郑清之希望摆脱史弥远的影响，长期受史弥远压制的政治势力也希望肃清史弥远的印迹，两股力量汇流，驱动着南宋的内政外交政策向与史弥远主张的相反方向前行。此一时期的南宋政治，呈现出“后史弥远时代”的特点，而南宋统治集团在此期间定下的政策路线，则在根本上决定了南宋国运的走向。

金朝灭亡后，蒙古依约归还陈、蔡东南之地给南宋，撤兵北归。这时，金朝降臣谷用安向镇守淮东的赵范、赵葵兄弟献策，建言趁蒙军北还、河南空虚之机，出兵收复“三京”（西京洛阳，东京开封，南京归德）及河南其他地方，倚仗潼关、黄河之险与蒙古对峙，也就是把南宋的国防线由“淮河—大散关北”推到“黄河—潼关”一线。四月，理宗召大臣集议，南宋有关和战的争论再度展开。

主战派包括赵氏兄弟和宰相郑清之。赵氏兄弟此前就因为山东忠义军及和战问题与史弥远、史嵩之叔侄意见不合，他们不愿见到史嵩之灭金建功，专美于前，于是力主出兵。郑清之虽是史弥远提拔，但一方面因济王之案而不自安，有意弥补前过；另一方面也希望借收复三京来巩固自己的权位、振奋人心，因此支持出兵的建议。而沿江制置使赵善湘、京湖制置使史嵩之、参知政事乔行简、淮西总领吴潜等大批官员，都对据关守河之说不以为然。他们认为无论从军力还是后勤保障能力来说，南宋的国力都不足以实现收复三京、据关守河的战略构想，并且会给蒙古提供攻宋口实，势必导致战祸不断。

反对派的建言没能说服宋理宗，宋理宗此时正沉浸于灭金复仇的喜悦中，颇有趁机恢复中原的宏志。他对史弥远维持和议的外交政策并不满意，亲政以后亟思有为，改元为“端平”，号为更化。此时理宗虽联蒙灭金，一雪靖康之耻，但故疆之半仍未恢复，如果能一举收复三京，既可告慰北宋一祖八宗之灵，自己也可登中兴贤君之列，更可借此掩饰此前夺位的失德之举，可谓一举而数得。真德秀的一篇札子证实了理宗的想法：“比者王师深入，或者往往议朝廷之过举，臣独有以识陛下之本心。蠢兹女真，据我河洛逾百年矣，厥罪贯盈，天命剿之，则九庙神灵所当慰安，八陵兆域所当省谒，媮安不振，是以弱示敌，抚机不发，是以权予敌，此陛下之本心也。”[1]

在宋理宗的支持下，端平元年（1234）六月，赵葵、赵范率宋军正式进军河南。七月五日，宋军收复汴京，已失陷百余年的北宋都城重回赵宋手中。然而，蒙古并不像理宗君臣分析的那样毫无防备，他们事先已得知宋军将出兵河南的消息，预先做了抵御的准备。宋军在向洛阳挺进的过程中，遭遇蒙军埋伏，伤亡惨重。八月初，宋军全线败退，恢复三京的军事行动宣告失败。端平入洛的失败，不仅使南宋国力大损，“兵民之物故者以数十万计，粮食之陷失者以百余万计，凡器甲舟车悉委伪境，而江淮荡然，无以为守御之备”[2]。更重要的是，一方面，宋蒙间兵端既开，遂无宁日，从此开始了长达半个世纪的战争；另一方面，宋廷内部的和战之争达到更高潮，形成激烈的政争，“使天下之势，自安以趋于危”[3]。

---

1 ［宋］真德秀：《札子》，《全宋文》（第三百一十二册）卷七一五一《真德秀一七》。

2 ［宋］杜范：《端平三年五月奏事》，《全宋文》（第三百二十册）卷七三四三《杜范三》。

3 同上。

随着入洛宋军的溃败，宋理宗光复故土的雄心也消失殆尽。他处分了主战的郑清之和赵氏兄弟等人，重新起用因反战被罢黜的史嵩之。在史嵩之主持下，南宋与蒙古再谋议和，双方使节往来频繁。倡议入洛的主战官员，既衔恨史弥远的排挤于前，又怨史嵩之在宋军进兵时不助粮饷于后，再加上生怕宋蒙和议成功后再遭压制，于是极力诋诬史嵩之的议和路线。以道学成员为主的清议分子，自史弥远主政时期就反对与蒙古联合，此时也加入政争，对史嵩之展开抨击。他们指责史嵩之为巩固权位，不惜以和误国。吴昌裔控诉史嵩之自知在史弥远死后无所倚恃，乃“外交鞑人，私结和议，用权桧故智，恐胁朝廷，为守禄固位之计”[1]。李昴英甚至认为史嵩之不仅贪权固位，而且还是个卖国求荣的汉奸：“嵩之包藏祸心，窃据相位，不以事天事陛下，而视国家如仇，此凶人耳，罪人耳，……自其漏我师期，于是乎有京洛之败；假挟北使，于是乎有邀索之辱；导敌入寇，于是乎有淮甸之祸，是为卖国之贼臣。”[2] 他们认为和议成功则必导致边防松弛，将士无死敌之志，魏了翁乃至声称“今之所忧，乃正在讲和”[3]。淳祐四年（1244），史嵩之父亲史弥忠病逝，朝野之士借机以实践孝道为口实，群起而攻之，史嵩之丁忧罢任。此后，朝廷欲起复史嵩之为右丞相兼枢密使，也因大臣和太学生的反对而不得成功。史嵩之复出不成，主和派势力衰微，执政的杜范、游似等人对蒙古持强硬态度，宋蒙进入积极备战的时期，南宋也走向覆亡的道途。

1［宋］徐自明：《宋宰辅编年录校补·续编》卷一三，理宗嘉熙二年戊戌。

2［宋］李昴英：《再论史丞相疏》，《全宋文》（第三百四十四册）卷七九三九《李昴英二》。

3［宋］魏了翁：《鹤山集》卷二八。

结语

从宁宗在位后期开始，南宋政权内外形势发生了一系列重大变化，开启了向晚期过渡的历史进程，史弥远在其中扮演了重要角色。史弥远出身于崛起中的史氏家族，父亲史浩以孝宗“旧学”的身份荣登相位，其成功的仕宦生涯给史弥远极大的启发，使他找到了一条通往权力巅峰的捷径。史弥远并没有像很多人一样拜倒在当时权贵如韩侂胄的门下，如果那样的话，恐怕他也只能是历史中另一个泯然无名之士。他将目光直接投向下一代最高统治者，与其建立直接、亲密的私人关系，这是史弥远从父亲身上学到的最重要的一课，也是他走向辉煌的关键。

在本质上，“史弥远—赵曮”与“韩侂胄—宁宗”的关系具有某种内在的一致性。赵曮将在未来继承宁宗的帝位，史弥远则取代韩侂胄在外朝的位置，史弥远对这种未来权力格局的变化早就有明确的设想，并已经在实际上展开积极的规划。因此他要确保赵曮位置的稳固，清除赵曮继承皇位的障碍，这是他与杨皇后合作的基础。权力的更迭是根本性的矛盾，玉津园之变是两代政治领袖争夺未来领导权的必然结果。史弥远在此过程中展现出的超前的政治眼光，是同时代的其他政治家如钱象祖、卫泾等人难望项背的。

史弥远的策略显然是成功的，凭借赵曮的支持，他登上了相位，走上了专权之路。这种经历也使他在赵曮突然去世、赵竑成为皇子后，敏锐地意识到其中潜在的危险。他最终驱逐了赵竑，拥立出身低微的理宗登上帝位，再度与皇权建立起同进退的权力共同体。无论是立理宗、舍赵竑的“舍昏立明”还是玉津园之变，都源于史弥远同样的政治诉求，即与未来的皇权建立直接的私人关系，以确保自己处于权力金字塔的顶峰。

史弥远个人在权力阶梯上的攀登，对于整个南宋时局都产生了巨大影响，先是权力中枢的更迭，继而是帝位的传承。但不止于此，它还触及南宋的对外政策，进而影响到南宋国运的走向，这一点恐怕是史弥远本人并没有意识到的。对韩侂胄的政治谋杀，是打着正韩侂胄开边之罪的旗号进行的，也意味着新的领导集体必须在政策方针上与韩侂胄反向而行，宋金之间的“嘉定和议”由此达成。嘉定和议中被视为丧权辱国的条款，招致了以道学群体为核心的清议分子的批评，史弥远与他们之间一度融洽的关系出现了裂痕。接下来的理宗之立和济王之死，导致史弥远与道学集团的关系彻底破裂。道学集团力主灭金、拒绝联蒙，史弥远愤恨之余，遂在外交政策上反其道而行之，一方面与金维持不战不和的态势，另一方面与蒙古保持和好的关系。史弥远意图采用以夷制夷的传统策略，使金蒙互相牵制，自己坐收渔翁之利。可当金朝灭亡成为定局后，南宋独自面对咄咄逼人的蒙古，再想置身事外已不可能，除了与蒙古联合灭金，事实上已没有其他选择。

联蒙灭金，申雪了赵宋百年之耻，就在金朝灭亡前夕，史弥远也走到了人生的尽头。史弥远之死并不意味着其政治影响力的终结，在“后史弥远时代”，渊默十年终于亲政的理宗亟待在南宋政治上打下自己的烙印，颇有更化之举；备受史弥远打压的政治势力也要一展自己的政治抱负，建功立业，南宋政权遂展开以恢复中原为目标的端平入洛。端平入洛招衅纳侮，不但南宋国力大损，而且带来了一个比金朝更难缠的对手，宋蒙之间开始了长达半个多世纪的战争，南宋也走上了覆亡之路。

第十三章

强敌压境：南宋与蒙古的长期周旋

宋理宗在位后期，贾似道长期当权。一方面，贾似道在战争中为南宋立下赫赫功勋；另一方面，贾似道在内政和外交上都做出了严重的错误决策。贾似道在军队中实行“打算法”，借追缴将领的赃款之名在军中立威，一批军功显赫的将领遭到清洗。此举严重地打击了军心，直接导致刘整等宋军将领叛变，使宋蒙战争的形势发生扭转。

蒙古部族的兴起与南下

“蒙古”一词意为“永恒之火”，在《旧唐书》和《契丹国志》等史书中，已经出现有关蒙古族活动的记载。蒙古族发祥于额尔古纳河流域，史称“蒙兀室韦”“萌古”等。《蒙古秘史》记载：苍狼和白鹿是成吉思汗的祖先，他们奉上天之命降生到人间。在斡难河（今鄂嫩河）源头、不儿罕山（今蒙古国肯特山东南斡山之必儿喀呤）前开始繁衍生息，生下了巴塔赤罕。巴塔赤罕就是成吉思汗的始祖。据波斯史书《史集》记载，蒙古部最初只包括捏古斯和乞颜两个氏族，他们被其他突厥部落打败后只剩下两男两女，后逃到额尔古涅昆（今额尔古纳河畔山岭）一带居住下来。至8世纪，蒙古部已经分出了七十个分支。

现代多数学者认为蒙古族出自东胡。4世纪中叶，他们是居于兴安岭以西(今呼伦贝尔地区)鲜卑人的一支，被称为“室韦”。在突厥文史料中，称室韦为“达怛”(鞑靼)。后来，达怛又成为蒙古诸部的总称。由于蒙古部的强大，“达怛”一名逐渐又被“蒙古”所代替，成为室韦诸部的总称。《旧唐书》中记载的“蒙兀室韦”部落，居住在额尔古纳河以南地区。12世纪时，这部分人子孙繁衍，氏族支出，渐分布于今鄂嫩河、克鲁伦河、土拉河三河上源和肯特山以东一带，组成部落集团。其中较著名的有乞颜、札答兰、泰赤乌、弘吉剌、兀良合等民族和部落。当时与他们同在蒙古高原上的有游牧在今贝加尔湖周围的塔塔儿部，住在贝加尔湖东岸色楞格河流域的蔑儿乞部，活动在贝加尔湖西区和叶尼塞河上源的斡亦剌部。另外，还有三个信奉景教的突厥贵族统治的蒙古化的突厥部落：克烈部、乃蛮和汪古部。

随着生产力的发展，蒙古诸部中逐渐出现了阶级分化，富裕者从氏族中分离出来，成为叫作“那颜”的游牧贵族，他们占有众多的牧畜，握有支配牧场的权力，一些强有力的游牧贵族还在身边聚集了一批被称为“那可儿”的军事随从。一般牧民被称为“哈剌出”，他们由原来有平等权利的氏族成员变为向贵族纳贡服役的依附者。还有因被俘掠或其他原因沦为奴仆被叫作“孛斡勒”的人。

1206年，铁木真在斡难河畔举行的忽里勒台（大聚会）上被推举为蒙古大汗，号成吉思汗，建立了大蒙古国。从此，中国北方第一次出现了各个部落统一而成的，强大、稳定和不断发展的民族——蒙古族。

宋蒙（元）战争从1235年全面爆发，至1279年崖山之战宋室覆亡，延续近半个世纪，它是蒙古势力崛起以来所遇到的费时最长、耗力最大、最为棘手的一场战争。

端平入洛：宋蒙战争的开始

南宋理宗端平元年（1234），宋蒙联合攻破金朝最后的“都城”蔡州（今河南省汝南县），金哀宗完颜守绪自杀身亡，金朝灭亡。南宋方面的攻城将领孟珙将金哀宗的遗骨送到南宋都城临安太庙，告慰先人。世仇金朝灭亡，南宋全国上下一片庆贺，此时，南宋君臣还没有意识到，今后他们要面对的是一个比金朝还要强劲的对手——蒙古。

南宋与蒙古在商谈联合灭金的时候，大概只讨论了在军事上如何联合灭金，而对于灭金之后河南地区的归属没有做出明确的规定，也可能南宋方面曾经向蒙古方面提出过等灭金后将河南地区归还本国的要求，并得到蒙古的口头承诺，但蒙古方面后来否认了这一承诺。

事实是，灭金后，蒙古军队北撤，河南地区暂时成了无人占领区。南宋将领赵范、赵葵兄弟提出“踞关守河”的建议，即“西守潼关、北依黄河”与蒙古对峙，这需要收复包括东京开封府（今河南省开封市）、西京河南府（今河南省洛阳市）和南京应天府（今河南省商丘市）三京在内的中原地带。由于这一地区不仅对于将来防御蒙古有战略上的意义，北宋历朝帝陵也在中原地区，因此，对于南宋朝廷来说，收复河南地区，还有一种政治上的象征意义。宰相郑清之采纳了赵范、赵葵兄弟的意见。但主持灭金之战的兵部尚书史嵩之、参知政事乔行简，以及真德秀、枢密院副都承吴渊、淮西总领吴潜等多数大臣均持反对意见。他们指出：第一，南宋常年政治腐败，刑赏不肃，在这种情况下进行军事投机胜算不高。第二，大小官吏常年盘剥百姓，百姓怨声载道，一旦开战，百姓负担势必加重。如果与蒙古开战，各地“盗贼”会趁势而起，威胁国家统治。第三，中原地区常年遭受战乱，生产已受到严重破坏，无法给军队提供粮草，再加上南宋军队没有骑兵，机动力有限，无法防御漫长的黄河防线。另外，擅自出兵河南，会让蒙古找到借口向宋朝宣战。

宋理宗大概被灭金的胜利冲昏了头脑，也可能低估了蒙古的实力，在派遣使者拜谒在西京河南府的北宋皇帝的陵墓后，下诏要求赵范、赵葵兄弟执行“踞关守河”之议。

端平元年（1234）六月，庐州知州全子才率淮西兵万余人先行，直取原北宋都城开封。赵葵率领五万宋军主力，由泗州渡淮北上，以为声援。全子才率领的宋军一路北上，接连收复多个城池，七月初，收复东京开封府。此时的东京一片萧条。全子才军队缺粮，无法继续前进，只好驻扎在开封，派遣偏师四处征讨，收复了不少城池。

半个月后，赵葵率主力宋军抵达开封，面对缺乏粮草问题，赵葵决定冒险一搏，命令徐敏子率一万三千人先行，杨谊率一万五千人为接应，带了五天的口粮开赴洛阳。七月末，徐敏子到达洛阳后发现全洛阳城只剩下三百余户。后来的杨谊部尚未到达洛阳，在城东遭蒙古军的伏击，几乎全军覆没。蒙古军队进攻洛阳，和徐敏子所率宋军僵持。八月初，徐敏子部在断粮数日情况下被迫撤退。蒙古军队趁机掩击，宋军大部被消灭。留守开封的赵葵与全子才得知洛阳宋军惨败消息，以及粮草不济，也被迫撤军。“端平入洛”最终以失败收场。

“端平入洛”对南宋政局产生了深远影响，使蒙古有了进攻南宋的口实，同时由于入洛宋军损失严重，削弱了宋军的战斗力。入洛失败加剧了南宋政权的内部纷争，导致人心涣散。

第一次宋蒙战争

“端平入洛”的失败给了蒙古入侵南宋的口实。端平元年（1234）秋天，蒙古军队南下攻宋，先后占领了应天府、徐州、邳州（今江苏省邳州市）、海州（今江苏省连云港市）、宿州、亳州等地。蒙古军队的犀利攻势让刚刚由于“端平入洛”损兵折将的南宋朝廷惶恐不安，宋理宗下诏令孟珙与蒙古议和。蒙古军队此次进攻原本带有试探性质，兵力并不是很多，在接到南宋的议和请求后，开始从两淮地区后撤。蒙古军队的撤退并非放弃进攻南宋，而是准备积聚力量，一举消灭南宋。因此，从宋理宗端平二年（1235）至淳祐元年（1241），蒙古大汗窝阔台率数路军队从四川、荆襄、江淮地区大举进攻南宋。

端平二年（1235），蒙古窝阔台汗以南宋背约为名，兵分三路，大举攻宋。东路由宗王口温不花率领，主攻江淮地区；西路由次子阔端率领，从秦（今甘肃省天水市）、巩（今甘肃省陇西县）进攻四川；中路由三子阔出率领，进攻襄阳。三路蒙古大军号称百万，雄心勃勃，试图一举灭亡南宋。

西路蒙军进展迅速，连下河池（今甘肃省徽县）、巩州（今四川省珙县南），招降汪世显部。同年十二月，蒙军攻占沔州（今陕西省略阳县），南宋守臣高稼殉国，四川形势一度岌岌可危，幸亏曹有闻、曹万兄弟喋血奋击，将蒙军击退。阔端不得已暂时将主力撤出四川。中路、东路蒙古军队对南宋京襄、江淮地区大肆蹂躏，在遭到南宋军民的顽强抵抗后，于宋理宗端平三年（1236），也陆续后撤。

蒙古军队的后撤让南宋君臣放松了警惕，尽管李鸣复等有识之士敏锐地察觉出蒙古军队有再次大举进犯的征兆，但是南宋朝廷对边防仍然不予重视。端平三年（1236）秋天，休整后的阔端率领蒙古大军再次进攻四川，曹有闻兄弟壮烈牺牲，蒙古军队长驱直入，连破利州（今四川省广元市）、潼川府（今四川省三台县）、成都府等地，四川制置使丁黼力战身亡。蒙军在四川地区烧杀抢掠，严重破坏了当地经济。

宋理宗嘉熙三年（1239），蒙军将领塔海率数十万军队再次攻入四川，占领开州（今重庆市开州区），沿江而下，直抵夔峡，南宋名将孟珙率部迎敌，至嘉熙四年（1240）初，大败西路蒙古军，取得大垭寨大捷，并收复夔州（今重庆市奉节县），两路围攻南宋的蒙古军队全面受挫。

蒙古军队两次入蜀，对四川造成了严重的破坏。阔端猛攻四川的同时，阔出率领的中路蒙军自河南出发，经唐、邓两州向京湖地区大举进攻，兵锋直指重镇襄阳。在蒙军的迅猛攻势下，均州（今湖北省均县西北）、邓州、光化军（今湖北省老河口市北）相继投降蒙古。端平三年（1236）冬，蒙古军队进抵襄阳城下，城中那些归正人出身的守军发动叛乱，襄阳陷入蒙古军队手中。不久，随州、郢州等皆沦陷，南宋京西南路除金州（今陕西省安康市）外全部丧失。十月，阔出病死，中路蒙军在塔思率领下，继续南下，在遭到南宋孟珙军队的阻击后，中路蒙军进攻势头减弱。

除了四川、襄阳，两淮地区也是宋蒙激战的重要地区。两淮地区江河纵横，其地理形势不利于蒙古骑兵发挥优势，再加上南宋政府在此投入重兵，因此，蒙军在两淮地区的攻势受阻。端平三年（1236）十月，蒙军将领口温不花与塔思合兵攻入淮西，南宋政府派遣史嵩之、赵葵等前来救援，宋蒙双方反复激战，蒙军无法继续南下。蒙古军队围攻安丰军，被知军、南宋著名将领杜杲击退。不久，进攻江陵等地的蒙古军队也被孟珙率领的南宋军队击退。接连在淮西受挫后，蒙古军队开始逐渐撤离淮西。

进攻淮东地区的蒙古军队虽然一度攻破六合（今江苏省南京市六合区），围攻滁州（今安徽省滁州市）、真州（今江苏省仪征市），但在南宋军民的顽强抵抗下，不仅未能攻破两座城池，反而遭受重创。随着淮西蒙古军队的逐渐后撤，进攻淮东的蒙军陷入孤军深入境地，为了不被全歼，也被迫向北方撤退。

不甘心失败的蒙军稍作休整后在嘉熙元年（1237）至二年（1238）期间，继续向京湖、淮西进攻，但在南宋孟珙、杜杲、余玠等优秀将领的指挥下，蒙军始终未能取得预期效果。

淳祐元年（1241），蒙古大汗窝阔台病死，西路蒙古军队从四川撤离。至此，长达六年的第一次蒙宋战争，以蒙古的失败而告终。

宋蒙钓鱼城之战

蒙古大汗窝阔台病死后，内部汗位争夺激烈，大汗之位迟迟不能定，虽然后来窝阔台的儿子贵由继承了汗位，但他两年后病故，大汗之位再次空缺。成吉思汗“黄金家族”成员忙于争夺蒙古大汗之位，对南宋进攻的势头减弱。在此期间，蒙古军曾经试图打通四川，但被南宋将领余玠击败。宋理宗淳祐十一年（1251），成吉思汗的孙子、拖雷之子蒙哥取得蒙古大汗之位。在稳定统治之后，蒙哥汗积极制订攻宋计划。

蒙哥曾与拔都等率兵远征过欧亚许多国家，以骁勇善战著称。蒙哥汗采纳其弟忽必烈的建议，吸取了第一次攻宋的教训，避开长江天堑，从甘肃出兵，经川西，绕道吐蕃，攻灭位于云南一带的大理国，完成对南宋的军事大包围。宋理宗淳祐十二年（1252），忽必烈率领十万蒙古大军开始实施攻灭大理国的长途奔袭。宋理宗宝祐二年（1254），蒙古军队俘获大理国末代君主段兴智，大理国灭亡，蒙古对南宋形成了包围夹击之势。

在完成了对南宋的大包围后，宋理宗宝祐五年（1257），蒙哥汗决定发动大规模的灭宋战争。蒙古大军共分三路，北路由忽必烈率军攻鄂州，塔察儿、李璮等攻两淮，分宋兵力。南路由兀良合台自云南出兵，经广西北上。中路由蒙哥汗亲自率领蒙军主力，进攻四川，直扑重庆，然后顺江东下，与诸路会师，直捣南宋都城临安。

宋理宗宝祐六年（1258），蒙哥率领蒙古军队及从各地征调来的部队数万人进攻四川。蒙古军队进展顺利，相继占据剑门苦竹隘、长宁山城、蓬州运山城、阆州大获城、广安大良城等，宋军节节败退，四川大部失守，蒙军顺嘉陵江南下，迫近合州（今重庆市合川区），企图攻占重庆。

合州为重庆北门户，抗蒙名将孟珙曾在此处经营，并在合州旁的钓鱼山修筑堡垒以加强合州的防御能力。宋蒙战争爆发后，南宋大片土地惨遭蒙军蹂躏，其中四川是遭蒙军残破最为严重的一个地区。宋理宗淳祐二年（1242），宋理宗派遣在两淮抗蒙战争中战绩颇著的余玠入蜀主政，以扭转四川的颓势，巩固上流。余玠在四川采取了一系列政治、经济和军事措施，加强四川边防，其中最重要的是创建了山城防御体系，钓鱼城即是这一山城防御体系的代表。钓鱼城位于今重庆市合川区城东五公里的钓鱼山上，其山突兀耸立，山下南、北、西三面环水，地势十分险要。早在彭大雅任四川制置副使期间，就命甘闰初步修筑钓鱼城。淳祐三年（1243），余玠采纳播州（今贵州省遵义市）贤士冉琎、冉璞兄弟的建议，派遣冉氏兄弟复筑钓鱼城，使其具备了长期坚守的必要地理条件，以及依恃天险、易守难攻的特点。后继任将领王坚一直加强防守，钓鱼城成为兵精食足的坚固堡垒。

蒙哥汗率军来到钓鱼城下，最初希望不战而招降守城的宋军，故而派遣南宋投降人士晋国宝至钓鱼城招降，但他被南宋合州守将王坚所杀，蒙哥汗于是决心用武力征服钓鱼城。

宋理宗开庆元年（1259）正月，蒙哥分兵进攻合州旧城和渠江流域的礼仪城（今四川省渠县东北）、平梁城（今四川省巴中市西），断绝了它们与钓鱼城的联系。同时，蒙哥还派纽磷进攻忠（今重庆市忠县）、涪（今重庆市涪陵区），断绝下游宋军的增援，使钓鱼城完全孤立无援。二月二日，蒙哥率诸军从鸡爪滩渡过渠汇，进至石子山扎营。三日，蒙哥亲督诸军战于钓鱼城下。七日，蒙军攻一字城墙。九日，蒙军猛攻镇西门，不克。这日，蒙古东道军史天泽率部也到达钓鱼城参战。三月，蒙军攻东新门、奇胜门及镇西门小堡，均失利。从四月三日起，大雷雨持续了二十天。雨停后，蒙军于四月二十二日重点进攻护国门。二十四日夜，蒙军登上外城，与守城宋军展开激战，虽然杀伤了大量宋军，但蒙军的攻势终被宋军打退。

钓鱼城攻守战十分激烈，凭借强大的攻势，蒙军多次强行登城，如千户董文蔚奉蒙哥汗之命，率所部邓州汉兵攻城，但因所部伤亡惨重，被迫退军。其侄董士元请代叔父董文蔚攻城，率所部锐卒登城，与宋军力战良久，因后援不继，亦被迫撤还。

钓鱼城久攻不下，蒙军将领术速忽里认为，与其顿兵坚城之下，不如留少量军队包围钓鱼城，而以主力沿长江水陆东下，与忽必烈等军会师，一举灭掉南宋。雄心勃勃想吞并南宋的蒙哥汗未采纳术速忽里的建议，决意继续攻城。

六月，蒙古骁将汪德臣率兵乘夜攻上外城，王坚率兵拒战。天将亮时，下起暴雨，蒙军攻城势头受挫，后登城云梯被折断，蒙军被迫撤退。蒙军围攻钓鱼城数月不能下，心生急躁，前锋汪德臣单骑至钓鱼城下，欲招降城中南宋守军，却被城中射出的飞石击中，不久死去。蒙哥闻知汪德臣死讯，十分沮丧。

钓鱼城久攻不下，且前锋死于阵前，使蒙哥又气又急。蒙军久屯于坚城之下，又值酷暑季节，加以水土不服，军中暑热、疟疠、霍乱等疾病流行，情况相当严重，蒙哥汗于六月也患上了病。七月，蒙军自钓鱼城撤退，行至金剑山温汤峡（今重庆市北碚区北温泉景区），蒙哥汗去世。据《元史》本传及元人文集中的碑传、行状等所载，不少随蒙哥汗出征的将领战死于钓鱼城下，可见钓鱼城之战的酷烈及蒙军损失之严重。

蒙哥汗去世，对宋蒙战争以及当时的世界局势都产生了巨大影响。第一，蒙军钓鱼城之战失利，使南宋政权得以延续二十年之久。进攻四川的蒙军护送蒙哥汗灵柩北还，四川地区战事解除。东路统帅忽必烈军虽然已经突破长江天险，包围了鄂州，但他闻悉蒙哥汗去世，为了与其弟阿里不哥争夺汗位，匆忙撤军北返。从云南经广西北上的兀良合台一军，已经进至潭州（今湖南省长沙市）城下。由于蒙哥汗意外死亡，该军也渡过长江北返。至此，进攻南宋的三路蒙古军队全部撤退，宋蒙第二次战争结束。

第二，蒙军的第三次西征行动停滞。1252年，蒙哥汗派遣其弟旭烈兀进行第三次西征，蒙军先后攻占伊朗、伊拉克及叙利亚等阿拉伯半岛大片土地。正当旭烈兀准备向埃及进军时，获悉蒙哥汗死讯，旭烈兀遂留下少量军队继续征战，自己率大军东还，进攻埃及的蒙军因寡不敌众而被埃及军队打败。

第三，它为忽必烈执掌蒙古政权提供了契机，对中国的历史发展产生了重大影响。蒙哥汗是一位保守主义者，他所施行的仍然是蒙古传统的政策，这些政策已不能适应统治广大中原地区的需要。忽必烈则倾慕汉文化，大力延揽汉族儒士，极力推行汉化政策，引起蒙哥汗及其保守臣僚的疑忌。忽必烈登蒙古汗位后，继续推行其汉化政策，使南中国的经济和文化免遭更大的破坏。

蒙哥汗曾留下遗言，日后若攻下钓鱼城，当尽屠城中之民。祥兴二年（1279），钓鱼城守将王立在元军允诺不杀城中一人的条件下，开城投降，钓鱼城才最终落入元军之手。钓鱼城作为山城防御体系的典型代表，在冷兵器时代，充分显示了其防御作用。

鄂州之战与宋蒙“议和”

蒙哥汗死后，他的两个弟弟忽必烈和阿里不哥为争夺汗位发生长达四年的内战，蒙古局势一时非常混乱，暂时放松了对南宋的进攻。此时的南宋政府不仅没有抓住宝贵的机会休养生息，积极备战，还陷入内耗的局面，日趋衰落，最终被蒙古灭亡，其中权臣贾似道应该负有一定责任。

嘉熙二年（1238），贾似道科举中第。科举出身的外戚身份，使贾似道的政治前途颇为可期。不久，宋理宗便下令任命贾似道出知澧州，在地方任职。宋理宗淳祐元年（1241），贾似道任湖广统领，始领军事。淳祐三年（1243），加户部侍郎。淳祐五年（1245），以宝章阁直学士为沿江制置副使、知江州兼江西路安抚使，再迁京湖制置使兼知江陵府，得便宜行事。淳祐九年（1249），加宝文阁学士、京湖安抚制置大使。淳祐十年（1250），以端明殿学士移镇两淮。宝祐二年（1254）加同知枢密院事、临海郡开国公。宝祐四年（1256），加参知政事。宝祐五年（1257），加知枢密院事。宝祐六年（1258），改两淮宣抚大使。

在地方任职期间，贾似道表现出了一定的军事和政治才华。如嘉熙二年（1238）二月，贾似道针对南宋后期政治腐败、贪官污吏横行无忌，提议通过严惩赃吏来改善政府财政状况。淳祐元年（1241），在总领湖广财赋时，贾似道成功地对湖广会子进行收兑，保持了当地物价的稳定。出任沿江、京湖、两淮等地军政长官时，贾似道大兴屯田，不仅解决了当地军队粮食问题，甚至还有余粮支援其他地区。此外，贾似道在军事方面还表现出一定的才华，所到之处注意屯田，修筑城池，一时间名声大噪。

宋理宗开庆元年（1259），蒙古大举攻宋。贾似道几乎身负抗击蒙军全权指挥，从扬州领兵增援峡州（今湖北省宜昌市），可见朝廷对贾似道的重视程度。

九月，忽必烈率领的中路蒙军进攻鄂州（今湖北省武汉市武昌区），另一路由兀良合台率领的蒙军从云南北上攻入广西，直逼湖南潭州。湖南安抚使兼知潭州向士璧组织军民，奋力防御，蒙军攻城未果。

蒙军渡江，让南宋朝廷大震。宋理宗一面加强杭州地区防御，一面调集淮东、沿江地区军队应援鄂州。九月二十八日，宋理宗下诏命贾似道节制江西、两广人马，指挥救援鄂州行动。十月，贾似道由汉阳进入鄂州城内督战，宋理宗派人即军中拜贾似道为右丞相兼枢密使，加重其权力。蒙军攻城势头甚猛，贾似道依靠南宋将士浴血搏斗，坚守城池。

在贾似道的指挥下，鄂州城牢不可破，南宋各地援军开始不断赶来增援，形势向着不利于蒙军的方向发展。为了防止蒙军进入江西地区，宋理宗下令贾似道组织第二道防线。看到鄂州局势缓和，贾似道突围前往黄州（今湖北省黄冈市），指挥宋军布防，南宋军队士气大振，坚守更为有力。而围攻鄂州的蒙军长期屯兵于坚城之下，后方补给不足，再加上军中疫病流行，战斗力减弱。后来，蒙哥汗在四川去世的消息传来，蒙军军心动摇。忽必烈妻派遣使臣来，密报蒙哥弟阿里不哥在漠北图谋汗位。对蒙古大汗之位图谋已久的忽必烈自然不能坐视阿里不哥与自己抢夺汗位，在与将领、幕僚密谋后，忽必烈决定立即班师，北上争夺大汗之位。

由于不了解蒙古的内部情况和准确信息，再加上对前一段蒙古军队猛烈攻势的忌惮，贾似道做出了一个可能让他后悔终生的决定，即派手下与蒙古人接触，试图用和议来缓解蒙古人的攻势。宋蒙交战以来，以和议为目的的接触有过数次，由于双方都缺乏诚意，往来使者的级别也比较低，很多时候这种接触只是战场指挥官的私下行为，并未成为正式的官方行为。贾似道在抗蒙前线数年，位高权重，一直是坚决的主战派，朝野上下一直把他视为擅长军事指挥的文臣，很难相信他迅速地变成了主和派，因而很多人以为，和议只是临时的战术策略而已。

闰十一月，正当忽必烈准备离开鄂州北返时，贾似道派遣使臣向蒙军求和。忽必烈急于北返，归心似箭，贾似道的策略可谓是正中下怀，利用和议稳住南宋，以便集中力量争夺汗位，无疑是当下对南宋的最佳策略。因此，双方很快达成了停战和议的口头协定。虽然后来蒙古方面声称贾似道答应了许多对南宋来说十分屈辱的条件，如银二十万两、绢二十万匹的赔偿等，但是事实上，贾似道当时并无如此大的决定权，也不太可能答应这种严重影响自己声望的条件。同时，蒙古在鄂州之战开始时虽然占了一定优势，但是在攻城战中并未占到多少便宜。忽必烈对贾似道的才能还颇为称赞。当时蒙军久攻鄂州不下，一些武将提出，应该采取传统的屠杀政策来威吓宋军，而不是采取汉人幕僚不乱杀人的建议，忽必烈就此申斥部下说："鄂州守城的只是一个儒生贾似道，你们十万人围攻了这么长时间还不能取胜。鄂州城攻不下来，是你们无能，怎么能说儒生没用呢？"简言之，被后世称为"鄂州和议"的这一口头协定，实际上只是双方战场指挥官一次心照不宣的停战协议而已，没有达成任何实质性的内容。

成功挫败蒙古大军对鄂州的包围，贾似道功不可没，他在给宋理宗的捷报中大大夸耀了自己的功绩，故意隐瞒了曾经向蒙古忽必烈求和的事实。宋理宗看到贾似道的捷报，大喜过望，厚赏守城将士，甚至还说贾似道的功绩可与北宋名臣赵普、文彦博相匹敌。赵普辅佐宋太祖赵匡胤立国，有

“半部《论语》治天下”之称。这种异乎寻常的评价对于一个大臣而言，在中国历史上都是极为罕见的。客观而言，钓鱼城之战是此次战争的转折点，但对于不甚了解蒙古内部状况的南宋朝野而言，鄂州之战才是扭转乾坤之举。如果排除忽必烈主动撤军的因素，鄂州之战的形势确实异常危急，鄂州若失守，忽必烈和兀良合台两军会师，虽然不一定可以灭宋，但是由于长江防线被突破，就会切断南宋各防区之间的互相联系，这对南宋的巨大威胁是不言而喻的。贾似道作为鄂州之战的南宋军队统帅，并无失职的表现。但是作为临时策略的和议之举，显然成为这份天大功劳的污点，志得意满的贾似道将这些对他不利的影响尽可能地加以消除。

景定元年（1260）四月，风光无限的贾似道奉诏回到临安，此时他的身份是少师、卫国公、右丞相兼枢密使，更有宋理宗无限的信任，贾似道踌躇满志。其实，贾似道入相之前，理宗早已不理朝政。鄂州之战后，赵宋王朝转危为安，理宗对贾似道的信任达到无以复加的地步，将军国大政都托付给他，自己则变本加厉地开始追求享乐。

作为一个权力欲极强的人，贾似道不喜欢与他人分享权力，他决定利用自己鄂州之战的声望和理宗的信任，排挤一切可能阻碍他掌握权力之人。

贾似道运用权术，将之前作威作福的宦官和外戚全部制服。对于朝臣中不肯服从他的文臣、武官，贾似道毫不手软，坚决打击。如潭州守将向士璧，保卫潭州有功，多次得到宋理宗称誉、嘉奖。贾似道大为嫉妒，再加上向士璧对贾似道并不虚与委蛇，贾似道便找寻机会将向士璧贬官。太学生群体自北宋后期成为抨击朝政、参与国家政治生活一个活跃的群体。赵宋统治者有优待士人的传统，对太学生比较宽松，使太学生很快成为南宋政坛上一股不可忽视的政治势力。贾似道采用笼络收买、威逼利诱等手法，将太学生群体控制，使其不敢再对朝政发表议论。通过这些手段，贾似道独揽朝政。

南宋建国初，内忧外患不断，战争频仍，国家财政收入经常入不敷出。宋理宗朝后期，宋蒙战争爆发，军费开支陡增，贪官污吏横行无忌，更加剧了国家财政赤字。如何整顿国家财政，增收赋税，成为很多臣僚不断探讨的问题。贾似道多年在地方任职，深知财政收入之紧张，也一心想解决这一难题，于是他采纳临安知府刘良贵、浙西转运使吴势卿建议，决定采用回买公田之策，就是根据官员品阶，计算其应得之田，超过之田数，由官府购买充公田，再交由佃户耕作，收获后以田租作为军粮。回买公田的目的是抑制兼并，同时满足军粮供应，实际上只是把土地集中到政府手中，增加了政府的财政收入。由于此项政策关系到众多大小官僚的切身利益，遭到他们的强烈反对。宋理宗也担心触及面过广，有些犹豫。贾似道十分强硬，用辞职来威胁宋理宗，无奈之下的宋理宗只好下诏肯定回买公田的好处，在境内推行。为了顺利推行回买公田，贾似道以身作则，首先献出自己在浙西的一万亩田地作为公田，接着一些朝廷重臣、诸王纷纷献田，回买公田开始推行。随着政策推行，品官逾限之田不足以充公田之数，回买范围开始扩大到普通民户。

回买公田随着贾似道倒台被废止，前后推行十二年，暂时缓解了政府的财政困难。虽然这一政策被很多人批评为敛财之术，但对军粮供应、稳定物价起了一定作用。只是由于贾似道本人被否定，加上回买公田中的一些不当措施问题，使这项政策受到后人无情的抨击。

宋理宗景定元年（1260）三月，忽必烈在开平（今内蒙古自治区正蓝旗东闪电河北岸）宣布继承汗位，定年号“中统”。至元元年（宋理宗景定五年，1264），经过四年的战争，阿里不哥向忽必烈投降，忽必烈稳固了统治地位。

在与阿里不哥争夺蒙古大汗之位期间，忽必烈为了减轻来自南宋的压力，曾派遣翰林侍读学士郝经为国信使使宋，商议和议。宋理宗原本对郝经到来表示重视，但贾似道过高地估计了南宋的军事实力，更重要的是担心自己鄂州围城期间与忽必烈和议的事情败露，就鼓动宋理宗反对和议，并将郝经一行使者拘禁于真州仪真。后来忽必烈多次派人责问南宋政府郝经之事，贾似道都不予理睬，直到德祐元年（1275）二月，南宋败亡之势已定，在忽必烈再次强烈责问南宋拘禁郝经之罪时，贾似道才匆忙下令将拘禁长达十六年之久的郝经厚礼放归。但此举对于宋蒙关系改善和郝经都已经没有任何实际意义，郝经于同年七月染病去世，南宋不久灭亡。

长年拘禁郝经使宋蒙之间失去一次议和的机会，也给了蒙古进攻南宋更多的口实。贾似道在对蒙古政策失误的同时，对内由于推行"打算法"，严重损害了武将群体。南宋建立以来，将领多克扣军饷，贪污国家财富，因而很多臣僚要求严格限制武将。贾似道利用这一理由，要求审理武将军费开支，追缴赃款。在这一冠冕堂皇理由下，贾似道在武将中立威，排斥异己。打算法造成的结果是，在抗击蒙军入侵中立下汗马功劳的向士璧、曹世熊下狱而死，徐敏子、杜庶等下狱并被追赃，武将群体人人自危。在这种情况下，孟珙部将、曾经在抗蒙战争中屡立战功的南宋四川骁将刘整为避免受到迫害，于宋理宗景定二年（1261）六月，率泸州等十五州郡、三十万户向蒙古投降。刘整骁勇善战，其本人所统水师十分精锐。刘整的叛变不仅使南宋失去了一员能征惯战的大将，且刘整受到忽必烈重用，起到了一定示范效应，使得后来许多将领在形势危急时选择投降。可以说，刘整的投降加速了南宋的灭亡。

襄樊保卫战

襄樊之战是蒙古统治者消灭南宋、统一中国的一次重要战役。南宋襄阳、樊城地处南阳盆地南端，南北夹汉水互为依存，“跨连荆豫，控扼南北”[1]，地势十分险要，自古以来为兵家必争之地，也是南宋抵抗蒙古军队的边陲重镇。蒙古军队之前进攻南宋，基本上是以四川地区为重点，希望打通四川，沿长江顺流而下，直逼南宋都城临安。事实证明，虽然蒙军多次深入四川地区，严重破坏了当地经济与军事防御，但四川军民依靠险要的地理环境和顽强的斗志，始终让蒙军无法得逞，蒙古大汗蒙哥死于钓鱼城下，就是一个很好的例证。忽必烈在稳定了汗位后，开始策划新一轮攻灭南宋的准备。

宋度宗咸淳三年（元世祖至元四年，1267）十一月，南宋降将刘整向忽必烈进献攻灭南宋策略。刘整指出，南宋防御重心在襄樊，“先攻襄阳，撤其捍蔽”[2]，然后“浮汉入江，则宋可平”[3]。忽必烈根据刘整的灭宋建议，命刘整与蒙军主将阿术等率军围困襄阳和樊城，从此，开始了长达五六年之

1［清］顾祖禹：《读史方舆纪要》卷七九《湖广五·襄阳府》。

2［明］宋濂等：《元史》卷一六一《刘整传》。

3［宋］徐自明：《宋宰辅编年录校补·续编》卷一九，咸淳三年丁卯。

久决定南宋生死存亡的襄樊之战。

蒙军对襄阳的围困早在宋理宗景定二年（1261）就已经展开，忽必烈根据刘整建议，遣使以玉带贿赂南宋荆湖制置使吕文德，吕文德贪图宝物，应允蒙古方面请求。蒙古使者以防止盗贼、保护货物为名，要求在襄阳外围筑造土墙，目光短浅的吕文德竟然同意。于是蒙古人在襄阳东南的鹿门山修筑土墙，内建堡垒，建立了包围襄阳的第一个据点。

宋度宗咸淳四年（元世祖至元五年，1268），蒙将阿术与刘整率领蒙军开始包围襄阳。驻守襄阳的南宋京湖制置副使、知襄阳府吕文焕多次率领襄阳守军主动出击，试图打破蒙军包围，均未能成功。

咸淳五年（元世祖至元六年，1269），忽必烈派丞相史天泽亲自前往襄阳督师。蒙军在襄阳四周继续修筑包围圈，封锁汉水，扼守通往襄阳的水陆要冲。同时建造战船、训练水军，试图困死襄阳。同年十二月，南宋京湖制置使吕文德病逝，贾似道担心会影响襄阳守军军心，于是上书宋度宗，要求亲赴荆襄地区巡边，鼓舞宋军士气，结果遭到宋度宗拒绝，大臣也纷纷上书反对，贾似道巡边之议搁浅。

咸淳六年（元世祖至元七年，1270），蒙军将领史天泽在襄阳西部的万山包百丈山筑长围，又在南面的岘山、虎头山筑城，连接诸堡，完全切断了襄阳与西北、东南的联系，襄阳成为孤城。这一时期蒙军在襄阳外围修筑十余处城堡，建立起长期围困襄阳的据点，完成了对襄阳的战略包围。

从咸淳四年（1268）蒙军筑鹿门堡、修白河城到咸淳六年（1270）完全包围襄阳，南宋政府为挽救危局，调兵遣将，多次试图打开战局。咸淳六年（1270）正月，南宋任李庭芝为京湖安抚制置使兼夔路策应使兼知江陵府，督军救援襄阳，任命高达为湖北安抚使，知鄂州。同年十月，派遣殿前副都指挥使范文虎率领八千精锐及两淮诸军，赶赴襄阳。此时襄阳城外，连同去年赶来增援的张世杰、夏贵诸军，南宋政府几乎将全国精锐部队都投入襄阳战场。宋蒙双方围绕襄阳展开激烈的战斗。除了襄阳知府吕文焕命令襄阳守军向包围的蒙军发动多次反击，外围的宋军也组织多次增援。咸淳五年（1269）三月，宋将张世杰率军与包围樊城的蒙军作战，被蒙军将领阿术打败。七月，沿江制置使夏贵率军救援襄阳，遭到蒙军伏击，兵败虎尾洲。咸淳六年（1270）九月，南宋殿前副都指挥使范文虎率水军增援襄阳，蒙军水陆两军迎战，大败宋军，范文虎逃归。咸淳七年（1271），范文虎再次援襄，蒙将阿术率诸将迎击，宋军战败，损失战舰一百余艘。

宋蒙双方在襄阳外围进行了长达三年的拉锯战，南宋虽然竭尽全力救援襄阳，却始终无法突破蒙军防线；襄阳城中宋军反包围的突击战也无法奏效，随着时间推移，宋军困守襄阳，坐等败局。

南宋咸淳七年（元世祖至元八年，1271）十一月，忽必烈改蒙古国为大元。翌年，忽必烈发布文告，准备彻底消灭南宋，加紧对襄阳的进攻。咸淳八年（元世祖至元九年，1272）春，元军对樊城发动总攻。三月，阿术、刘整、阿里海牙率蒙汉军队进攻樊城，攻破外城，元军增筑重围，进一步缩小了包围圈，宋军只好退至内城坚守。此时襄阳经过漫长的坚守，城内各种物资极端匮乏。为了援助襄阳，四月，南宋京湖制置大使李庭芝重金招募襄阳府（今湖北省襄阳市）、郢州等地民兵三千余人，利用襄阳西北的青泥河，以轻舟百艘，装满衣甲物资，在总管张顺、路分钤辖张贵率领下救援襄阳。张顺、张贵率领载满军用物资的百余艘战船，乘夜转战一百二十多里，冲破元军重重封锁，于五月二十五日黎明，到达襄阳城下。二张入援成功，极大地鼓舞了城中南宋军民的斗志。然而此次战斗中宋将张顺阵亡，几天以后，襄阳军民在水中发现他的尸体，披甲执弓，怒目圆睁。为了打通襄阳外围交通线，张贵联络驻扎郢州的殿帅范文虎，约定南北夹击，结果遭到元军伏击，张贵被元军俘杀。从此，襄阳与外界中断了联系。

为了切断襄阳的援助，元军对樊城发起了总攻。咸淳九年（元世祖至元十年，1273）初，元军分别从东北、西南方向进攻樊城，忽必烈又派遣回回炮匠至前线，造炮攻城。元军烧毁了樊城与襄阳之间的江上浮桥，使襄阳城中援兵无法救援，刘整率战舰抵达樊城下面，用回回炮打开樊城西南角，进入城内。南宋守将牛富率军巷战，终因寡不敌众，牛富投火殉职，偏将王福赴火自焚，樊城陷落。

樊城失陷以后，襄阳形势更加危急。吕文焕多次派人到南宋朝廷告急，但终无援兵。咸淳九年（元世祖至元十年，1273）二月，阿里海牙由樊城攻打襄阳，城中军民人心动摇，将领纷纷出城投降。元军在攻城的同时，加紧对吕文焕劝降，吕文焕感到大势已去，遂举城投降元朝，都统范天顺不肯投降，自杀殉国，襄樊战役宣告结束。

结语

13世纪，蒙古的崛起改变了中国的政治格局。宋理宗端平元年（1234），宋蒙联手消灭了金朝。随后，南宋统治者不顾蒙古的威胁，派出数万军队，冒险收复河南失地，占领开封并向洛阳进军，史称“端平入洛”。宋军由于补给不足，在洛阳又遭遇蒙古军队的攻击，被迫撤退，惨败而归。蒙古以此为借口，发动宋蒙战争。端平二年（1235），蒙古窝阔台汗兵分三路，大规模攻打南宋，第一次宋蒙战争开始。西路蒙军在甘肃、陕西不断取胜，于端平三年（1236）、嘉熙三年（1239）两度攻入四川。中路蒙军从河南进发，攻克襄阳，夺取南宋京西南路的绝大部分区域。而东路蒙军在两淮地区遭到宋军的重挫，进展迟缓。淳祐元年（1241），窝阔台汗病死，蒙军北撤，第一次宋蒙战争以蒙古失败而告终。

宝祐六年（1258），蒙哥汗发动第二次宋蒙战争。蒙军兵分三路，大举攻宋。在西路，蒙哥汗率领蒙军很顺利地推进到今重庆市一带，但是在钓鱼城遭遇顽强的抵抗，久攻不下。钓鱼城之战成为宋蒙战争中南宋军民保家卫国的一段佳话。在中路，忽必烈指挥蒙军攻打鄂州。贾似道指挥宋军成功地抵挡了蒙军的强烈进攻，保住了鄂州城池，使蒙军未能突破长江防线。开庆元年（1259）夏，在钓鱼城前线指挥作战的蒙哥汗因不耐暑热染疾去世，各路蒙军撤回，第二次宋蒙战争结束。此时南宋的一些战略要地尚未丧失，蒙古统治者则忙于争夺汗位，放缓对南宋的进攻，南宋政权得以延续一段时间。

宋度宗咸淳三年（元世祖至元四年，1267），忽必烈采取南宋降将刘整的计策，发兵围困襄阳和樊城，宋蒙围绕襄樊展开激烈的战斗。起初，双方在襄阳周边展开拉锯战，但是宋军始终未能打破蒙军的包围圈。咸淳八年（元世祖至元九年，1272）春，元军对樊城发动更猛烈的进攻，次年襄樊失守。襄樊之战不仅使元军打开了长江中游门户，撕开了南宋在京湖地区重要防线，而且对于宋元双方士气产生极大影响，南宋军队和文武臣僚对于抗击元军的信心严重受挫，在之后元军的迅猛攻势下，南宋几乎组织不起有效的防御，一败涂地，直至灭亡。

宋理宗在位后期，贾似道长期当权。一方面，贾似道在战争中为南宋立下赫赫功勋；另一方面，贾似道在内政和外交上都做出了严重的错误决策。贾似道在军队中实行“打算法”，借追缴将领的赃款之名在军中立威，一批军功显赫的将领遭到清洗。此举严重地打击了军心，直接导致刘整等宋军将领叛变，使宋蒙战争的形势发生扭转。外交上，贾似道在鄂州之战中擅自与蒙古议和，后来，他为了掩饰这一污点，鼓动宋理宗反对和议，拘禁忽必烈派来的使者达十六年之久，导致宋蒙关系进一步恶化。贾似道的种种错误做法，客观上加速了南宋的灭亡。

第十四章

亡身危国：贾似道擅权与南宋的灭亡

作为南宋灭亡前夕的主政者，贾似道对时局的恶化当然负有责任，可是从长时段来看，他也不过是历史发展中的一个环节。南宋立国之初，已经丧失了奋发向上的精神，统治阶层安于现状，历经百年，终至不可复振。

北宋末年，徽宗君臣在收复燕云、完成祖宗未竟之业的梦想驱使下，与虎狼之国的金朝订下“海上之盟”，联合灭辽。不料却引火烧身，最终导致宋室南渡，偏安江南，建立起南宋政权。百年之后，历史重演，宋理宗为一雪前耻，告慰北宋一祖八宗之灵，确定联蒙灭金的策略，灭亡了金朝的同时，再度引狼入室。从端平元年（1234）开始的宋蒙战争，断断续续持续了近半个世纪，直至祥兴二年（1279）崖山海战，陆秀夫背负少帝赵昺投海而亡，南宋正式灭亡。南宋灭亡的直接原因是元朝的强势军事入侵，但与此同时，也不能忽视其自身政治统治崩溃的因素。南宋灭亡前的关键时期，朝政处于贾似道的主持下，后世虽常有贾似道擅权误国的说法，但是贾似道的专权与南宋在军事、政治上的失败究竟有什么样的联系，却语焉不详。下面便透过贾似道的活动，来观察南宋走向亡国的过程。

贾似道发家史："不事操行"的实务型官员

贾似道（1213—1275），字师宪，号悦生、秋壑，台州天台（今浙江省台州市天白县）人。他出身于官宦之家，父亲贾涉在宁宗嘉定年间任淮东制置副使，作为一方大员，在防范金朝侵扰、安抚流民和处理涉外事务等许多方面都展现出卓越的才能。贾似道的生母胡氏是贾涉的小妾，不容于贾涉之妻史氏。胡氏在生下贾似道后被赶出贾家，嫁给一位石匠。贾似道长大后，才将母亲接回家中。少年贾似道没有生母的疼爱，嫡母史氏并不喜欢他，而贾涉忙于军政，对他疏于教导。嘉定十六年（1223），贾涉去世，此时贾似道刚刚十一岁。没有了父亲的管教，贾似道沾染上一些不好的习惯，"少落魄，为游博，不事操行"[1]。靠着父亲的荫补，贾似道做了嘉兴管仓库的小官。宋理宗绍定四年（1231）七月，贾似道的姐姐被选入宫，成为理宗宠爱的贵妃，贾似道也平步青云。嘉熙二年（1238），贾似道科举中第，在重视科举出身的宋代，贾似道凭借裙带关系与科举出身，前途更加"光明"。

成为有权有势的皇亲国戚后，贾似道的生活更加放荡不羁，每日出入

1［元］脱脱等：《宋史》卷四七四《贾似道传》。

妓馆，夜晚则宴游于西湖之上，常常通宵达旦不知疲倦。一天夜里，宋理宗登高远眺，见西湖灯火辉煌，便对左右说："一定是似道。"第二天派人打听，果然不出所料。大概是觉得这个小舅子有些太过荒唐，宋理宗命临安府尹史岩之前去劝诫。从辈分上论起来，史岩之算是贾似道的舅舅，从亲戚角度考虑，史岩之在理宗面前故意极力称赞贾似道，说贾似道虽然有点少年轻狂，但其材可大用。史岩之虽不免有奉承之意，但说的也不完全是假话，贾似道确实并非只知荒淫享乐的无能之辈，他的才华在当时还是颇有口碑的。贾似道年轻时，就有人说他的相貌类似北宋名臣韩琦，韩琦曾经拥立宋英宗、宋神宗，声名显赫。大儒真德秀也曾称赞贾似道有做宰相的才华，可见他在某些方面的确有过人之处。嘉熙二年（1238），贾似道考中进士。不过与当时的饱学宿儒如杜范、魏了翁等人不同，贾似道并不"以文学科名相高"，他的长处在于"军旅钱谷"等实务方面，是当时人眼中的"俗吏粗官"。

淳祐元年（1241），贾似道升任太府少卿、湖广总领财赋，开始崭露头角。他面临的首要任务是收换湖广地区发行的纸币"会子"，这一问题事关国计民生，牵涉复杂，朝廷认为"非一手之功"，因此选派了很多一流的人才共同措置。但贾似道竟然"独提纲而妙运，果结局以上闻"，独力圆满完成了任务，从而一鸣惊人，得到转官的嘉奖。转官制书中说他"器资拔俗，机警过人，以科第而发家学之传，以才具而胜事任之重"[1]，甚至把他比作晋代杜预和唐代刘晏。

此后，贾似道历任沿江制置副使、京湖制置使、京湖安抚制置大使、两淮制置大使、两淮宣抚大使等职，都是地区的军事重任，所到之处，调度军饷、建筑城寨、选拔将领，加强军备防御。贾似道在军务方面展现出

1［宋］徐元杰：《贾似道收换湖会转官制》，《全宋文》（第三百三十六册）卷七七四五《徐元杰二》。

的才能，甚至使以善于相人而自负的南宋后期名将孟珙都对他赞赏有加，去世前上遗表推荐贾似道接任。有了孟珙这样威名远播的大将推荐，加上外戚的身份，贾似道在孟珙去世当月就接任京湖制置使。不久，贾似道又兼任京湖屯田使，成为京湖地区最高军政长官。

后世有一种比较普遍的看法，认为贾似道只是靠着姐姐的庇护而飞黄腾达的，这其实并不准确。贾似道青年时代固然有姐姐相助，但贾贵妃早在淳祐七年（1247）二月就已病逝，贾似道则直到景定元年（1260）才升迁至权力中枢。纵观贾似道的仕宦生涯，他其实是沿着父亲贾涉的足迹，在两淮、京湖等边境地区，从一名擅长“军旅钱谷”的实务型官员起步，最终成为朝堂上举足轻重的人物。这样的经历给他日后的执政带来了两方面的影响：首先，由于长期在地方为官，贾似道在中央政府没有牢固的根基，因此他执政后要对原有的权力中枢进行清洗，营构自己的势力；其次，贾似道的专权是以其军务能力为基础的，南宋防御体制的构建、对蒙作战的指挥，都被其视为禁脔，禁止他人插手，这是他与同样被称为南宋权相的秦桧、韩侂胄、史弥远等人的不同之处。

虚构的“鄂州大捷”与登上权力巅峰

“鄂州大捷”

宋理宗宝祐六年（1258）初，蒙古大汗蒙哥汗决定南下攻宋。蒙军兵分三路，蒙哥汗亲率大军进攻四川，忽必烈率军攻打鄂州（今湖北省武汉市武昌区），兀良合台率军从云南北上攻潭州（今湖南省长沙市），三路军约定最终在鄂州会合，东向围攻临安（今浙江省杭州市）。这是宋蒙交战以来，蒙军第一次大规模的军事行动，“括兵率赋，朝下令，夕出师，阖国大举，以之伐宋而图混一”[1]。

蒙哥汗率领的军队于宋理宗开庆元年（1259）正月列阵于合州（今重庆市合川区）钓鱼城下，意图攻略南宋在四川的军事和行政根据地重庆。钓鱼城地势险要，南、北、西三面环水，既有山水之险，也有交通之便，城中宋军在守将王坚的率领下奋起抵抗，蒙军多次进攻未果。宋理宗令贾似道以枢密使为京西湖南北四川宣抚大使、都大提举两淮兵甲、湖广总领、知江陵府，统筹各战区军队、物资的指挥和调遣。蒙军久攻钓鱼城不下，又正值酷暑季节，军中暑热、疟疾等病役流行。相持之中，蒙哥汗也于当

1［明］陈邦瞻编：《宋史纪事本末》卷一〇二《蒙古南侵》。

年七月阵亡，这支蒙军遂于九月北还。

忽必烈部于宋理宗开庆元年（1259）八月渡过淮河，抵达长江北岸。忽必烈接到宗王穆哥的信件，信件中告知了蒙哥汗的死讯，令他紧急北还继承汗位。但忽必烈认为大军已至长江边上，并且有南宋渔民因不满苛税而主动提供渡江船只，机会难得，因此坚持渡过长江，拉开了鄂州之战的序幕。

鄂州是军事重镇，它被蒙军围攻的消息使南宋“中外大震”。宋理宗急诏诸路宋军应援，并拿出内库银币犒师，前后出缗钱七千七百万缗，银一百六十万两，帛一百六十万匹。开庆元年（1259）十月，宋理宗罢免了应战不力的宰相丁大全，命贾似道以右丞相兼枢密使的身份赴前线指挥作战。宋蒙双方交战非常激烈，鄂州城内死伤达一万三千人，知州张胜也战死军中。蒙军屡次攻破鄂州城墙，宋军屡次补筑。贾似道下令建木栅环绕城墙，一夜之间便告完工，忽必烈看到后大为赞赏，对扈从诸臣说：“吾安得如似道者用之。”[1]蒙军挖通城墙，但为木栅所阻，“入战者辄不利”[2]。

鄂州之战紧急时，南宋援军陆续到达。宋将吕文德率军从重庆来援，乘夜进入鄂州，鄂城“守愈坚”。战争进入对峙状态，忽必烈的妻子派人急报蒙古贵族中有人谋立阿里不哥继承汗位，请忽必烈尽快北归，谋士郝经也建议“断然班师，亟定大计”[3]。恰在此时，贾似道私下派人请和，许诺与蒙古“割江为界”，“岁奉银、绢匹两各二十万”[4]。忽必烈顺水推舟，与贾似道达成停战协议，解除了对鄂州的包围，北归而去。

另外一支由兀良合台统率的蒙军，于宋理宗开庆元年（1259）十一月

---

1 ［明］宋濂等:《元史》卷一二六《廉希宪传》。

2 ［明］宋濂等:《元史》卷一六五《张禧传》。

3 ［明］宋濂等:《元史》卷一五七《郝经传》。

4 ［宋］徐自明:《宋宰辅编年录校补・续编》卷一七，理宗开庆元年己未。

受挫于潭州，后转战于江西，于宋理宗景定元年（1260）正月从寿昌（今浙江省建德市西南）、新生洲（今湖北省武汉市武昌区西）渡江北还。贾似道采用刘整的计谋，命水军攻断蒙军渡江的浮梁，杀死蒙军一百七十人，上表请功。这也成了贾似道的一大战功，在南宋朝野上下传颂。

“正位鼎轴”与整肃朝政

景定元年（1260）四月，贾似道班师回朝，上表说：“诸路大捷，鄂围始解，江汉肃清。宗社危而复安，实万世无疆之休。”[1]宋理宗大喜，以为贾似道立下了不世之功，褒美贾似道为“股肱之臣”，“吾民赖之而更生，王室有同于再造”[2]。朝野内外也是一片欢呼赞誉，要求速诏贾似道“正位鼎轴”[3]。贾似道凭借鄂州之战，一举确立了其政治地位，不过他所谓的“功绩”，很大部分却是建立在虚构的基础上的。忽必烈撤军只是为了北归争夺汗位，并非被南宋军队战胜，因此“鄂州大捷”名不副实，贾似道还朝后又向包括理宗在内的南宋中央政府隐瞒了私下求和的行为。随着形势的发展，这种虚构的“功绩”产生了巨大的影响。

由于在中央政府势单力孤，同时政治基础不够稳固，贾似道执政后不得不发动政治斗争，营建私人势力。当时与贾似道一起担任宰相的是左丞相兼枢密使吴潜。二人并相的制度，目的在于使双方互相牵制，防止一人独大，因此贾似道想要大权独揽，就必须除掉吴潜。吴潜与宋理宗在册立太子的问题上存在分歧，理宗早年有过两个儿子，但都夭折了，此后多年未能再生皇子，于是只能按惯例在宗室之中选择继承人。出于血缘和辈分的考虑，宋理宗首先考虑的人选是弟弟赵与芮的独生子赵禥，赵禥七岁起

1［明］陈邦瞻编：《宋史纪事本末》卷二六《防古南侵》。

2［宋］徐自明：《宋宰辅编年录校补·续编》卷一八，理宗景定元年庚申。

3［宋］徐自明：《宋宰辅编年录校补·续编》卷一八，理宗景定二年辛酉。

就被养在皇宫之中。但其生母黄氏本来是陪嫁的丫鬟，由于地位低下，黄氏担心孩子的未来受到影响，因而不想生下腹中胎儿，于是在怀孕后服用了堕胎药。然而，可能是药物效果欠佳，抑或是别的原因，黄氏服药之后并没有流产，结果却使赵禥先天发育不良，七岁才能开口说话。理宗皇帝看重的正是这样一位疑似智障者的继承人。吴潜反对立赵禥为太子，上书密奏说，“臣没有史弥远的才能，忠王（赵禥）没有陛下的福分”。意思是说，理宗当年依靠权臣史弥远才得以登基，以亲疏关系而论，无论如何是不可能继承皇位的。吴潜的话一下子触到了理宗最脆弱的神经，这给他带来的冲击是可想而知的。贾似道顺应宋理宗的心意，令侍御史沈炎以“忠王之立，人心所属，潜独不然”为罪名，弹劾吴潜“奸谋叵测”。[1]宋理宗遂罢免吴潜，并将与吴潜关系密切的大臣一概逐出朝廷，“凡似道所恶者，无贤否，皆论斥之”[2]。他称赞贾似道能与自己同心同德为国家确定大计，贾似道不仅去除了一大政敌，而且成了“定策功臣”，权势愈发炙手可热。

吴潜去位后，贾似道还面临着几股政治势力的挑战。宋朝“祖宗家法”对宦官、外戚参与朝政有严格的限制，但理宗在位后期，宦官、外戚势力上扬，致使吏治极为紊乱。不但一般大臣受到宦官的威逼，即便是宰相也不得不看宦官的脸色行事，丁大全因奴事卢允升、董宋臣而得宠，谢方叔、董槐、程元凤、吴潜等人的下台，也都与宦官有关。如果任凭其势力膨胀，汉、唐末年宦官专政的局面很可能再现。外戚是指理宗谢皇后的家人，特别是其侄谢堂，为人“深崄”，最为颉颃难制。他虽然不任要职，但拉帮结派，竟然能左右朝政，时人称之为“天下三患”之一。

与宦官、外戚并列为患的，还有学舍（即“三学”：太学、武学、宗学）的力量。随着朱学逐渐控制了意识形态，学生的群体意识也陡然增强，他

1 参见［元］脱脱等：《宋史》卷四五《理宗本纪》。

2［明］袁了凡等：《纲鉴合编》卷三六《南宋纪·理宗》。

们利用舆论，成为足以撼动朝政的政治势力。“其所以招权受赂，豪夺庇奸，动摇国法，作为无名之谤，扣阍上书，经台投卷，人畏之如狼虎。若市井商贾，无不被害，而无所赴诉。”[1]朝廷对他们稍有处置，他们便借秦始皇“焚书坑儒”的典故反击，致使皇帝、宰相也心存顾忌。

在处理这几种政治势力时，贾似道展现出高超的政治手腕，他并没有采用正面对抗的方式，而是寻求迂回的解决方案。对于董宋臣、卢允升等宦官，贾似道先剪除其党羽，将他们引荐的大臣尽皆赶出朝堂，失去了在外朝的羽翼，董、卢等人无从施展，“余党慑伏，惴惴无敢为矣”[2]，此后便再也不见有宦官弄权的记载。对付外戚谢氏也是如此，贾似道先假意与谢堂“日亲狎”，在谢堂放松警惕后，不动声色间将谢氏党羽“悉皆换班”，谢堂虽醒悟自己上了当，但也无可奈何。贾似道又规定外戚不得担任地方监司、郡守，由此“子弟门客敛迹，不敢干朝政”[3]。对于学舍，史嵩之、丁大全等人曾试图以强硬手段压制，结果反而在学生的游行抗议中倒台。贾似道则改弦更张，“度其不可以力胜，遂以术笼络”[4]。一方面增加给学生的恩赏和馈给，提高他们的待遇；另一方面严格法制，一旦有人违法得罪，“则黥决不少贷”[5]。恩威并施之下，学生“啖其利而畏其威，虽目击似道之罪，而噤不敢发一语”[6]，反而日颂其德。

对南宋军事力量的独占

贾似道凭借“鄂州大捷”进入权力中枢，他的专权是建立在对蒙作战

1［宋］周密：《癸辛杂识·后集·三学之横》。

2［宋］周密：《癸辛杂识·后集·贾相制外戚抑北司戢学校》。

3［元］脱脱等：《宋史》卷四七四《贾似道传》。

4［宋］周密：《癸辛杂识·后集·三学之横》。

5［宋］周密：《癸辛杂识·后集·贾相制外戚抑北司戢学校》。

6［宋］周密：《癸辛杂识·后集·三学之横》。

基础上的，构筑明确的对蒙防卫体制是身为宰相的贾似道必须面对的问题；确保对军队的绝对掌握，则是贾似道巩固自己地位的前提。

1. 对蒙防卫体制的确立

贾似道自鄂州还朝之初就向理宗上奏："今天下之势，保藩篱，则下可保堂奥；有三边，则可有内地。"[1]南宋立国东南，为了防御北方强敌的入侵，建构了比较完整的战区防御体系，"唯曰长江为户庭，两淮为藩篱"[2]。沿长江一线布置军队，上起汉水，下迄淮河，将千里江面分为三块，形成川陕、京湖、两淮三大防区。两淮防区直接掩护临安和江浙地区，以防御长江下游；京湖防区连接两淮、川陕防区，防御长江中游；川陕防区守卫四川，防御长江上游。贾似道提到的三边，便是指四川、京湖、两淮边境，其中两淮地区尤为关键，是贾似道对蒙防卫体制的根本。这种防卫构想的实施，首先表现在边帅人事安排上，特别是京湖和两淮两个军区的长官人选。京湖地区，自宋理宗开庆元年（1259）至宋度宗咸淳五年（1269），一直由吕文德驻守；两淮边境，自宋理宗景定元年（1260）至宋度宗咸淳六年（1270），由李庭芝驻守。吕文德、李庭芝加上身在中央的贾似道，三人鼎足而立，构成贾似道在鄂州之战后的对蒙防卫体制。

吕文德，据说早年是安丰（今安徽省寿县）的一个樵夫，后投身军旅。开庆元年（1259）宋蒙战争中，他担任京西湖北安抚使兼制置使，与贾似道建立起了密切的关系。贾似道对吕文德非常信任，将京湖地区的军政、财政等大权全权委托给他，"沿边数千里，皆归其控制，所在将佐列戍皆俾其私人"[3]。吕文德"好无礼士大夫"，甚至不肯拜祭孔子，痛斥孔子不曾教他识字。他贪财好利，军队只有七万人，却要用湖广六十四州的收入来维

1 汪圣铎点校：《宋史全文》卷三六《宋理宗六》。

2［宋］程珌：《问江淮形势》，《全宋文》（第二百九十八册）卷六七八八《程珌一四》。

3［宋］黄震：《黄氏日抄古今纪要逸编》。

持，并且将朝廷下发的军费据为己有，“以至宝货充栋，宇产遍江淮，富亦极矣”[1]。

李庭芝出自名将孟珙幕下，淳祐元年（1241）考中进士。孟珙去世前，将李庭芝推荐给贾似道。贾似道拔擢李庭芝知扬州、主管两淮制置安抚司事，后来成为两淮防区的最高官员。李庭芝对两淮的经营有着非常明显的地方主义特色，他在扬州努力振兴当地产业，成功恢复大宗盐利；募集两万流民，创建“武锐军”；兴办学校；在水旱时拿出个人财产来赈灾，因此当地百姓“德之如父母”。扬州后来在蒙军大举南下时顽强抵抗，临安陷落后，谢太后诏李庭芝降元：“今吾与嗣君既已臣伏，卿尚为谁守之？”[2]但李庭芝仍然坚持不肯投降。南宋末期，扬州聚集了一大批忠诚之士，陆秀夫、边居谊、李芾等名列《宋史·忠义传》的人物都出自李庭芝幕下，“时天下称得士多者，以淮南为第一，号‘小朝廷’”[3]。

贾似道构筑的防御体系，在某种程度上是唐末五代藩镇体制的翻版，也是南宋中央政府面对现实压力，对北宋建国以来“以文治武”“强干弱枝”政策的调整。吕文德、李庭芝二人虽有着截然不同的背景和个性，但在对蒙防卫过程中都发挥了重要的作用，从这个角度看，贾似道构建的对蒙防卫体制确有其效。然而不能否认，这一体系也存在巨大的缺陷。贾似道将几乎整个南宋国防都委托给吕、李二人，特别是吕文德，他在贾似道支持下组建了庞大的吕氏集团，南宋沿江防线重要据点多被其亲族、部曲占据，这使得南宋国防的基础变得脆弱和单薄。随后的宋蒙战争中，当吕氏集团核心人物投降后，其他吕氏集团成员也相继纳款，致使南宋防线迅速崩溃瓦解。

1［宋］黄震：《黄氏日抄古今纪要逸编》。

2［元］脱脱等：《宋史》卷四二一《李庭芝传》。

3［元］脱脱等：《宋史》卷四五一《陆秀夫传》。

2. 以“打算法”在军中清除异己

在选拔心腹将帅构建对蒙防卫体制的同时，贾似道在军队中展开肃清异己的活动。在当时南宋军队中，贾似道的权力基础并不牢固，只有吕文德、李庭芝等少数人可以称得上是贾似道的心腹，其余很多将领并不依附于他，甚至对他阳奉阴违乃至公然对立。贾似道为了将这些异己力量肃清，创造出“打算法”。

开庆元年（1259）宋蒙战争耗费了南宋大量财物，所谓“打算法”，就是在战后对战时军费进行结算审计。南宋后期，统兵将领对军费的贪黩侵吞、滥支滥用一直是比较严重的问题，因此在军队中建立起会计、审计制度有其必要性。然而，“打算法”并不是纯粹的审计制度，而是极具政治性和策略性的，贾似道的目的就是借此将政见不合的异己分子排挤出重要岗位。“鄂州围解，贾似道既罔上要功，恶阃外之臣与己分功，乃行打算法于诸路，欲以军兴时支散官物为罪，击去之。”[1]

打算法采用交叉审计的原则，如“向士璧守潭，费用委浙西阃打算；赵葵守淮，则委建康阃马光祖打算”[2]。这种方案看似公平，但实际上被委任的审计者都是贾似道的同盟。在打算法下，大批表现突出的良将被清算。马光祖素来与赵葵不合，并且要迎合贾似道，他在赵葵身上找不出财务问题，就诬陷赵葵于元宵节张灯设宴为不正当支出。在“打算法”的受害者中，以向士璧的遭遇最为凄惨。向士璧与贾似道的亲信吕文德有矛盾，素来与贾似道不合。兀良合台攻打潭州时，向士璧负责守城。蒙军攻城，向士璧亲自在城头指挥作战，慰劳士卒，成功将兀良合台阻挡在潭州城下，为在鄂州的贾似道分担了很大军事压力。潭州解围后，理宗赐金带给向士璧以示褒奖。贾似道将战功卓著的向士璧视作巨大的威胁，攻击向士璧在潭州

1［元］脱脱等：《宋史》卷四一六《汪立信传》。

2［宋］刘一清撰，王瑞来校笺：《钱塘遗事校笺考原》卷四《行打算法》。

时“侵盗官钱”。向士璧先被剥夺军功封赏、贬逐漳州（福建省章州市），随后又因被追究“守城时所用金谷”致死，乃至“复拘其妻妾而征之”[1]。在重庆钓鱼城之战中立下卓越战功的王坚，因遭贾似道忌恨，“出知和州，郁郁而死”[2]。李曾伯素有威望，贾似道忌惮其声望太高，利用打算法将他排挤去位。史岩之曾对贾似道有提携之恩，并与贾似道有亲姻关系，最后“亦纳钱而妻子下狱”[3]。

给南宋政权造成最大影响的，是对骁将刘整的迫害，刘整由此叛宋降蒙。刘整本是金军将领，在金朝灭亡前投奔南宋名将孟珙，屡立战功，出任泸州知州。由于刘整是降将，因而在南宋军中颇受排挤。孟珙死后，刘整更加孤立。当时，贾似道嫡系吕文德、俞兴掌握四川军政大权，他们之间存在严重矛盾，吕、俞二人经常故意贬低刘整的战功。景定二年（1261）六月，俞兴派人到刘整处审计军中钱粮。刘整惊恐之下，以金瓶贿赂俞兴，但俞兴不受；到江陵求俞兴的母亲写信求情，俞兴仍不为所动；派人到临安控诉，又在贾似道的压制下不得上达。刘整担心大祸将至，假意大肆贿赂吕文德、俞兴，找到机会便叛降蒙古，忽必烈随即授刘整为行夔府路中书省兼安抚使。

打算法的实施确立并巩固了贾似道在军中的专权地位，也给南宋末期的军事造成了巨大伤害。贾似道、吕文德等人独占南宋大部分军事力量，一大批不依附他们的边帅武将被肃清，封闭了不同军事集团间联合作战的可能性，削弱了南宋防卫力量。刘整的叛降，更给南宋带来近乎致命的打击，他“熟知山川险要、国事虚实”，使南宋最重要的政治、军事情报外泄，

1 ［元］脱脱等：《宋史》卷四一六《向士璧传》。
2 ［元］脱脱等：《宋史》卷四五〇《王安节传》。
3 ［宋］刘一清撰，王瑞来校笺：《钱塘遗事校笺考原》卷四《行打算法》。

“元自是愈易宋，而边祸日深矣”。[1] 刘整降蒙后成为攻宋的先锋军，在基本战略和临阵战术方面，都提出了很多关键性提案，影响了宋蒙战争的走向。

权相政治的顶峰与“福华”迷梦

经过一番苦心经营，贾似道的权势走向巅峰，其党羽布列要津，盘错中外。“上自执政侍从，下至小小朝绅，无一人而非其党。”[2] 他曾在一次百官议事时，骄横地说：“诸君非似道拔擢，安得至此！”[3] 景定五年（1264）十月，宋理宗病逝，时年二十五岁的赵禥登上皇位，即宋度宗。宋度宗把军国大政拱手委付给贾似道，自己“惟荒乐之从，未尝及外庭事”[4]。在蒙军大举压境时，他仍在宫中晏然无事一般以琴酒自娱。

南宋政治史上有一个突出现象，即权相秉政，秦桧、韩侂胄、史弥远、贾似道相继擅权，时间共达七十二年，几乎占了整个南宋一百五十二年历史时期的一半。他们利用掌握的权力，网罗党羽、排挤政敌，给南宋王朝的政治生态造成了很大影响。士大夫们或者追逐势利、丧失名节，恬然“以公朝之执法，为私门之吠犬”[5]；或者廉耻虽存、气节不足，“平居未尝立异，遇事不敢尽言”[6]。那些忠于职守、敢于谏诤者，轻则罢官去职，重则“随陷其祸”。贾似道将这种权相政治推向顶峰。

贾似道在朝堂采用高压政策，压制一切反对意见。“街谈巷议，及其谬政，则为骗局之狱，赌局之狱，一网打尽，皂白不分，陷之死地。场屋程文，一有所指，则虽已擢科第，必籍记其人，将来治之。稍有廉声才誉、学问

1 参见［明］袁了凡等：《纲鉴合编》卷三六《南宋纪·理宗》。

2［宋］高斯得：《彗星应诏封事》，《全宋文》（第三四十四册）卷七九四七《高斯得三》。

3［元］脱脱等：《宋史》卷四二四《李伯玉传》。

4［元］张枢：《汪端明立信仗节记》，《全元文》卷一二〇七《张枢》。

5［宋］黄震：《黄氏日抄古今纪要逸编》。

6［元］脱脱等：《宋史》卷四〇八《陈宓传》。

文采，而觉其意不附己，即堕机阱。”[1]他深居葛岭私第，不赴官署治事，由吏人抱文书至宅第呈送，大小政事，“非关白不敢擅行”[2]。叶梦鼎、马廷鸾、江万里等人先后担任宰相，但都因不堪成为贾似道的附庸而坚决辞职。宋蒙战事日急之时，贾似道压制朝中大臣讨论边事。江万里屡次请求增兵救援襄阳，贾似道都不予理睬，江万里无奈出知福州。一日，宋度宗突然问："襄阳围已三年，奈何？”[3]贾似道回答称："北兵已退，陛下何从得此言？”[4]宋度宗答道："适有女嫔言之。"[5]贾似道于是诬以他事，将该女嫔处死。此后，边境战事虽日渐危急，却再也没有人敢提及。

施行高压政策的同时，贾似道引导士大夫们将军国大事置于脑后，倡导奢侈享乐之风。他于西湖葛岭赐第养尊处优，“起楼阁亭榭，取宫人娼尼有美色者为妾，日淫乐其中。惟故博徒日至纵博，人无敢窥其第者”[6]。他曾与群妾蹲在地上斗蟋蟀，与他狎玩的门客看到后戏言："此军国重事邪？”[7]当时有人题诗讽刺："山上楼台湖上船，平章醉后懒朝天。羽书莫报樊城急，新得蛾眉正少年。”[8]贾似道令门客廖莹中编撰《福华编》，吹嘘其鄂州战功，虚构出一个“福泽天下、繁华昌盛”的盛世。每年贾似道生日，“四方善颂者”就会赋诗填词，为贾似道歌功颂德。贾似道甚至效仿科举考试，将颂辞分列等次，排名靠前的予以赏拔。

贾似道的行为给南宋政治造成了巨大伤害，在他的主导下，南宋士大夫阶层丧失了往日“先天下之忧而忧，后天下之乐而乐”的担当精神和忧

1［元］方回：《乙亥前上书本末》，《全元文》卷二三一《方回二五》。

2《宋季三朝政要》卷四。

3［清］毕沅：《续资治通鉴》卷一七九，咸淳六年八月癸巳。

4 同上。

5 同上。

6 同上。

7［元］脱脱等：《宋史》卷四七四《贾似道传》。

8 丁传靖辑：《宋人轶事汇编》卷一八《贾似道·廖莹中》。

患意识，他们对于迫在眉睫的亡国之危表现麻木，只知玩岁愒日，沉溺于湖山歌舞之娱，不知“有天下大义”。明人黄淳耀感叹说：“南宋之末，士大夫伈伈伣伣，拱手环视以苟岁月。陈同父谓之风痹，不知痛痒，积数十年，而国亦亡，其气弱也。”[1]

醉生梦死的生活，不仅腐蚀了统治阶层的精神，也腐蚀了整个时代民众的灵魂。受统治阶层精神风貌的影响，普通民众也晏然自安，对国事漠不关心。法国汉学家谢和耐观察道：“直至兵临城下之前，杭州城内的生活仍是一如既往的悠哉闲哉。”[2] 这不免给人一种诡异的感觉。面对虎视眈眈的蒙古铁骑，南宋社会却仿佛陷入麻醉中，对王朝的危难无动于衷。南宋的灭亡，不仅仅是蒙军军事入侵的结果，同时也源于其政治统治的崩溃，而独揽大权的贾似道，显然加速了这一过程。

1［明］黄淳耀：《陶庵全集》卷二《徐定侯行卷序》。

2［法］谢和耐著，刘东译：《蒙元入侵前夜的中国日常生活》，南京：江苏人民出版社，1995 年版，第 4 页。

襄樊之战：南宋存亡的关键

从川蜀到襄樊：蒙古战略重点的转移

宋理宗景定元年（1260）四月，忽必烈派翰林侍读学士郝经携带国书出使南宋，商定和议。理宗听说蒙古使臣前来，对宰相表示："北朝使来，事体当议。"[1]贾似道则担心郝经入朝后会泄露他私下请和的行为，因此摆出"强硬"的姿态："和出彼谋，岂容一切轻徇？倘以交邻国之道来，当令入见。"[2]在贾似道的主张下，宋理宗遂下诏"誓不与北和"，并令人毁掉接待外国使者的"都亭驿"，以显示坚决的态度。郝经等人进入宋境后，贾似道命李庭芝将一行人扣留在真州（今江苏省仪征市）军营，既不提议和，又不许郝经返回蒙古。忽必烈因忙于处理蒙古贵族内部的争斗，无暇南顾，郝经因此被拘禁长达十六年。

宋度宗咸淳三年（1267）十一月，忽必烈解决了国内矛盾后，转头南向，以郝经被拘为口实，发动了征服南宋的战争，率先倡议南征的正是降将刘整。刘整进言："宗室弱臣悖，立国一隅。今天启混一之机，臣愿效犬马劳。先攻襄阳，彻其扞蔽。……且襄阳吾故物，由弃而弗戍，使宋得窃

1［元］脱脱等：《宋史》卷四五《理宗本纪》。

2 同上。

筑为强藩。若复襄阳，浮汉入江，则宋可平也。”[1]蒙古贵族多有对南侵持反对意见者，刘整又上奏：“自古帝王，非四海一家，不得为正统。圣朝有天下十七八，何置一隅不问，而自弃正统邪！”[2]忽必烈因而下定决心南征。

凭借对南宋防御体系的了解，刘整建议忽必烈调整战略方向，将进攻重点由川蜀地区转移到荆湖地区的襄樊，他指出“攻蜀不若攻襄，无襄则无淮，无淮则江南可唾手下也”[3]。襄樊位于南阳盆地南部，是由襄阳和樊城组成的双子城，为南北交通要冲。清人顾祖禹曾说：“湖广之形胜，……以天下言之则重在襄阳，以东南言之则重在武昌，以湖广言之则重在荆州。”[4]忽必烈采纳刘整的建议，命阿术与刘整共同经略，集中全力于襄阳寻求突破。

在具体战术方面，蒙军也较此前有了较大改变。刘整提出“急攻缓取”的策略来谋取襄樊，他利用吕文德贪财好利的性格，派遣使臣以玉带贿赂，请求在樊城外置榷场，吕文德果然欣然答应。使者紧接着说：“南人无信，安丰等处榷场，或为盗所掠，愿筑土墙以护货物。”[5]吕文德开始不同意，但身边有人劝他说：“榷场成，我之利也，且可因以通和好。”[6]吕文德深以为然，蒙军遂于鹿门山修筑土墙，于白鹤城筑造堡寨，由此，蒙军不仅有了守备之处，更遏止了宋朝南北之援。吕文德此时才意识到蒙军的图谋，却为时已晚，顿足叹曰：“误朝廷者，我也！”[7]此后，蒙军在襄樊周边险要地带大量建造城堡，阻断南宋水、陆援军，断绝襄樊守军补给，坐待襄樊粮尽援绝。

蒙军是训练有素的骑兵，利于在原野上驰骋，却不习水战，如今面对

1［清］魏源：《元史新编》卷二九《刘整》。

2 同上。

3［宋］周密：《癸辛杂识·别集下·襄阳始末》。

4［清］顾祖禹：《读史方舆纪要》，《湖广方舆纪要序》。

5［宋］刘一清撰，王瑞来校笺：《钱塘遗事校笺考原》卷四《刘整北叛》。

6 同上。

7 同上。

恃江河之险的襄樊，非以舟师不能奏效。南宋咸淳四年（1268）八月，蒙将刘整向阿术建言："我精兵突骑所当者破，惟水战不如宋耳，夺彼所长，造战舰，习水军，则事济矣。"[1] 此后，刘整造战舰五千艘，练水军七万人，训练不辍，宋军在水战方面的优势逐渐丧失。

经过忽必烈对蒙古帝国的改造，其中央集权加强，组织、动员能力大增，能够调动各方力量来贯彻统治者的意图。蒙军一改此前的战略战术，将战略重点由川陕转移到襄樊，并放弃此前游击的战术，投入大量人力、财力于筑堡、造船和练军，虽一直未能取得决定性战果，消耗甚大，但蒙军仍然坚持既定战略，展现出势在必得的决心。这些根本性的改变使蒙军能够对南宋发动长期而持续的攻击，以往宋军固守城池等蒙军后勤断绝、自行退走的形势，如今已转变为蒙军把守城堡，待襄樊粮尽而降的局面。战争形势的改变，使南宋等于面对全新的敌人，要想克敌制胜，必须在战略构想、军队组织、武器装备上都有所改进。

战略的错位：襄樊失守与防御体系的缺口

南宋方面显然未能及时认清战争形势的根本性变化，做出有效的应对。蒙军已将战略重点转移到襄樊，但贾似道却始终对襄樊地区的重要性有所怀疑，进而对襄樊防卫犹疑不决。以贾似道为首的一些大臣主张，南宋的战略部署应以防止蒙军渡过长江为首要目标，襄阳"孤垒绵远，无关屏障"[2]，以重兵增援襄阳将导致外重内轻，根本动摇。因此，贾似道虽重视襄阳守卫，却不认为其得失会危及整个防线。咸淳五年（1269），襄阳形势日趋紧张，吏部尚书兼侍读赵顺孙警告"不急援，祸至无日"，却被贾似道斥为"书

1［明］宋濂等：《元史》卷一六一《刘整传》。
2［宋］周密：《癸辛杂识·别集下·襄阳始末》。

生腐语”，质问道：“纵襄阳失守，岂遽危亡？”[1]

由于对襄阳防务的重要性缺乏充分的认识，加之对蒙军战略重点的调整、战术的改变未能及时把握，南宋防务上的应变一直落后于形势的发展。咸淳四年（1268）正月，宋廷已得知蒙军在襄阳城外修筑堡寨，但贾似道并没有意识到事态的严重性，仅令京湖方面加强防备。襄阳守将依循传统战术，下令清野及整修城池，并以茶、盐赠送蒙军将领，以表示城内粮储充足，不在乎蒙军的包围。宋军依照过去的经验，乐观地认为只要消极防守，即可让蒙军知难而退，但事态的发展大大超出他们的预料。襄阳之围经年未解，才使南宋开始有所警觉，贾似道督促京湖制置司出兵救援，但宋军受制于襄阳外围的蒙军城堡，难以前进。

咸淳五年（1269）十二月，京湖制置使吕文德病故，南宋防务体系出现巨大真空。贾似道打击军中诸将的恶果至此显现，他竟然找不到才器相当的接任者。贾似道一度想亲自督战，但宋度宗三次驳回他的上书，表示“师相”不可跬步离朝廷。另一方面，贾似道对于亲征也没有坚定的决心，他已位极人臣，督战成功并不会再提高他的地位和权势，一旦失利则立即危害他辛苦建立的威望。贾似道向来不认为襄阳失守会导致整个防线的崩溃，自然没有以自己权位冒险的必要，因此他放弃了亲征的计划，将吕文德的权限分割：吕文德的弟弟吕文焕知襄阳府兼京西安抚副使，继续防卫襄阳；吕文德的女婿范文虎接任禁军统帅；此外，将两淮制置使李庭芝调任京湖制置大使，委任以京湖方面的军政。

贾似道虽重用李庭芝，却不像对吕文德那样信赖。吕文德出身行伍，即使战功再高，也不可能得到文官的拥戴，而李庭芝却是进士出身，如果解襄阳之围成功，声望水涨船高，难保不会对贾似道的相位形成威胁。另

1 参见［清］黄宗羲：《宋元学案》卷七〇《沧州诸儒学案下·参政赵格斋先生顺孙》。

一方面，长期盘踞京湖的吕氏家族也不愿接受李庭芝的节制，范文虎利用贾似道固位贪权的心理致书说："吾将兵数万入襄阳，一战可平。但无使听命于京阃（李庭芝），事成则功归恩相矣。"[1]贾似道大喜，任命范文虎为福州观察使，其军队由朝廷直接指挥。范文虎此后日携美妾，于军中击马球为乐，李庭芝屡次催促进兵，范文虎都推托圣旨未到，不予理睬。范文虎才略甚差，不堪大任；李庭芝又上受贾似道牵制，下有范文虎掣肘，难以施展。南宋援军始终不能形成一股强大的力量，呈现出分散与孤立之势，更难突破元军的封锁。

到咸淳八年（1272），襄阳之围已持续五年之久，尽管南宋守军顽强抵抗，但很多人已经意识到，城池失守已在所难免。该年十一月，李庭芝上奏请求贾似道效仿南宋初张浚、赵鼎的事例，在鄂州或荆州（今湖北省荆州市）设立都督府，亲自统筹诸军支援襄阳，他确信这是解决诸将之间互不协作的问题、集合力量对敌作战的最后途径。但这一请求仍然为贾似道所拒绝，贾似道回奏称："若办此事，非臣捐躯勇往，终未能遂。然纵使臣行，亦后时矣，恐无益于襄阳之存亡。尚可使江南无虞，而不至内地之震骇也。庭芝欲臣建督于荆之谋，要不过姑为是说。"[2]在贾似道看来，江南的防卫才是最重要的大事，他已经准备接受襄阳失守的事实。

南宋咸淳九年（1273）正月，元军截断襄阳、樊城之间的水路联系，又投入新式武器"回回炮"攻城，樊城守将范天顺、牛富等壮烈牺牲，樊城失陷。樊城的失守，使外援断绝的襄阳更加危如累卵，吕文焕每次巡城，"南望恸哭而后下"[3]。元军又将"回回炮"转移到襄阳城下，一炮击中襄阳谯楼，"声如震雷"，使城中军民心理上产生极大震骇，很多将领逾城而降。

1［元］脱脱等：《宋史》卷四二一《李庭芝传》。

2［宋］周密：《癸辛杂识·别集下·襄阳始末》。

3［宋］徐自明：《宋宰辅编年录校补·续编》卷二〇，度宗咸淳八年壬申。

刘整出于对吕氏兄弟的报复心理，想要强攻襄阳，捉拿吕文焕，但以忽必烈为首的蒙古贵族却主张劝降的方针。忽必烈下达劝降诏书："尔等拒守孤城，于今五年，宣力尔主，固其宜也。然势穷援绝，如数万生灵何？若能纳款，悉赦勿治，且加迁擢。"[1]

元军主帅阿里海牙也劝吕文焕："君以孤军城守者数年，今飞鸟路绝，主上深嘉汝忠，若降，则尊官厚禄可必得，决不杀汝也。"[2]吕文焕无可奈何之下，终于出城纳款，襄阳失守，持续了五年多的襄樊之战告一段落。

襄樊之战是决定南宋存亡的关键节点，顾祖禹说："宋之亡，盖自襄樊始矣。"[3]贾似道听闻吕文焕降敌的消息后，自称"战眩颠沛，几于无生。不谓事不可期，力无所措，乃至此极"[4]。然而他囿于对襄阳地位的成见，仍未能体察情势的严重。他安抚宋度宗说，理宗端平年间，荆襄地区也曾失守，相比之下，现在的情况并不算严重。在追究战败责任时，实际负责援襄作战的贾贵、范文虎等都安然无恙，受处分最重的反而是与襄樊之战毫无关系的俞大忠，他的罪名竟是其父俞兴激起刘整降蒙，埋下了襄樊之战的祸根。这种令人啼笑皆非的做法，反映了主政者无意反省的态度，在临安的宋度宗与贾似道君臣，仍继续沉浸在歌舞升平中。

元军灭宋：南宋防御体系的崩溃

在襄樊之战中，元军虽取得了极大的战果，但也付出了高昂的代价，"以国家每岁经费计之，襄樊殆居其半"[5]。元朝领导层认识到，如果继续采用单一的军事征服策略展开攻坚战，消耗巨大而效果不佳，"比至汉上诸城

1［清］毕沅：《续资治通鉴》卷一八〇，咸淳九年二月庚戌。

2［明］宋濂等：《元史》卷一二八《阿里海牙传》。

3［清］顾祖禹：《读史方舆纪要》卷七九《湖广五·襄阳府》。

4［宋］周密：《癸辛杂识·别集下·襄阳始末》。

5［元］胡祗遹：《寄张平章书》，《全元文》卷一四六《胡祗遹一》。

皆下，则我已困矣”[1]，因此转而奉行军事进攻与政治劝降并用的方针。这一方针的具体执行者，就是新晋投诚的吕文焕。

由于贾似道的倚信，吕氏家族形成了一个庞大的军事集团，成为南宋防务体系的重要支点，“吕氏子弟、将校往往典州郡而握兵马者”[2]，沿江守将多为吕氏部曲。蒙古贵族坚持招降吕文焕，就是想利用其在南宋军中的人脉和所掌握的南宋军事政治情报。汉官胡祗遹写信给忽必烈重臣张文谦说：“吕生（吕文焕）世握兵柄，兄弟子侄布满台阁。宋君臣之孰贤孰愚，宋河山城郭之何瑕何坚，宋兵民之多寡虚实，宋兵刑政之得失巧拙，不为不知。不以降夷相待，细为之一问，不唯有以得取宋之方，见此人之浅深，以备主上之顾问。”[3]

南宋咸淳十年（1274）九月，元军在襄阳集结大军二十万，以伯颜为统帅，开始以临安为目标的最后战役。十二月，元军渡过长江天险。行中书省官员建议以吕文焕为前导，招降沿江南宋守将：“江汉未下之州，请令吕文焕率其麾下，临城谕之，令彼知我宽仁，善遇降将，亦策之善者也。”[4]吕文焕引导元军顺江东下，“凡其亲友部曲，皆诱下之”[5]：元军至黄州（今湖北省黄冈市），守将陈奕献城投降；至蕲州（今湖北省蕲春县南），管景谟以城降；至江州（今江西省九江市），吕文德长子吕师夔出城降；至南康军（今江西省赣州市南康区），叶阊以城降；至安庆（今安徽省安庆市），范文虎也献城投降。在吕文焕的引领下，元军一路如入无人之境，迅速兵临建康（今江苏省南京市）城下。贾似道这时才如梦初醒，传檄声讨吕氏之罪，但为时已晚。

1［元］胡祗遹：《寄张平章书》，《全元文》卷一四六《胡祗遹一》。

2［元］宋衜：《与襄阳吕安抚书》，《全元文》卷一四四《宋衜》。

3［元］胡祗遹：《寄张平章书》，《全元文》卷一四六《胡祗遹一》。

4［明］宋濂等：《元史》卷八《世祖本纪》。

5［元］脱脱等：《宋史》卷四二五《谢枋得传》。

元军长驱直入，使南宋举国震惊，朝野的希望都寄托于贾似道身上。宋恭帝德祐元年（1275）正月，贾似道率十三万大军溯江而上，迎战元军。贾似道眼见局势不利，并没有击退元军的信心，出军后立即派人至元军请和。元将伯颜要求南宋纳土归附，贾似道无法同意，和谈乃告失败。贾似道将精锐七万余人交由孙虎臣率领，战舰两千五百艘委任夏贵，布阵于丁家洲（今安徽省铜陵市东北），自己率后军屯驻鲁港（今安徽省芜湖市南）。贾似道既不能和，又不敢战，双方甫一交锋，宋军便自乱阵脚，贾似道率先脱逃，十三万宋军瞬间土崩瓦解。

宋军战败的消息传到临安，贾似道苦心经营的擅长边务的神话随即破灭，宋廷掀起批判贾似道的风潮。贾似道上书垂帘听政的太皇太后谢氏，请求迁都，但被谢氏拒绝。谢氏改任王爚、陈宜中为宰相，罢免了贾似道的官职，贬其为高州（今广东省高州市）团练副使，到循州（今广东省龙川县）安置。负责监押贾似道的会稽县尉郑虎臣，在行至福建漳州城南二十里的木棉庵时，将贾似道杀死。

南宋皇室有意将一切过错都归咎于贾似道，以重建官员、军民对皇室的信心，同时向元朝表示双方战事皆为贾似道挑衅所致，贾似道既已去位，两国当可罢兵谈和。宋廷将和谈的希望寄托于吕文焕，当时很多人对吕文焕抱有同情，认为其降元是迫不得已。太皇太后谢氏亲自致书，极力称赞吕文焕守襄功绩，希望吕文焕协助说服元军退兵，“俾王室不坏”。然而当时宋、元双方胜负的态势已甚为明显，元朝灭宋的态度是十分坚定的。

外敌强势入侵的危难情势，映衬出南宋政治统治的崩溃。醉生梦死、不知“天下大义”的南宋士大夫们对王朝的危难冷眼相看，大批地方守令“委印弃城”“望风而降”。仅仅一年时间，元军就从湖北一路攻到了临安。随着元军逼近，以宰相王爚、章鉴、陈宜中、留梦炎为首的大臣们连夜逃遁，“朝中为之一空”。太皇太后谢氏愤慨地斥责：

我朝三百余年，待士大夫以礼，吾与嗣君遭家多难，尔小大臣未尝有出一言以救国者，吾何负于汝哉！今内而庶僚畔官离次，外而守令委印弃城，耳目之司既不能为吾纠击，二三执政又不能倡率群工，方且表里合谋，接踵宵遁。平日读圣贤书，自负谓何？乃于此时作此举措，或偷生田里，何面目对人言语？他日死，亦何以见先帝？[1]

南宋朝廷“诏天下勤王”，原以为天下百姓当“接踵而奋”，然而最终却没有任何人响应。文天祥不由感叹：“第国家养育臣庶三百余年，一旦有急，征天下兵，无一人一骑入关者。”[2]德祐二年（1276）三月，伯颜率元军进入临安，催促宋恭帝赵㬎一行北上大都，入觐忽必烈，南宋中央政权至此已经灭亡。但此后文天祥、陆秀夫等人仍奉赵昰、赵昺为帝，转战各地，所以习惯上仍把宋末帝赵昺祥兴二年（1279）崖山海战，陆秀夫背负幼帝赵昺投海而亡，视为南宋正式灭亡的标志。

1［宋］刘一清撰，王瑞来校笺：《钱塘遗事校笺考原》卷七《朝臣宵遁》。

2［元］脱脱等：《宋史》卷四一八《文天祥传》。

结语

南宋灭亡前的最后一段时期，朝政操控于贾似道之手，他的个人因素对王朝的命运自然有所影响。贾似道加速了南宋政治、军事崩溃的进程。他“专功而怙势，忌才而好名”[1]，使南宋末期的政治生态更加恶化。他一方面实施高压政策，军国大政一决于己；另一方面歌舞升平，使君臣朝野沉浸于虚幻的“福华”迷梦中。在他的恩威并施之下，南宋士大夫们丧失了往日“忘身许国”的精神，或浑浑噩噩，坐视朝政日坏；或阿谀奉承，“以至亡身危国而不知”[2]。元军攻破临安之前，南宋政权已经是一个身患绝症的危重患者。

贾似道的专权，是以其对南宋国防力量的独占为基础的。在他主导下的南宋中央政府，面对已经焕然一新的蒙古帝国，在战略战术方面始终落后于形势的发展，缺乏应变能力而受制于敌，终于导致时局不可救治。贾似道构筑的南宋防务体系，本质上是唐末五代藩镇体制的一种变体，是对北宋建国后“以文治武”“强干弱枝”政策的调整。这种体制虽然没有带来像五代时期那样的政局动荡，却具有不可解决的内在矛盾：南宋国防寄托

1［宋］周密：《癸辛杂识・后集・贾相制外戚抑北司戢学校》。
2［宋］黄震：《黄氏日抄古今纪要逸编》。

于吕氏集团，而吕氏集团势力的扩展，却是以肃清军中异己力量为代价的，这意味着对其制衡力量的缺失。在这种情况下，吕氏集团势力越大，南宋国防的基础反而越单薄、越脆弱，最终随着吕氏集团相继叛降，南宋国防体系迅速崩溃。

宋朝在三百余年的历史中，两次被少数民族政权灭亡，这在中国历史上非常少见。宋两次亡国有着相似的过程，但细究起来，情况却明显不同。北宋灭亡时，臣民并未丧失对赵宋政权的信赖，“于天下虽无片土之安，而将帅、牧守相持以不为女直用”[1]，金人因此清醒地认识到“天人之心未厌赵氏”[2]。反观南宋末年，士大夫阶层对王朝的危难无动于衷，普通百姓也对改朝换代冷眼旁观，南宋政权丧失了人们的认同感与归属感是一个突出的现象。作为南宋灭亡前夕的主政者，贾似道对时局的恶化当然负有责任，可是从长时段来看，他也不过是历史发展中的一个环节。南宋立国之初，已经丧失了奋发向上的精神，统治阶层安于现状，历经百年，终至不可复振。“百年歌舞，百年酣醉”[3]，又岂是贾似道一人所能改变的？

1 ［清］王夫之等：《宋论》卷一〇《高宗五》。

2 ［宋］徐梦莘：《三朝北盟会编》卷七一。

3 ［宋］刘一清撰，王瑞来校笺：《钱塘遗事校笺考原》卷一《游湖词》。

第十五章

崖山之战：赵宋政权的彻底覆灭

赵宋政权最后走向灭亡，是内忧外患的结果。外患当然是蒙元的兴起，面对横扫欧亚大陆的蒙古铁骑，被动防御的南宋军队无疑具有战略上的劣势，即便如此，南宋军民还是通过自身的努力创造出了辉煌的战果，在最终失败之前，南宋方面不是没有继续维持偏安的机会。

赵宋政权最后走向灭亡，是内忧外患的结果。外患当然是蒙元的兴起，面对横扫欧亚大陆的蒙古铁骑，被动防御的南宋军队无疑具有战略上的劣势，即便如此，南宋军民还是通过自身的努力创造出了辉煌的战果，在最终失败之前，南宋方面不是没有继续维持偏安的机会。这个机会的失去是内忧造成的。南宋后期的政治谈不上清明，在位时间超过四十年的理宗皇帝，朝政先后被两个权相把持，前有史弥远，后有贾似道。许多人把贾似道视作南宋亡国的最大罪人，作为南宋方面对朝政最有影响力的人物，贾似道在这场斗争中的责任毋庸置疑，但是大厦将倾，是一环扣一环的失误造成的，而非简单一句“奸臣误国”所能概括的。

贾似道独揽朝政

景定五年（1264），宋理宗去世，贾似道奉遗诏拥立太子赵禥继承皇位，是为宋度宗。为了褒奖贾似道的拥立之功，度宗尊称其为“师臣”，不直呼其名以示尊敬。

理宗死后，贾似道为了试探自己在度宗心目中的地位，以退为进，主动提出担任理宗陵寝总护山陵使，负责丧葬事务。度宗犹豫一段时间后，批准了贾似道的申请，并下诏褒奖贾似道。朝中一些官员，如翰林院直学士留梦炎等，认为度宗此举处置失当，上书请度宗收回成命，挽留贾似道总理朝政，但度宗并未采纳这些意见。贾似道心生疑虑，于是在处理完理宗的丧事后，没有返回朝廷，而是径直回到天台老家。同时他唆使亲信大将吕文德谎报军情，说蒙古军队大举进攻，边防要塞告急。得到蒙古入侵的边报，度宗惊慌失措，急忙下诏恳请贾似道立即返回临安主持大局，将其视作拯救江山社稷的救星。贾似道一回到临安，边防警报就解除了。这样，贾似道不但没有因为私自返回家乡的行为受到相应的惩处，反而被拜为太师，晋封魏国公。有了这次的经验，贾似道以后又多次故技重演，以辞官回乡为名要挟度宗，以此保证自己对朝政的绝对控制。

咸淳二年（1266），贾似道第二次要求辞官归养。度宗百般挽留，甚至不顾君臣身份差别，竟然给贾似道下拜，恳求他留在朝廷主政。咸淳三年（1267）二月，贾似道第三次上书请求回家养老。度宗不仅发动文武百官劝说贾似道留任，而且一天之内就给贾似道下达四道挽留的圣旨，晚上还唯恐贾似道悄悄溜走，派宦官轮流守候在相府门外。由于贾似道此时已是丞相兼枢密使、太师，无官可升，于是只好特授贾似道“平章军国重事”，允许他三日一次到政事堂处理政务，后来又改为五日一次。咸淳六年（1270）八月，贾似道第四次上书，声称自己生病，要求辞相。度宗百般挽留，以至痛哭流涕。于是下旨允许贾似道十日一朝，入朝还可以不行君臣大礼，相反，退朝时度宗要起身目送“师臣”出殿后才能回到宝座。通过这些手段，宋度宗被贾似道玩弄于股掌之上，几乎失去了君主的威仪，也为贾似道大权独揽铺平了道路。

贾似道开始执政时，他提出的有些政策也颇受赞誉，其中以抑制外戚、打击宦官势力的政策最受称道。贾似道本人靠外戚身份飞黄腾达，但对干政的外戚却毫不手软。理宗谢皇后出身名门，加之理宗、度宗的大肆封赏，其家族中担任地方要员者不在少数。这些人自恃皇亲国戚，贪赃枉法，败坏朝政。谢太后的侄子谢堂为人狡诈，桀骜难制，是朝中谢氏家族的主心骨。贾似道入朝后，极力结交谢堂，往来频繁。一段时间后，贾似道不动声色地将谢氏家人全部换为闲散之职，并规定外戚不得出任“监司、郡守”等地方大员。从此，外戚子弟的行为大为收敛，谢堂也因为独木难支而安分起来。

董宋臣在理宗朝与奸相丁大全、佞臣马天骥、理宗宠妃阎氏结党弄权，横行无忌。后来丁大全被贬，董宋臣却受到理宗的百般庇护。当时很多朝臣上书弹劾董宋臣，反而被降黜。贾似道当政后，弹劾董宋臣时没有提到召妓入宫、引帝享乐等触及理宗隐私的罪名，只抓住董宋臣在鄂州之战时曾主张“迁都”这一罪状，成功在景定元年（1260）把董宋臣逐出了宫廷。

贾似道擅政，受后人诟病之处甚多，除了前文已经提到的推行“公田法”“打算法”外，还体现在滥发纸币等方面。北宋时期，四川就产生了世界上最早的纸币“交子”，南宋初年为了缓解财政困难，创制了东南会子、两淮交子等纸币。孝宗时，朝廷发行纸币还比较慎重，币值相对也比较稳定。后来随着宋金、宋蒙战争的深入，纸币的发行量日渐扩大，随之而来的是币值不断下跌，理宗时币值已经跌到孝宗时的二十分之一。在这种情况下，贾似道于景定五年（1264）主持发行新的纸币“银关”，规定一贯银关兑换原来的纸币会子三贯，导致会子加速贬值，当时二百贯会子还买不到一双草鞋，滥发纸币成为搜刮民财的手段。而且，贾似道实行“公田法”时多以纸币来支付买田费用，由于纸币严重贬值，公田法实行到后来就演变成了政府廉价掠夺民间土地的工具。

贾似道实施了许多政策，其出发点未必不好，如推行“打算法”，也许有整肃军纪、清理腐败的目的初衷，但在实际执行的过程中确实起到了排斥异己的作用，且打击面过大，处理具体事务又不够公正，因此严重挫伤了军队的士气，使得南宋军队战斗力进一步下降。应该说，正是因为贾似道本身没有站在一个公正的立场上，因而这些政策的执行不但没有起到好的效果，反而加速了南宋的灭亡。一个大肆收受贿赂的领导者无论如何是不能阻止手下利用公权鱼肉百姓的。

贾似道独掌大权十七年，其才华大都用来玩弄权谋。由于他平时都住在葛岭的宅第里，很少上朝，而大小朝政却紧抓不放，小吏每天将文书抱到葛岭贾府，由贾似道的门客廖莹中、堂吏翁应龙处理，然后再交给各部门官员签署执行。贾似道素来好名，一直注意延揽名士，朝廷大臣多是他引荐和提拔的，但他却不肯放权。如贾似道引荐的宰相叶梦鼎，连给一位官员补荫的小事也没有决断权。又如江万里，本来是贾似道一手栽培的，在度宗即位后担任参知政事。贾似道第二次辞官时，度宗为了挽留甚至下拜。江万里赶忙从旁边抱住度宗，说自古无君拜臣之礼，并劝说贾似道不要辞官。对江万里的做法，贾似道表面上没有表现出不悦之情，但心中却怪他多此一举。度宗经常在闲聊时问贾似道一些经史中的疑难和人名，贾似道往往回答不上来，都是江万里帮忙代答。度宗后来在后宫闲聊时，把这些事情当作笑话讲给妃子听。贾似道知道后愈加忌恨江万里，于是指使心腹攻击江万里，迫使他主动辞去了参知政事的职位。

虽然不满贾似道的人很多，但贾似道十分精通利用舆论来控制朝政。应该说，贾似道是一个擅长制造舆论的高手，他专门命门客廖莹中编纂《福华编》，来歌颂自己的丰功伟绩，对于爱惜声名的他来说，和议这个污点当然是不能容忍的。廖莹中为了配合宣传贾似道鄂州之战的功绩，曾作词言贾似道“重开宇宙，活人万万，合寿千千”。贾似道还刻印《奇奇集》，荟萃前代以少胜多的战例，如赤壁之战、淝水之战，意在将自己的鄂州之战与之相提并论。

在宋代，大体上有两个舆论中心：一是以台谏为中心的官方舆论，一是以京师“三学”为中心的社会舆论。贾似道将自己的亲信安插在台谏，所有台谏官员的上奏稿件都要先经他审阅，因而他经常利用台谏官攻击异己。如果台谏官员违背了贾似道的意志，就会被罢官。由于宋代太学生经常议论朝政，因而在社会上颇具影响力。南宋以来，太学生经常联名上书，直接陈述官员的毁誉、朝政的得失等。为了控制太学生，贾似道总是不断给太学生施以小恩小惠。如增加太学生的授官机会和名额，改善太学生的食宿条件，增拨学田以补充太学经费，等等。贾似道平时十分关注太学的动向，如太学的浴室坏了很久，学官雷宜中上任后将其维修一新，有人就在浴室的壁上题诗一首，不久后，贾似道与雷宜中闲谈，念了那首诗，雷宜中当时毫无反应，过了一段时间在浴室的墙壁上看到题诗才恍然大悟。在贾似道的刻意笼络下，“三学”生即使目击了贾似道种种不法之事，也不敢发一言批评，每次贾似道以辞官要挟皇帝时，“三学”生便上书赞美贾似道的丰功伟绩，竭力挽留，今天称“师臣”，明天称“元老”，今天称“周公”，明天称“魏公”。通过这些手段，贾似道得以长久掌握朝政。

作为南宋最后一个权相，贾似道将弄权之术发挥到了极致，他控制舆论的手段花样百出，从皇帝到百姓都被他精心编织的巨大光环所迷惑，泡沫一旦破灭，带来的就是亡国的命运。贾似道是个极其聪明的人，绝非只知道玩蟋蟀的无能之辈，朝堂上的历次斗争都可以看出他手段之高明。他极力招揽名士，却不信任他们，表面上以淡泊自诩，暗地里却紧握大权，一丝一毫也不肯放松。他要挟皇帝的手段更让人瞠目结舌，打击政敌毫不手软。这些都成就了他站在权力顶峰的无限风光，但也种下了失败的祸根。他是那种“顺我者昌，逆我者亡”的角色，听不得反对的声音，用人只凭个人的好恶，完全不顾实际才能。国家危亡的关键时刻，南宋的各级指挥官屡出败招，合适的人没有出现在合适的位置上，这不能不说是贾似道的失误。宋末出现了成千上万的自杀者殉国的现象，可想而知多少人才被埋没。正是这种用人策略最终导致了他的失败。

孤儿寡母的朝廷

1275年，是元朝至元十二年，也是宋恭帝德祐元年，赵㬎之所以被称作“恭”，是因为这位皇帝最终将延续三百多年的赵宋江山移交给了蒙古人。不过，这件事的当事人似乎不应负过多的责任，因为他还不到五岁，指望一个年幼的孩子担负起救亡图存的责任，显然是不现实的，“恭”字只是后人在评判一个无助的孩子的命运。其实，这个孩子一直活到了五十三岁，只不过亡国之君的名号从他人生一开始的时候就被加在了头上，囚禁几乎伴随了他的一生，相比于被迫跳下崖山的弟弟而言，不知是幸运还是不幸。

德祐元年（1275）的时候，宋朝亡国的命运就确定了吗？很多人未必是这么看的，起码临安人就满怀期望地等待着，毕竟他们心目中的英雄“师臣”贾似道在正月里正式出兵了。然而，这一份信心并没能维持多久，到了三月，贾似道兵败如山倒的消息就传回京城。神话的破灭使得很多人突然失去了主心骨，悲观的气氛完全笼罩了整个朝廷。丧师辱国的贾似道当然应该受到应有的惩罚，但是最重要的是，大宋朝还有希望延续下去吗？

因宋军战败而烦恼不已的，不是小皇帝本人，他尚在天真烂漫的年龄，根本不懂宫廷内外究竟出现了怎样的状况，真正烦恼的是他的奶奶谢太后。谢太后名道清，是理宗皇后，其祖父谢深甫在宁宗时期担任过宰相。宁宗杨贵妃得到谢深甫的帮助，才顺利入宫，成为皇后，杨皇后因此对谢家心存感激，十分照顾。宁宗无子，理宗阴差阳错登上皇位，杨皇后被尊为太后，出于报恩，她在为理宗选妃时，便直接下令从谢家挑选女性入宫。此时谢深甫已死，谢家年龄合适而又还没出嫁的女儿只有谢道清一人。相传谢道清小时候面目黝黑，且一只眼睛有病，因相貌不佳，一直待字闺中。然而，当南宋皇室要她进入宫廷时，谢道清的叔叔却坚决反对，在他看来，现在风风光光地送道清入宫，将来不过就是一个老宫女而已。言下之意，以谢道清的姿色，不可能得到皇帝的垂青。元宵节，街上搭起了灯山供人观赏，一只喜鹊飞到了灯山顶上筑巢，大家纷纷传说，这是谢家女儿要做皇后的征兆。于是谢道清就被送进了宫。

传说谢道清进宫后，得了病疹，痊愈后，其容貌与入宫前判若两人，不仅皮肤变得莹白如玉，而且眼疾也很快被御医治好了。当时，贾似道的姐姐也一同被选入宫，因姿色出众，所以深得理宗宠爱。立皇后时，理宗倾向于贾妃，但是杨太后却认为，谢道清“端重有福”[1]，适合母仪天下。在杨太后的坚持下，谢道清最终被立为皇后。的确，谢道清端庄稳重，这在以后的日子里得到了很好的验证，但有福分之类的说法显然是迷信的。事实上，谢皇后的日子并不好过，理宗先是宠幸贾妃，贾妃死后，又开始宠幸阎贵妃。也许从小过惯了丑小鸭的日子，谢皇后并不十分介意被理宗冷落的境遇。谢皇后宠辱不惊的态度不仅使得杨太后赞赏不已，理宗皇帝也深感愧疚，因此对她礼遇有加。

对于拥有众多后宫佳丽的皇帝来说，尽可能容忍和克制嫉妒心是皇后一个令人赞赏的美德。谢皇后之所以被时人称作贤后，还不只如此。鄂州之战时，蒙古军队渡过长江，朝野上下震动，有人建议迁都以避蒙军锋芒，

1［元］脱脱等：《宋史》卷二四三《理宗谢皇后传》。

谢皇后却极力劝阻，认为迁都会动摇民心。理宗死，度宗登基，谢皇后升为皇太后。谢道清并没有为理宗生下一男半女，度宗其实是理宗的侄子。这种血缘上的生疏使谢太后一直坚持沉默是金的原则，从来不对朝政说三道四，即便是贾似道权势熏天，暗中将谢家的人排挤出朝廷。更有甚者，贾似道身为外戚，却禁止外戚担任地方大员，其矛头的指向是非常明确的，实际上就是谢氏家族，谢太后却始终不置一言。后来贾似道兵败丁家洲，朝野上下一致要求严惩贾似道，谢太后依然没有落井下石，她甚至还为贾似道开脱罪责，理由是他作为三朝元老，不能因为一次的失误而处置过重。虽然最终因为众怒难犯才把贾似道削官贬窜，但谢太后以德报怨的态度依然值得称道。

恭帝登基，谢太后升为太皇太后，已经六十五岁的谢道清虽然年老有病，但却再也无法推辞，只得垂帘听政，担负起挽救赵宋江山的责任。这样，颇有贤名的谢太后挑起了赵宋江山这副重担，成为名副其实的朝廷当家人。

面对严峻的形势，谢太后下了一道旨意，大意是说，赵家三百年来一直待士大夫不薄，现在我和小皇帝遭遇到这样的大难，国家陷入了困境，你们这些大小臣子没有尽力出谋划策，以挽救时局，朝中官员挂冠出逃，地方官员弃城投降，你们这样避难偷生，还算有人格吗？将来你们有何面目见赵家的列祖列宗？现在还是赵家的天下，国法尚在，坚守岗位的升一级，逃跑者严惩。

这道旨意义正词严，有赏有罚，意在立威。然而，宋代文官政治的传统决定了太后必须要依赖外廷的大臣，才能完整地贯彻她的意志。在这种情况下，谢太后垂帘听政后，贾似道还是平章军国重事，大权在握。在贾似道之下，左丞相是王爚，右丞相是章鉴。德祐元年（1275）二月，贾似道兵败丁家洲，不败的神话已经破灭了，剩下的问题只是如何处置他。听说元军逼近临安，身为朝廷重臣的右丞相章鉴却临阵脱逃，不见人影。章鉴平常待人宽厚，但却才能平平，是典型的老好人，人称“满朝欢”，意思是谁也不得罪。章鉴的临阵脱逃显然严重挫伤了士气，后来他虽然被朝廷遣使召回，但只是罢官了事，并未受到相应严惩。值得一提的是，章鉴后来被抄家，抄家的人只发现一只玉杯，其余别无长物。对于一个做到丞相这样的高官的人来说，如此清廉，简直是不可思议的事情。可惜清廉并不能掩盖他的怯懦无能，尤其是在赵宋王朝生死存亡之际。

左丞相王爚先前任参知政事，颇有声望，而且对贾似道向来不假辞色，但是处于退休状态已经几年，此次国家危亡之际，以元老身份被委以重任，朝野上下都对他寄予厚望。但是王爚年事已高，几次申请退休，谢太后百般挽留，才勉强接受任命。毫无疑问，让他支撑危局是不现实的。

此时，真正在处理朝廷政事的是参知政事陈宜中，他出身贫寒，但才华出众，同乡的一位商人给他算过命后，认为他将来肯定大富大贵，于是将自己的女儿嫁给他。进入太学之后，陈宜中文采出众，得到了许多饱学之士的赞誉。作为太学生，他为人正直，非常关心时政。宝祐年间，丁大全和宦官卢允升、董宋臣因乡邻关系结成政治联盟，并得到理宗宠幸，不久便擢升为殿中侍御史。丁大全上台之后倚仗权势，横行霸道。陈宜中于是和同学黄镛、林则祖等六人联名上书攻击丁大全。丁大全知道后，暗使监察御史吴衍弹劾陈宜中，取消他的太学生资格，并发配到地方。临行那天，太学长官带领十二个学生衣冠整齐地将陈宜中送到城门之外。丁大全更加恼怒，于是在太学立了一块碑，碑文告诫太学生不要乱议国家政务。这六个上书的太学生由此声名大振，被誉为“六君子”。陈宜中在其后被谪为建昌军的小官。

丁大全失势后，贾似道掌权，上台伊始，为了稳住自己的位置，他非常注意网罗人才，认为才华横溢且血气方刚的陈宜中很有前途，有意把他收作门生。于是，他向理宗皇帝上疏，请求召回陈宜中，皇帝下诏六人都可以直接参加殿试。景定三年（1262）殿试，陈宜中名列第二。经过了人生的起伏，陈宜中为人变得圆滑了许多，因而在贾似道权势的荫庇下迅速升迁，先后任绍兴府推官、校书郎。又过了几年，他被迁为监察御史。过了不久，程元凤再次出任丞相，贾似道担心他危及自己的权力，一心想除掉他。受贾似道提携的陈宜中深知其意，于是参劾程元凤纵容丁大全为恶。程元凤因此被罢相。此后，陈宜中担心在朝廷积怨太深，而且担任地方官也有利于自己建立政绩，于是先后出任地方要员。他在任职期间安顿生产，主张抗战，兴修水利，政绩明显。十年后，他在贾似道的帮助下，升任参知政事，渐渐跻身实权人物之列。

贾似道在丁家洲战败后，其门客翁应龙逃到临安，来见陈宜中。陈宜中听说贾似道在乱军中去向不明，这使本来已经算是贾似道一党的陈宜中意识到，这是撇清与贾似道之间的关系的最佳时机。于是，他首先上书要求惩治贾似道丧师辱国之罪，此言一出，让朝中不少人错愕不已。虽然谢太后并没有马上批准陈宜中的请求，但贾似道退出权力舞台的大局已定。贾似道出兵之前，任命亲信韩震掌握禁军。这时，韩震奉了贾似道的命令，要求迁都，此举震惊朝野。陈宜中于是派人请韩震来王府中议事，预先埋伏武士，将韩震击杀。大敌当前，朝中人心惶惶，陈宜中采取非常手段稳定局势，称得上是果敢，也有急于撇清和贾似道关系之嫌。相比于怯懦无能的章鉴，他显然更适合担当大任。因此，谢太后在章鉴去职后，便任命陈宜中为右丞相，这是在特殊情况下做出的决定。然而，陈宜中与王爚一直不和，王爚名义上是首相，但陈宜中处理政事几乎不与王爚商议，故意把王爚架空，这引起王爚的严重不满。谢太后为调解两人矛盾，任命王爚为平章军国重事，陈宜中为左丞相，从京湖战场回朝的留梦炎为右丞相。

留梦炎状元出身，颇有声望，王爚与陈宜中虽然不和，但却同声推荐他，谢太后任命他为相也有调和王、陈二人矛盾的意思。宋人重视科举，状元宰相是读书人心目中的最高理想，能达到这样的地位是一件极其荣耀的事情。南宋末出了两位状元宰相，另一位自然是众所周知的文天祥，后来两人走上了截然不同的路，留梦炎降元后也做到了丞相，身居高位。这一位“两朝”宰相显然也不是勇于承担责任之人。朝廷宣布丞相的任命后，留梦炎再三推辞，在谢太后的极力劝说下才勉强上任。虽然宋代大臣升迁时一般会推辞几次，以示自己不贪图权位，但是这时已经是危亡图存的关键时刻，需要具备忧国忧民的使命感和责任感，才能有所作为，正所谓“国家养士三百年，今日正是用人之际”。

新的任命并没有解开王、陈两人的心结，王爚拒绝出任平章军国重事，朝中依然争吵不断。谢太后面临十分艰难的抉择，到底是重用王爚还是陈宜中。王爚的履历十分显赫，阅历也十分丰富，但是他的长处仍然表现在财政管理方面，他担任负责两淮战场后勤供应的淮西总领多年，由于长江防线失守，两淮战场的重要性大大提升，朝廷想要借助王爚的这段经历稳定两淮战场。但是年龄和身体条件是王爚的劣势。谢太后虽然年事已高，但是她却有面对危机的豪气，在前一年的“勤王诏”中，她号召四方的忠义之士前来保卫京城，同时她也是有进取精神的，她在诏书中号召主动向元军发动进攻。因此在谢太后心中，此时应该选择一个激进、有责任心的大臣。

其实，在南宋的大部分时间里，代表最激进、最坚决抗战的势力就是太学生。太学作为一个教育机构，集中了一批热血澎湃的年轻人，他们作为未来官僚的候选人，并没有实际权力，但有无限的发展潜力和巨大的舆论影响力。太学生在权力中枢的外围，却经常议论国家大事，发泄对当政者的不满情绪，甚至上书攻击当政者。太学生的年轻和冲劲使得他们常常赢得大众的同情，因为遭到太学生攻击而下台的官员也不在少数，因而太学生主导了社会舆论的走向，也成为当权者所忌讳的不同政见者的温床。

陈宜中以“六君子”闻名于世，在当时人的心目中，他是一个不畏强权的理想主义者形象，是太学生的精神领袖。谢太后现在需要的是一个能够发动起全民来保卫赵宋王朝的人，陈宜中以往的经历无疑使他表现出这方面的潜质，当然年龄也是一个不可忽略的因素。谢太后最终选择了陈宜中，而王爚只得到了一系列的荣誉头衔，被剥夺了实际职权。

应该说，面临元军强大的军事压力，一个好的当政者不只是要鼓舞士气，还要有超乎常人的战略眼光和思维。对一个从未上过战场的书生而言，陈宜中的军事才能显然还不如贾似道。而且陈宜中身上存在文臣难以克服的某种自傲，从来瞧不起武将，不仅怀疑武将的能力，也质疑他们的忠诚度。在没有确凿证据的情况下杀害韩震，就是一个典型的例子。更为严重的是，陈宜中心中没有一个完整的抗元计划，既没有积极备战的才略，也没有打算议和的迹象。

谢太后的勤王诏发出后，各地响应号召的义军开始逐渐向临安汇集，其中较有战斗力的是张世杰的军队。张世杰是北方人，原来曾是蒙古大将张柔部下的士兵，后来逃到南宋。张世杰起初只是普通士兵，由于受到吕文德的赏识，逐步升迁，成为镇守一方的大将。襄阳陷落后，张世杰镇守郢州，元军猛攻不下，于是绕道进攻鄂州。鄂州失守后，张世杰接到勤王诏，率军从江西进入临安，受命统率各路勤王军。德祐元年（1275）的春天，临安陆续集中了十几万人的各路勤王军，他们都是在谢太后的号召下聚集起来的，成分十分复杂，甚至包括来自广西的少数民族部队。这样的勤王军背景差异巨大，训练水平不一，指挥难度可想而知，但是张世杰还是迅速展开了他的军事行动。

然而，掌握朝廷大权的陈宜中并不信任张世杰，吕文焕和范文虎的降元使得原先贾似道的亲信大将吕文德系统的将领都面临朝廷的信任危机。陈宜中刚刚下令查抄了吕、范二人的家，清洗了一些吕文德系统的部将。

张世杰早年受到过吕文德的提拔与重用，身上一直打着吕氏亲信的烙印。虽然顾及张世杰是首先入京勤王的将领，陈宜中不敢直接攻击张世杰，却一直在暗中加以掣肘，阻挠将全军指挥权交给张世杰。张世杰为了尽快攻下镇江和建康，亲自率领自己的精锐步兵来到镇江以东的焦山（今江苏省镇江市东）。元军在伯颜的副手阿术率领下也企图一举攻下焦山，巩固镇江防卫，为下一步的军事行动扫清障碍。

焦山坐落在长江北岸，距镇江十公里左右。张世杰在焦山汇合了孙虎臣的丁家洲残兵以及原来防守焦山的刘师勇的精锐水军，应当说具有一定的战斗力，且水面作战更是宋军所擅长。如果能够击溃阿术部队，就可以趁机收复镇江，对扭转形势至关重要。为了打好这一仗，张世杰命令殿前都指挥使张彦自常州率兵趋京口（今江苏省镇江市丹徒区），约扬州李庭芝领兵出瓜洲（今江苏省扬州市东南），三路合击，意在与元军决战。但是张、李两军都没能按时赶到预定地点，张世杰只好独立迎战。

七月初一，焦山之战爆发。元军水陆协同作战，战术运用得当，用两面夹攻、中央突破的方法，把过去蒙古骑兵的惯用战法用于水战，并施以火攻，大败南宋水军，导致南宋长江防线彻底崩溃。张世杰显然并不精通水战，是役宋军投入了大量的适合深海航行的大型战舰“黄鹄”“白鹞”，并用铁链彼此连接，虽然便于防守，似乎是坚不可摧的铜墙铁壁，但是面对元军机动灵活的小船，只能被动挨打，最终导致失败。

焦山之战沉重打击了宋廷，被架空的王爚多次要求丞相到前线指挥作战，但陈宜中却始终处于优柔寡断乃至胆怯畏缩的状态，一直待在临安，延误了战机。据说在王爚的指使下，部分太学生上书弹劾陈宜中十几条大罪，指责他先前处置失当。正是在这种情况下，七月下旬，陈宜中终于离开临安，但并不是为了到前线象征性地慰问浴血奋战的将士，恰恰相反，他一直向南到达沿海地区。也许陈宜中是得到了谢太后的密旨，南下查看将来逃跑的路线。毕竟，随着局势的恶化，撤退的路线只能是南宋的第一位皇帝宋高宗所曾选择的海上。而且，陈宜中是温州人，熟悉沿海的状况。但是这一点无法得到证实，因为谢太后坚决主战的态度此时并未表示出任何的动摇。

令人大惑不解的是，陈宜中的离开并没有使得谢太后重新启用王爚。这大概是她已经厌倦了这些老臣相互争吵的作风。曾经崇敬陈宜中的太学生们再也按捺不住自己的情绪，纷纷指责陈宜中的这种逃跑行为，曾经的英雄变成了令人不齿的懦弱分子。谢太后不断派出使臣要求陈宜中回朝主政，但是陈宜中却不予理睬。直到这年十月份，谢太后亲自给陈宜中的母亲写了一封信，陈宜中才做出了让步，回到临安。

从七月到十月，赵宋王朝这一段最后的喘息时间，完全无所作为，就如同失去了主心骨一样，几乎无法组织人马抵抗元军的步步紧逼。其实这时候并不是完全没有人可用，比如文天祥，他是宝祐四年（1256）的状元，当年鄂州之战时，宦官董宋臣主张迁都，刚刚踏入仕途的文天祥就上书要求斩杀董宋臣，以安定人心。由于为人耿直，在贾似道当政时文天祥颇受压抑，一直在地方担任一些低级官员。元军发起总攻时，文天祥担任赣州知州，得到谢太后的勤王诏后，他在家乡招募了两万人，入京勤王。文天祥进入临安时已经是七月份，陈宜中已经离朝，他被任命为平江知府，但由于丞相不在，无法签署命令，故而一直滞留在临安。文天祥此时上书要求改革现有军事体制，实行唐代的藩镇之制。唐代藩镇之乱的危害有目共睹，尤其对于经历过五代的宋朝开国君臣，削藩镇之权是宋初最主要的政策，整个宋代体制的建立都与加强中央对地方的控制有关，如同朱熹所说，宋初是把地方的兵也收了、钱也收了，虽然没有了藩镇之祸，但是地方却困顿不堪，一旦有事，地方根本不堪一击。这一点在北宋灭亡的过程中已经体现得很明显了。

文天祥的建议也不是什么新主张，南宋立国之初，就曾经授予那些在宋金之间摇摆的溃兵、盗匪集团首领以镇抚使的名义，允许他们自己征兵收税，实际上就是恢复唐代的藩镇之制。另外，南宋初的几员大将也拥有相当大的权力，比如韩世忠，朝廷甚至搞不清他部队的具体人数。文天祥的建议如果可以实现的话，将充分调动地方的生存能动性，至少使国家状况在短期内有所改善。这样做不仅会把地方事务归还给各地军事指挥员，而且会使原有的监督制衡机制形同虚设，使地方官员得到有效的便宜行事的权力。这意味着朝廷对战场不再拥有事无巨细的控制权，地方指挥员将全权处理紧急情况。但是文天祥的建议也是一把双刃剑，重设藩镇，也不能保证不会出现吕文焕、范文虎一类的人，而且会使得文官放弃对军队的指挥权，这也是鄙视武人的士大夫所难以接受的。

文天祥的建议得到了已经没有实权的王爚的赞成，却没有使谢太后认识到，形势的危急程度已经到了非常有必要采纳文天祥的建议的时候。谢太后依然在等待陈宜中，文天祥则因为莫名其妙的原因待在临安无所事事。

十月，秋天来临之时，陈宜中终于回来了。元军经过夏天的休整，也开始厉兵秣马，准备发动最后的攻势。伯颜在月初返回前线，首先集中兵力进攻常州（今江苏省常州市）。宋军先前夺回常州，控制了大运河终端的三百公里地带，运河无疑是通向临安最便捷的通道。据说元军投入二十万人的兵力，并由伯颜亲自指挥。宋军数量显然要少得多，主要的指挥官是在焦山打了一场窝囊仗的刘师勇。常州之战十分惨烈，元军首先将常州邻近的乡村夷为平地，强征当地百姓组成劳役部队，用石头和泥土填平了常州的护城河，而且筑起了绕城的堤防。战斗持续了一个半月，宋军除指挥官刘师勇突出重围之外，常州知州以下十几位官员壮烈殉国，没有一个官员降敌。十二月初，元军进城后又展开了一次大屠杀，据说只有四百名妇孺幸免于难，这是在忽必烈下诏禁止元军实施屠杀政策之后发生的，指挥者是元军攻宋的最高指挥官伯颜。

陈宜中此次回朝之后，开始想方设法抗元救宋。首先是抗战。他命令夏贵率军保卫临安城，动员全城军民，又在临安城召集十五岁以上的男子为士兵。有些童子兵身不满四尺，作战能力低下。其次是求和。元军攻破常州后，又占领独松关，临安城下仅有文天祥的勤王兵三四万人，左丞相留梦炎私自出逃。为了挽救奄奄一息的王朝，积蓄力量，十二月，陈宜中派将作监丞柳岳前往元军大营求和。柳岳哀求元军班师，保证每年进奉修好，伯颜却说："宋昔得天下于小儿之手，今亦失于小儿之手。盖天道也，不必多言。"[1]其后不久，陈宜中又派宗正少卿陆秀夫前往，请求称臣纳币，伯颜不答应，又称侄孙，伯颜还是不从。抗战无力，求和不成，陈宜中想到迁都，他向谢太后说明其意图，谢太后开始坚决不答应。陈宜中在朝廷中痛哭哀求，陈述迁都的必要性，谢太后一向倚望陈宜中，此时已无主意，只好从之。陈宜中与谢太后约定了出逃临安的日期。那一天，谢太后已做好出逃的准备，从早上等到晚上，都没有见到陈宜中的人影。她将簪珥摔在地上，大怒道："吾初不欲迁，而大臣数以为请，顾欺我耶？"[2]陈宜中又一次神奇地不见踪影了。

元至元十三年（南宋德祐二年，1276）正月，元军进驻皋亭山（今浙江省杭州市东北郊），临安城里一片混乱。朝中文武百官也纷纷逃离临安。谢太后无计可施，只好派宗室与临安知府贾余庆以恭帝名义奉传国玺及降表，到皋亭山向伯颜请降。但伯颜对这份降表仍不满意，如仍称宋朝国号、未向元朝称臣等，他要求南宋派宰相来面议投降事宜。丞相陈宜中的逃跑，使谢太后等怒不可遏。她只好在朝中选择可担大任者，临时任命文天祥为丞相前往元营议和。但文天祥被伯颜扣押，交涉没有结果。是年二月，元

1［明］宋濂等：《元史》卷一二七《伯颜传》。

2［元］脱脱等：《宋史》卷四一八《陈宜中传》。

军进攻临安。三月，皇帝及皇亲、后宫人员数千人被元军押解北上。

在临安陷落之前，在谢太后和全太后的安排下，宋恭帝封皇兄赵昰为益王、福建安抚大使，弟赵昺为广王。赵昰等在驸马杨镇、度宗杨淑妃之弟杨亮节的护送下离开临安，一行经婺州（今浙江省金华市）、温州辗转来到福州。五月，赵昰继位于福州，升福州为福州府，改元景炎，册封母亲杨淑妃为皇太后，垂帘听政，进封弟弟广王赵昺为卫王。

事实上，谢太后并非没有可能逃离临安，但是这一位倔强的老人也许是觉得自己必须负担其亡国的责任，而且她还要掩护赵家最后的血脉安全地出逃。全太后也令人惊奇地留了下来，陪伴自己的婆婆。整个过程里，恭帝并没有任何的决定权，他的两个兄弟的离开是谢太后出于保留赵家血脉的考虑，殊不知，三兄弟中活得最久的反而是恭帝，他在青灯古佛的陪伴下，活了五十多岁。

崖山悲歌

赵昰在福州的小朝廷，依靠的是陈宜中和张世杰的组合。陈宜中虽然有在临安陷落前出逃的污点，但是他是没有被俘的人员中官位最高的，还有一定的号召力。张世杰虽然经历了几次大败，但是还掌握一定兵力，且他的忠心也是经过了验证的。陈宜中逃回温州老家，恰逢母亲去世，“国破家亡”这个词用在他身上倒是十分契合的。早已心灰意冷的陈宜中不愿前往福州，张世杰只好强行将陈母的棺椁带上，强迫陈宜中来到福州。福州小朝廷还有一个重要人物——陆秀夫。陆秀夫，字君实，与文天祥为同榜进士。五月时，张世杰、陈宜中与陆秀夫终于在福州会合。经过商量，他们拥立赵昰即位，改元景炎，史称端宗。陈宜中为左丞相兼都督，张世杰为枢密副使，陆秀夫任签书枢密院事。一时间，各路抗元兵马转战于闽、赣、粤各地约一年之久，抗元复国的声势一度大振。

当时，福州政权被人们称为“海上行朝”，只不过是流亡小朝廷而已。在政权建立之初，臣僚之间尚能同心协力，但是很快就发生了矛盾。外戚杨亮节以国舅自傲，“居中秉权”；张世杰与陈宜中议论不合；文天祥也因与陈宜中意见不合，被排挤出朝廷；而陆秀夫更是有志难伸，处处受到陈宜中的排挤。起初，陈宜中认为陆秀夫长期在李庭芝军中，熟悉军事，因而十分器重他，而陆秀夫也尽心辅佐陈宜中。但是陈宜中一直以来就处于摇摆之中，他一方面想要建功立业、重振朝廷声威，另一方面又畏惧元军的强大实力，一遇到危急情况就想逃跑，且缺乏长远战略。不久，陆秀夫与陈宜中发生了意见上的分歧，陈宜中指使台谏官弹劾陆秀夫，并将他免职。张世杰知道后，非常不满，就对陈宜中说："现在是什么时候了，你还这样动不动就罢免人？"不得已，陈宜中又召回陆秀夫。国难临头，朝廷大臣尚不能团结一致，端宗流亡政权注定不可能有什么大的作为。

文天祥从镇江元军中逃出，闻讯赶来，被任命为右丞相。文天祥曾想先到扬州见李庭芝，但是李庭芝认为，文天祥代表朝廷到元军中求和，是误国的奸臣，因此派人来杀文天祥。李庭芝部下提前通知了文天祥，他只好提前逃走，经过一路颠沛流离，历尽艰辛才来到福州。

面对严峻的形势，文天祥提出回温州组织水军，由海道收复两浙的建策，但是身为温州人的陈宜中却不赞成，文天祥只好请求离开福州到前线组织抗元，此后他转战江西、福建等地，最终在海丰被元军俘虏。在押解途中经过珠江口零丁洋时，他写下了千古绝唱的名句，"人生自古谁无死，留取丹心照汗青"，以明不屈之志。

文天祥离开后，小朝廷在元军的追击下仓皇奔逃。景炎三年（1278）三月，经历了百余日海上颠簸的小朝廷，终于找到了一个有暇喘息的落脚点——冈州（今广东省江山市新会区）。然而，平地又起风波，十一岁的端宗经不住颠簸，在四月病死。这在一些官兵看来，是"海上朝廷"寿命已尽的不祥之兆。他们要求各自寻求生路。在这紧要关头，陆秀夫挺身而出，大义凛然地激励众人："端宗驾崩，卫王还在。当年，少康能够凭借五百人马、方圆十里之地，复兴夏朝，难道我文武百官不能依靠数十万兵民、万顷碧海复兴大宋王朝三百年的基业吗？"在陆秀夫中兴精神的激励下，群臣个个情绪激昂，纷纷表示誓死复兴大宋王朝。接着，陆秀夫又与群臣商量立卫王为帝，由杨太后垂帘听政，五月改元祥兴。陆秀夫临危受命，接任左丞相，与张世杰力挽狂澜，共撑危局。六月，又在戎马倥偬中将行朝转移到崖山。

崖山位于今天广州正南八十到一百公里的一个海湾中，周围密密麻麻地分布着许多岛屿。崖山与奇石山相对，如两扇大门，周围潮汐湍急，舟行艰难，是一处可据险固守的天然堡垒，因此为小朝廷所选中。这个岛屿多山，方圆只有五十公里，但战略地位十分重要。崖山北面的通道被海水所覆盖，这里的海水非常浅，以致连敌人最小的战船也不能自由通过，南面的通道则被非常险峻的小岛所环绕，岛上的哨兵很容易监视附近的海域。船队靠岸后，张世杰、陆秀夫立即派人进山伐木，在岛上造行宫三十间，士兵住房三千间，供君臣将校栖身。余下的二十万士卒，继续留在船上生活。为了迎接意料中的殊死搏斗，又令随军匠人修造舰船，赶制兵器。

恰好此时，元将张弘范回大都向忽必烈述职，他在奏疏中指出：张世杰复立卫王为帝，闽、广百姓奋起响应，倘若不及时剿灭，势必酿成大患。应该说张弘范的忧虑并非杞人忧天，而是有其现实意义的，这种可能出现的局面对元朝而言将是灾难性的。忽必烈对此也深以为然，当即委任张弘范为元帅，令其全力进剿宋军残余势力。

元至元十六年（南宋祥兴二年，1279）正月，张弘范率舟师攻崖山，这时有人向张世杰进言："元军已用战船堵塞海口，使我进退两难。不如尽早突围，另择途径登陆，即使不胜，也有回旋余地，尚可引兵西走。"应该说这是可行之计，至少可以在元军立足未稳的情况下，冲出重围，保存一部分实力。然而，张世杰认为士卒久居海上，战事艰苦，军心浮动，一旦登陆，难免溃散，坚持道："我军连年疲于海上奔命，何时方休？莫如趁此时机与元军一决胜负。"这无疑是意气用事，在这种思想的指导下，宋军只能被动挨打，根本无法主动出击，也许他也真是厌倦了这种逃亡生涯。随后，张世杰毅然下令焚烧岛上行宫军屋，全部人马再度登舟，然后依山面海，将所有战船用粗大绳缆连接成一字长蛇阵，又在四周高筑楼橱，宛如城堞，将幼帝赵昺的座船安置在中间，昭示将士与舰船共存亡。

崖山北部海面水浅，大船行驶极易触礁，张弘范便调舟师迂回到南部海面水深处，与张世杰的水军接战，同时断绝宋军运输淡水的通道。张弘范发现宋军战船集结，游弋不便，就用数艘轻舟，满载膏油柴草，乘风纵火，妄图火烧连营，一举取胜。没曾想张世杰早有准备，事先已在舰船上涂上湿泥，在船上固定长木伸向前方，致使元军的火船无法接近，火攻失灵。张弘范于是改变策略，放弃速战速决的打算，先从北面和南面侧翼切断了宋军的退路，增派舟师围困海口，害得宋军连续十余日以干粮充饥，用海水解渴，疲惫不堪，纷纷病倒。这时，李恒率部从广州赶到崖山与张弘范会师，张弘范令其控制崖山北部海面，准备南北夹攻。

二月初六拂晓，风呼海啸。元军发动总攻。由于长时间海上劳顿，宋军不得休整，士卒体力大都衰竭，突然遭到凌厉攻势，士气很难振作。倘在此时有一环瓦解，整个防线就会全部崩溃。就在这关系南宋命运的决战中，不幸的事情终于发生了。在元军各路舟师的强攻下，宋军的船队中突然有一艘战船的桅顶绳断旗落，顷刻之间，许多舰船的樯旗也随之纷纷降落。张世杰见旗倒兵散，大势已去，连忙调集亲兵砍断船缆，准备轻装冲开血路，杀出重围。张世杰趁着海面混乱，让人驾轻舟去座船接幼帝赵昺。

一直在舟中观察着战况的陆秀夫面对此景，估计已经无法护卫幼帝走脱，便当机立断，决心以身殉国。他盛装朝服，先是手执利剑，催促自己结发的妻子投海。继而又劝说赵昺：“国事至今一败涂地，陛下当为国而死，万勿重蹈德祐皇帝的覆辙。德祐皇帝远在大都受辱不堪，陛下不可再受他人凌辱。”说罢，他背起八岁的赵昺，又用素白的绸带将其与自己的身躯紧紧束在一起，然后一步一步地走向船舷，跳下了茫茫大海。杨太后听说帝昺死去，悲痛欲绝，随即也跳海而死。之后朝廷诸臣和后宫女眷随同跳海殉国的，据说有十多万人。

次日黎明，崖山的战斗渐渐平息，海面上到处漂浮着尸体，被囚禁在张弘范军中的文天祥写下了一首诗来描绘这个场景："朅来南海上，人死乱如麻。腥浪拍心碎，飙风吹鬓华。"[1]

张世杰久候不见接迎赵昺的轻舟归来，便知凶多吉少，于是果断突围，在夜幕下夺路而去。数日以后，许多死里逃生的将士，又驾驶舰船集聚在张世杰的座船周围，停泊在南恩（今广东省阳江市）的海陵山脚下。他们当中，有人给张世杰带来了陆秀夫背负赵昺共同殉难的噩耗。张世杰悲痛不已，正在这时，不幸之中又遇不幸，台风再次袭来。舰船将士劝他上岸暂避，张世杰绝望地回答："我为赵氏江山存亡可谓鞠躬尽瘁，一君身亡，复立一君，如今又亡，大宋从此再无君可立了。我在崖山没有殉身，是指望元军退后再立新君，光复宋朝江山。然而，国事发展如此令人失望。难道这是天意！"说罢，他仰天长叹一声，也跳入滚滚波涛之中。

崖山战事结束后，张弘范自鸣得意，派人在崖山北面的石壁上，刻下了"镇国大将军张弘范灭宋于此"十二个字。元朝灭亡以后，当地人将张弘范的刻字铲掉，改镌"宋丞相陆秀夫死于此"九个大字。

1［宋］文天祥：《南海》，《全宋诗》卷四〇七。

结语

襄阳失守以后，元军已经占据绝对战略优势，南宋覆亡的命运已经很难挽回。但是宋军也不是完全没有机会，李庭芝在扬州，张钰在重庆，都可以重创元军，说明元军不是不可战胜的。而且，江南地形复杂，宋军如果战术得当，是可以与元军周旋很长时间的。但是孤儿寡母的末代宋廷缺乏坚强的领导核心，虽然谢太后表现出了少见的勇气和责任感，但用人不当，选择了陈宜中这种性格起伏不定的人。尽管很难判断选择别人是否就一定可以扭转乾坤，但陈宜中在多次重要关头犹豫不决，甚至临阵脱逃，使得宋军多次错失良机，却是不争的事实。更重要的是，陈宜中缺乏长远的战略眼光，虽然表面上看来他处理政务的能力还是比较强的，在蒙古大兵压境的情况下，他也有坚决抵抗的时候。然而，他对元军始终缺乏明确的战略，在同僚中又没有容人的雅量。

文天祥、陆秀夫、张世杰被称为“宋末三杰”。张世杰的忠肝义胆当然无可置疑，但是他的军事能力显然比不上李庭芝、张钰等人；文天祥是其中最有想法的，反攻江西也展示了他一定的指挥能力，但是相比元军的宿将伯颜、张弘范等人还有一定的差距；陆秀夫算得上是个优秀的幕僚，但是却没有控制大局的魄力。

崖山之后，汉家江山第一次完全沦入外族之手，有人于是认为，“崖山之后已无中国”，这种说法未必正确，但是崖山确实代表了史无前例的失败。崖山最后的悲剧看起来都是一步一步的失误造成的，而这个过程中展示出来的南宋军民顽强抵抗的勇气令人吃惊，也是值得后人景仰的。在崖山跟随他们的皇帝跳海的义士超过十万人，其中大部分人的行动是自觉的，而非为他人所强迫。这是一个骇人听闻的数字，即便其中包含的不只是对气节的珍视，也可能包括了对元军的恐惧与仇恨。如此多的人愿意为宋王朝殉葬，这在中国历史上是绝无仅有的。南宋的许多地方都曾发生过整个家族一起赴死的情况，这对十分重视血脉传承的中国人来说是异常罕见的现象。既然这么多的人愿意为王朝慷慨赴死，那么南宋为什么不能打败元军呢？总体而言，南宋的失败并不在于没有人才，而是在于合适的人没有出现在合适的位置上并做出合适的抉择。

后记

笔者在大学任教已经超过30年，时间可谓不短。尽管不可说丝毫没有虚度光阴，但要说教书育人的得与失，倒还是有些经验的。坦率地说，大学与其他教育和科研机构一样，一是要向在校学生传道授业解惑，二是不断学习新的知识以持续充实自己，进而更好地服务自己的职业——教育工作。就前者来说，笔者的经验还是极为复杂的，所谓“传道”，重点在于“道”，而中国传统文化中的“道”的意涵无疑是博大精深的，其在不同的时空背景下包含或宏观或微观的多重意蕴。然其“大道”者方是正解，其中包含的无外乎天道、地道、人道三途而已，作为教师所传的亦不过如此而已。所谓“授业”，简而言之即是教授学生相关的学业，也就是各方面尽可能多的学识。所谓“解惑”，意思就是为学生廓清疑惑，使学生了解以前不甚知晓的东西。

就后者而言，实际上是与前者密切相关的。中国人的俗话说，活到老，学到老。此言无疑是不刊之论，固然是有其道理的。但要求每个人在现实生活中都能做到这一点，似乎又只是某种奢望而已，无论如何是很难实现的。显而易见，人的一生会出现各种各样的或正常或异常的状况，要持之以恒地保持学习的状态不是一件容易的事。实际上，作为教育工作者，唯有不断完善自我，才能不至于落伍于时代，也才能更好地让学生获得源源不断的知识营养。

无论是教还是学，都不是单向的，而是双向的甚至是多向的。人们通常都说，教学相长。其实，我 2000 年从日本早稻田大学文学部留学归国之后，便已经基本接受了日式研究班、读书班或讨论会（日语セミナ--，从德语 seminar 翻译而来）的教学方式。无论是给本科生，还是给研究生、博士生上课，基本上都是以阅读宋代的典籍为主（当然也涵盖其他断代历史的典籍）。这样，学生可以根据自己的兴趣随意复印喜欢的史料发给所有听课之人（包括外来的旁听生）。更为重要的是，学生轮流阅读所选古籍，且事先要做非常充分的准备，必须翻阅大量文献，搜集与所读古籍相关的史料，对自己要读的典籍进行细致而严谨的笺注。

这样做的好处在于，一是学生可以扩充搜索史料的范畴，而不仅仅限于一部或数部古籍。二是能够让学生打下厚重而扎实的文献基本功。由于我的要求是逐字逐句地读懂自己复印的典籍，这就迫使教师、学生都得接受近乎严苛的阅读能力考验。三是开拓了师生的学术视野。说实话，这种开放式的讨论班对教师的考验远远比学生要大得多。其原因在于，学生自选其中一种古籍，而教师却要应对多名学生选择的不同的史料。而且，师生可相互诘问，各自对同样的古籍史料提出不同的理解。师生之间互相提出疑问，同时还要尽可能地解决所提出的问题，进而启发学生进一步思考相关史料。

上述所言似乎与本书无甚关联可言，实际上，笔者所要表达的是，想要以十五章的篇幅来对两宋时期内政与外交的优劣得失予以必要而恰当的归纳和总结，显然是并不现实的。正因为如此，在万般无奈的窘境下，笔者只得采用了点式与花式描写相结合的办法，力图尽可能地呈现出丰富多彩的两宋时代的基本历史发展脉络。前七章写北宋时期，后八章则写南宋时期。实际上是分别选取了两宋不同皇帝在位时期的重要历史人物和影响宋朝历史走向的重大事件，并以人物和事件为主轴细致梳理宋代皇帝在内政和外交两方面的所作所为，尽可能客观而公允地评判了这些人和事对宋代历史进程所产生的影响。

本书选择人物和事件的基本标准包括若干层面，一是时间与空间分布，大的方面是北宋与南宋，次的方面是每个皇帝在位期间的人与事。从总的内容来看，几乎是宋代每个皇帝在位时期描写一个人物或事件，如北宋真宗时期的寇准、南宋宁宗时期道学的兴衰，等等，不一而足。实际上，宋朝共计有 18 位帝王，除了北宋末、南宋末的钦宗、恭帝、端宗、帝昺四位在位时间很短的皇帝之外，其他赵宋皇帝统治的时间或长或短，但期间发生了难以计数的事，而本书只能选取其一，可谓沧海一粟而已。

二是在宋代具有典型性、代表性的人和事。毫无疑问，宋代有很多在中国历史上非常知名的人物与事件，但毕竟限于篇幅，很难一一呈现。如太祖、太宗朝几乎没有提及相关的人和事，而这一时期恰恰是宋朝政权巩固和发展的关键时期，其中出现的各种重大事件以及关键历史人物多出现于宋朝开国后数十年时间内。然而，这些均被“遗漏掉”了，相反，仁宗朝的狄青却成为了重文抑武的牺牲品的典型，故而被纳入撰写之列。

三是选取写作题目需要保持平衡的原则。本书冀望通过点滴的描述呈现宋代内和外两大层面的重要支点，前者自然指的是赵宋政权内部的各种议题。实际上，内政涵盖的范围涉及宋代朝野上下的方方面面，包括政治、经济、军事、文化、社会、民间信仰等等。显而易见，关于两宋三百余年的内政大致上安排了九章，实际上是通过某个重大的事件或有影响的历史人物来呈现某一个时段的时代特色。所谓“外”，主要是指两宋时期与周边各个政权之间的复杂关系。宋朝与其他王朝不同的重要之处在于，赵宋政权一直与若干个少数民族政权鼎足而立。北宋时期，先是与西南的大理国和吐蕃诸部、北方的辽朝、西北的西夏和回鹘政权对峙；到了北宋末及南宋时期，则长期与女真、蒙古等政权对峙。有鉴于此，本书仅仅用了六章来专门呈现两宋时期的“外交”。毫无疑问，这是远远不够的。坦率地说，很多内政与外事均可写成专题式的著作，而本书只能“视而不见”，这实在太遗憾了。此外，还需要说明的是，任何国家的内政与外事都不是孤立存在的，而是相互关联、相互影响的。可以说，内政中有外事，外事中亦有内政，这是颠扑不破的真理，上述分属“内政”和“外交”的章节内容中也是互有重叠。正因为如此，笔者竭尽所能，但依旧无法完全把握好平衡，至于实际状况如何，还得请各位读者评判。

2020 年 12 月 22 日

游彪于北师大茹退居

图书在版编目（CIP）数据

问宋：赵宋王朝内政外交的得与失 / 游彪著 .—成都：天地出版社，2021.6

ISBN 978-7-5455-6316-0

Ⅰ.①问… Ⅱ.①游… Ⅲ.①中国历史—研究—宋代
Ⅳ.①K244

中国版本图书馆CIP数据核字（2021）第046382号

WENSONG：ZHAOSONG WANGCHAO NEIZHENG WAIJIAO DE DEYUSHI

问宋：赵宋王朝内政外交的得与失

出 品 人 陈小雨 杨 政
作 者 游 彪
责任编辑 柳 媛 李 栋
装帧设计 水玉银文化
责任印制 董建臣

出版发行 天地出版社
（成都市槐树街2号 邮政编码：610014）
（北京市方庄芳群园3区3号 邮政编码：100078）
网 址 http://www.tiandiph.com
电子邮箱 tianditg@163.com
经 销 新华文轩出版传媒股份有限公司

印 刷 北京文昌阁彩色印刷有限责任公司
版 次 2021年6月第1版
印 次 2021年6月第1次印刷
开 本 710mm×1000mm 1/16
印 张 29
插 页 16P
字 数 356千字
定 价 108.00元
书 号 ISBN 978-7-5455-6316-0

咨询电话：（028）87734639（总编室）
购书热线：（010）67693207（营销中心）

从声音到文字，分享人类智慧

天喜文化